中华人民共和国民法典释论丛书

中国民法典

物权编释论

主编　申建平
副主编　项定宜　刘　璐

本书撰稿人
（以撰写章节顺序为序）
申建平　项定宜　张旭泽
乔剑峰　刘　璐　刘子铭

法律出版社
LAW PRESS·CHINA
北京

图书在版编目(CIP)数据

中国民法典. 物权编释论/申建平主编. -- 北京：法律出版社，2022

(中华人民共和国民法典释论丛书/杨震主编)

ISBN 978-7-5197-7065-5

Ⅰ. ①中… Ⅱ. ①申… Ⅲ. ①民法-法典-法律解释-中国②物权法-法律解释-中国 Ⅳ. ①D923.05

中国版本图书馆CIP数据核字(2022)第169961号

中国民法典·物权编释论
ZHONGGUO MINFADIAN·WUQUANBIAN SHILUN

申建平 主编

策划编辑 徐 菲
责任编辑 徐 菲
装帧设计 汪奇峰

出版发行 法律出版社
编辑统筹 法律出版社
责任校对 王晓萍 王语童
责任印制 胡晓雅
经　　销 新华书店

开本 710毫米×1000毫米 1/16
印张 31.5 **字数** 477千
版本 2022年10月第1版
印次 2022年10月第1次印刷
印刷 天津嘉恒印务有限公司

地址:北京市丰台区莲花池西里7号(100073)
网址:www.lawpress.com.cn
投稿邮箱:info@lawpress.com.cn
举报盗版邮箱:jbwq@lawpress.com.cn

销售电话:010-83938349
客服电话:010-83938350
咨询电话:010-63939796

书号:ISBN 978-7-5197-7065-5
定价:146.00元

凡购买本社图书,如有印装错误,我社负责退换。电话:010-83938349

作者简介

申建平

黑龙江大学法学院教授、博士生导师，2015-2016年美国康奈尔大学访问学者。全国外国法制史研究会常务理事、中国法学会比较法研究会理事。中国法学会《民法典》继承编课题组成员，中国法学会民法总则专家建议稿项目黑龙江大学项目组成员。2021年当选黑龙江省优秀中青年法学家。哈尔滨仲裁委员会仲裁员。近年来主持并完成国家社科基金项目、司法部中青年项目、省哲学社科规划项目等10余项。在法律出版社、中国法制出版社出版学术专著3部，副主编《民法》等多部高校教材。在《法学》《比较法研究》等期刊发表学术论文40余篇，学术论文多次获黑龙江省社会科学优秀成果二等奖、三等奖。多篇论文被《新华文摘》、《高等学校文科学术文摘》和人大复印资料《民商法学》全文转载或论点摘编。

总　序

2020年5月28日，令人难以忘怀。《中华人民共和国民法典》（以下简称《民法典》）由第十三届全国人民代表大会第三次会议通过并公布，自2021年1月1日起施行。《民法典》是中华人民共和国成立以来第一部以"法典"命名的法律，是新时代我国社会主义法治建设的重大成果。《民法典》的颁行，是我国法治建设的里程碑，对推进国家治理体系和治理能力现代化具有重大意义。

中华法系，源远流长。中华法系是中国古代法制文明与法治建设的瑰宝。在人类法制文明与法制建设中，中华法系以礼法合治、以礼辅法、德法兼修、以德善治的品质流传后世。《法经》《唐律疏议》承载着中华法制文明的法典追求，彰显中华法制文化的规范思想；诸法合体、刑民不分凝聚着中华法制文明的深厚底蕴和独特魅力，显示出中华法制文化的律令特色与格致特质；礼法结合、民惟邦本映衬着中华法制文明的隆礼重法和以民为贵，展现出中华法制文化的明德慎罚与德主刑辅；天下无讼和以和为贵昭示着中华法制文明的政教之本和德礼教化，体现出中华法制文化的恤刑思想与和善理念。习近平总书记指出："我国古代法制蕴含着十分丰富的智慧和资源，中华法系在世界几大法系中独树一帜。"①

草拟民律，变法图强。草拟民律是近代民事立法与法律变革的缩影。在"西学东渐""船坚炮利""师夷长技""以夷制夷"的特定情境下，变法图

① 中共中央文献研究室编：《习近平关于全面依法治国论述摘编》，中央文献出版社2015年版，第32页。

存、济世安邦、吸纳西法、革故鼎新成为中国法制近代化的思想基础与观念指征。《大清民律草案》的起草、《民国民律草案》的纂修、《中华民国民法》的施行，预示着中国古代法律体系的转型，显露出中国法律制度渐融世界民事立法行列的进程。“吸收世界各国大同之良规，兼采近世最新之学说”的修法信念，“凡我旧律义关伦常诸条，不可率行变革”的改良执念，促成了刑民分立、中西合璧、观念杂糅、习惯碰撞的民事立法样态与民事法律体系；演绎出推崇社会契约、呼吁个性解放、恪守公序良俗、更新国民道德的法律纂修取向和礼法嬗变特征。因为一定的文化是一定社会的政治和经济的反映。

法典编纂，人民至上。编纂民法典是新时代民事立法与法治改革的创举。在新中国法制建设史上，《民法典》无疑是民事立法的卓越典范与无上荣光。因为编纂一部真正属于中国人民的民法典，是新中国几代人的夙愿；形成一部适应新时代中国特色社会主义发展要求，符合我国国情和实际的体例科学、结构严谨、规范合理、内容完整、协调一致的民法典，是一项系统且重大的立法工程。《民法典》作为我国法律体系中条文最多、体量最大、编章结构最复杂的一部法律，系统整合了中华人民共和国成立70余年来长期实践形成的民事法律规范，汲取了中华民族5000多年优秀法律文化，借鉴了人类法治文明建设的有益成果，是一部体现我国社会主义性质、符合人民利益和愿望、顺应时代发展要求的民法典；是一部体现对生命健康、财产安全、交易便利、生活幸福、人格尊严等各方面权利平等保护的民法典；是一部具有鲜明中国特色、实践特色、时代特色的民法典。《民法典》以其7编1260条、10万多字的编章结构与规范内涵，回应了人民的期待，突出了以人民为中心的底色。

民法学人，共谱华章。奉献智慧、精益求精是民法学人久久为功、善作善成的写照。在我国先后四次启动民法制定工作以及长达五年的民法典编纂进程中，学界前辈展现了矢志不渝、博采众长的学术情怀与立法智慧，民法同人呈现了底蕴深厚、观点明晰的学术思想与立法范例。多方论证、集思广益、数易其稿、系统整合，成为科学立法、民主立法、依法立法的表征；条分缕析、观点争鸣、字斟句酌、编订纂修，成为体例设计、规范表述、价值内蕴的基础。无论是中国法学会民法典编纂项目领导小组组织专家起草的《民法典》(专家建议稿),还是全国人大常委会法制工作委员会形成的《民法典(草案)》,均仰赖民法典编纂所具备的制度基础、实践基础、理论基础和社会基础,均凸显出民法典在国家治理体系中的功能定位——《民法典》是实现社会治理现代化、促进社会和谐有序的基本法,是保障和促进社会主义市场经济建设健康发展的基本法,是推动政府依法行政、提升政府治理能力的基本法。只有讲好、用好《民法典》,方能展现其以人为本的人民性、与时俱进的时代性、立足国情的民族性、求真严谨的科学性。

弦歌不辍,共赴星光。跻身民事立法前沿、攻克民法理论难题,是黑龙江大学民商法学教学科研团队的初心与使命。2012 年 3 月,黑龙江大学成立民法典编纂课题组,着力研究民法典编纂中的热点、难点问题,期冀通过民法理论研讨提升民事立法智慧、助益民事司法实践。黑龙江大学民法典编纂课题组成立后,以杨震教授、王歌雅教授、孙毅教授、申建平教授、李馡副教授、杨振宏副教授为主要成员的课题组所有同人勤勉奋发、勠力同心、集思广益、取长补短,携手走过了相互鼓励、彼此劝勉、业精于勤、跬步千里的十年时光,相继起草了多个民事立法专家建议稿,共同呈现了民事立法智慧。2012 年 5 月,起草了《中华人民共和国继承法》(专家建议稿),共计 5 章 97 条。2015 年 5 月,起草了《民法典・总则编》(专家建议稿)中民事法律行为和代理两章,分别为 38 条和 26 条。2016 年 10 月和 2017 年 1 月,先后起草了《民法典・继承编》(专家建议稿)(一)和(二)中遗嘱继承和遗赠一章,分别为 36 条和 34 条。2017 年 7 月,起草了《中华人民共和国人格权法》(专家建议稿),共计 8 章 60 条。王歌雅教授作为中国法学会婚姻家庭法学研究会副会长参与起草了《民法典・婚姻家庭编》(专家建议稿)……时光荏苒,春华秋实。

青山明月,丹心道同。踔厉奋发、笃行不怠是黑龙江大学法学院民法同人的坚守与豪情。在《民法典》编纂进程中,民法同人多方研讨、献计献策。第十二届、第十三届全国人大代表杨震教授全程参与了《民法典(草案)》的讨论和修改,十年间先后向全国人大提交制定民法典的议案 40 余件,特别是 2018 年提交的《关于制定中华人民共和国人格权法》的议案,被第十三届全国人民代表大会第一次会议列为第290号议案,为人格权法的独立成编倾注了热诚与智慧。围绕《民法典(草案)》的起草和修改,黑龙江大学民法典编纂课题组陆续提出修改意见和建议……尺寸素心,金石为开。

释论记叙,希以弘扬。传播民法精神、诠释法典文化,是黑龙江大学民法典编纂课题组的情怀与责任。在《民法典》实施进程中,理解《民法典》、感悟《民法典》、解读《民法典》、实践《民法典》,是回应中国之问、世界之问、人民之问、时代之问的基点;弘扬核心价值、释明法律规范、秉持公平正义、践行人本理念,是信守中国之路、中国之治、中国之理的基石。《中华人民共和国民法典释论》将以8册系列图书,系统展现《民法典》的鲜明特色与创新发展,科学阐释《民法典》法源样态的多元性、原则理念的思想性、体系结构的创造性、制度规范的传承性、功能定位的价值性、权益保障的适用性。其中,总则编1册,物权编1册,合同编2册,人格权编1册,婚姻家庭编1册,继承编1册,侵权责任编1册。各编主编、合著、独著作者为:总则编——杨震;物权编——申建平;合同编——孙毅;人格权编——杨振宏、张小余;婚姻家庭编——王歌雅;继承编——王歌雅;侵权责任编——杨震。《中华人民共和国民法典释论》系列丛书总字数达260万余字。

思想引领,价值为基。《中华人民共和国民法典释论》系列丛书,以习近平法治思想为理论指导,以社会主义核心价值观为理念统领,以《民法典》及其司法解释为阐释要点,记录了《民法典》的编纂历程、编纂智慧、编纂成果、编纂贡献,梳理了《民法典》的学术思想、学术观点、学术理路、学术创新,展现了《民法典》的实践意义、实践特点、实践思考、实践效用,呈现了《民法典》的法治信仰、法治精神、法治文化、法治追求。

初心如磐,情怀不改。

不负历史,不负时代。

黑龙江大学民法典编纂课题组

2022年5月1日

前　言

法，治国之重器，文明之基石。物权法律制度“关涉国本，事系民生”，不仅能够“定分止争”，而且能够促进“物尽其用”，是确认、利用与保护财产的基本法。《民法典·物权编》在总结改革开放以来相关优秀立法精神与宝贵实践经验的基础上，弘扬了社会主义核心价值观，进一步完善了物权法律制度，引领了中国先进的法治文化发展潮流。本书结合《民法典·物权编》及最高人民法院最新出台的司法解释，秉持阐扬法理、追本溯源的治学精神，对我国《民法典》确定的物权体系和具体规则进行了全面梳理。全书突出了《民法典·物权编》规定的新规则，在内容上力求对物权编作全面准确的阐释，包含了国内物权研究的新成果，以增益于我国的法治建设与法学理论研究的繁荣发展。

本书由申建平教授（黑龙江大学法学院博士生导师）担任主编，负责全书的组织策划、统稿、审稿与最后的定稿。撰稿人员除主编外，还有东北林业大学文法学院项定宜副教授（法学博士、硕士研究生导师），赣南医学院法学系副教授刘璐（法学博士、硕士研究生导师），黑龙江大学法学院民商法博士生乔剑峰，黑龙江省哈尔滨市中级人民法院法官、法学博士刘子铭，黑龙江省高级人民法院法官助理、法学博士张旭泽。各撰写人员的分工情况如下（以撰写章节为序）：

申建平：第一章、第二章、第六章、第十一章、第十三章、第十六章第四节；

项定宜：第三章至第五章；

张旭泽：第七章、第十二章；

乔剑峰:第八章至第十章;

刘　璐:第十四章、第十五章、第十六章第一节至第三节;

刘子铭:第十七章。

《民法典·物权编》内容博大精深,本团队成员在撰写过程中,虽已竭诚尽力,但限于学识与时间,本书不足之处在所难免,恳请广大读者批评指正。

特别感谢法律出版社所有编辑老师为本书的顺利出版所做的一切!

本书编者

2022 年 6 月

本书缩略语表

《中华人民共和国宪法》	《宪法》
《中华人民共和国民法典》	《民法典》①
《中华人民共和国民法通则》	《民法通则》
《中华人民共和国物权法》	《物权法》
《中华人民共和国担保法》	《担保法》
《中华人民共和国继承法》	《继承法》
《中华人民共和国农村土地承包法》	《农村土地承包法》
《中华人民共和国土地管理法》	《土地管理法》
《中华人民共和国城市房地产管理法》	《城市房地产管理法》
《中华人民共和国森林法》	《森林法》
《中华人民共和国草原法》	《草原法》
《中华人民共和国渔业法》	《渔业法》
《中华人民共和国矿产资源法》	《矿产资源法》
《中华人民共和国水法》	《水法》
《中华人民共和国文物保护法》	《文物保护法》
《中华人民共和国野生动物保护法》	《野生动物保护法》

① 书中所涉《民法典》之分编，分别简称为《民法典·总则编》、《民法典·物权编》、《民法典·合同编》、《民法典·人格权编》、《民法典·婚姻家庭编》、《民法典·继承编》以及《民法典·侵权责任编》。

《中华人民共和国海岛保护法》	《海岛保护法》
《中华人民共和国刑法》	《刑法》
《中华人民共和国刑事诉讼法》	《刑事诉讼法》
《中华人民共和国治安管理处罚法》	《治安管理处罚法》
《中华人民共和国拍卖法》	《拍卖法》
《中华人民共和国招标投标法》	《招标投标法》
《最高人民法院关于适用〈中华人民共和国民法典〉物权编的解释(一)》	《物权编解释(一)》
《最高人民法院关于适用〈中华人民共和国民法典〉有关担保制度的解释》	《民法典担保制度解释》
《最高人民法院关于贯彻执行〈中华人民共和国民法通则〉若干问题的意见(试行)》	《民通意见》
《最高人民法院关于审理物业服务纠纷案件适用法律若干问题的解释》	《物业纠纷解释》
《最高人民法院关于审理建筑物区分所有权纠纷案件适用法律若干问题的解释》	《建筑物区分所有权解释》
《中华人民共和国城镇国有土地使用权出让和转让暂行条例》	《城镇国有土地使用权出让和转让暂行条例》
《中华人民共和国无线电管理条例》	《无线电管理条例》
《中华人民共和国野生植物保护条例》	《野生植物保护条例》
《教育部直属高等学校国有资产管理暂行办法》	《国有资产管理暂行办法》

CONTENTS 目　录

第一章

物权编通论

第二章 物权变动

第三章 所有权概述

第四章　共　有

第五章 建筑物区分所有权

第六章 相邻关系

第十一章 居住权

第十二章 地役权

第十三章 担保物权概述

第十五章 质　权

第十六章 留置权

第十七章 占　有

第一章

物权编通论

第一节 《民法典·物权编》概述

一、《民法典·物权编》制度的创新与完善

物权编是《民法典·总则编》之后的首编,重要性不言而喻。物权法律制度"关涉国本、事系民生",是确认财产、利用财产和保护财产的基本法。物权是每个国家经济发展的基础,是交换的前提,是人生存发展的物权保障。《民法典·物权编》是在整合原《物权法》、《民法通则》、《担保法》等多个单行法律规范及相关司法解释的基础上,按照党中央提出的完善产权保护制度,健全归属清晰、流转顺畅的现代产权制度的要求,坚持立足国情,结合现实需要,总结改革开放40多年来相关立法和实践经验,进一步完善了物权法律制度,满足人民群众对更美好生活的需要,充分彰显中国特色社会主义法律制度成果和制度自信。[①]物权编将中国特色社会主义基本经济制度转化为与人民群众生活息息相关的物的权属规则和利用规则,共5个分编、258条。在总结我国《物权法》《民法通则》《担保法》《城市房地产管理法》《土地管理法》《农村土地承包法》等法律实施以来的成果,借鉴其他国家的成熟经验的基础上,《民法典·物权编》对原《物权法》进行了全面修改、完善,并进行了制度创新。物权编的制度创新集中体现在通则、所有权、用益物权和担保物权4个分编。

---

① 参见最高人民法院民法典贯彻实施工作领导小组主编:《中华人民共和国民法典物权编理解与适用》(上),人民法院出版社2020年版,第7页。

通则主要规定了物权制度的原则性、基础性规范。物权编通则在原《物权法》规定的基础上，主要在以下几方面进行了修改完善：一是增加了不动产登记资料的合理使用规则，强调利害关系人对不动产登记资料的查询复制等行为，应当以非公开及合法使用为限，强化隐私权保护。二是删除了简易交付和指示交付中权利人或第三人需"依法"占有的要件，观念交付的规定更为合理。三是删除了"因受遗赠取得物权，自受遗赠开始时发生效力"的规定，遗赠制度由继承编规范。

所有权是物权的基础，第二分编规定了所有权制度。所有权制度在原《物权法》规定的基础上，做了进一步完善：一是明确了无居民海岛所有权的归属。海洋岛屿，尤其是无居民岛屿常常引起国际争端。为维护国家领土完整，首先需要在国内法中明确其归属。《民法典·物权编》第248条明确规定无居民海岛属于国家所有，为国务院代表国家行使无居民海岛所有权提供了法律依据。二是新增添附制度，《民法典》第322条明确规定了物权因添附而变动时，物的所有权归属及赔偿、补偿的规则。这对确定添附物的物权归属、发挥物的经济效用以及保护善意当事人的相关利益，均具有重要的法律价值。三是进一步完善了业主的建筑物区分所有权制度，降低了业主共同决定事项的表决门槛；明确了"住改商"应当经有利害关系的业主一致同意；增加了对共有部分收入分配的规定。四是共有制度方面，补充了需经共有人同意的共有物处置情况，将变更不动产或动产性质或者用途，纳入共有人决议范围；明确了不动产按份共有人优先购买权的行使规则。

用益物权是以利用为中心的他物权。《民法典·物权编》第三分编对用益物权制度作了全面规定，深具本土特色。《民法典》在原《物权法》规定的基础上，新增两项制度：一是新增居住权制度。居住权有助于为公租房和老年人以房养老提供法律保障。居住权制度对解决非继承人的居住、离婚后需要经济帮助一方的居住、长期非婚同居者的居住等问题，提供了制度支持，不但可以让有现实需要之人"居者有其屋"，而且也利于维护社会稳定。二是在总结农村土地经营权改革经验的基础上，新增土地经营权制度，并删除了耕地使用权不得抵押的规定，进一步巩固了农村土地"三权分置"的改革成果。

作为支配标的财产交换价值的担保物权，具有保障债权实现、顺畅资金融通的独特经济作用，使其成为物权法乃至民法中最活跃的领域。《民法典·物权编》对我国担保制度尤其动产和权利担保相关制度进行了重大改革。一是扩大担保合同的范围，明确融资租赁、保理、所有权保留等非典型担保合同的担保功能，将上述交易形态纳入担保合同范畴。实现了担保物权的功能化，为金融实践中的担保创新预留了足够的空间，对于让与担保、动态质押等的合法化提供了解释前提。二是引入超级优先权规则。三是构建了统一的担保物权优先顺位规则、扩张了正常经营活动中买受人规则的适用范围、合并浮动抵押与一般动产抵押的登记对抗规则。[①] 这些改革对于优化营商环境、解决中小企业融资难的问题具有重要意义。

占有是现代民法上的一项重要制度。第五分编对占有的调整范围、占有的效力、无权占有情形下的损害赔偿责任、原物与孳息的返还以及占有的保护等作了规定。

《民法典·物权编》较原《物权法》在内容上更为丰富，在具体制度上进行了修改与完善。为实现"定分止争"，给"物尽其用"提供制度保障。物权编的贯彻实施，必将进一步鼓励财富创造，更好地维护人民群众财产权益，让"有恒产者有恒心"，促进人的全面发展和经济社会的全面进步。[②]

二、《民法典·物权编》与物权法的关系

（一）物权法的概念

物权法，是大陆法系特有的概念，是大陆法系国家民法典的重要组成部分，通常在《民法典·物权编》中加以规定。2007 年我国颁行了《物权法》，《民法典》在原《物权法》基础上，经过修改、补充，形成了《民法典·物权编》，成为我国《民法典》的重要组成部分。《民法典·物权编》既是调整平等主体之间财产关系的基本法，也是市场经济秩序构建的基本规则。

所谓物权法，是调整物的归属和利用的法律规范的总称。物权法有广义和狭义两种含义。狭义的物权法即形式意义的物权法，专指《民法典·物权编》的规定。广义的物权法即实质意义的物权法，凡是调整因物的归属和利用而产生

---

① 参见龙俊：《民法典中的动产和权利担保体系》，载《法学研究》2020 年第 6 期。

② 参见最高人民法院民法典贯彻实施工作领导小组主编：《中华人民共和国民法典物权编理解与适用》（上），人民法院出版社 2020 年版，第 8 页。

的民事关系的法律规范，均属之。广义的物权法不仅包括《民法典·物权编》的规范，也包括《民法典》其他各编关于物权的规定，以及除《民法典》的规定外，其他特别法关于物权的规定。《土地管理法》《森林法》《草原法》《渔业法》《矿产资源法》《水法》《文物保护法》等法律中有关物权的规定都属于物权法的范围。也就是说，《民法典·物权编》只是调整部分物权关系，但物权关系不仅受物权编调整，还要受到《民法典》其他编以及有关特别法的调整。因此，有必要区分物权编与物权法的概念。物权法与《民法典·物权编》之间的关系表现在两个方面：第一，《民法典·物权编》是物权法的重要组成部分。物权法是调整财产关系的基本法。一方面，在市场经济社会，物的归属和利用是市场经济体制所需要的基本法律规制，是保障市场经济得以正常运行的基本条件。物权法正是通过调整物的归属和利用，发挥了其作为基本财产法的功能。① 另一方面，财产权作为公民的基本人权，也是公民基本生产和生活的物质条件。物权法作为保护财产权的法律，对于保护公民基本人权具有重要意义。第二，《民法典·物权编》是物权法最基本的组成部分。《民法典·物权编》是最基础性的物权法规范，在发生物权纠纷后，法官首先且主要应当依据《民法典·物权编》的规定处理。但《民法典》第 11 条规定，“其他法律对民事关系有特别规定的，依照其规定”。因此，如果对物权纠纷涉及法律特别规定的，可以依据单行法的规定予以处理。

（二）物权法的调整对象

物权法是调整人对物的支配而产生的人与人之间的财产关系。依据《民法典》第 205 条的规定，物权编调整因物的归属和利用而产生的民事关系。

物权法调整因物的归属而产生的财产关系。归属关系是全部财产关系的基础，确认物的归属是市场经济的基础，也是充分发挥物的效用的前提。确认物权归属在物权法上形成所有权制度。这是权利人在法律规定的范围内独占性地支配其所有物的权利，是权利人对物的全面的支配关系，既包括对物的价值的支配，也包括对物的使用价值的支配。依据《民法典》第 115 条的规定，物包括不动产和动产。法律规定权利作为物权客体的，依照其规定。因此，物权法主要调整因有体物产生的财产归属和利用关系，因无体物产生的财产归属和

① 参见孙宪忠：《中国物权法总论》，法律出版社 2003 年版，第 8 页。

利用关系主要由知识产权等法律调整，在法律明确规定的情况下，物权客体可以是无体物。例如，《民法典·物权编》规定了权利质押，这就是属于法律有特别规定的以无形财产为客体的情况。物权可能在归属上发生争议，一旦发生争议，物权法就要通过一系列的规则来确认物的归属，定分止争，这也是物权法的基本功能。①

物权法调整因物的利用而产生的财产关系。虽然所有权制度调整所有人对物的利用，但在实际生活中还存在大量的非所有人对物的利用关系，而且这在市场经济中是一种普遍的、经常发生的现象。这也是所有权人为充分发挥物的效用，实现所有权权能的一种方式。物权法上所说的"物的利用"，是指对他人之物的利用，不是指对自己之物的利用。利用自己之物，如所有权人利用自己的房屋，属于所有权的"使用、收益"权能，是所有权应有之义，无须单独规定。"利用"分为利用他人之物的使用价值和交换价值。利用他人之物的使用价值，即对他人所有的物在一定范围内使用、收益的权利，称为用益物权，包括建设用地使用权、土地承包经营权、居住权、宅基地使用权等。利用他人之物的交换价值，即物的所有人在自己的物上为他人设定担保，由担保权人支配物的交换价值，从而使得债务人获取信用，这也是人们对物的利用的一种重要方式，物权法调整非所有人基于债的担保对物的交换价值的支配关系，这在物权法上形成担保物权制度，包括抵押权、质权和留置权。需要指出的是，物权法中物的利用，仅指采用物权方式对他人之物的利用，不包括采取债权方式对他人之物的利用。以租赁、借用等债权形式对物的利用，受合同法调整，不属于物权法范围。

三、《民法典·物权编》的价值定位

党和国家一贯注重物权保护，将物权法律规范体系化作为国家治理的重要组成部分。《民法典·物权编》在沿袭原《物权法》基本思路和框架的基础上坚持问题意识导向补充和修改了部分条文，完善了以社会主义核心价值观为精神内核的中国特色社会主义物权体系。

《民法典》体现了社会主义核心价值观。《民法典》在第 1 条就开宗明义地指出其立法宗旨之一是"弘扬社会主义核心价值观"。《民法典》以人文关怀的

① 参见王利明主编：《民法》（上册），中国人民大学出版社 2020 年版，第 216 页。

民法理念为引导,以实现人的自由全面发展为目标,将个人层面的价值观与社会层面的价值观及国家层面的价值观融为一体,通过对民事权利的确认和保护、对具体民事法律制度的设计和民法规范的妥当配置,将社会主义核心价值观转化为可操作性极强的行为准则①,充分体现了中国智慧、中国经验。蕴含社会主义核心价值观的《民法典·物权编》是中国经验的总结,体现了中国智慧。这一中国元素展开的基本逻辑是,以实现人民群众美好生活的愿望为出发点和归宿,以社会主义公有制为根基,以回应社会关切并完善权利规则为主要方式,以物尽其用为基准。

富强是社会主义现代化国家经济建设的永恒目标,是广大人民群众梦寐以求的美好夙愿,也是实现中华民族伟大复兴的物质基础。富强即民富国强,民法以权利本位和个人本位为理念建立的所有制度,是旨在通过保护好每一个个体的合法权益,来达到民富国强的社会效果。传统民法以交易为中心,本质上是服务于交易和财富的创造。民法所确立的物权制度就旨在通过对私人权利的保护,鼓励社会成员积极创造财富、积累财富并最终达到共同富裕,实现民富国强的价值目标。物权编所确立的物权绝对原则和财产权平等保护原则,任何民事主体依法取得的合法财产均受法律的平等保护,实现了"有恒产者有恒心"的社会效果。

保护产权是构建市场秩序的核心,是稳定的市场交易秩序的前提。《民法典·物权编》从多层次所有制结构出发,构建了国家所有权、集体所有权、私人所有权的多元所有权结构,这一系列完整的财产权保护体系的构建,让《民法典》为促进社会经济发展提供了制度上的保障。②《民法典·物权编》承继原《物权法》平等保护原则,反映了我国基本经济制度的要求。在市场经济条件下,财产权是民事主体进入市场的基础,对财产权进行平等保护是市场经济内在要求在法律上的体现。物权编只有确立平等保护原则,才能建立财产秩序和交易秩序,促进市场经济的发展。

社会主义核心价值观所倡导的"和谐"主要涉及人与人、人与社会、人与国

---

① 参见钟瑞栋:《社会主义核心价值观融入民法典编纂论纲》,载《暨南学报(哲学社会科学版)》2019 年第 6 期。

② 参见杨震、孙毅:《我国民法典的时代价值》,载《求是学刊》2021 年第 5 期。

家以及人与自然等诸多关系的协调处理，既反映了“以和为贵”的中国传统文化的基本理念，又体现出人们对自然和人类社会发展规律的最新认识，具有重要的当代价值。①《民法典·物权编》强调，用益物权人行使权利，应当遵守法律有关保护和合理开发利用资源的规定；设立建设用地使用权应当符合节约资源、保护生态环境的要求。《民法典·物权编》自始至终秉持“物尽其用”的立法宗旨，尽可能地发挥物的效用，同时尽量降低社会成本。这体现了天地人和、人与自然和谐共生的传统文化理念，对于协调经济发展与环境保护的关系具有重要意义。《民法典》第288条规定的相邻关系处理原则，体现了尽可能确保相邻的不动产权利人之间的和睦关系，合理解决相邻不动产权利人因行使权利而发生的冲突，维护不动产相邻各方的利益平衡，对相邻各方的利益进行合理协调。这一制度有利于充分发挥财产效用，减少纠纷，稳定社会经济秩序，实现社会和谐。

第二节　物权概述

一、物权的概念

“物权”是近代大陆法系民法中一个重要概念。从历史渊源来看，尽管古代罗马法确立了所有权、用益权等具体的物权类型，但却始终没有使用具有抽象概括意义的“物权”一词。据学者考证，现代大陆法系国家所使用的物权概念是中世纪欧洲注释法学派的学者在解释罗马法时，从对物之诉和对人之诉中，引申出“物权”的概念。1811年制定的《奥地利民法典》首次使用“物权”概念，该法典没有能够建立起完善的物权类型体系，但对后世各国的物权立法有重要影响。1900年，《德国民法典》率先将物权制度独立成编。自此之后，大陆法系各国纷纷仿效《德国民法典》，在自己的民法典中都使用了物权概念并规定了较为完备的物权制度，如《日本民法典》。2007年我国《物权法》明确规定了物权概

---

① 参见钟瑞栋：《社会主义核心价值观融入民法典编纂论纲》，载《暨南学报（哲学社会科学版）》2019年第6期。

念,并系统规定了所有权、用益物权和担保物权。《民法典》第114条延续了原《物权法》第2条的规定,物权是权利人依法对特定的物享有直接支配和排他的权利,包括所有权、用益物权和担保物权。该规定对于界定物权的内容和效力、区别物权和债权具有重要意义。

二、物权的特征

物权的特征是物权本质属性的反映。正是这些特征使我们能够将物权区别于债权等其他财产权,物权具有以下法律特征。

(一)物权是权利人直接支配物的权利

物权的支配性,是指物权的权利人可直接支配标的物,即物权人可以依自己的意思对标的物加以控制或处分。从权利的效力上看,物权属于支配权。其支配性体现为:

1. 物权的权利主体以自己的意思实现对客体物的支配。物权的存在赋予了权利人对物的利益的支配地位。

2. 物权的支配是直接支配,即不需要通过他人的意思或行为就可支配客体物。

3. 物权的支配形式,根据具体物权的不同,可以表现为对物的占有、使用、收益或处分。由于物权种类的不同,物权主体支配物的方式和范围也有所不同。所有权是所有人对于自己所有之物的一种总括的、全面的支配,而他物权则只是在某一方面对他人所有的物进行的支配。另外,物权中对于物的支配不一定都是有形的,对物的使用价值的支配往往是有形的,例如土地承包经营权人对其承包经营的耕地的占有、使用和收益;对物的交换价值的支配往往就是无形的,例如抵押权人对于抵押物无占有的事实,其对抵押物的支配就是无形的。

4. 权利人行使对物的支配行为,可以是民事法律行为也可以是事实行为。如在自己所有的房屋上设定抵押权属于民事法律行为,农户在申请到的宅基地上建造住宅则属于事实行为。

在民事权利体系中,物权与债权同属传统的财产权类型。物权的支配性表现了物权在行使上的本质属性,相比较而言,债权则不具有支配性,而仅仅是一种请求权,即债权人无法直接支配物,而仅有权要求债务人按照债的内容履行债务。

(二)物权是绝对权

物权是绝对权的性质,是指物权的权利主体是特定的,义务主体是除权利主体以外的不特定的任何人。义务主体承担的义务是消极的不作为义务,即任何人都负有不侵害、不妨碍物权人行使权利的义务,如他人不得妨害所有人对自己的物行使占有、使用、收益、处分等权能。由于物权所具有的对世性特征,故物权又被称为对世权。

与物权相比,债权则不具有对世性,而仅在特定的当事人之间发生效力,故又称为对人权,即对特定人的权利。其权利的实现,必须有赖于债务人的履行行为的配合,不能直接就物实现利益。

(三)物权是具有排他性的权利

物权的排他性彰显的是物权相互之间在关系上的特性,其含义是:内容相同的物权相互之间具有排斥性,即一物之上不能同时并存两个或两个以上不能相容的物权。如在同一块土地上就不能同时设立两个或两个以上的土地承包经营权。

排他性大体可以归纳为以下几个方面的内容:

1. 在同一物之上一般不能同时成立两个所有权,即"一物不容二主"。

2. 在同一物上不能同时成立两个以独立占有为前提的物权,如在同一块耕地上不可能同时设立两个土地承包经营权。

3. 同一物上不能同时存在性质不相容的物权。如在同一宗土地上不能同时存在归属于同一主体的所有权和建设用地使用权,前者是自物权后者是他物权,性质不相容,此时应依混同而消灭建设用地使用权,除非该权利的存在对第三人有利益,如建设用地使用权是抵押权的客体。但是,物权的排他性并不妨害相容的物权同时并立。如担保物权与所有权的并存,所有人将自己的房屋用于抵押贷款,则所有权与抵押权可同时并存于该房屋。与物权相比,债权相互之间则不具有排他性,而是具有相容性。

(四)物权的客体是物

物权的客体是"物",《民法典》第115条规定"物包括不动产和动产",揭示了这里的"物"是狭义的物的概念,即指存在于人身之外,既能够满足人们的社会需要又能为人所实际控制或支配的有体物。作为物权客体的物,具非人格性。即物只能是存在于人身之外的东西,人体及人体的组成部分不能成为物权客体。因为依据现代法律精神,人是支配物的主体,不能成为被人支配的客体。但是与人体分离后的血液、眼角膜、器官等,可以成为物,但其流通会受到法律的明确限制。物应能满足人们物质生活需要或精神生活需要并能为人力实际控制或支配。

权利本身,只有在法律有特殊规定的情况下才可以成为物权的客体,《民法典》第115条明确了一些特例,即在法律有特别规定的情况下,一些权利也可以成为物权的客体,如《民法典》第440条规定,某些可转让的财产权如汇票、本票、支票、应收账款、知识产权中的财产权等都可作为质权的客体。

传统民法理论认为,作为物权客体的物应当是有体物、特定物、独立物。

首先,物权的客体原则上是有体物。

有体物,是指占有一定空间具有某种形体的物,如土地、建筑物、动植物以及各种物品。随着观念的更新和社会生产生活的需要,近年来,学理上对有体物逐渐采扩大解释,认为有体物不必具有一定形状或者固定的体积,不论固体、液体或气体均为有体物。至于各种能源,诸如热、光、电气、电子、放射性、核能、频道等,虽无形体但可以被感知,属于物理存在,在技术上已能加以控制,工商业和日常生活中已普遍采用,可以成为物权的客体。

其次,物权的客体是特定物。

特定物,是指以单独所具有的特征加以确定的物。它可以是某个独一无二的物,也可以是特定化了的种类物。因为物权作为支配权,其权利主体所得以享有的一切法律利益都与特定之客体物相依存。其物权的占有、使用、收益、处分等一切权利内容都直接指向特定客体物本身。如果物权的客体不特定化,物权人无从对其进行直接支配。物权只能建立在特定物之上,当特定物灭失时,该特定物上的物权一般也只能归于消灭。

最后,物权客体是独立物。

独立物,是指能够单独、个别地存在的物。只有是独立物,物权人才可以对之进行直接的支配,才能用交付或登记等形式公示物上的权利状态,以减少纠纷。如果某物没有独立性,而是与其他物浑然一体也无法对其设定物权,如当事人无法对一辆汽车的某一部分设定抵押权。

第三节　物权的效力

物权的效力,是指物权作为排他性的支配权所具有的法律强制作用力或保障力。从目的上看,物权的效力是为了更好地实现物权,或者为维护物权提供法律保障。因此,物权的效力包括支配效力、排他效力、优先效力、追及效力及物上请求权效力。其中,支配效力是物权的核心效力,支配效力是物权作为支配权的本质所决定的,如果没有支配效力,物权直接支配特定物的利益就无法实现。排他效力、优先效力等其他具体效力"均是物权直接支配效力所派生的"①。物权的排他效力已在物权特征部分阐述,这里主要说明物权的优先效力、追及效力及物上请求权效力。

一、优先效力

物权的优先效力,是指同一标的物上有数个相互矛盾、冲突的权利并存时,具有较强效力的权利排斥具有较弱效力的权利的实现。考察先后成立的物权之间及物权与债权之间的关系,物权的这种优先效力都存在。优先效力和排他效力也可以看作权利冲突的解决规则。两者不同之处在于,排他效力的作用是以一个物权消灭另一个不相容的权利,即所谓"一物不二权"。而优先效力的作用则是为并存一物之上的权利确定先后。例如,对于买卖不动产而产生的请求权可以进行预告登记,预告登记后,未经预告登记权利人同意,处分该不动产的,不发生物权效力。这一效力属于排他效力而不属于优先效力。考察先后成立的物权之间及物权与债权之间的关系,物权的这种优先效力都是存在的。

（一）物权相互之间的优先效力

这种优先效力,是以物权成立时间的先后确定物权效力的差异。同一标的物上有数个可以同时存在的物权时,成立在先的物权优先于成立在后的物权,即"成立在先,权利在先"。这种情况在担保物权中比较常见。一般说来,两个在性质上不能共存的物权不能同时存在于同一物上,故而后发生的物权根本不

---

① 尹田:《物权法理论评析与思考》,中国人民大学出版社 2008 年版,第 150 页。

能成立。如在某人享有所有权的物上,不得再同时成立其他的所有权。如果物权在性质上可以并存,则后成立的物权仅于不妨碍先发生的物权的范围内得以成立。在这种情况下,先成立的物权优先于后成立的物权。例如,在同一物上设立数个抵押权,先成立的抵押权优于后成立的抵押权。《民法典》第414条第1款规定:“同一财产向两个以上债权人抵押的,拍卖、变卖抵押财产所得的价款依照下列规定清偿:(一)抵押权已经登记的,按照登记的时间先后确定清偿顺序;(二)抵押权已经登记的先于未登记的受偿;(三)抵押权未登记的,按照债权比例清偿。”物权相互之间以成立时间的先后确定其效力的强弱,本质上是对现存的、既得的物之支配权的保护。

(二)物权优先于债权

在同一标的物上物权与债权并存时,物权有优先于债权的效力,这主要表现在以下情形:

1. 在一物二卖的场合,由先受领给付或先完成不动产登记的买受人优先取得标的物的所有权。另一买受人只能向出卖人主张债务不履行的责任。

2. 在债权标的物上设立物权时,物权即使设立在后,效力亦优先于债权。例如某债务人甲和债权人乙约定,将来以给付某物抵债。其后,甲又用该物为丙设定了抵押权。在该物之上,丙的抵押权优先于乙的债权。

3. 在债权人依破产程序或强制执行程序行使其债权时,作为债务人财产的物上存在他人的物权时,该物权优先于一般债权人的债权。例如,在债务人破产时,在债务人的财产上设有担保物权的,担保物权人享有优先受偿的权利。

(三)优先效力的例外

优先效力的规则不是绝对的,有如下例外:

1. 限制物权的效力优先于所有权。限制物权是于特定方面支配物的物权,一般是在他人所有之物上设定的权利。所以限制物权成立在所有权之后,但由于限制物权是根据所有人的意志设定的物上负担,因此限制物权具有优先于所有权的效力。

2. 买卖不破租赁。所谓买卖不破租赁,是指租赁物在租赁期间因买卖而发生所有权变动,不影响租赁合同的效力。目前,买卖不破租赁规则的适用已经不限于买卖这一种情况,因设定抵押权等原因而引起的物权变动都不破租赁。

例如,《民法典》第 405 条规定,抵押权设立前,抵押财产已出租并移转占有的,原租赁关系不受该抵押权的影响。租赁权本属债权,近现代民法中已经具有某方面物权的特性,因此对租赁关系不适用物权优先于债权的规则。

3. 特别法规定权利顺序时,不适用通常的优先权规则。例如,《海商法》第 25 条规定,船舶优先权先于船舶留置权受偿,船舶抵押权后于船舶留置权受偿。

二、追及效力

物权的追及效力,是指物权成立后,其标的物也即其客体无论辗转落入何人手中,除法律有特殊规定者外①,物权人均可追及物之所在,而依法行使其物权。《民法典》第 311 条规定,无处分权人将不动产或者动产转让给受让人的,所有权人有权追回。这是我国法律对所有权人的追及效力所作的明确规定。物权的追及效力不仅体现于所有权,也体现于担保物权。《民法典》第 406 条第 1 款规定:"抵押期间,抵押人可以转让抵押财产。当事人另有约定的,按照其约定。抵押财产转让的,抵押权不受影响。"所谓"抵押财产转让的,抵押权不受影响",是指抵押人在抵押权设定后,将抵押财产的所有权让与第三人,其原设定的抵押权,仍随抵押财产之所在而存在,抵押权人于债务人不履行到期债务或者发生当事人约定的实现抵押权的情形之时,仍得追及至抵押财产之所在而行使抵押权,依《民法典》第 410 条的规定就抵押财产优先受偿。可见,《民法典》明确承认了抵押权的追及效力。

三、物权请求权效力

物权请求权,是指当物权的圆满状态正在或可能遭受侵害或妨碍时,物权人为排除或预防妨碍而请求对方为一定行为或不为一定行为的权利。

由物权的绝对性与对世性等所决定,法律对物权人给予了十分严格和周密的保护,即赋予物权人多方位的、全面的排除他人妨害的效力,从而恢复物权人对其标的物的原有的支配状态。物权请求权是以物权为基础的一种独立的请求权,对此定性可以从以下几方面说明:

1. 物权请求权是物权法保护物权的特有方法。物权请求权是一种基于物

---

① 《民法典》第 311 条关于善意取得制度的规定即构成了对物权追及效力的例外。

权而产生的、保护物权的请求权,也是物权法为保护物权而特别设定的一种方法。物权请求权源于物权的支配性,当物权人的支配权受到他人侵害时,为恢复权利人对客体的圆满支配状态,物权人才应行使此项请求权。可见,物权请求权的行使可以使物权恢复圆满状态和支配力,因此它也是物权效力的体现。

2. 物权请求权是物权的效用。物权作为一种法律上的权利,受到法律的保护,于受到妨害时,物权人即有排除妨害的请求权。因此,物权请求权是物权的效用,它以恢复物权的支配状态为目的,在物权存续期间不断地发生。

3. 物权请求权附属于物权。物权请求权派生于物权,其命运与物权相同,即其发生、移转与消灭均属于物权,不能与物权分离而单独存在。

根据《民法典》第 235 条、第 236 条和第 237 条的规定,物权请求权包括返还原物请求权、排除妨害请求权、消除危险请求权和恢复原状请求权,此问题在物权的保护一节加以说明,此处不赘述。

第四节　物权的类型

一、物权法定原则

物权法定原则也称物权类型法定主义,是放任主义的对称,是指物权的类型和内容由法律规定,当事人只能依据法律的规定创设物权。《民法典》第 116 条规定:物权的种类和内容,由法律规定。这就确定了物权法定原则。物权法定是大陆法系各国物权法所普遍承认的基本原则。它对于准确地界定物权、定分止争、确定物权设立和变动规则都具有十分重要的意义。

现代各国确立物权法定原则的理由,主要在于保护交易安全的需要。物权具有排他性,通常会涉及第三人的利益,所以物权的存在及其变动应力求透明。如果允许当事人自由创设物权,不仅易给第三人造成损害,而且还为物权的公示增加了困难,因为法律不可能对每一种当事人所创设的物权都提供相应的公示方法。物权的种类和内容法定化,便于物权的公示,以确保交易的安全和快捷。

物权法定原则包括三方面含义:

其一，物权种类法定。物权种类法定包括两个方面：一方面，物权的具体类型必须要由法律明确规定，法律之外的规范性文件（如行政规章、地方性法规）不得创设物权。另一方面，当事人不得创设法律未规定的新类型的物权。例如，对于质权，依《民法典》，只规定了动产质权和权利质权这两种形式。当事人如果在不动产上设立质押，则不产生设定物权效力。

其二，物权内容法定。物权内容法定包括两个方面：一方面，物权的内容必须要由法律规定，当事人不得创设与法定物权内容不符的物权，也不得基于其合意自由决定物权的内容。例如，依据法律的规定，农村土地经营权的内容中的使用权能限于农业生产，当事人不能通过合同约定在土地上从事非农业的建设。另一方面，当事人不得创设与法律规定的物权内容的强制性规定不符的物权。例如，创设不移转占有的动产质权，由于与法律规定的质权内容不同，故不产生物权效力。

其三，效力法定。因为物权效力是由法律赋予的，物权的对世效力、优先效力，都是对第三人产生的，涉及交易安全，故不能由合同当事人自由作出安排。如果没有效力法定，则种类法定和内容法定在现实中将失去应有的作用。物权的效力包括对世性、支配性、优先性及追及性，它是物权的基本性质的体现，也是物权和其他基本权利区别的标志。如果允许合同当事人可以随意改变物权的效力，那么物权和债权的区别将不复存在，种类和内容的法定也就丧失了意义。因为物权的定义已涉及效力的规定，因而《民法典》第116条没有明确提到效力法定的问题。①

物权法定原则是物权法的基本原则，具有强制性，当事人必须遵守，违反该原则将产生相应的法律后果。违反物权法定原则不能产生物权设定和移转的效果，物权不能有效的设定与变动，但并不影响合同的效力。② 如果合同符合其他法律行为的条件，仍可产生相应的法律后果。这一特征意义重大，它体现了在保障交易安全的前提下，依据当事人的意思表示来发生法律效果这一民法精神。具体来说，违反物权法定原则的后果包括如下三方面：一是违反物权种类的规定不得认可为物权。即不按照法律规定的物权类型设定的物权，不产生物

① 参见王利明主编：《民法》（上册），中国人民大学出版社2020年版，第225～226页。

② 参见梁慧星编著：《中国物权法草案建议稿》，社会科学文献出版社2000年版，第103页。

权的效力。二是违反物权内容的规定不产生物权的效力。即不按照法律规定物权内容设定的物权,不具有物权的效力。依《民法典》第402条的规定,以房产抵押的,抵押权自登记时设立,如果当事人以房产抵押但并未进行抵押登记,则抵押权并未设立。三是违反物权法定原则不妨碍其他法律效果的发生。如当事人关于物权的设定或内容的约定违反了物权法定原则,但只要其约定的内容符合其他法律的有关规定,则当事人的约定尽管不产生物权效力,但仍可产生其他相应的法律效力。如甲向乙借款50万元,约定甲将自己的住房抵押给乙作为担保,并约定甲交付该住房给乙占有使用,如到期甲不履行还款义务,乙可以要求甲变卖或拍卖房屋,并就所得价款优先受偿。由于我国《民法典》不承认不动产转移占有的抵押方式,也不承认不动产质押,故甲乙之间关于房屋担保的约定既不符合我国法律关于抵押权的规定,也不符合我国法律关于质权的规定,故无法产生抵押和质押的法律效果,但甲乙之间就担保所作的约定确系真实自愿而达成一致的协议,符合《民法典·合同编》的相关规定,因此该约定尽管不产生物权效力,但仍能产生债权效力,即乙仍然对甲享有合同债权,其结果是:在甲不能按期履行还款义务时,乙仍然有权要求甲变卖或拍卖该房屋,并可就其所得受偿自己的债务。只是在此情况下,如甲还存在其他债权人,乙对房屋变卖或拍卖所得价款无法享有优先受偿权,而如果甲在与乙签订合同后又以该房屋抵押给丙并进行了登记,则乙因享有的仅仅是债权而无法与真正的抵押权人丙相抗衡。因此,违反物权法定原则并不意味着不发生任何法律效力,如果当事人之间的合同符合合同成立和生效的要件,合同在当事人之间仍然会发生效力,一方当事人不履行合同,应当承担违约责任。

基于物权法定原则,各国民法都对物权作出了明确规定。我国《民法典·物权编》的体系主要由通则、所有权、用益物权、担保物权、占有制度构成。

(一)通则

通则主要对物权制度的基本问题以及共性问题作出原则性规定,主要包括:基本原则的规定、不动产登记、动产的占有与交付、物权的保护。通则实现了物权编条文简约的目标。

(二)所有权

所有权在物权体系中始终处于核心和基础的地位。在建立物权体系的过程中，世界各国的立法都对最重要的权利，即所有权给予极大的关注，这在立法上称为所有权核心主义。所有权是指所有人在法律规定的范围内独占性地支配其所有物的权利。《民法典》第 240 条规定："所有权人对自己的不动产或者动产，依法享有占有、使用、收益和处分的权利。"

所有权是最完整、最充分的物权，也是最基本的物权形态。为充分发挥物的效用，可以从所有权中分离、派生、引申出各种其他的物权。他物权制度（用益物权和担保物权）是由所有权制度派生出来的，因此物权编的分编基本上可以划分为两部分，即所有权和他物权。

（三）用益物权

这是对他人所有的物在一定范围内使用、收益的权利，包括建设用地使用权、地役权等。《民法典》第 323 条规定："用益物权人对他人所有的不动产或者动产，依法享有占有、使用和收益的权利。"具体包括土地承包经营权、建设用地使用权、宅基地使用权、居住权和地役权。

（四）担保物权

担保物权是为了担保债的履行，在债务人或第三人的特定财产上设定的物权，主要有抵押权、质权、留置权等。《民法典》第 386 条规定："担保物权人在债务人不履行到期债务或者发生当事人约定的实现担保物权的情形，依法享有就担保财产优先受偿的权利，但法律另有规定的除外。"《民法典·物权编》担保物权分编在内容和体系上具有重大创新。

（五）占有

通说认为，占有是指占有人对于物具有事实上的管领力的一种状态。占有关系绝不是所有权关系、他物权关系所能概括的。《民法典·物权编》之所以要确认占有制度，是因为占有常常形成一种法律关系。占有是一种事实状态，但占有可以发生一定的法律效力，在法律上可获得保护，例如拾得人对遗失物的占有，可以获得法律的保护。故确认和保护占有对维护占有秩序和财产安全，具有重要意义。

二、物权类型的学理分类

为更深入理解和研究不同性质的物权，理论界从不同角度对物权的种类进行了划分,以下介绍较常见的七种分类。

(一)自物权与他物权

这是根据权利的客体是自有的还是他人的所作的分类。

自物权是权利人对于自己的物所享有的物权,如所有权。自物权是物权人对自己所有的物依法进行全面支配的物权,是完全物权。他物权是指在他人所有的物上设定的物权,如抵押权等。他物权是对他人之物的特定方面进行支配,并起到限制自物权人某些权能的作用,故又称限制物权。

该分类是物权的最基本分类,这一方面是因为所有权是所有他物权的基础,一切他物权都可以说是在所有权基础上派生的,另一方面也因为许多国家的物权法都是依照该分类展开自身的体系架构的,我国物权法也是如此。

(二)完全物权与定限物权

这是根据权利人对物所享有的权利的范围所作的分类。

完全物权系指权利人能对物的使用价值和交换价值为全面支配的物权,而定限物权之权利人只能根据法律的规定或合同的约定对标的物为一定范围和限度的支配。在所有的物权中,只有所有权是完全物权,其他物权都不能像所有权人那样对物享有完全的支配权,故都属于定限物权。

区分完全物权与定限物权的意义主要在于,可以明确两者发生冲突时的效力。由于定限物权一般是依据所有人的意思设立或直接依据法律设定,故具有优先于派生其所有权的效力,从而构成对该所有权的限制。

(三)用益物权和担保物权

根据设立目的的不同,他物权又进一步划分为用益物权和担保物权。

用益物权,是指以对特定物的使用和收益为目的而设立的他物权,如土地承包经营权等。担保物权是指为担保债务履行为的目的而设立的他物权,如抵押权。

这两类物权的主要区别在于:用益物权是对物的使用价值的支配,其实现必须有赖于对物的使用价值的实际控制,一般以占有标的物为使用收益的前提条件。担保物权是对物的价值的支配,属于价值权。担保物权不都以占有标的物的实体为必要。

(四)不动产物权、动产物权、以权利为客体的物权

依据物的客体的不同,物权可以区分为动产物权、不动产物权及以权利为

客体的物权。所谓动产物权,是指以动产为客体的物权,如车辆、机器等的所有权。所谓不动产物权,是指以不动产为客体的物权,如建设用地使用权、土地承包经营权等。所谓以权利为客体的物权,是指在权利之上设定的担保物权,如权利质权、在建设用地使用权上设立的抵押权等。

这种分类的意义主要在于:三类物权的设定要件、公示方法等均有所不同。

(五)意定物权和法定物权

这是根据物权成立原因所作的分类。

意定物权是根据当事人的合意而设定的物权,法定物权是根据法律的直接规定所设立的物权。绝大部分物权属于意定物权,而在我国,留置权属于法定物权。

这两类物权划分的意义在于:两者成立的要件与法律的适用有所不同。

(六)主物权与从物权

这是根据物权是否具有独立性为标准所作的划分。

主物权,是指不以权利人的其他民事权利的存在与否为前提、能够独立存在的物权。所有权及大部分用益物权均为独立物权。从物权则依附于权利人其他民事权利的存在而存在,其目的是为担保、增进所属权利的利益而设定,如担保物权和地役权。

这两类物权划分的意义在于:明确独立物权可以独立存在,而从物权的命运受其所从属的权利的影响,受其约束和决定。

(七)有期限物权与无期限物权

这是以物权有无存续期限所作的划分。

有期限物权是指仅得于约定或法定期限存在的物权,如抵押权、质权、留置权。无期限物权则是指没有预定存续期间,而可永久存在的物权。所有权是无期限物权,他物权则为有期限物权。

这两类物权划分的意义在于:明确有期限物权一般因存续期届满而归于消灭,而无期限物权只有当标的物灭失或权利人抛弃物权等特定情形才消灭。

第五节　物权的保护

一、物权的保护概述

物权的保护，是指在物权受到侵害的情况下，依照法律规定的方法和程序恢复物权的完满状态，维护物权人利益的各种保护方法。这是物权法律制度必不可少的组成部分。无救济则无权利，《民法典》作为实体法规范规定了权利人享有一系列的物权，但是这些实体权利，无一例外都要通过一定的程序来保障。《民法典·物权编》第一分编通则第三章专章规定物权的保护，主要是从物权的效力和物权法的特殊规则出发，对权利人提供充分的保障。

遵循传统物权理论，按是否通过民事诉讼程序作为分类标准，物权的民法保护可以分为两大类：私力保护与公力保护。私力保护也称“自力救济”，是指当物权人的权利受到侵害时，权利人通过自己的个人力量或者其他非国家力量来对权利加以保护，除和解外，还包括正当防卫、紧急避险和自助行为。公力保护也称“公力救济”，是指权利人在物权受到侵害后，依法请求国家司法机关依据民法、民事诉讼法运用公权力给予的保护。民法为物权人提供的“公力救济”方法包括：物权法上的救济与债法上的救济。物权法上的救济是指物权法为物权人提供的救济手段，集中体现在《民法典·物权编》通则的第三章，这些手段包括：确认物权请求权、返还原物请求权、排除妨害请求权、消除危险请求权、恢复原状请求权。而债法提供的救济包括违约损害赔偿请求权、侵权损害赔偿请求权及其他民事责任。《民法典·物权编》通则第三章仅在第238条作了原则性规定：“侵害物权，造成权利人损害的，权利人可以依法请求损害赔偿，也可以依法请求承担其他民事责任。”

二、物权确认请求权

物权确认请求权，是指利害关系人在物权归属和内容发生争议时，有权请求确认物权归属、明确权利内容的请求权。物权编作为调整因物的归属和利用而发生的民事关系的法律规范，必须为物权的归属和内容发生争议时提供确立权利的法律规则。因此,《民法典》第 234 条明确规定:“因物权的归属、内容发生争议的,利害关系人可以请求确认权利。”这一规定,一方面,建立了完整地保护物权的体系,发挥了物权在定分止争、确认物权中的功能;另一方面,此种请求权对于人民法院解决实践中出现的大量纠纷提供了法律依据。此种请求权是物权编保护物权的一项重要内容。

在物权的归属发生争议的情况下,利害关系人请求确认的权利,即物权确认请求权。其性质和地位如何,学界一直存在不同的认识。有学者认为物权确认请求权属于物上请求权①,有学者认为物权确认请求权属于物权请求权②,有学者则主张物权确认请求权虽然是保护物权的方法,但不属于物权请求权的范畴。该观点更具合理性。理由有三:(1)物权的存在是物权请求权产生的前提,没有物权便没有物权请求权。③ 物权确认请求权发生于物权是否存在或物权归属于谁有疑问的场合。没有物权的人也享有物权确认请求权。(2)物权请求权的行使,既可以采取自力救济的方式,也可以甚至必须依赖公权力。物权确认请求权必须通过诉讼的方式行使。(3)物权请求权的行使,发生使物权恢复到圆满状态的结果,物权确认请求权则无法使物权恢复到圆满状态,必须再借助物权请求权。在物权确认请求权的行使者就是物权人的情况下,物权确认请求权的行使确实保护了物权,因而《民法典》将它作为物权的保护方法,是可取的。④

确认物权请求权的内容包括两方面,一是对物权归属的确认。其一,它是对所有权的确认。它是保护所有权的前提,因为返还原物、排除妨碍等请求权都是以对所有权的确认为前提。如果所有权的归属不清,则无法适用所有权的保护方法。其二,它是对他物权的确认。如抵押权设定后,在拍卖时发生争议,即债权人对该项土地之上是否具有抵押权、谁享有抵押权发生了争议,当然应当包括在确权之内。他物权的设定虽有登记,但登记记载的内容也会有错误,

---

① 参见郭明瑞、唐广良、房绍坤:《民商法原理·物权法·知识产权法》(第 2 册),中国人民大学出版社 1999 年版,第 60 页。

② 参见王利明主编:《中国物权法草案建议稿及说明》,中国法制出版社 2001 年版,第 206 ~ 210 页。

③ 参见刘凯湘:《论基于所有权的物权请求权》,载《法学研究》2003 年第 1 期。

④ 参见崔建远:《中国民法典释评·物权编》,中国人民大学出版社 2020 年版,第 202 页。

因此有必要确认。二是对物权内容的确认。如果当事人对物权的内容发生争议,可以请求人民法院对物权内容加以确认。如登记机关将他人对房屋面积登记错误,权利人向登记机构提出申请更正遭到拒绝后,可以请求法院确认。

三、物权请求权的类型

(一)返还原物请求权

《民法典》第235条规定:"无权占有不动产或者动产的,权利人可以请求返还原物。"该条是关于返还原物请求权的规定。返还原物请求权是指所有权人以及其他物权人依法享有的要求无权占有其物或侵夺其物的人返还该物的请求权。该项请求权是由所有权所派生的请求权,并且是所有权效力的直接体现,只要他人无权占有或侵夺权利人的财产,权利人都可以通过行使该项请求权而恢复其物权的圆满状态。①

占有是许多物权的基本权能,也是许多物权目的实现的必要前提条件。在我国目前的物权立法体系中,除抵押权不以占有为其首要权能外,大部分物权以占有为首要权能。对所有权人和用益物权人而言,占有是至关重要的,因为倘若不占有物,权利人就无法使用该物并享有由此产生的利益或者丧失对物的交换价值的事实控制,对于质权和留置权来说,失去占有,其物权的目的就无法顺利实现。因此,在物权法律制度中规定返还原物请求权意义重大。

返还原物请求权需具备以下条件:一是物被第三人非法占有,物权人已丧失对物的占有。返还原物请求权的主体应为失去对物的占有的物权人,包括所有权人和他物权人。二是相对人的占有必须构成无权占有,即缺乏占有的本源。通常来说,是指相对人无法律和合同依据而占有所有人的财产。三是原物存在。返还原物请求权就是为了恢复物权的圆满状态,如果原物已经灭失,实际上物权因其客体的消灭而消灭,此时物权人只能请求无权占有人承担赔偿责任。

由于他人无权占有或侵夺所有物后既可能因占有人的滥用而导致所有物被损坏或毁灭而丧失价值,也有可能因占有人有效地利用与保护而保值甚至增值,因此围绕着返还所有物请求权还会发生其他类型的请求权以调整物上权利

---

① 参见谢在全:《民法物权论》(上册),中国政法大学出版社1999版,第129页。

人与占有人之间的法律关系，例如，所有人针对不法占有人的侵权损害赔偿请求权、收益返还请求权，占有人对于所有人的费用支付请求权等，物权编在“占有”一章对这些问题作出了规定。从这个角度上说，返还所有物请求权是物上权利人与占有人之间发生的法律关系中的主导性请求权，而其他请求权为从属性的请求权。

（二）排除妨害请求权

依据《民法典》第236条，妨害物权的，权利人可以请求排除妨害。该条是对排除妨害请求权的规定。所谓排除妨害请求权，是指当所有权与他物权的圆满状态受到他人以侵夺占有或无权占有以外的方式的妨害时，物权人享有的请求排除妨害，使自己的权利恢复圆满状态的一项请求权。此种请求权主要适用于不动产之上。例如，甲将汽车停在权利人乙的门前影响了乙的正常通行，此时，乙有权请求甲将汽车开走，将对其所有权的行使构成的妨害加以排除。“妨害物的对外界和环境的联系，只要物的功能性使用因此受到影响，就构成了妨碍所有权。”①妨害是现实地造成了对他人的权利行使的阻碍，这是妨害与危险的区别。排除妨害请求权不同于所有物返还请求权的地方在于：行使前项权利时，所有人或他物权人并未丧失对其物的占有；而行使后项权利的要件之一就是，物已为他人无权占有或被他人侵夺占有。

（三）消除危险请求权

《民法典》第236条规定，可能妨害物权的，权利人可以请求消除危险。这是对消除危险请求权的规定。在法律上，妨害有两种含义：一是指所有人实际面临的现实的妨害；二是指尚未实际发生的但可能出现的妨害，这种妨害又称为危险。消除危险请求权在传统民法中被称为妨害预防请求权或妨害防止请求权，它是指权利人对将要妨害或损害己物的行为或者设施请求消除危险的权利，如甲的房屋墙壁出现倾斜即将倒塌，对相邻人的房屋即构成了危险。所有人在行使消除危险的请求权时不需要考虑行为人主观上是否具有故意或者过失。

《民法典》第236条中的“危险”是指他人的行为或者设施可能造成自己占有物的损害。危险的判断标准为：第一，危险必须是可以合理预见的，而不是主

① ［德］曼弗雷德·沃尔夫：《物权法》，吴越、李大雪译，法律出版社2002年版，第138页。

观臆断的。例如,房屋倒塌必须是按照一般的社会观念或者工程建设领域普通技术人员的认识,其确有可能倒塌。第二,危险必须是确实存在且有对他人财产造成损害的可能。如邻人的大树有可能倾倒,砸坏自己的房屋。此种损害虽尚未发生但又确有可能发生,对此种危险,所有人也有权请求排除。[①]

危险发生以后,应当由危险的形成人承担消除危险的责任,因此清除危险的费用应当由危险设施的物权人承担。如果危险虽然已经形成,但并没有造成实际的损害,则有可能遭受损害的人有权请求危险形成人消除危险,但不能请求其承担侵权损害赔偿责任。如果在形成危险以后同时又造成了他人的损害,则当受害人是物权人的时候,他不仅可以基于物权请求权请求其消除危险,也可以基于侵权行为的请求权请求其承担损害赔偿责任。

(四)恢复原状的请求权

《民法典》第237条规定:"造成不动产或者动产毁损的,权利人可以依法请求修理、重作、更换或者恢复原状。"该规定实际上确立了恢复原状的请求权。所谓恢复原状的请求权,是指在物遭受侵害之后,如果能够进行恢复原状,应该采取各种方法使这些物恢复到原有的状态,从而使权利人恢复对物的圆满权利状态。恢复原状的请求权适用于不动产或者动产被毁损的场合。恢复原状的方式因动产和不动产遭受侵害而有区别。对于动产毁损的,主要采取修理、重作、更换这三种方式予以补救。对不动产造成的损害则不能适用上述方式,因为不动产一般不会发生灭失,而土地又难以通过修理的方式来恢复原状。比如,污染农田所造成的损害,此时可以要求损害人予以恢复原状,而要求修理、重作、更换是无法进行的。所以,对不动产应当采取上述方式之外的其他方式。恢复原状应当考虑到经济上是否合理。在动产发生毁损的情况下,虽然可以修理或者重作,但如果在经济上极不合理,修理和重作的费用远远超过了更换新的替代物的经济价值,则应当考虑到加害人的赔偿成本,允许其以同等质量的替代物履行恢复原状的义务。

---

① 参见王利明主编:《民法》(上册),中国人民大学出版社2020年版,第241页。

第二章

物权变动

第一节　物权变动概述

一、物权变动的概念和形态

物权变动属于民事权利变动的一种，是物权法的核心内容。就其概念的界定，可以从权利自身和权利主体两个角度进行考察。从物权自身的角度考察，所谓物权变动是指物权的产生、变更和消灭。从权利主体的角度考察，所谓物权变动是指物权的取得、变更与丧失。[①] 二者只是在形式上有区别，在实质上并无不同。《民法典·物权编》通则第二章以“物权的设立、变更、转让和消灭”作为标题，就是从权利自身的角度来描述物权变动的。物权变动具体分为以下几种形态。

（一）物权的取得[②]

物权的取得，也就是物权的产生，是指当事人依据法律规定的物权类型、物权设定的条件，而通过合同或其他方式取得某项物权。在民法理论上，物权的取得，分为原始取得和继受取得，这是根据物权的取得是否以他人既存的权利为依据进行的划分。

---

① 参见王轶：《物权变动论》，中国人民大学出版社 2001 年版，第 2 页。

② 本书认为，物权的设立仅指他物权的设立，所有权是取得的问题，不存在设立的问题，因而此处采用“物权的取得”。

1. 物权的原始取得

物权的原始取得,又称物权的固有取得或权利的绝对发生,是一种不以他人既存的权利为根据而直接依据法律规定初次取得物权的方式。一般来说,基于事实行为取得的物权,多为物权的原始取得。原始取得是基于事实行为而取得物权,而非继受他人既存的权利而取得物权,所以它一旦完成,此前标的物上的一切负担即归于消灭,原物权人不得再就标的物主张权利,如善意取得制度。

2. 物权的继受取得

物权的继受取得,又称物权的传来取得或物权权利的相对发生,指基于他人既存的权利而取得物权。一般而言,基于民事法律行为取得的物权,均属于继受取得。依继受取得方法的不同,继受取得可以分为:(1)移转的继受取得(移转取得),即就他人的物权依原状移转而取得,其本质是物权的转移,如基于买卖或赠与而取得某物的所有权。(2)创设的继受取得(设定取得或创设取得),即在他人所有的标的物上设定用益物权或担保物权而取得定限物权。须注意的是,创设取得仅能设定所有权以外的定限物权,包括用益物权和担保物权,所有权不能创设取得。

(二)物权的变更

物权的变更,有广义和狭义之分。广义的变更是指主体的变更、客体的变更和内容的变更。而狭义的变更,则仅指物权内容和客体的变更。由于物权的主体的变更,通常涉及物权的取得与丧失,所以在物权法上,一般所说的变更仅指狭义的变更。物权的内容的变更,是指不影响物权整体内容的物权范围、方式等方面的变化。[①] 例如,建设使用权存续期间的延长或缩短,抵押权法律关系中抵押权人受偿次序的升降等。物权的客体的变更,是指在物权设定之后,当事人基于法律规定或合同约定使物权的标的物所发生的变化。例如,双方在设定抵押权之后,抵押权的客体因部分毁损而减少。

(三)物权的转让

物权的转让,是指当事人基于法律规定或合同约定移转物权,从而使物权的主体发生变化。物权的转让是最典型的交易形式。例如,房屋所有权人将其房屋卖与他人。除非法律另有规定,当事人转让物权都应当履行法定的公示方

---

① 参见钱明星:《物权法原理》,北京大学出版社1994年版,第40页。

法,否则,不发生物权变动的效力。物权一般都可以独立移转。但是,如果物权具有从属性,如从属于债权的担保物权和从属于物权的地役权等,它们必须与主权利一同移转。

(四)物权的消灭

物权的消灭,就物权人方面观察,为物权的丧失,即物权与其主体分离。物权的消灭,分为物权的绝对消灭与物权的相对消灭。物权的绝对消灭是指物权从此不再存在。例如,甲的房屋被烧毁,甲对该房屋的所有权即不复存在。物权的相对消灭,是指物权的主体发生了改变。例如,甲将手机送与乙,甲丧失对该手机的所有权而乙取得该所有权。因此,《民法典·物权编》通则第二章所谓的物权的"消灭"仅指物权的绝对消灭。

二、物权变动的原则

物权是权利主体对物直接支配排他性的权利,基于物权这样的性质,如果不以一定的可以从外部查知的方式表现物权的产生、变更、消灭,必然纠纷不断,将极大损害交易安全,从而危及现代社会经济交往的顺畅和秩序。因此对于物权的变动,物权法确立了公示原则、公信原则和区分原则。

(一)公示原则

公示原则涉及物权变动的形式要求,其含义是:物权的取得、变更、转移和消灭必须以一定的可以从外部查知的方式表现出来,否则不发生物权变动的效果。所谓公示就是公之于世。"物权的绝对对世效力不仅要求对物权种类进行界定,同时也要求物权的具体种类具有可识别性(erkenkebar)。"[①]因为物权具有排他性,如果没有通过公示方式将物权的变动表现出来,就会给第三人带来不可预测的损害,影响交易安全。因此,物权的设立、移转必须公开、透明,以利于保护第三人的利益,维护交易的安全和秩序,这就需要建立公示原则,将物权设立、移转的事实通过一定的公示方法向社会公开,从而使第三人知道物权变动的情况。[②] 因此,物权的公示方法必须要由法律明确规定,不能由当事人随意约定。民法关于物权的变动,一般以"登记"为不动产物权的公示方法,以"交

---

① [德]曼弗雷德·沃尔夫:《物权法》,吴越、李大雪译,法律出版社2002年版,第15页。

② 参见崔建远:《物权、规范与学说》(上册),清华大学出版社2011年版,第172页。

付"为动产物权的公示方法。

物权公示原则属于法律的强制性规定，当事人不得通过合同加以变更。公示原则具有确认物权归属、维护交易安全、提高物的利用效率的功能。

（二）公信原则

所谓公信原则，是指物权的变动以登记或者交付为公示方法，当事人如果信赖这种公示而为一定的行为，即使登记或者交付所表现的物权状态和真实的物权状态不相符合，也不影响物权变动的效力。公信原则包括两方面的内容：

其一，记载于不动产登记簿的人推定为该不动产的权利人①，动产的占有人推定为该动产的权利人，除非有相反的证据证明。这称为"权利的正确性推定效力"。权利的正确性推定，是指推定不动产登记簿登记的不动产物权状态与真实的不动产物权关系相一致，法律对此认可和保护。它不仅就登记的不动产物权的存在及其归属具有推定的法律效力（推定不动产登记簿所登记的不动产物权属于登记名义人），而且就该不动产物权变动的存在，也属于其推定范围（不动产物权变动一经登记，就推定该不动产物权变动合法存在）。需要注意的是，具有权利正确性推定的登记，仅以关于不动产物权的登记为限，关于不动产物权登记标示的记载，如土地的坐落、面积及建筑物的结构等土地、建筑物的现状，都不为权利正确性推定的效力所及。交易相对人仅仅信赖这些内容不足以使其善意取得交易标的物。② 也就是说，不动产登记簿的推定力只及于权利，不及于事实。根据《不动产登记暂行条例》第 8 条第 3 款之规定，不动产登记簿的事项主要有两类：不动产的自然状况和不动产的权属状况。不动产登记簿的推定力是一种权利推定而非事实推定。因为推定力仅仅是为了更效率地实现不动产登记簿使法律上交易明确化、明晰化的功能而产生的权利推定，因此，不动产登记簿上对不动产自然状况的记载，如不动产登记的面积、位置、坐落、界址等均属于事实问题，不为不动产登记簿的推定力所及。③ 交易相对人应该信赖的，法律保护这种信赖的，应当是不动产登记簿所登记的不动产物权的存在及其现在的状态，诸如不动产物权的种类、内容、顺序及权利人。这种理念也适宜

① 参见《民法典》第 216 条。

② 参见崔建远：《中国民法典释评·物权编》，中国人民大学出版社 2020 年版，第 95 页。

③ 参见程啸：《不动产登记簿之推定力》，载《法学研究》2010 年第 3 期。

对《民法典》第216条第1款的理解和把握。

需要注意的是，登记的权利的正确性推定原则只是一种法律为稳定经济秩序而作出的推定，并非绝对正确，事实上的权利人即真实的权利人，法律要予以保护，设置了更正登记制度。

其二，凡善意信赖公示的表象而为一定的行为，在法律上应当受到保护，保护的方法就是承认此行为所产生的物权变动的效力。公信原则主要适用于不动产交易。不动产登记记载的权利和内容，第三人会产生信赖，这种信赖应当受到保护，这就是公信力。严格来说，公信力实际上是交易过程中因涉及第三人才可能发生的效力。即公信力实际上保护的是第三人的信赖利益，在双方当事人之间如果发生产权争议，实际上只是涉及登记的推定效力问题，而不涉及公信力。例如，夫妻双方共同出资购买一套房屋，但为了享有优惠而以丈夫父亲名义办理了登记，后来夫妻双方与登记权利人之间发生了产权争议。此时，登记虽然可以作为确权的依据，但这只是发生权利正确性推定的问题，当事人完全可以通过举证来推翻这一推定。因为公信力维护的是交易过程中的交易安全。[①]《民法典》第311条关于不动产善意取得的规定就是最直接保护信赖利益的规则。

物权的变动之所以要有公信原则，是因为仅贯彻公示原则，在进行物权交易时，固然不必顾虑他人主张未公示的物权，免受不测的损害。但公示所表现的物权状态与真实的物权状态不相符的情况，在现实生活中也是存在的。如果法律对这种情形无相应的措施，当事人一方也会因此而遭受损失。例如，假冒房屋所有人进行移转房屋所有权的登记。如果在物权交易中都得事先一一进行调查，必然十分不便。在物权变动中贯彻公信原则，使行为人可以信赖登记与占有所公示的物权状态，进行交易，而不必担心其实际权利的状况。可见，公信原则的目的在于保护交易的安全，稳定社会经济秩序，但有时不免会削弱真正权利享有人的利益，这是法律从促进社会经济发展以及在权利人的个人利益与社会利益之间进行均衡、选择的结果。[②]

---

① 参见王利明、尹飞、程啸：《中国物权法教程》，人民法院出版社2007年版，第52页。

② 参见魏振瀛主编：《民法》，北京大学出版社、高等教育出版社2021年版，第237页。

（三）区分原则

《民法典》第215条延续了原《物权法》第15条关于区分原则的规定，当事人之间订立有关设立、变更、转让和消灭不动产物权的合同，除法律另有规定或者合同另有约定外，自合同成立时生效；未办理物权登记的，不影响合同效力。区分原则的功能是使债权效力不受物权变动的影响。即原因行为和物权变动是两个法律事实，原因行为的效力依据法律行为的有效规则进行判断，物权变动与否不影响原因行为的效力；原因行为的生效不能直接导致物权变动，物权变动必须进行公示。[①] 不动产物权基于法律行为而发生变动时，没有登记，不发生物权变动的效果。但是，未经登记并不影响引发物权变动的债权合同的效力。所以，在义务人不履行办理登记的义务时，权利人有权请求义务人承担违约责任。

在《物权法》以前，我国法律实务将不动产物权变动与其原因行为混淆合一。最高人民法院于1982年12月18日发出的《关于王正贵与林作信、江妙法房屋买卖关系如何确认的批复》（已废止）指出，房屋买卖关系，既未经过国家的契税手续，也没有取得房管部门的认可，该买卖合同无效。20世纪90年代初，最高人民法院在致黑龙江省高院的《关于公产房屋的买卖及买卖协议签订后一方可否翻悔问题的复函》中指出，签订房屋买卖协议后，提出解除买卖协议，未办理产权登记手续，应认为该民事行为依法尚未成立，一方翻悔是允许的。这些批复将买卖合同和所有权移转合一，如果没有登记，买卖合同即被视为未成立或无效，所有权当然不能发生移转。20世纪80年代的民法学者著述，都将登记作为买卖合同的生效要件甚至成立要件，而不是把登记作为物权变动的生效要件。原《担保法》第41条“抵押合同自登记之日起生效”的规定，也是将登记作为影响抵押合同效力的要件。

国内最早提出原因行为与物权变动区分的是孙宪忠教授。[②] 所谓区分原则强调的是物权变动的结果与其原因行为的区分。依照该原则，以发生物权变动为目的的基础关系主要是合同，其生效应该依据合同规则来判断，而不能以物权变动是否成就为标准判断，物权的变动一般是在公示之时即以登记或交付为

---

① 参见常鹏翱：《物权法典型判例研究》，人民法院出版社2007年版，第167页。

② 参见孙宪忠：《论物权变动的原因与结果的区分原则》，载《法学研究》1999年第5期。

生效要件,不能认为其基础关系生效就必然发生物权变动的结果。也就是说强调公示行为在物权变动过程中具有决定性的作用,对物权人而言,是其物权获得法律承认的过程,也是其权利获得法律保护的基础。在公示要件模式下如其物权的变动未进行公示,则法律并不承认其具有排他的作用。原《物权法》第15 条明确确立不动产物权变动与其原因行为的区分原则,《民法典》第 215 条延续了这一规定。区分原则完全符合物权与债权二分、各自依其自身规律运动的基本原理。依据区分原则,未办理物权登记,只是不发生物权变动效力,不影响合同效力。区分原则含义如下:

1. 原因行为以遵守债权行为的规则判断其效力,未能发生物权变动的情况下,不能否定有效成立合同的效力。合同是否有效,应当依据法律行为有效要件进行判断。只要当事人之间的合同在内容上不违反法律的强制性规定和公序良俗原则,就可发生效力。当事人负有依据有效合同继续办理登记的义务。任何一方违反合同都应当承担违约责任。如此,在出卖人违约的情况下,买受人可请求法院判决强制实际履行,即强制出卖人交付标的物或办理登记,或支付损害赔偿金。

2. 判断物权是否变动的标准在于是否公示,不能认为已经生效的合同均能发生物权变动的结果。当然这只是针对适用于公示设权效力的情形。对抗效力中原因事实直接导致物权变动,没有适用区分原则的余地。

3. 区分原则的实践价值在于保护非违约方的请求权,区分原则确立之前,未进行物权登记,认定合同无效,则一方当事人可以毫无顾忌地违约,另一方当事人却毫无救济的请求权。

需要指出的是,《民法典》第 215 条区分了合同的效力和登记的效力,但并不意味着我国采纳了物权行为理论。我国的区分原则与德国的分离原则有本质区别,分离原则强调物权行为独立于债权行为,即物权行为的独立性。[①] 我国《民法典》并不要求物权变动需要有独立于债权合同的能引发物权变动的物权契约,不存在债权合同和物权契约的分离问题。

① 参见申建平:《物权变动与其原因行为的区分原则》,载《求是学刊》2002 年第 4 期。

第二节 物权变动模式

一、物权变动的原因

物权变动的形态不同,其原因亦不相同,可分为物权取得的原因、物权变更的原因、物权转让的原因和物权消灭的原因。依据物权变动模式,归纳起来,物权变动的原因主要有两类,即基于民事法律行为的原因和民事法律行为以外的原因。在这两类原因中,基于民事法律行为而发生的物权变动,是最重要、最常见的原因,它因此成为各国物权法上的一项重要问题。了解这些原因,对于明确物权的归属、判断财产的权利状态具有十分重要的意义。

区分这两种物权变动的重要意义体现在两个方面:其一,基于民事法律行为而发生的物权变动,是市场交易的法律形式,在社会生活中最为普遍也最重要,因此各国民事立法皆将其作为重要规范对象;而民事法律行为以外的原因引起的物权变动不是典型的交易形式,物权编将之进行例外规定,在法律特别规定的情况下才能适用。其二,基于民事法律行为而发生的物权变动必须遵循物权法的公示原则,而民事法律行为以外的原因引起的物权变动则以具备原因为充分条件而不以公示为要件。

二、基于民事法律行为发生的物权变动模式

引发物权变动的原因可以是民事法律行为,也可以是事实行为等其他法律事实,而在社会生活中最具有经济上的重要性与法律上的复杂性的就是基于双方法律行为的物权变动,即基于合同发生的物权变动。对于合同而发生的物权变动,各国民法采取不同的调整方式,学理上归纳为三种立法例。

1. 意思主义

意思主义又称债权意思主义,以《法国民法典》为代表。其认为不动产或者动产的物权仅因当事人的合意而发生,无须进行登记或交付。《法国民法典》是把物权变动作为债权行为的当然结果来加以认识的,不承认有物权行为。以买卖契约为例,按照《法国民法典》第 1583 条的规定,当事人双方就标的物及其价

金相互同意时，即使标的物尚未交付，价金尚未支付，买卖也告成立，标的物的所有权也于此时在法律上由出卖人移转给买受人。所有权的移转以买卖合同为根据，既不需要另有物权行为，也不需要以交付或登记作为所有权移转的生效要件，此学说称为意思主义。

但是，如果绝对贯彻意思主义，当事人以外的第三人无从知悉物权变动，可能遭受不可预测的损害，有害交易的安全，因此，《法国民法典》为保护第三人的利益，对于不动产以登记、动产以交付为对第三人发生效力的要件。然而，登记与交付，也仅仅是变动的物权对抗第三人的要件而已，对于当事人之间的效力没有任何影响。

在物权变动问题上，《日本民法典》和《法国民法典》的立场相同，皆采意思主义。[①]《日本民法典》第 176 条规定：物权的设定和移转只因当事人的意思表示而发生效力。

2. 形式主义

形式主义也称物权形式主义，以《德国民法典》为其代表。按照这种立法例，买卖标的物的所有权的移转，除需要有买卖契约、登记或交付外，还需要当事人就标的物的所有权的移转达成一个独立于买卖契约之外的合意。此合意纯以物权的变动为其内容，故称为物权的合意。[②]《德国民法典》第 873 条规定，为了移转土地所有权，或为了在土地上设定某项物权或移转该项权利，或为了在该项物权上再设定某项物权，除法律有特别规定外，必须由权利人和相对人，对于权利的变更达成合意，并将此种权利变更的事实，登记于土地登记簿中。

3. 折衷主义

折衷主义也称债权形式主义，该立法例以《瑞士民法典》《奥地利民法典》为代表。依该立法例，物权因民事法律行为而发生变动时，除了需要当事人之间有债权合意（如买卖合同）外，还需要践行登记或交付的形式，才发生物权变动的效力。因其做法介于《德国民法典》物权形式主义和《法国民法典》意思主义之间，故称折中主义。这一立法例的基本要点如下：其一，引起债权债务关系发生的意思表示即是物权变动的意思表示，二者合一，并无区别。此与意思主

① 参见《日本民法典》第 176 条、第 178 条。

② 参见《德国民法典》第 873 条、第 929 条。

义同,而与物权形式主义相异。其二,要使物权实际发生变动,仅有当事人之间的债权的意思表示(如买卖合同)尚有不足,还需有履行登记或交付的形式。因此,作为公示方法的登记或交付,是物权变动的生效要件。其三,物权变动,只需在债权的意思表示之外加上登记或交付即可,不需要另有物权合意,故无独立的物权行为。其四,既然无独立的物权行为,则物权变动的效力自然应受原因关系——债权行为的影响,故物权行为无因性亦不存在。

三、我国的物权变动模式

《民法典·物权编》通则第二章确立了多元的物权变动模式,大致可以表述为:以债权形式主义的物权变动模式为原则,以意思主义的物权变动模式和混合主义的物权变动模式为例外。[①] 具体表现如下。

1. 确立了以交付或登记作为物权变动的生效要件的一般规则

依据《民法典》第 209 条第 1 款和第 224 条的规定,表明《民法典》原则上采取了债权形式主义,即不动产或动产物权因合同而发生变动(设立、变更、转让等)时,没有登记或交付的,不发生物权变动的效果。

《民法典》之所以采取债权形式主义,主要原因在于:以登记或交付作为物权变动的生效要件能使人们清晰、准确且方便地判断物权是否发生变动,这种物权变动模式在法律关系上简单明了,既有效率又能维护交易安全,历来为我国法律如《民法通则》《合同法》《担保法》《物权法》等所接受。因此,以登记或交付作为物权变动生效要件可以有效地维护法律的延续性。

2. 例外规则一:意思主义的物权变动模式

《民法典》在确立了物权变动以登记或交付作为生效要件原则的同时,例外的承认以下几类物权的变动以登记作为对抗要件:(1)土地承包经营权的变动;(2)地役权的设定;(3)动产抵押权的设定。

3. 例外规则二:混合主义的物权变动模式

混合主义的物权变动模式,主要适用于船舶、航空器和机动车等物权的变动。《民法典》第 225 条规定:"船舶、航空器和机动车等物权的设立、变更、转让和消灭,未经登记,不得对抗善意第三人。"这就是说,有关船舶、航空器和机动

---

① 参见王利明主编:《物权法名家讲坛》,中国人民大学出版社 2008 年版,第 41 页。

车等物权的变动适用登记对抗原则。当事人可以办理也可以不办理登记,允许当事人就公示方法自由选择。

但需注意的是,船舶、航空器、机动车物权的设立和转让,自交付时发生效力,并不是在登记对抗主义立法模式下的意思主义的物权变动。换言之,即使适用登记对抗主义,只要法律没有特别规定,准不动产物权的变动还是必须交付,没有完成交付就没有完成其物权的公示方法。[①]

根据《民法典》第 225 条的规定,特殊动产之物权变动,未经登记,不得对抗善意第三人。但是"善意第三人之范围",法律并未明确。《物权编解释(一)》第 6 条限定了善意第三人的范围,将转让人的债权人排除在善意第三人的范围之外,但也有前提条件,即船舶、航空器和机动车等特殊动产虽未经登记,但受让人已经支付合理对价并取得占有。

四、非基于民事法律行为的物权变动

非基于民事法律行为所引起的物权变动主要是指因继承、生效法律文书、政府的征收、合法建造房屋、拆除房屋等原因而导致的物权设立、变更、转让和消灭。

非基于民事法律行为所引起的物权变动的情形,具有特殊性,不以物权公示为前提,非基于民事法律行为发生的物权变动虽未完成公示,但权利人可以主张物权的保护。

尽管非基于民事法律行为所引起的物权变动不以交付或登记作为物权变动的生效原则,但是,如果由此取得不动产物权的人要处分该物权时,应当依照法律规定办理登记,未经登记的,其处分不发生物权变动的效力。也就是说,权利人虽然享有了物权,但在其处分需要办理登记的不动产物权时,应当首先办理登记手续,将已经取得的不动产物权纳入不动产登记,然后再对该物权进行处分,否则不发生物权的效力。由于这种登记没有创设物权的效力,而只是将已经发生的不动产物权变动对外予以宣示,故将这种登记称为"宣示登记"。

1. 人民法院、仲裁机构的生效法律文书

依据《民法典》第 229 条,因人民法院、仲裁机构的法律文书或者人民政府

① 参见屈茂辉:《动产交付规则的解释与适用》,载《政法论坛》2008 年第 6 期。

的征收决定等,导致物权设立、变更、转让或者消灭的,自法律文书或者征收决定等生效时发生效力。

应当注意的是,并非人民法院作出的所有的生效法律文书都可以直接引起物权变动。一般来说,能够引起物权变动的法律文书限于法院作出的形成判决。所谓形成判决,是指变更或者消灭当事人之间原来存在的没有争议的民事法律关系的判决,即必须是能够导致物权变动的判决,如分割共有财产的判决。该条"法律文书"的具体形态是指人民法院、仲裁机构在分割共有不动产或者动产等案件中作出并依法生效的改变原有物权关系的判决书、裁决书、调解书,以及人民法院在执行程序中作出的拍卖成交裁定书、变卖成交裁定书、以物抵债裁定书。

2. 征收

征收,是指国家为了公共利益的需要,依照法律规定的权限和程序将集体所有或者个人所有的财产变为国家所有,再加以利用的行为。《民法典》第 243 条第 1 款规定:"为了公共利益的需要,依照法律规定的权限和程序可以征收集体所有的土地和组织、个人的房屋以及其他不动产。"在我国最常见的征收就是国家征收农民集体所有的土地以及该土地上的房屋等土地附着物。征收行为生效后可以发生物权变动。《民法典》第 229 条所说的"生效"具有特定的含义,即在征收补偿完成之后,被征收人对征收决定未提起行政复议或诉讼,或者提起了行政复议或诉讼后原征收决定被维持的,才能认为征收令发生了效力。如果政府作出征收决定,征收令就生效,则不利于保护被征收人的利益。①

3. 继承取得物权

《民法典》第 230 条规定:"因继承取得物权的,自继承开始时发生效力。"继承是指被继承人死亡后,依据法律规定或者遗嘱由继承人继承被继承人的遗产。

依据该规定,无论是法定继承还是遗嘱继承,继承开始后,就发生物权变动的效力,即继承人自继承开始时起,就取得被继承人财产的所有权和其他物权,成为新的物权人。

4. 合法建造、拆除房屋,添附等事实行为

《民法典》第 231 条规定:"因合法建造、拆除房屋等事实行为设立或者消灭

---

① 参见王利明主编:《民法》(上册),中国人民大学出版社 2020 年版,第 251 页。

物权的，自事实行为成就时发生效力。”该条实际上是对因事实行为而发生的物权变动所作的规定。合法建造或拆除房屋都属于事实行为，合法建造意味着当事人建造房屋的行为是依法进行的，符合法律的规定。建造房屋属于取得权利的事实行为，房屋建好后，建造人即因此取得该房屋所有权。这种所有权属于事实上的所有权，所以不以登记作为权利取得的要件。拆除房屋属于一种行使权利的事实行为，因为物权是对物的支配权，房屋一经拆除，标的物归于灭失，物权也随之消灭。《民法典》第 322 条规定：“因加工、附合、混合而产生的物的归属，有约定的，按照约定；没有约定或者约定不明确的，依照法律规定；法律没有规定的，按照充分发挥物的效用以及保护无过错当事人的原则确定。……”依据这一规定，在发生添附的情况下会发生物权的变动，这也属于非基于法律行为发生的物权变动。

5. 孳息的所有权取得

孳息是指因物或者权益而生的收益。孳息分为天然孳息和法定孳息。

孳息的法律意义在于确定孳息的所有权。《民法典》第 321 条规定：“天然孳息，由所有权人取得；既有所有权人又有用益物权人的，由用益物权人取得。当事人另有约定的，依照约定。法定孳息，当事人有约定的，按照约定取得；没有约定或者约定不明确的，按照交易习惯取得。”《民法典》第 630 条规定：“标的物在交付之前产生的孳息，归出卖人所有；交付之后产生的孳息，归买受人所有。但是，当事人另有约定的除外。”《民法典》第 430 条第 1 款规定：“质权人有权收取质押财产的孳息，但是合同另有约定的除外。”

第三节　物权变动的公示方法

一、不动产物权的公示方法——登记

基于物权具有绝对排他性的法律特征，公示原则要求物权的产生、变更、消灭，必须以一定的可以从外部查知的方式表现出来。《民法典》以交付、登记为物权的公示方法。

（一）不动产登记的概念和意义

不动产登记，是指不动产登记机关依当事人的申请对不动产物权的设立、变更、转让和消灭在专门的登记机构依据法定的程序，记载于不动产登记簿之中并供公众查阅的行为。不动产物权的种类繁多，不动产物权人对土地及土地上的定着物的占有关系十分复杂，通常涉及社会的公共利益和第三人的利益，单凭占有不足以表征不动产上的权属关系，因而为了加强对不动产占有关系的法律调整，使设定在不动产上的各种物权一目了然，自18世纪末开始，各国便以登记作为不动产物权的享有和变动的公示方法。

不动产登记的意义，就是通过登记为不动产物权变动提供具有国家公信力支持的、统一的、公开的法律基础，登记的本质是对不动产物权变动的法律承认。因为不动产物权是涉及国计民生的重要权利，故法律无不要求国家出面承担登记责任，以国家行为的严肃性作为保障，使不动产登记具有取得社会一体信服的法律效力。这种法律效力就是不动产登记的国家公信力，这种公信力是任何民间的证明都不可比拟的。

（二）不动产登记的效力

所谓不动产登记的效力是指不动产物权登记所产生的一切法律效果，包括登记对不动产物权变动所产生的影响力以及不动产登记所产生的法律约束力。就登记对基于民事法律行为所导致的不动产物权变动产生的影响而言，从世界各国的立法例来看，主要可以分为两种模式，即登记要件主义和登记对抗主义。登记要件主义是指不动产物权变动以登记为其发生效力的要件，未经登记不发生物权变动的效力。即不动产物权的变动除了当事人间的合意外，还要进行登记。非经登记，不仅不能对抗第三人，而且在当事人之间也不发生效力。德国法和瑞士法采此主义。《德国民法典》第873条第1款规定，转让一项地产的物权，在地产上设立一项物权以及转让该项权利或者在该权利上设立其他权利，如法律没有另行规定，必须有权利人和因该权利变更而涉及的其他人的合意，以及该变更在不动产登记簿上的登记。

登记对抗主义是指不动产物权变动不以登记为其发生效力的要件。不动产物权的变动，依当事人间的合意即产生法律效力。但是，非经登记，不能对抗第三人。法国法和日本法采此主义。《日本民法典》第176条规定，物权的设立及转移,只因当事人的意思表示而发生效力。该法典第177条规定,不动产物权的取得、丧失及变更,除非依登记法规定进行登记,否则不得以之对抗第三人。

《民法典》第209条第1款规定:“不动产物权的设立、变更、转让和消灭,经依法登记,发生效力;未经登记,不发生效力,但是法律另有规定的除外。”依据该规定,《民法典》实质上采纳了登记要件作为一般原则,即不动产物权的变动以登记为生效要件,这里的登记,属于设权登记,非确权登记和宣示登记。但书显示,法律规定不动产物权变动不以登记为生效要件的,包括以下三种情形,一是第209条第2款规定的“依法属于国家所有的自然资源,所有权可以不登记”,矿藏、水流、海域等自然资源,《宪法》及有关法律早已宣明属于国家所有,法律规定本身即为公示;二是非基于法律行为而发生的不动产物权变动不以登记为生效要件,如《民法典》第229~231条规定的情形;三是基于立法政策的考虑,法律例外地规定不以登记为生效要件,如《民法典》第335条、第341条、第374条规定的情形。《民法典》第333条第1款规定,土地承包经营权自土地承包经营权合同生效时设立。第335条规定,土地承包经营权互换、转让的,当事人可以向登记机构申请登记;未经登记,不得对抗善意第三人。可见,土地承包经营权的有效设立不以登记为要件,土地承包经营权的转让以登记为对抗要件。

《物权法》在物权变动上采取了多元混合模式,这种多元混合模式被《民法典》完全继受。不动产物权变动的“登记生效”、“登记对抗”及被排除在登记之外无须登记的并存模式破坏了我国现有物债二分的民法体系的贯彻。我国《民法典》仅规定了五种用益物权,其中土地承包经营权、宅基地使用权和地役权都不适用登记要件主义。进言之,《民法典》中只有建设用地使用权和城市建筑物的物权变动采登记要件主义。由于大量登记对抗主义条款的存在,使得我国登记公信力大打折扣。当前“三权分置”的改革亟须土地承包经营权、宅基地使用权“登记要件主义”的立法跟进。在当前农村正在进行土地确权登记的背景下,将土地承包经营权、宅基地使用权、地役权纳入不动产统一登记体系既符合我国农村改革精神,也符合地方实践需要。[①]

---

① 参见申建平:《民法典物权编不动产物权变动模式统一论》,载《苏州大学学报(社会科学版)》2017年第6期。

具体而言,在登记要件模式下,不动产登记具有如下效力。

1. 物权变动的效力

依据《民法典》第 209 条和第 214 条的规定,因民事法律行为发生的物权变动,如不动产抵押权的设定、不动产所有权的移转,均以不动产登记作为必要条件。在当事人订立的以不动产物权变动为目的的合同生效后,当事人之间发生债法上的约束力,即当事人之间受到请求权的约束。但要发生物权变动的效果,必须进行不动产登记。

2. 权利推定效力

登记的权利推定效力,是指不动产物权经过登记,推定其登记状态的物权与真实物权一致的效力。《民法典》第 216 条确认了权利推定效力。不动产登记的权利推定效力体现为以下两点:其一,凡是不动产登记簿上记载的物权都推定该权利是存在的,而被注销的权利就推定该权利不存在;其二,凡是不动产登记簿上记载的权利人应当被推定为法律上的权利人。

之所以要承认登记的权利推定效力,是因为任何基于法律行为的不动产物权都要以登记作为其生效要件,办理了登记就常常伴随不动产物权的设立、变更、转让或消灭,因此登记的状态与实际权利关系相吻合的可能性就非常大,外表的现象与实质的内容具有高度的盖然性,所以本来作为权利外观的不动产登记就可以反推权利本身的存在。登记的权利推定效力可以产生举证责任倒置的效果,这对于确定物权的归属,保护权利人的物权具有重要的意义。

(三)登记机构的审查义务与登记资料的查询

《民法典》第 210 条规定,“不动产登记,由不动产所在地的登记机构予以办理。国家对不动产实行统一登记制度。统一登记的范围、登记机构和登记办法,由法律、行政法规规定”。《民法典》第 212 条规定了登记机构的审查职责:(1)查验申请人提供的权属证明和其他必要材料;(2)就有关登记事项询问申请人;(3)如实、及时登记有关事项;(4)法律、行政法规规定的其他职责。申请登记不动产的有关情况需要进一步证明的,登记机构可以要求申请人补充资料,必要时可以实地查看。《不动产登记暂行条例》第 19 条第 2 款规定,对可能存在权属争议,或者可能涉及他人利害关系的登记申请,不动产登记机构可以向申请人、利害关系人或者有关单位进行调查。可见,我国采取了以形式审查为主、以实质审查为辅的审查制度。

《民法典》第218条规定:“权利人、利害关系人可以申请查询、复制不动产登记资料,登记机构应当提供。”该条规定明确了权利人和利害关系人查阅不动产登记簿的权利。登记机构作为专门负责登记的机构,不仅享有审查登记资料等权利,同时也承担向有权查阅的权利人和利害关系人提供查阅、复制登记资料的便利,从而促进不动产的交易安全。如果登记机关无正当理由拒绝权利人和利害关系人的查询,由此造成他人损害,则应当承担责任。需要指出的是,利害关系人在查询相关的登记资料后,对登记资料负有保密义务。

(四)登记错误时的赔偿责任

登记的内容正确与否不仅影响到交易当事人的利益,而且也影响到交易安全和秩序。登记发生错误也可能会给真正的权利人和交易当事人造成损失。在因登记错误而使真正权利人和善意相对人发生损失时,有关登记申请人和登记机构依法应承担赔偿责任。《民法典》第222条规定:“当事人提供虚假材料申请登记,造成他人损害的,应当承担赔偿责任。因登记错误,造成他人损害的,登记机构应当承担赔偿责任。登记机构赔偿后,可以向造成登记错误的人追偿。”依照该规定,《民法典·物权编》实际上区分了两种情况而分别确立责任。

1. 因登记错误,给他人造成损害的,登记机构应当承担赔偿责任

这里登记错误的含义应限定为“因登记机关的过错而导致的登记错误”,例如,因登记机构应当实地查看而未查看造成登记错误的,或无正当理由拖延登记时间造成权利人损害的。此时,登记机关应当对其登记错误承担赔偿责任。

2. 提供虚假材料申请登记的当事人应当承担赔偿责任

实践中,因当事人提供虚假材料申请登记,登记机构未尽到审查职责,从而造成登记错误,最终损害他人的情形比较普遍。所谓提供虚假材料,就是指登记申请人在申请登记的时候,以故意伪造、篡改等方式提供虚假材料,如假身份证、假房产证、假公证书、假授权委托书等材料,将他人的财产设定抵押并进行登记,或者非法处分他人的财产,并造成真正权利人的损害的情况。对此,登记机构应当承担赔偿责任,登记机构在赔偿后享有向造成登记错误的人进行追偿的权利。

(五)更正登记、异议登记和预告登记

1. 更正登记

更正登记,是指当不动产登记簿的记载发生错误或遗漏,登记机构依据当

事人的申请或者依职权予以更正时所进行的登记。不动产物权变动只要进行登记,无论采取何种审查方式,都不可避免地会出现登记错误、遗漏的情形,为了能够及时地消除因登记错误或遗漏而造成的登记权利与真实权利不一致的情形,有效地保护真实权利人的合法权益,法律必须对更正登记作出规定。《民法典》第 220 条第 1 款对更正登记作出了规定:"权利人、利害关系人认为不动产登记簿记载的事项错误的,可以申请更正登记。不动产登记簿记载的权利人书面同意更正或者有证据证明登记确有错误的,登记机构应当予以更正。"

2. 异议登记

(1)异议登记的概念和意义

异议登记,是指为了维护真实的权利人的合法权益,暂时切断登记簿的公信力,警示交易第三人而进行的一种临时登记。不动产登记簿记载的权利人不同意更正登记的,利害关系人可以申请异议登记。

登记的权利推定为正确的原则只是一种法律为稳定经济秩序而作出的推定,而并不是说其绝对正确。在社会生活实践中,真实的权利人,法律不但要予以承认和保护,而且应当许可权利人或者利害关系人依据真正的权利状态对现时登记的权利进行更正。但由于更正登记涉及对不动产登记簿记载的权利进行实质的改变,因此程序比较严格且时间较长。然而,在这一段时间内登记权利人有可能就对不动产进行处分,而基于登记簿的公信力,第三人将受到保护,即可能出现善意取得的情形。为了能够暂时中断登记簿的公信力,维护真实权利人的合法权益,各国登记法上规定了异议登记制度,依据该制度,真实权利人可以方便快捷地暂时中断登记簿的公信力。《民法典》第 220 条第 2 款规定:"不动产登记簿记载的权利人不同意更正的,利害关系人可以申请异议登记。……"该条对异议登记制度作出了规定。

异议登记的主要功能在于:一是保护真实权利人。异议登记主要是在对物权归属等产生异议的情况下,允许对不动产享有物权的人向登记机构申请异议登记,防止登记记载的权利人从事出卖财产或者将财产设置抵押等妨害真正权利人利益的行为。二是警示。如果登记记载的权利人继续处分财产或者将财产设定抵押等,第三人基于对登记簿的信赖,可能就不动产发生转让、抵押等交易。但如果权利人已经申请异议登记,则第三人在进行交易时,即可发现该财产的权属可能存在争议。从而就不会与登记记载的权利人从事交易行为,这对相对人也是一种保护。①

异议登记期间,不动产的登记簿记载的权利人以及第三人因处分权利申请登记的,不动产登记机构应当书面告知申请人该权利已经存在异议登记的有关事项。申请人申请继续办理的,应当予以办理,但是申请人应当提供知悉异议登记存在并自担风险的书面承诺。

(2)异议登记效力的除斥期间

异议登记作为一种保护真实权利人的一种临时性措施,其可能带来的负面影响就是容易导致不动产物权的不稳定状态的消极作用。为尽早恢复正常的不动产物权秩序,法律必须为异议登记的效力设置除斥期间。《民法典》第 220 条第 2 款对此予以了规定,即"登记机构予以异议登记的,申请人在异议登记之日起十五日内不提起诉讼的,异议登记失效"。这里的"十五日"即异议登记人申请异议登记效力的除斥期间,申请人在异议登记之日起 15 日之内不起诉的,表明异议登记的申请人不积极行使其权利,为登记权利人的利益和交易秩序稳定的需要,当然应使该异议登记丧失其效力,以避免没有任何根据就轻率地申请异议登记,损害真正权利人的合法权益。

此外,如果异议登记诉讼申请撤诉、被法院裁定不予受理、判决败诉时,登记簿记载的权利人可以凭相应的证明请求注销异议登记,在上述情况下异议登记也应当失效。而且,即便申请人在异议登记之日起 15 日内起诉了,申请人也应当及时向登记机关提交其起诉或者申请仲裁的证明文件,否则异议登记也将失效;登记机构有权自动注销异议登记。

那么,异议登记失效的法律后果是什么,能否导致不能提起物权确认之诉或者实际影响到其实体审理呢?《物权编解释(一)》第 3 条对此作出了明确的否定回答,异议登记失效后,当事人还是能提起民事诉讼来请求确认物权归属,即异议登记失效不影响人民法院对案件的实体审理。

(3)异议登记不当的法律后果

根据《民法典》第 220 条第 2 款第 3 句的规定,如果异议登记不当,造成权利人损害的,权利人可以向申请人请求损害赔偿。这里的异议登记不当,是指利害关系人恶意滥用异议登记程序,以损害登记权利人为目的的情形。对此,

---

① 参见王利明主编:《民法》(上册),中国人民大学出版社 2020 年版,第 259 页。

权利人应当举证加以证明。也就是说,如果申请人所提起的异议最终不成立,因此给登记权利人的利益造成损害的,应由异议登记申请人承担损害赔偿责任。赔偿机制是一种比较有效地防止滥用异议登记的方法。

3. 预告登记

(1)预告登记的概念与特征

预告登记,是指为了确保债权的实现,以保障将来取得不动产物权,限制债务人重复处分将来的不动产物权而为的登记。预告登记是德国民法所创立的一种制度,它是为了保全关于不动产物权的请求权而将该请求权加以登记的制度,是不动产登记的特殊类型,是不动产物权法律的重要内容。《民法典》第221条确立了预告登记制度。此种登记在性质上属于预备登记,即它是在本登记之前进行的一项登记,该登记并不具有终局的、确定的效力,其针对的是将来会产生的不动产物权,而非已经现实存在的不动产物权。

预告登记与终局登记相对应。终局登记又称为本登记,是指直接使当事人所期待的不动产物权变动发生效力的登记,即针对已存在的不动产物权的登记。终局登记是在当事人所具备的实质要件和形式要件都已经具备时,登记机关按当事人意愿进行的登记。

(2)预告登记的适用范围

依据《民法典》第221条的规定,预告登记主要适用于两种情况:一是房屋买卖协议,当事人签订房屋买卖的合同,可以进行预告登记,所谓买卖房屋,包括普通的房屋所有权转让,以及预售商品房的买卖。房屋预售登记是最典型的预告登记形式。二是其他不动产物权变动协议,如设立建设用地使用权、地役权、抵押权等其他物权情形。

(3)预告登记的效力

预告登记的效力在于使被登记的请求权具有类似物权的排他效力,对后来发生的与该项请求权内容相同的不动产物权处分行为产生排他的效力,以保证将来发生该请求权所期待的法律结果,即保障债权实现的效力。比如,在商品房买卖中,如果买受人与出卖人只是签订了买卖合同,而没有进行房屋所有权过户登记,此时买受人只有合同法上的请求权,而不具有排他的效力,这种情形下买受人无法防止出卖人将房屋以更高的价格卖与他人的情形发生,当这种情形发生时买受人只能以对方违约为由要求损害赔偿,而无法取得所购买的房屋。但如果进行了预告登记，就可以保障买受人在将来取得房屋所有权。因为预告登记后，未经预告登记的权利人同意，不动产权利人违反义务对不动产进行处分的，不发生物权效力。《民法典》第221条第1款第2句规定："预告登记后，未经预告登记的权利人同意，处分该不动产的，不发生物权效力。"

预告登记能否创设抵押权，在《民法典》生效之前，司法实践中对这一问题存在争议。一种观点认为，不动产抵押权预告登记与抵押权设立登记具有不同的法律性质和法律效力。抵押权预告登记所登记的并非现实的抵押权，而是将来抵押登记条件成就或约定期限届满办理抵押权登记的请求权，并可排他性地对抗他人针对标的物的处分，但并非对标的物享有现实抵押权，在转为本登记之前不具有优先受偿效力。[①] 中国光大银行股份有限公司上海青浦支行诉上海东鹤房地产有限公司、陈某某保证合同纠纷案中，法院认定预告登记不具有创设抵押权的作用。[②] 另一种观点认为，不动产抵押预告登记权利人就不动产具有优先受偿效力。中国银行股份有限公司合肥南城支行与被上诉人刘某等借款合同纠纷案中，法院认定预告登记能够创设抵押。[③] 事实上，抵押预告登记虽不是正式的抵押登记，但权利人享有物权的排他效力，应可在一定条件下赋予权利人享有优先受偿效力。对此，《民法典担保制度解释》第52条第1款规定："当事人办理抵押预告登记后，预告登记权利人请求就抵押财产优先受偿，经审查存在尚未办理建筑物所有权首次登记、预告登记的财产与办理建筑物所有权首次登记时的财产不一致、抵押预告登记已经失效等情形，导致不具备办理抵押登记条件的，人民法院不予支持；经审查已经办理建筑物所有权首次登记，且不存在预告登记失效等情形的，人民法院应予支持，并应当认定抵押权自预告登记之日起设立。"依据该规定，预告登记能够创设抵押权，但预告登记创设抵押权是有条件的，即当事人办理抵押预告登记后，建筑物所有权首次登记已经办理，并且预告登记的不动产与办理建筑物所有权首次登记时的财产相一致，且不存在预告登记失效等情形，预告登记权利人可以请求就抵押财产优先受

---

① 参见高圣平：《民法典担保制度及其配套司法解释理解与适用》，中国法制出版社2021年版，第420页。

② 参见中国光大银行股份有限公司上海青浦支行诉上海东鹤房地产有限公司、陈某某保证合同纠纷案，载《最高人民法院公报》2014年第9期。

③ 参见安徽省高级人民法院民事判决书，(2014)皖民二终字第00780号。

偿,并应当认定抵押权自预告登记之日起设立。但如果尚未办理建筑物所有权首次登记、预告登记的不动产与办理建筑物所有权首次登记时的财产不一致或抵押预告登记已经失效,导致不具备办理抵押登记条件的,则预告登记权利人并不享有优先受偿权。

预告登记不仅具有顺位保全效力,还具有破产保护的效力。《民法典担保制度解释》第 52 条第 2 款规定:"当事人办理了抵押预告登记,抵押人破产,经审查抵押财产属于破产财产,预告登记权利人主张就抵押财产优先受偿的,人民法院应当在受理破产申请时抵押财产的价值范围内予以支持,但是在人民法院受理破产申请前一年内,债务人对没有财产担保的债务设立抵押预告登记的除外。"依据该规定,预告登记具有破产保护效力,即预告登记权利人在抵押人的破产还债程序中对预告登记项下的抵押物享有优先受偿权。本款规定比第 1 款就预告登记的顺位保全效力的构成规定得更为宽松。但预告登记权利人所享有的是期待性的债权请求权,如不加限制地承认预告登记权利人的优先受偿权利,将造成利益失衡的局面。考虑到《企业破产法》第 32 条禁止在人民法院受理破产申请前 6 个月内的个别清偿行为,除非个别清偿使债务人财产受益。如果抵押预告登记在受理破产前一年的临界期内办理,并承认预告登记权利人的优先受偿权利,将有损公平清偿原则。因此,抵押预告登记在受理破产前一年内办理的,预告登记权利人不得就抵押财产主张优先受偿。

(4)预告登记的失效

当预告登记所担保的债权请求权获得了实现或者该请求权因合同无效或被撤销而消灭时,预告登记自然失效。对此,《民法典》第 221 条第 2 款有明确的规定,预告登记后,债权消灭或者自能够进行不动产登记之日起 90 日内未申请登记的,预告登记失效。因此,预告登记在以下两种情况下将自动失效:其一,债权消灭。这是指当事人之间的债权债务关系终止的情形。由于在预告登记情况下,权利人享有的只是一种债权,如果债权因为某种原因消灭,预告登记则自动失效。引起债权消灭的原因很多,如买卖不动产物权的协议被认定无效、被撤销、被解除,或者预告登记的权利人放弃债权的。其二,自能够进行不动产登记之日起 90 日内未申请登记的,预告登记失效。所谓的"能够进行不动产登记之日"就是指预售商品房和在建工程的转让与抵押的情形,如预购商品房、在建工程已经建成并已经办理了所有权初始登记,此时预告登记权利人就能够将预告登记转为本登记，如预购商品房买受人不及时办理现房登记，建设单位又不能将已经建成的房屋进行转让，这将对于后位买受人及建设单位的利益产生不利影响。因此，预告登记的权利应当不再受到保护。

二、动产物权的公示方法——交付

《民法典》第224条规定："动产物权的设立和转让，自交付时发生效力，但是法律另有规定的除外。"由此可见，在一般情形下，动产物权的变动以交付为生效要件。依据《民法典》第225条的规定，船舶、航空器和机动车等特殊动产的物权变动，以交付为生效要件，以登记为对抗要件。这就是说，任何动产物权的变动，除了法律有特别规定以外，当事人必须要依法履行交付的义务，否则，即使合同有效，动产物权也不能设立或发生变动。交付不是一种约定的义务，而是一种法定的义务，在发生物权变动时，当事人都要依循法定的公示方法作出交付。动产的交付自动产移转给受让人占有时完成。

交付分为现实的交付和观念的交付两种情况。所谓现实的交付是指动产物权的出让人将动产的占有实际地移转给受让人，由受让人直接占有该动产。简单地说，现实交付就是将物从一个人的控制转移到另一个人的控制之下，从而发生动产占有的实际移转，这是交付的一般情况。在采用现实交付之前，标的物通常处于出让人占有之下，出让人按照约定将标的物移转至受让人占有之下，视为交付。

在现代社会经济发展的条件下，时间和效率成为经济发展的一个重要因素。为保证交易的迅速进行，发展出一些变通的交付方法，即观念交付。所谓观念交付，是指在特殊情况下，法律允许当事人通过特别的约定，并不现实地交付动产，而采用一种变通的交付办法，来代替实际交付。允许观念交付可以充分尊重当事人的意志，减少因现实交付所付出的交易费用，使交易更为便捷。《民法典》第226条至第228条规定了三种观念交付的形式。需要注意的是，《民法典》删除了简易交付和指示交付中权利人或第三人需"依法"占有的要件，使观念交付的规定更为合理。

1. 简易交付

所谓简易交付是指动产物权设立和转让前，如果权利人已经占有了该动产，就无须再行实际交付，从民事法律行为发生效力时起直接发生物权变动的效力。例如,出让人在转让动产物权之前,受让人已通过委托、租赁、保管、借用等方式实际占有了该动产,则从移转标的物所有权的合同生效之时起,视为交付。也就是说,双方当事人以动产物权转让的合意来代替对动产的现实交付,此种交付又称为无形的交付。《民法典》第226条对此进行了规定:"动产物权设立和转让前,权利人已经占有该动产的,物权自民事法律行为生效时发生效力。"构成简易交付的要件有二:

其一,动产物权设立和转让前,权利人已经占有了该动产。简易交付中,所谓权利人是指受让人或者质权人等占有人。例如,乙一直借用甲的车,一段时间后,乙向甲提出购买该车,转让合意达成前乙已经实际占有该物。至于受让人占有的原因可以不予考虑,原《物权法》第25条要求权利人的占有必须合法。《民法典》删除了"依法"占有的要件,使简易交付规定更为合理。

其二,需双方达成物权变动的合意且已生效。也就是说,双方当事人要达成设立或转让物权的合意,而且该合意必须已经生效。例如,甲在与乙签订质押合同前已经占有乙汽车,双方订立了质押合同,则质押合同生效时,质权得以设立。

在简易交付之前,尽管新的权利人先前已经占有了负有交付义务的人的财产,但这种占有只是一种他主占有,即不是以所有人的意思而进行的占有。对负有交付义务的人来说,先前尽管没有实际占有其物,但仍然构成自主占有,即以所有人意思所进行的占有。在简易交付时,负有交付义务的人仅将自主占有的意思授予新的权利人,使其从他主占有变为自主占有,以代替现实的交付行为。可见,简易交付是以观念的方式授予占有的一种交付形态,它可以免去因现实交付所带来的手续上的麻烦,从而达到简化交易程序,节省交易费用的目的。[①]

2. 指示交付

所谓指示交付是指在动产物权设立和转让时,如果该动产已经由第三人占有,负有交付义务的人可以将其对第三人的返还请求权转让给新的权利人,以代替物的实际交付。在学理上,指示交付又称为让与返还请求权或返还请求权的代位。

---

① 参见王轶:《物权变动论》,中国人民大学出版社2001年版,第149页。

指示交付是客观经济生活的反映,指示交付的目的是保障第三人对标的物占有的延长,从而进一步发挥物的使用效益。例如,甲将车出租给乙使用,租期1年,其间甲又将该车卖给丙,但因租期未满,甲无法将车取回,也无法将车实际移转给丙。在这种情况下,如果强调不实际移交车,丙就不能取得车的所有权,显然不符合各方当事人的利益。因此,法律上就有必要设置一种更为便捷的做法,甲可以将其享有的针对乙的返还原物请求权让与给丙以代替现实交付,使丙可以及时取得该辆车的所有权。指示交付制度符合让与人、受让人和第三人的实际利益,符合社会经济生活的客观需要,因此,许多国家和地区的民法典中都有相应规定。《民法典》第227条对此作出了规定:“动产物权设立和转让前,第三人占有该动产的,负有交付义务的人可以通过转让请求第三人返还原物的权利代替交付。”原《物权法》第26条将指示交付限定于动产由“第三人依法占有”的场合,使一些本可以通过指示交付来解决动产物权变动的问题无法如愿,只得先由转让人从占有动产的第三人之处取回,再交给受让人,徒增成本。因此,《民法典》删除了第三人需“依法”占有的要件。构成指示交付必须具备如下条件:

第一,第三人在物权变动前已占有该动产。这里的第三人,是指合同当事人以外的实际占有标的物的人,或者是负有向转让人交付标的物义务的人,如标的物的保管人、租用人。通常,当事人设立和转让物权不仅仅要求出让人享有物权,而且要求出让人实际占有标的物。但指示交付的情况不同,负有交付义务的人并没有实际占有该动产,而由第三人占有该动产。

第二,让与人应对第三人享有返还原物请求权。让与人所让与的返还请求权是指债权请求权,还是物权请求权,抑或兼指两种请求权。对此,有不同观点。①

第三,双方当事人达成了转让返还请求权的合意。这就是说,本应由负有交付义务的人将该物从第三人处取回,再行交付,但由于该物由第三人占有,为了减少交付的费用,法律规定允许转让人将要求第三人返还原物的请求权转让给受让物权的人,从而代替现实交付。

需要说明的是,返还请求权的让与是否需要通知物的实际占有人?也就是说,指示交付情况下,让与人是否负有通知第三人的义务。对此,存在不同观

① 参见史尚宽:《物权法论》,中国政法大学出版社2000年版,第40~41页;孙宪忠:《中国物权法总论》,法律出版社2003年版,第256页。

点。一种观点认为,如果让与的是债权请求权,应当适用债权让与规则,应当通知第三人;如果让与的是物权请求权,则无须通知第三人。[①] 大多数学者认为,无论让与的是债权请求权抑或物权请求权,都应通知第三人。[②] 可见,确定指示交付下让与的返还请求权性质非常重要。有学者认为让与的返还请求权既可以是债权请求权也可以是物权请求权,[③]另有学者认为让与的返还请求权限于债权请求权。[④] 我们认为,将指示交付中的返还请求权解释为债权请求权更为合理。因为所有物返还请求权只有在所有权的圆满状态受到妨害时才发生。[⑤] 也就是说,当所有物被他人无权占有时,所有权的圆满状态便会受到妨害,物权人才可以向非法占有人请求返还原物。这就意味着物权人只能向因没有法律依据而侵占其物的人即非法占有人请求返还。物权人对于合法占有人在合法占有期间不能行使返还请求权。占有媒介关系的当事人如果就占有发生争议,应该通过合同约定,行使债权请求权。在当事人存在占有媒介关系的情况下,通常并不发生所有物返还请求权。[⑥] 如交易标的物被第三人基于租赁、保管、借用等合同有权占有的场合,出卖人对此类第三人享有的就是债权请求权。因此,指示交付下让与的返还请求权只能是债权请求权。既然让与的是债权请求权,则应当适用债权让与规则。即按照《民法典》第546条第1款的规定,应当通知第三人,否则,让与对债务人不发生效力。债权让与中债权何时发生移转,学界多数学者认为,"债权让与因当事人达成合意即发生效力,故债权让与合同一旦成立生效,该债权即由原债权人(让与人)移转与受让人,让与人脱离原债的关系,受让人取代让与人的法律地位而成为新的债权人"[⑦]。我们认为,债权

---

① 参见史尚宽:《物权法论》,中国政法大学出版社2000年版,第41页。

② 参见谢在全:《民法物权论》(上册),中国政法大学出版社1999年版,第103页。

③ 参见崔建远:《中国民法典释评·物权编》,中国人民大学出版社2020年版,第157页。

④ 参见庄加园:《基于指示交付的动产所有权移转——兼评〈中华人民共和国物权法〉第26条》,载《法学研究》2014年第3期。

⑤ 梁慧星主编:《中国物权法研究》(上册),法律出版社1998年版,第109页;王利明:《物权法研究》(上卷),中国人民大学出版社2007年版,第223页。

⑥ 参见庄加园:《基于指示交付的动产所有权移转——兼评〈中华人民共和国物权法〉第26条》,载《法学研究》2014年第3期。

⑦ 崔建远:《合同法》(第3版),法律出版社2003年版,第165、173页;韩世远:《合同法总论》,法律出版社2018年版,第607页;王家福主编:《中国民法学·民法债权》,法律出版社1991年版,第72页;张广兴:《债法总论》,法律出版社1997年版,第235、239页。

让与合同的有效成立,所发生的只是拘束合同当事人的效力。对于受让人来说只是有了获得受让债权的基础。受让人不能直接依据有效的让与合同而获得请求债务人给付的权利。也就是说,出卖人未将让与债权的返还请求权这一事实通知债务时,债务人有权拒绝买受人关于返还占有物的请求,此时债务人其实是否认受让人权利存在,这在性质上是否认权,不属于抗辩权。可见,让与合同实质上只是使受让人取得请求让与人移转其对债务人之债权的权利,债权并未发生移转,所谓权利发生移转,应指消灭让与人请求债务人履行的权利,给予受让人要求履行的权利。“在让与通知前,债务人对于让与人之清偿或其他免责行为,或让与人对于债务人所为免除或抵销等处分行为,仍属有效。”[1]就足以说明让与人仍是债务人的权利人,被让与的债权并未发生移转。因此,让与通知是债权发生移转的要件。[2] 基于此,《民法典》虽然没有明确规定指示交付的让与人负有通知义务,但在实际操作中,依据《民法典》第 546 条第 1 款的规定,负有交付义务的让与人应将返还请求权让与的事实通知物的实际占有人,即让与人应对第三人作出指示,表明该物的返还请求权已经转移给了受让人,以使受让人享有向第三人直接请求的权利。

3. 占有改定

所谓占有改定也称为继续占有,是指动产物权的让与人与受让人之间特别约定,标的物仍然由让与人继续占有,这样,在物权让与的合意成立时,视为交付,受让人因此取得对标的物的间接占有以代替标的物的实际交付。《民法典》第 228 条规定:“动产物权转让时,当事人又约定由出让人继续占有该动产的,物权自该约定生效时发生效力。”例如,甲拟于一个月后离开学校,将其电脑出卖给同学乙,同时,双方又达成借用合同,约定由甲继续使用该电脑一个月,此种情况就属于占有改定。产生占有改定的原因在于:社会生活中,出卖人虽然将其动产出卖,但是在一段时间内可能还有使用的需要;或者买受人已经取得了该动产的所有权,但是需要出卖人对该动产进行暂时的保管或者改进。通过占有改定,不仅简化了交付的程序、降低了交易费用,而且有利于鼓励交易。占

---

① 孙森焱:《民法债编总论》,法律出版社 2006 年版,第 790 页。

② 参见申建平:《债权让与制度研究》,法律出版社 2008 年版,第 148 ~ 160 页;申建平:《对债权让与通知传统理论的反思》,载《求是学刊》2009 年第 4 期;申建平:《债权让与通知论》,载《求是学刊》2005 年第 4 期。

有改定的构成要件如下：

第一，让与人在转让动产物权时须为该动产的实际占有人。如果让与人事先对该动产未取得任何形式的占有，则不能成立占有改定。需要说明的是，在让与人为间接占有人时，也可成立占有改定，即占有包括直接占有和间接占有。例如，甲有一台钢琴放在乙处保管，甲将钢琴卖予丙，并与丙达成租用两个月的协议，代替交付，丙自租赁合同生效时起即取得该钢琴的所有权。

第二，双方必须达成所有权移转的合意。只有双方有约定移转所有权的合意，才能为占有的改定提供基础，没有合法有效的移转协议，就不可能发生占有改定。换言之，双方必须约定所有权已经发生移转，如果仅仅只是发生占有的移转，而没有发生所有权的移转，则在性质上称为“抽象的改定”，不能发生所有权的移转效果。

第三，必须有使受让人取得间接占有的法律关系。所谓间接占有是指自己不直接占有某物，而基于一定的法律关系对直接占有其物的人享有返还请求权，因此对于物有间接管领力。在占有改定中，标的物实际占有并未发生变化，让与人仍然是标的物的直接占有人，但受让人基于一定的法律关系取得了对标的物的间接占有，对该标的物享有返还请求权，因而间接地对该标的物有了事实上的管领力。因此，双方必须通过订立特定的合同明确约定：即使通过买卖等方式移转了所有权之后，仍然由原所有权人继续占有该物，从而使受让人取得间接占有，才能成立占有改定。例如，双方通过订立租赁、借用、保管等协议，使让与人作为承租人、借用人、保管人继续占有标的物，同时使受让人取得间接占有，并取得标的物的所有权。

需要指出的是，《民法典》第228条规定占有改定仅仅适用于动产物权的转让，而不适用于动产担保物权的设定。例如，当事人在设定动产质权时，不能通过占有改定的方式来完成公示。这是因为在占有改定的情况下，仍然由转让人继续占有动产，如果允许占有改定也可以设定质权，则根本无法取得物权设定的公示效果。相反，只能使第三人误以为该财产并不存在质权负担，因为第三人根本无从知悉出质人和质权人之间的内部协议。从一些国家和地区的有关规定看，大都不允许通过占有改定的方式设定质权。

占有改定虽然是一种观念交付，但作为一种法定交付方式，可以产生与现实交付相同的效果。值得探讨的是，占有改定下能否适用善意取得制度，换言之,善意受让人能否以占有改定方式取得所有权。对此,理论界和实务界一直存在争论。肯定说认为,占有改定能够发生善意取得的适用问题;否定说则认为在占有改定下没有善意取得制度的适用;折中说则认为占有改定可以发生善意取得的效力,但善意取得的权利必须于标的物实际交付后才能确定。此外,在该问题上还有类型化说、共同损失分担说等观点。[①] 从其他国家和地区来看,立法或判例大都否认了占有改定下的善意取得。[②] 鉴于占有改定方式公示作用不足,《物权编解释(一)》第18条否定了以占有改定方式完成交付适用善意取得,从而更有利于保护当事人的合法权益以及维护交易安全。

第四节　物权的消灭

物权的消灭,为物权变动的一种形态。它是指当事人依据法律的规定或者合同的约定,通过实施一定的行为暂时地或永久性地消灭物权。例如,债务清偿以后,抵押权消灭。

物权的消灭分为绝对消灭和相对消灭。绝对消灭是指物权本身不存在了,即物权的标的物不仅与其主体相分离,而且他人也未取得其权利,如所有权因标的物灭失而消灭。相对消灭是指原主体权利的丧失和新主体权利的取得,例如因买卖、赠与等行为而发生的所有权的移转,从出卖人的角度看,为物权的消灭;从买受人的角度看,则为物权的继受取得。严格来说,物权的相对消灭并非物权消灭的范围,而应当属于物权的继受取得或主体变更的范围。因此,这里仅探讨物权的绝对消灭。

物权因民事法律行为与其他法律事实而消灭。通过民事法律行为消灭物权的情形包括抛弃、约定物权期限届满等;而因其他法律事实导致物权消灭的情形包括标的物灭失、混同、征收、法定原因等。这些原因中有的是所有物权共同的消灭原因,如混同、抛弃等;有的是个别物权或某一类物权的消灭原因,如

① 参见孙鹏:《物权公示论——以物权变动为中心》,法律出版社2004年版,第371~375页。

② 《德国民法典》第933条规定:"根据930条(占有改定)的规定出让的物不属于出让人的,在出让人将物交付于受让人时,受让人成为所有权人,但其在当时非出于善意的除外。"

质权因主债权实现而消灭。关于后者,将在个别物权中作说明,以下主要论述物权的共同消灭原因。

一、混同

所谓混同,是指法律上的两个主体资格归属于一人,无并存必要,一方为另一方所吸收的关系。混同有债权和债务的混同和物权的混同,这里专指物权的混同。

关于混同的效力,《民法典》没有作出规定。从比较法上来看,主要有三种立法例:一是混同消灭主义,即当两项物权发生混同时,其中一项物权被他物权吸收而消灭。罗马法采此种立法例。① 其立法理由在于,物权为支配权,若一个人同时为两种权利人,将使法律关系更为复杂。二是混同不消灭主义,即物权不因混同而消灭,法国民法就不动产物权的混同,采此种立法例。三是折衷主义,即两物权混同时,原则上其中一物权消灭,但该物权于本人或第三人有利害关系时则不消灭,这种立法例以日本为代表。② 由于我国登记制度还不完善,而且短期内也难以完善,所以,我国采取折衷主义立法例应是较好的选择。具体规则如下:

第一,所有权与其他物权混同。同一物的所有权与其他物权归属于一人时,他物权原则上因混同而消灭,但是当该他物权的存续于所有人或者第三人有法律上的利益时,他物权不消灭。他物权,包括用益物权和担保物权。例如,甲将其所有的房屋为乙设定抵押权,后乙因购买该房屋而取得其所有权,此时,所有权与抵押权(他物权)同归于乙一人,抵押权即因混同而消灭。他物权因混同而消灭,是为原则。但在以下情形中,作为例外,他物权则不因混同而消灭。即他物权的存续于所有人或者第三人有法律上的利益时,他物权不消灭。例如,甲先后向乙、丙各借20万元,并以其所有的房屋为乙、丙各设定第一、第二次序抵押权。在清偿期未届满前,乙因购买而取得该房屋所有权,如依上述混同消灭的原则,乙的抵押权消灭,则丙升为第一顺序抵押权人,当实现抵押权时,丙的债权可以得到全部清偿,乙则未获清偿,对乙很不利。所以,为保护所

① 参见史尚宽:《物权法论》,中国政法大学出版社2000年版,第56页。

② 参见谢在全:《民法物权论》(上册),中国政法大学出版社1999年版,第107页。

有权人乙的利益,法律可以规定乙的抵押权继续存在,不因与所有权的混同而消灭,这样就保证了乙将来可以第一顺序抵押权优先受偿的权利。

第二,他物权与以该他物权为标的的担保物权归属于一人时,原则上该担保物权因混同而消灭。例如,甲对乙的土地享有建设用地使用权,甲以其建设用地使用权为丙设定了抵押权,后来丙因某种原因取得了甲的建设用地使用权,这时建设用地使用权与以该建设用地使用权为标的的抵押权归属于丙一人,则抵押权消灭。

作为一般原则的例外,当以他物权为标的的权利的存续对于权利人或者第三人有法律上的利益时,该权利不因混同而消灭。例如,甲和乙对于丙的建设用地使用权都享有抵押权,甲为第一次序抵押权人,乙为第二次序抵押权人,后甲因某种关系取得了丙的建设用地使用权,此时建设用地使用权与以该建设用地使用权为标的的抵押权归属于一人,如依混同一般原则,甲的抵押权应该消灭,但这会影响到甲的利益,所以甲的抵押权不消灭。

另需说明的是,由于物权因混同而消灭系源于法律的直接规定,故通常无须登记即可产生混同的效力。同时,由于因混同而消灭物权将发生终局性消灭物权的效果,所以无论嗣后有何种原因,已消灭的物权都不存在再度恢复的问题。

二、放弃

放弃,指依权利人的意思表示,使物权归于消灭的单独行为。物权为财产权,权利人原则上可以自由放弃其物权,但物权的放弃如妨害他人利益的,物权人则不得放弃。例如,以自己取得的建设用地使用权为担保,向他人借款而设定抵押权后,该人即不得放弃其建设用地使用权。

放弃物权,一般应依特定的方式进行,才会产生放弃的效力。在放弃动产物权时,如放弃的是所有权,除须有放弃的意思表示外,还须放弃对该物的占有(有放弃的表征),始生放弃的效力。至于放弃其他动产物权,如留置权、质权时,则须向因其放弃而直接受利益者为放弃的意思表示,并交付该动产后,始生放弃的效力。

放弃不动产物权,如放弃的是不动产所有权,在采登记生效要件主义的立法例下,通常须向登记机关进行放弃的意思表示,并申请注销登记,在注销登记完毕后,始生放弃的效力;放弃不动产上的其他物权,则放弃人须向因放弃而直接受利益的人作出放弃的意思表示,同时向登记机关进行注销登记的申请,并在注销登记完毕后,发生放弃的效力。

三、其他原因

物权的一般消灭原因,除以上所述的混同和放弃外,还有其他原因。主要有以下几种。

1. 标的物灭失

标的物灭失,即物权因标的物灭失而消灭。物权的标的物如果在生产中被消耗、在生活中被消费,如燃料燃烧、食物被吃掉,或者标的物因其他的原因而灭失,如地震、大火导致房屋倒塌、烧毁。在这些情况下,由于标的物不存在了,因而该物的物权也就不存在了。但应注意的是,标的物虽然毁损,但是对于其残余物,物的所有人仍享有所有权。如房屋毁坏,房屋所有权虽然消灭,但所有人基于所有权的效力,取得砖土等动产所有权。另外,由于担保物权的物上代位性,担保物权中的抵押权、留置权和质权,在担保标的物灭失或毁损而得到赔偿金时,该赔偿金为担保物的代替物,其效力得及于该代替物,从而担保物权不消灭。

2. 约定存续期间届满或届满前当事人以合意使物权消灭

当事人之间如果约定了物权的存续期间,期间届满,或约定物权消灭的意思表示生效时,物权即归于消灭。例如,债务人将其建设用地使用权抵押后,经与抵押权人协商,另以价值相当的房产作抵押,消灭原来的对建设用地使用权所享有的抵押权。

3. 撤销权的行使

因法定原因而享有撤销权,或者合同约定有撤销权的,因撤销权的行使会导致物权的消灭。例如,居住权人滥用权利,或有偿设立居住权的权利人在约定的付款期限届满后经两次催告仍未支付费时用,所有权人有权撤销居住权。

4. 法定期间的届满

在法律对他物权的存续规定了期间时,该期间届满则物权消灭。例如,《民法典》第 419 条规定,抵押权人应当在主债权诉讼时效期间行使抵押权;未行使的,人民法院不予保护。

5. 担保物权因债权的消灭而消灭

债务清偿以后，担保物权消灭。《民法典》第 393 条规定，有下列情形之一的，担保物权消灭：(1) 主债权消灭；(2) 担保物权实现；(3) 债权人放弃担保物权；(4)法律规定物权消灭的其他情形。

第三章

所有权概述

第一节 所有权的概念和作用

一、所有权的概念

所有权渊源于古罗马法，古罗马法将所有权称为"dominium"，意味着权利人对物的控制、统治与支配，帝国后期改为"proprietas"，意思是"财产权"，与"ususfructus"（用益权）相对。[①] 意大利注释法学派大师巴托鲁施（Bartolus）认为："所有权，除法律禁止外，（权利人）可以对有体物享有不受限制的处分的权利。"[②]关于所有权的正当性，有神授说、先占说、劳力说、法定说、契约说、自然权说、社会说、社会连带关系说等学说，上述学说在所有权演进中相互影响。所有权为社会产物，为历史之概念而非逻辑之概念，因国情与历史不同而不同，历史上最典型的代表为罗马法与日耳曼法所有权。罗马法以商贸经济为主要经济背景，重在抽象经济价值，认为所有权为对物之全面的完全支配权，为纯粹的私法上的权利，不受个人身份的影响；日耳曼法以农业经济为主要经济背景，重在具体的利用价值，认为所有权是对物的一种强有力的利用权，具有团体与身份色彩，带有公法的要素。[③] 民法上的所有权概念不同于宪法上的所有权概念。宪法上的所有权是指宪法对所有权所提供的保障的所有财产利益，无形财产

① 参见米健：《用益权的实质及其现实思考》，载《政法论坛》1999 年第 4 期。

② 王泽鉴：《民法物权——通则·所有权》，中国政法大学出版社 2001 年版，第 150 页。

③ 参见谢在全：《民法物权论》（上册），中国政法大学出版社 2011 年版，第 104～107 页。

权、著作权、财团以及企业等都受宪法保护。民法上的所有权，客体必须是有体物，不包括无形财产，作品、发明创造、商标属于知识产权的客体。① 所有权亦不同于产权。产权是经济学用词，是指以财产利益为内容，直接体现某种物质利益的权利，是与非财产权相对应的概念。产权包含的内容较为广泛，凡是有经济价值的权利都可以纳入其范畴，包括所有权、他物权、债权、知识产权、股权等，所有权只是其中的一个下位概念。

《法国民法典》采用列举主义的方式规定所有权，第 544 条规定，“所有权是对于所有物有绝对无限地使用、收益和处分的权利”。1898 年《日本民法典》在《法国民法典》基础上，一方面采取列举主义方式，另一方面强调所有权应当依法行使，第 206 条规定：“所有权是所有人在法律限制范围内，有自由使用、收益和处分所有物的权利。”我国《民法典》第 240 条规定：“所有权人对自己的不动产或者动产，依法享有占有、使用、收益和处分的权利。”即所有权是指所有人依法对自己所有的物进行占有、使用、收益、处分等方式，独占性支配其所有物，并排斥他人非法干涉的永久性物权。所有权是物权的主要类型，其客体是自己所有的物，权能包括占有、使用、收益、处分，权利内容是独占性支配和排除他人非法干涉，并且没有期限限制。

二、所有权的特征

所有权是最重要的财产权，是交易发生的前提，也是交易追求的结果；他物权是在所有权基础上产生，所有权在物权体系中占据核心位置。② 所有权不同于他物权，具有以下明显特征。

1. 完全性与整体性

所有权的支配权能最完整，包括占有、使用、收益、处分。这一点是所有权与他物权最大的区别。所有权是所有人对所有物进行一般的、全面的支配的最完全、最充分的物权。所有人对物的支配性只要在法律规定的范围内，可以排除任何人的非法干涉，而且可以完全按照自己的意志去行使。所有权不是占有、使用、收益、处分权能的简单叠加，应该理解为权能最为完整的排他性支配

---

① 参见崔建远：《物权法》，中国人民大学出版社 2014 年版，第 172 ~ 173 页。

② 参见王利明主编：《民法》，中国人民大学出版社 2018 年版，第 217 页。

权,而他物权的支配权只能是某一方面的支配权。他物权需要由他人来设定,而且权能受到较大限制。例如,房屋所有权人可以占有、出租、赠与、出借、处分自己的房屋;房屋居住权作为用益物权,权利人只能支配房屋的使用价值,不能为转让、抵押等处分行为;而房屋抵押权作为担保物权,权利人则只能支配房屋的交换价值,在满足债务人届期不履行债务的前提下才可以对房屋处分所得价款享有优先受偿的权利,不能对房屋享有占有、使用和收益的权利。

所有权的整体性,是指所有权不能在内容或时间上进行分割。所有权上设立用益物权或担保物权,并非分割所有权的一部分,而是创设一个新的独立物权。所有权保留买卖中,当买方没有全部支付价款时,只能取得期待权,而不能取得部分所有权。①

2. 原始物权性与弹力性

《民法典》第 241 条规定:“所有权人有权在自己的不动产或者动产上设立用益物权和担保物权。用益物权人、担保物权人行使权利,不得损害所有权人的权益。”所有权可以分离一部分权能来设定他物权,他物权由所有权派生;所有权可以单独存在,而他物权则不可以脱离所有权而独立存在。例如,集体对土地所有权可以将占有、使用和收益的权能分离,设定土地承包经营权,土地承包经营权由所有权而派生,所有权则具有原始物权性。

所有权人可以在其所有权上设定抵押权、地役权等他物权,将占有、使用、收益或处分中的一项或几项权能让渡给其他人行使,他物权人支配物的使用价值或交换价值,这时所有权受到了限制,处于不圆满状态,但所有人仍然保持对所有物的支配力,所有权本身并没有消灭,也没有发生移转。一旦他物权消灭,所有权就恢复到圆满状态,这就是所有权的弹力性。所有权的弹力性使得现代所有权不再表现为直接支配的形态,而是转化为对用益和担保对价的请求权。

3. 永久存续性

所有权的存在不能设定存续期间,也不因诉讼时效而消灭。除了标的物灭失、转让或抛弃,所有权是无期限的,而他物权一般是有期限的。当事人或者法律本身均不能为所有权设定存续期限,不存在“暂时性”的所有权,否则就会使

① 参见谢在全:《民法物权论》(上册),中国政法大学出版社 2011 年版,第 103 页。

得所有权变成他物权。[①] 例如,《民法典》第332条规定,耕地承包经营权的期限为30年,草地的承包经营权期限为30~50年,林地的承包经营权期限为30~70年;《民法典》第358条规定,建设用地使用权期限届满前,因公共利益需要提前收回该土地的,应当依据本法第243条的规定对该土地上的房屋以及其他不动产给予补偿,并退还相应的出让金。

总之,从对客体进行支配的范围来讲,所有权是一种完全的支配权;从其独立性来看,它是原始物权;从存在的期限上说,所有权具有永久性。随着所有权价值化趋势的扩展,传统的特征有所弱化(如完全性、永久性),使所有权的形式按照有益于社会的方式行使,能够兼顾到社会利益。

三、所有权的作用

1. 所有权是国家和社会发展的基础。所有权是物权制度的基础,也是物质基础的核心。而物质基础决定上层建筑,所有权是一切政治权利的基础。因此,对于国家而言,所有权决定国家经济制度和政治制度。从社会角度而言,社会的持续存在与发展,必须依赖以所有权为前提的物质生产与交换。我国是土地公有制国家,土地被充分利用还是随意浪费,是保值增值还是价值流失,对国家发展具有重要意义。所有权有利于明确归属、定分止争、减少纠纷。立法只有明确包括土地所有权在内的土地物权,才能避免发生"公地的悲剧",实现土地的充分利用和保值增值。

2. 规范市场经济秩序。市场经济的本质是商品交换,而商品交换的前提是主体对财产有自由处分权。所有权人享有对商品的自由处分权,此乃市场经济的法律基础。因此所有权有利于保护市场经济秩序,是市场经济法律体系的重要组成部分。所有权和契约是现代市场经济的两大制度基础。所有权调整财产的归属秩序,契约规范财产的流转秩序。财产归属是市场交换的前提和最终归属,只有明确财产归属,才能确保市场交换的畅通,才能规范市场经济秩序。

3. 促进积累社会财富。只有财产永远归属自己,人们才有创造财富、积累财富的信心;如果时刻担心财产不属于自己,人们就可能采取掠夺性、破坏性地使用,达不到物尽其用的目的,丧失创造财富的积极性。"有恒产者有恒心。"物

① 参见王利明主编:《民法》,中国人民大学出版社2018年版,第218页。

权法通过保护不同主体的物权,充分保护私人物权,激励私人积极创造和积累财富。例如,自中国实行商品房制度以来,房屋成为人们的私人财产,人们购房的积极性促使创造、积累财富的积极性空前高涨。即使国家为了公共利益征收私人房屋,国家也会依法根据房屋的市场价值予以合理补偿。

4. 所有权是人格独立发展的前提。所有权是人生存和发展的保障,个人为了生存与发展不能没有财产。无所有权就无独立的人格。① 正如马克思所言,人只有在吃饱了饭,有房子住之后,才可能从事社会的政治、宗教、文化等活动。英国法学家布莱克斯通认为,没有任何东西像财产所有权那样如此普遍地焕发起人类的想象力,并煽动起人类的激情;或者说,财产所有权是一个人能够在完全排斥任何他人的权利的情况下,对世间的外部事物所主张并行使的那种专有和独断的支配权。

第二节　所有权的权能

一、积极权能

依据《民法典》第240条的规定,所有权人对标的物享有全面的支配权,可以占有、使用、收益、处分。例如,房屋所有权人可以闲置房屋,并不一定居住;可以使用它,即住进去;也可以将其租出去获得收益,或者将房屋抵押给银行从而获得银行贷款;或者干脆将房屋转让出去,作出最直接的处分。

1. 占有权。占有是指所有权的权利主体对于财产的实际管领和支配的权能。它不是行使所有权的目的,而是所有人对物行使使用、收益、处分的前提。占有是一种事实上的状态,对于动产具有所有权推定作用。如果没有相反证据,动产占有人被推定为所有权人。占有是所有权的一项独立权能,在一定条件下可以与所有权分离。比如,标的物被借给他人使用,那么在一定期限内标的物由他人占有。占有是所有权的一项独立内容,而且是行使其他权能的前提。占有不是所有权的必要条件,丧失对物的占有,仍不丧失所有权。如遗失

① 参见梁慧星、陈华彬编著:《物权法》,法律出版社2005年版,第107页。

所有物情形,所有权人不丧失所有权。

2.使用权。使用是指所有权人按照物的性能和用途对物加以利用,以满足生产、生活需要的权能。如居住房屋、耕作田地、乘坐汽车、阅读书籍等。使用标的物以非消耗物为限,对于消耗物的使用被称为对物的事实上的处分。例如,食物的使用价值就在于食用,但是使用完后食物本身也就不存在了,所有权也就随之消灭了,此时为处分,而不是使用。使用权可以由所有权人行使,也可以是非所有权人。用益物权就是所有权人让渡所有物的实际使用权而形成的。

3.收益权。收益权是指收取由原物产生出来的新增经济价值的权能。使用是对物本身的利用,获取客体物本身的利益,而收益专指物所生的新增经济价值。所有物新增的经济价值主要指孳息。孳息分为天然孳息和法定孳息。天然孳息是指根据物的天然属性而获得的新增价值,比如果树结的果实,母牛产出的牛仔、母鸡下的鸡蛋等。根据《民法典》第321条第1款的规定,天然孳息,由所有权人取得;既有所有权人又有用益物权人的,由用益物权人取得。当事人另有约定的,按照其约定。法定孳息则是指依照一定法律关系的存在而产生的孳息。例如,根据合同取得的租金、利息、股息、基金等。法定孳息按照约定或者交易习惯取得。

有学者主张所有物新增的经济价值还包括利润。[①] 也有学者主张投资及收益也属于所有权收益权能范畴。[②]《民法典》第268条规定,出资人享有出资的收益权。所有权人将房屋作为投资入股办厂,投资人按照约定或者出资比例所获得的利润就属于收益。法定孳息与利润有区别,利润是指物投入生产经营活动所产生的收益。物投入生产经营后,物不再属于原物所有人,而且利润属于风险收入。法定孳息中,产生孳息的原物仍然属于原物所有人,而且孳息不属于风险收入,它是依据法律关系产生的确定收入。市场经济下,尤其是互联网背景下全民皆商,民事主体普遍关注物的增值,而不仅仅是静态归属,收益权成为四项内容最重要的权利。只要能实现财产的增值和利益最大化,所有权人甚至会让与财产的占有权、使用权,而保留收益权。收益权可以基于法律规定来确定,例如《民法典》第256条规定国家举办的事业单位依照法律和国务院的有

---

① 参见马俊驹、余延满:《民法原论》(第2版),法律出版社2005年版,第327页。

② 参见王利明:《物权法》,中国人民大学出版社2015年版,第95页。

关规定享有收益权。同时,收益权能也可以与所有权相分离,所有权人为他人设立用益物权以后,用益物权人享有物的收益权能,此时收益权能与所有权相分离。

4.处分权。处分权是指所有人依照自己的意愿对物进行事实上或法律上的处置的权利。处分权涉及所有权的产生、变更和消灭。处分包括事实上的处分和法律上的处分。事实上的处分,是指对标的物实质上的变形、改造或毁损等物理上的事实行为,如拆除房屋、消费食物、撕毁书籍等。法律上的处分,是指将标的物所有权加以转移、限制或消灭,从而使所有权发生变动的法律行为,如转让标的物、赠与标的物、抛弃标的物、设定抵押权等。根据《民法典》第268条的规定,所有权人可以将物作为出资成立企业,出资人基于此行为使其丧失物的处分权,但是获得资产收益、重大决策以及选择管理者的权利。投资行为也是处分行为之一。所有权是处分权的法律根据,非所有权人一般情形无权行使,否则构成无权处分行为,须对所有权人承担侵权责任;但在特定情形下,所有权人会让与部分处分权,但绝不可能让与最终处分权,因为处分权的丧失意味着所有权的丧失。处分权关系物的命运,关系所有权人的根本利益,因此处分权是所有权最根本的权能。

占有权能是前提性权能,使用权能通常限于非消耗物,收益权能和处分权能是最为重要的两项权能,这在共有中表现得尤为明显。这四项权能中的某一项或几项可以暂时脱离所有权人,财产所有人不丧失所有权,这是所有权的弹力性的表现。所有权权能的分离与回复,同时是所有权人行使所有权、发挥物的效用的表现。例如,国家将建设用地使用权出让给法人或者非法人组织,国家并不丧失土地所有权,能够最大限度地发挥国有土地的价值并获得良好收益。

二、消极权能

所有权是典型的绝对权,任何人均负有尊重和不得非法干涉的义务。当所有权人的占有、使用、收益、处分受到非法干涉时,所有权人可以行使排他权能。《民法典》第233~239条规定的物权保护规则均适用于所有权。他人非法干涉在先所有权人排除干涉在后,对于所有权人这项被动权能,被称为消极权能。如果是来自国家或他人的正当干涉,比如相邻关系人请求通行、排水等,所有权人则必须容忍。所有权人排除干涉的主要途径是物权请求权，包括请求排除妨碍、返还原物、恢复原状、赔偿损失。

积极权能是所有权的核心内容，消极权能是实现积极权能的保障；如果缺了消极权能，所有权就丧失了保护伞。

第三节　所有权的取得方式

所有权激发人们创造财富、积累财富的积极性，促进社会财富的积累。《民法典》第129条规定："民事权利可以依据民事法律行为、事实行为、法律规定的事件或者法律规定的其他方式取得。"所有权的取得应当遵守法律，依法取得，尊重社会公德，不得损害公共利益和他人合法权益。如果想获得房屋所有权，城市居民可以通过买卖合同、继承、接受赠与获得，可以是依据法院离婚财产分割判决获得，也可以是因为房屋动迁而从政府那里获得等面积的动迁房，等等。农村居民可以通过建造房屋的事实行为、买卖、继承等方式取得房屋所有权。

依据取得物权是否基于他人权利，物权取得分为原始取得和继受取得。

一、原始取得

原始取得就是最初取得，不以他人已有的所有权为根据，而是直接依照法律的规定，通过某种方式或行为取得所有权。原始取得的类型取决于一国的物权法律制度。如果一个国家的物权制度不承认先占取得，那么该国就不存在先占取得这种物权取得的方式。传统物权法认可的原始取得类型包括以下几种。

（一）征收

征收属于国家强制取得。征收是指国家基于公共利益通过行使征收权，在依法给予补偿的前提下，将单位或个人的财产转移给国家所有。《民法典》第243条第1～3款规定："为了公共利益的需要，依照法律规定的权限和程序可以征收集体所有的土地和组织、个人的房屋以及其他不动产。征收集体所有的土地，应当依法及时足额支付土地补偿费、安置补助费以及农村村民住宅、其他地上附着物和青苗等的补偿费用，并安排被征地农民的社会保障费用，保障被征地农民的生活，维护被征地农民的合法权益。征收组织、个人的房屋以及其他不动产,应当依法给予征收补偿,维护被征收人的合法权益;征收个人住宅的,还应当保障被征收人的居住条件。"针对农村村民住宅的补偿,有学者曾指出,房屋作为农民唯一可以享有所有权的不动产,其重要性不言而喻,而现有的补偿标准实际上是将农村住房作为动产进行补偿,根本就没有体现房屋的不动产价值。这是对农民私有财产的漠视。农民的房屋不应通过地上附着物的形式进行补偿,而应作为独立的征收对象进行合理补偿。[①]《民法典》对此作出了回应,《民法典》第243条第2款明确把"农村村民住宅"纳入征收补偿范围[②],维护了被征地农民的合法权益,并且与《土地管理法》对农村集体所有土地征收补偿规定相衔接。《民法典》规定合法征收行为有三个条件,分别是公共利益、法定权限和合理补偿。《中共中央、国务院关于完善产权保护制度依法保护产权的意见》第8条规定:"完善土地、房屋等财产征收征用法律制度,合理界定征收征用适用的公共利益范围,不将公共利益扩大化,细化规范征收征用法定权限和程序。遵循及时合理补偿原则,完善国家补偿制度,进一步明确补偿的范围、形式和标准,给予被征收征用者公平合理补偿。"

征收对象仅限于集体土地所有权、房屋等不动产,不包括动产。因为动产通常是可以替代的物,如果国家出于公共利益而获得公民的动产,可以从市场购买或者与自然人协商购买,而不必通过征收的方式直接发生所有权的变动。[③]有学者主张征收对象不包括建设用地使用权、土地承包经营权、宅基地使用权、居住权、地役权等他物权,认为他物权的消灭是随着被征收不动产的所有权消灭时才消灭,而非直接为征收的对象。[④]《民法典》第338条规定:"承包地被征收的,土地承包经营权人有权依据本法第二百四十三条的规定获得相应补偿。"因此,用益物权可以成为征收对象。此外,《民法典》第358条规定:"建设用地使用权期限届满前,因公共利益需要提前收回该土地的,应当依据本法第二百四十三条的规定对该土地上的房屋以及其他不动产给予补偿,并退还相应的出让金。"国家可以为了公共利益提前收回建设用地使用权,地上建筑物也同时被征收。

---

① 参见申建平:《对农村集体土地征收补偿范围的反思》,载《比较法研究》2013年第2期。

② 参见彭诚信:《〈民法典〉物权编的进步、局限与未来》,载《法制与社会发展》2020年第4期。

③ 参见王利明主编:《民法》,中国人民大学出版社2018年版,第222页。

④ 参见崔建远:《中国民法典释评·物权编》,中国人民大学出版社2020年版,第258~259页。

此种取得方式必须以公共利益为前提，公共利益为不特定多数人的利益，这种表述具有一定的模糊性和不确定性，不特定多数人利益很难准确界定。公共利益是指关于公共安全、教育、科技、文化、卫生、体育等关系国计民生的合法利益。征收主体只能是国家，国家通过征收取得所有权，应当给予被征收人以合理补偿，是国家所有权与个人所有权平等受到法律保护的体现。《民法典》为了充分保障自然人、法人和非法人组织的合法权益，区分了农村土地的征收和城市房屋的拆迁，分别规定了不同的补偿标准。《民法典》第 243 条第 2 款规定，征收集体所有的土地，补偿范围包括土地补偿费农村村民住宅、安置补助费农村村民住宅、地上附着物和青苗的补偿费等费用以及安排被征地农民的社会保障费用。第 243 条第 3 款规定，征收组织、个人的房屋及其他不动产，应当依法给予拆迁补偿，维护被征收人的合法权益。此外，因征收集体的土地而导致土地承包经营权消灭的，对土地承包经营权也应当单独补偿。①

（二）善意取得

1. 概念

善意取得是指无权处分他人财产的财产占有人，在其将占有的财产转让给第三人后，如果受让人在取得该财产时出于善意，即依法取得该财产的所有权，原财产所有人不得要求受让人返还财产的制度。我国《民法典》第 311 条第 1 款规定："无处分权人将不动产或者动产转让给受让人的，所有权人有权追回；除法律另有规定外，符合下列情形的，受让人取得该不动产或者动产的所有权：（一）受让人受让该不动产或者动产时是善意；（二）以合理的价格转让；（三）转让的不动产或者动产依照法律规定应当登记的已经登记，不需要登记的已经交付给受让人。"《民法典》延续了原《物权法》中的善意取得制度。从法条看，善意取得首先存在一个合法正当的交易；受让人不知道让与人没有处分权；转让的财产依照法律规定应当登记的已经登记，不需要登记的已经交付给受让人。

关于不动产能否适用善意取得，学者们曾有争议，有学者认为不动产物权公示方法为登记，第三人通过查询登记可以履行注意义务，登记名义人与真实物权人通常是一致的，不会发生无权处分情形。但是，实践中仍然会出现不动产登记错误导致登记名义人无权处分的情形，例如夫妻共有场合不动产登记簿

① 参见王利明主编：《民法》，中国人民大学出版社 2018 年版，第 221 页。

只记载了配偶一方的姓名;或者法院判决物权已经发生变动,但权利人一直没有依据法院判决进行变更登记;或者部分法定继承人没有经过其他继承人同意就将被继承人死亡后的不动产变更登记到自己名下,欠缺其他继承人的登记;不动产变动的原因行为撤销、被确认无效,原来登记的不动产物权没有合法依据;登记机构由于疏忽而进行了错误登记;等等。①

2. 制度价值

善意取得肇始于日耳曼法的"以手护手",第一个手为交付者的手,第二个手为受交付者的手,让与并交付动产者,应当保护受让与者。善意取得制度牺牲原所有权人的利益,是对所有权追及效力的一种限制,重在保护交易安全,是适应商品经济发展的一项重要交易规则。任何人不得将大于自己拥有的权利让与他人。只有所有权人或受人之托、代他人处分的人才有处分的权利,无处分权的人处分他人之物,属于一种侵权行为,其所为的法律行为须于事后取得权利或经该他人之承认,始生效力。但是随着市场经济的发展,仍然贯彻绝对的所有权保护原则,不利于交易活动。每场交易都要调查对方就交易的财产有无处分权,不但增加交易成本,而且妨害市场经济的顺利进行。在财产所有权的静态安全与财产交易的动态安全之间,不得不采取牺牲所有权静的安全而保护财产交易的动态安全的立场,一概否定受让人取得所有权不利于交易安全。正是为了保护市场交易的安全与便捷,各国大多数承认善意取得制度。

3. 构成要件

第一,处分人无处分权。处分权是所有权最根本的权能,没有处分权可以是指完全没有处分权,也可以是指没有独立的处分权,如夫妻共有。原《合同法》第51条规定,无权处分合同是效力待定合同,处分权人事后追认的,视为有权处分;如果处分权人拒绝追认的,则处分行为无效。如果依据该法条,则善意取得制度就没有适用余地。因此,在符合善意取得其他要件的情况下,应当排除原《合同法》第51条的适用。② 就善意取得之后无权处分合同的效力问题,我国民法学界目前主要有物权行为理论继受说、无权处分合同拟制有效说与无权

---

① 参见崔建远:《中国民法典释评·物权编》,中国人民大学出版社2020年版,第487~488页。

② 参见王利明主编:《民法》,中国人民大学出版社2018年版,第222页。

处分合同效力待定说三种观点。[①] 物权行为理论继受说主张将善意取得作为物权行为的特殊表现形式予以吸纳，认为善意取得乃是欠缺处分权的，但被第三人之善意所补正的特殊有效物权行为。[②] 无权处分合同拟制有效说认为，我国物权法上不存在物权行为乃是既定事实，而善意取得之后标的物存在瑕疵以及无处分权人存在其他违约事实的问题，应当通过对既有法规范体系为解释的方式解决。无权处分合同效力待定说认为，无权处分合同有效与否应顺其自然，可能无效或有效。[③] 有学者主张善意取得系一项法律拟制，应明晰善意取得之法权原型为有权处分，并在此基础上，通过阶层式的法解释运作，令善意取得能够获得与有权处分相同的法律原因与法律后果，从而祛除拟制所带来的异质性因素，消除我国《民法典·物权编》与《民法典·合同编》之间可能产生的体系瑕疵，使善意取得发生之后的善意第三人亦可向无处分权人主张违约责任，最终使善意第三人的交易型法益获得合理而周全的保护。[④]《民法典》对无权处分合同的效力作出了回应，第 597 条第 1 款规定："因出卖人未取得处分权致使标的物所有权不能转移的，买受人可以解除合同并请求出卖人承担违约责任。"依据该规定，无权处分合同有效，但买受人不能取得所有权的，可以解除合同并请求无权处分人承担违约责任。

第二，受让人主观上为善意，即受让时不知道也不应当知道转让人无处分权。《物权编解释(一)》第 14 条规定："受让人受让不动产或者动产时，不知道转让人无处分权，且无重大过失的，应当认定受让人为善意。真实权利人主张受让人不构成善意的，应当承担举证证明责任。"第 16 条列举了直接认定受让人有重大过失的情形，"受让人受让动产时，交易的对象、场所或者时机等不符合交易习惯的，应当认定受让人具有重大过失"。其判断原则是：凡善意信赖公示之公信力者即为善意。善意一般可以推定，认为其非善意一方负有举证责

① 参见谢潇：《善意取得制度体系瑕疵祛除的拟制论解释——以善意取得中间法律效果的提出为核心》，载《政治与法律》2017 年第 1 期。

② 参见田士永：《物权行为理论研究——以中国法与德国法中所有权变动的比较为中心》，中国政法大学出版社 2002 年版，第 263 ~ 264 页。

③ 参见崔建远：《物权：规范与学说——以中国物权法的解释论为中心》(上册)，清华大学出版社 2011 年版，第 146 ~ 147 页。

④ 参见谢潇：《善意取得制度体系瑕疵祛除的拟制论解释——以善意取得中间法律效果的提出为核心》，载《政治与法律》2017 年第 1 期。

任。善意的判断因受让财产是动产或不动产而有所区别。在动产善意取得场合，凡是信赖动产的占有人为所有权人而与之交易的人，在没有相反的证据证明其明知或应当知道占有动产的人无处分权时，都应当推定其具有善意。当事人以指示交付方式交付动产的，转让人与受让人之间有关转让返还原物请求权的协议生效时为动产交付之时。[①] 在适用时，判断受让人是否为善意，应结合购买人所处场景来判断，如果在公开交易场所（如商场），购买人完全可以信赖出卖人的占有而进行交易；应当结合物品的交易价格来判断，价格明显低于市场价格时，购买人必须弄清出卖人是否有真正的处分权。

在不动产交易场合，只要受让人在受让该不动产时，有合理的理由信赖登记，受让人就是善意的。[②] 即只要受让人查验出卖人的登记簿，表明出卖人有所有权或处分权，或表明出卖人有已得到其他共有人授权的证明，则推定受让人尽到合理的注意义务，即推定受让人善意。《物权编解释（一）》第15条列举了几种典型认定不动产受让人恶意的情形："具有下列情形之一的，应当认定不动产受让人知道转让人无处分权：（一）登记簿上存在有效的异议登记；（二）预告登记有效期内，未经预告登记的权利人同意；（三）登记簿上已经记载司法机关或者行政机关依法裁定、决定查封或者以其他形式限制不动产权利的有关事项；（四）受让人知道登记簿上记载的权利主体错误；（五）受让人知道他人已经依法享有不动产物权。真实权利人有证据证明不动产受让人应当知道转让人无处分权的，应当认定受让人具有重大过失。"

第三，以合理的价格有偿转让。受让人取得财产必须通过有偿交换获得，如买卖、互易、债务清偿、出资等具有交换性质的行为，而赠与、继承、受遗赠等无偿方式难以确保受让人取得标的物所有权的客观正当性，违背了民法的客观公平原则。因为善意取得制度牺牲了真正所有权人的利益，以保护交易安全，故转让人和受让人之间必须有交易行为，交易行为可以有偿转让来加以判断。明显不合理的低价转让也违反公平原则，不构成善意取得。《物权编解释（一）》第18条规定，合理价格"应当根据转让标的物的性质、数量以及付款方式等具体情况，参考转让时交易地市场价格以及交易习惯等因素综合认定"。适

① 参见王利明主编：《民法》，中国人民大学出版社2018年版，第222页。
② 参见王泽鉴：《民法物权——通则·所有权》，中国政法大学出版社2001年版，第124页。

用善意取得，原则上必须以实际支付价款为要件，如果仅仅是达成了协议，不能认为已经符合了善意取得的构成要件。

第四，转让的财产依照法律规定应当登记的已经登记，不需要登记的已经交付给受让人。根据物权变动公示原则，善意取得的财产也应当进行登记或交付。经过公示的所有权具备物权变动的权利表征，能产生公信力，可以对抗其他人。《物权编解释（一）》第 19 条规定："转让人将民法典第二百二十五条规定的船舶、航空器和机动车等交付给受让人的，应当认定符合民法典第三百一十一条第一款第三项规定的善意取得的条件。"该司法解释明确了这类特殊动产以交付作为公示方法，而不是登记。适用动产善意取得，必须发生占有的实际移转，即转让人向受让人实际交付了财产，受让人实际占有了该财产，排除占有改定情形。例如，甲即将出国进修，将其所在单位乙公司配备给自己使用的一台笔记本电脑以 5000 元价格卖给邻居丙。但由于离出国还有一个星期，有一些资料需要整理，需要继续使用电脑，于是甲在卖给丙时又与丙签订了一个星期借用协议，注明该笔记本电脑已经卖给丙，但暂时借给甲使用一个星期。甲借用电脑期间开始办理离职手续，乙公司告知甲：公司给他配备的笔记本电脑他只有使用权，所有权仍然归属公司，如果甲不归还该笔记本电脑，将要按原价 12, 000 元偿付给公司。甲表示愿意退还笔记本电脑，并实际交付给公司办理了有关手续。甲告知丙笔记本电脑只是公司配给他使用的，现在已经被公司收回，他愿意退还丙 5000 元。但丙并不同意，以甲、乙公司为被告诉至法院，要求归还笔记本电脑。本案中，由于甲通过占有改定方式完成交付，不符合善意取得的公示要件，因此丙不构成善意取得。

第五，受让行为符合法律行为的一般要件。除了转让人无处分权外，该交易应当是一个合法的交易，符合法律行为的一般要件，即当事人具备行为能力、意思表示真实、其转移占有的财产是法律允许流通的动产和不动产等，否则该交易本身可以被撤销或被宣告无效，就没有发生善意取得的可能。《物权编解释（一）》第 20 条规定："具有下列情形之一，受让人主张依据民法典第三百一十一条规定取得所有权的，不予支持：（一）转让合同被认定无效；（二）转让合同被撤销。"依据该司法解释，转让合同行为本身无效或被撤销的，受让人不可能依据善意取得制度取得所有权。

上述五个构成要件缺一不可，缺少任何一个要件，则不构成善意取得，原所有权人可以向受让人请求返还原物,受让人有权向无权处分人请求返还价金;同时满足五个要件的,则构成善意取得,原所有权消灭,不得向受让人请求返还原物,只能请求无权处分人赔偿损失。

4. 善意取得能否适用于遗失物和盗赃物?

《民法典》第312条规定:"所有权人或者其他权利人有权追回遗失物。该遗失物通过转让被他人占有的,权利人有权向无处分权人请求损害赔偿,或者自知道或者应当知道受让人之日起二年内向受让人请求返还原物;但是,受让人通过拍卖或者向具有经营资格的经营者购得该遗失物的,权利人请求返还原物时应当支付受让人所付的费用。权利人向受让人支付所付费用后,有权向无处分权人追偿。"可见,遗失物无权处分行为的效力取决于原所有权人,可以选择请求无权处分人赔偿,即承认受让人已取得遗失物所有权,也可以自知道或者应当知道受让人之日起二年内请求受让人返还遗失物,即二年后不得行使追及权。因此,我国《民法典》不承认遗失物的善意取得,遗失人可以选择追回遗失物,也可以放弃。当遗失人选择放弃追回时,第三人无论是否满足善意取得的构成要件,都直接取得所有权。

关于盗赃物能否适用善意取得,《民法典》仍然没有规定盗赃物是否适用善意取得。从国内外的立法例进行考察,各国立法对此有三种立场,以挪威和丹麦为代表的完全否定立场,以意大利为代表的完全肯定立场,以及以德国、瑞士、日本、法国为代表的中间立场。持中间立场的国家,赋予原所有权人在除斥期间内的回复请求权,善意受让人在限制的场所内交易可以取得标的物所有权。我国《民法典》对此没有明确规定,一些司法解释中有相关规定,但立场不一。盗赃物与遗失物有相似之处,都属于脱离物。盗赃物应当依据《刑法》《刑事诉讼法》《治安管理处罚法》等有关法律规定返还给原权利人,如果适用善意取得对原权利人非常不公平,建议参照《民法典》第312条规定适用。

遗失物和盗赃物可以有条件地适用善意取得制度。理由如下:第一,在占有遗失物、盗赃物的情形下,善意受让人代表所有潜在交易者的利益,关系到社会财产的交易安全和秩序,原所有权人的财产利益代表着所有潜在财产所有权人的合法利益,关系到社会财产的归属秩序,在市场经济社会背景下,物尽其用和交易安全成为物权法的首要价值目标,因此动态的财产交易安全优位于静态的财产归属利益,脱离物作为财产也不例外。第二,从经济分析的角度,在原所有权人丧失脱离物的占有后就丧失对物的使用价值,当善意受让人取得物的占有后就取得对物的使用,尽管标的物在无权处分前的非法占有不能阻却无权处分后善意受让人善意使用的正当性,避免脱离物在无权处分人处的自然损耗,物的使用价值得到延续。同时,要求受让人在交易时调查标的物的处分权,增加了受让人的征信成本,不利于交易便捷。法律直接规定善意受让人取得标的物所有权,使得善意受让人不担心原权利人行使追及权,有利于稳定物的归属和物尽其用,降低交易风险。第三,对于盗赃物由国家依据公法追赃,对善意受让人的合法利益不予以保护,使善意受让人不会轻易交还盗赃物,也增加了国家追赃的成本。第四,物权变动公示公信原则同样为盗赃物和遗失物的善意取得提供制度支持,只要受让人善意地信赖物权法规定的公示效果,就应该产生公示公信原则的有利后果。公示公信原则作为物权法的基本原则,应当无例外地适用于盗赃物。

5. 善意取得的效力

《民法典》第 311 条规定,符合善意取得构成要件时,受让人即时取得受让财产的所有权,原所有人的所有权消灭,不得向受让人请求返还原物。原所有人有权向无处分权人主张违约责任,或请求返还不当得利,或侵权损害赔偿。《民法典》第 313 条进一步规定:“善意受让人取得动产后,该动产上的原有权利消灭。但是,善意受让人在受让时知道或者应当知道该权利的除外。”善意取得为原始取得,是没有任何权利负担的所有权,但受让人在受让时知道或应当知道原有权利的除外。

(三)添附

添附是指不同所有人的物被结合、混合在一起成为一个新物或者利用别人之物加工成新物的事实状态,包括附合、混合和加工三种。添附的新物是由不同所有人的原有财产形成,添附所有权的形成是基于一定的法律事实。当事人之间恢复原状的约定无效,目的在于使添附物服从社会经济利益。添附的法律效果具有法律强制性,不允许当事人自行改变,尤其是不得请求恢复原状,而是由法律确定添附物的归属。

添附形成新物后恢复原状事实上不可能或经济上不合理,因此法律必须制定一个归属规则,以解决双方的冲突,添附成为取得所有权的一种法律根据,是一种原始取得方式。添附已经被各国法律承认。添附物的所有权归属主要采取如下两种方法：第一，维持添附物的现状，使各物的所有权人形成共有关系；第二，维持现状，使添附物专归某人取得，给另一方以补偿或者赔偿。我国《民法典》第322条规定了添附物的归属规则，“因加工、附合、混合而产生的物的归属，有约定的，按照约定；没有约定或者约定不明确的，依照法律规定；法律没有规定的，按照充分发挥物的效用以及保护无过错当事人的原则确定。因一方当事人的过错或者确定物的归属造成另一方当事人损害的，应当给予赔偿或者补偿”。《民法典》吸收了原《民通意见》第86条规定的有益内容，“非产权人在使用他人的财产上增添附属物，财产所有人同意增添，并就财产返还时附属物如何处理有约定的，按约定办理；没有约定又协商不成，能够拆除的，可以责令拆除；不能拆除的，也可以折价归财产所有人，造成财产所有人损失的，应当负赔偿责任”。

依据《民法典》第322条，添附物的归属原则包括：第一，意思自治原则优先。意思自治是民事活动的基本准则，添附也不例外，如果当事人对添附物的归属达成共有或由某一方所有的约定，应当尊重其约定。第二，物尽其用原则。无约定且法律没有规定的，遵循充分发挥物的效用原则确定。发挥物的效用，就是归属于哪一方更能发挥物的效用，就应归哪一方，是物尽其用原则的体现。第三，保护无过错当事人的原则。添附的形成一般基于法律行为、事实行为或事件产生，如果是基于侵权行为形成的添附，要对无过错一方当事人给予更充分的保护，以兼顾公平。当物尽其用原则与保护无过错当事人原则冲突时，应当优先考虑物的效用原则。[①] 第四，赔偿与补偿原则。关于添附制度体系内补偿请求权的民法规制，纵观各国立法，大致可分为不当得利请求权模式、价金偿还请求权模式、混合请求权模式三种立法例。[②] 为平衡添附物所有权发生的变动，着眼于维护与调和因添附而丧失所有权权利或利益的当事人的考量，是债法上的救济方法，允许根据不当得利的规定请求偿还价额。[③] 补偿是指一方没有过错导致添附，此时不构成侵权，只需要补偿，补偿的请求权基础是不当得利

---

① 参见杨立新主编：《〈中华人民共和国民法典〉条文精释与实案全析》，中国人民大学出版社2020年版，第453页。

② 参见林广会、邹建永：《添附的债权效果及其体系效应——兼评我国〈民法典〉第三百二十二条》，载《学术论坛》2020年第4期。

③ 参见陈华彬：《我国民法典物权编添附规则立法研究》，载《法学杂志》2019年第9期。

返还请求权。如果取得新所有权的一方的添附行为是出于恶意,如明知是他人的财产而进行加工,或有其他故意或过失行为,则原所有权人除有权向其请求经济补偿外,还有权要求其赔偿因添附所造成的损失。[①] 赔偿主要针对一方有过错导致添附,造成动产所有权人损失,赔偿的请求权基础是侵权损害赔偿。

具体来说,添附物分为附合、混合和加工三种情形。

1. 附合及归属规则

附合是指分别归属于两个以上主体的物密切结合在一起成为一个新物,这种结合导致所附合之物非经毁损不能分离或分离成本过高。如果能够分离,就不构成附合,例如修车师傅疏忽大意,将甲的车锁安装于乙的自行车上,此时车锁可以与自行车分离,不构成附合,车锁所有权人可以要求自行车所有权人返还车锁。

附合有三种不同情形:

第一,动产与不动产的附合,附合的动产与被附合的不动产不属于同一人所有,动产经附合而成为不动产的重要组成部分,非经毁损或变更其物的特性而不能分离,这种结合较为稳定。如施化肥于别人的土地上,在他人建筑物上贴壁纸、粉刷油漆、在他人建筑物上贴瓷砖。附合物的归属规则:不动产所有人取得动产的所有权;动产所有权因附合而消灭;不动产所有人对动产所有人给予合理补偿。

第二,动产与动产的附合,需非毁损不能分离或分离需费过巨。如将他人砖石镶嵌在自己戒指上。动产与动产附合后,该添附物所有权的归属乃与不动产附合的情形相同,以保持合成物的整体经济效用为规范旨趣,而并非对各动产所有权人间的利益衡量。因此添附物所有权的归属与当事人的意思能力或当事人的善意、恶意均没有关系。关于动产与动产的附合物归属,如有可视为主物者,由主物所有人取得附合物所有权,给另一方以补偿;没有主从之别者,则按照动产附合时之价值形成共有的关系。

第三,不动产与不动产的附合。各国民法典对不动产之间的附合大多未设规定,《德国民法典》第 946 条、《瑞士民法典》第 671 条对于附合物,皆明定应仅限于动产。《日本民法典》对此并无规定,唯学理解释不一。日本学者末弘严太

① 参见王利明主编:《民法》,中国人民大学出版社 2018 年版,第 224 页。

郎认为,土地因洪水的结果而变为淤涨地时,其附合物实为动产土砂,而主建筑物附加的增添建筑物,也可认为系各种材料的附合。① 如承租人、借用人等在租得的楼房平台上再加盖一层楼房归属规则:价值较大者,取得附合物所有权;价值相当者,由双方当事人共有。

附合的原因可以是自然力,也可以是人之行为(事实行为)。如果因为自然原因而产生附合,则毫不例外地适用上述规则。如果因为人为原因引起,则需要区分善意与恶意。当附合出于恶意时,可能构成侵权,权利人可以要求赔偿损失。即不仅要补偿其价值,还应当赔偿损失。当出于善意不知情,则只需要补偿被附合的物之价值。比如,甲窃取乙的木材,制作成门窗安装于自己房屋上,乙为报复,以自己的油漆乱涂于甲新建房屋的外墙上,上述行为是否构成附合,法律后果如何?甲的行为构成附合,但出于恶意,也同时构成侵权,应当赔偿木材所有权人因此而导致的损失,不仅仅是支付价款。乙的行为属于恶意附合,不仅未增加其价值,反而减少其价值,则不存在附合问题,应当依侵权行为解决。

2. 混合及归属规则

混合是指不同所有人的动产相互结合,难以区分并形成新的财产,如酒精与水的混合。混合与附合的区别是附合的数个动产可以区分识别,但难以恢复原状;混合的数个动产无法区分识别,或者识别所需的费用过大。所谓识别,系指二动产相混后,无法依通常的客观方式加以辨识何动产原本为何人所有,或其虽得辨识,然其辨识所需的费用已远超恢复原状所得的利益,而不具经济实益。混合与附合的另一差异在于后者需达到二物相结合的程度。水泥和沙土结合在一起,其并未达到相互结合的程度,这种情形不是附合,而是混合。混合一般发生于固体与固体(如米的混合)、液体与液体(如酒与水的混合)、气体与气体(如煤气与煤气的混合)之间的混合,如沙石、水泥和水可混合成水泥浆。混合物的归属规则为:由原物价值量大的一方取得混合物所有权,给另一方以补偿;如果价值量相差不多,也可以共同所有。

3. 加工及归属规则

加工是指在他人动产上附加有价值的劳动,使之成为具有更高价值的新

---

① 参见陈华彬:《我国民法典物权编添附规则立法研究》,载《法学杂志》2019 年第 9 期。

物。如铜块雕铸成铜像,葡萄加工成葡萄酒,布料加工成衣服,麦粉加工成面包,木材加工成纸张。加工物归属规则适用需要具备四个条件:第一,加工人对加工物不享有所有权。第二,加工物为动产。第三,加工必须是具有创造价值意义的工作,而不是降低甚至损毁他人的材料,例如甲误取乙的原料,加工成成品,价值翻三倍,构成加工。若加工之后未增加材料的价值,反而减损其价值或失去其原有效用的,即不适用加工规则,而应构成侵权行为。第四,加工人与加工物所有权人之间没有法律关系或任何约定,或者他们之间的法律关系无效;如果存在有效的法定或约定法律关系,则依其法定或约定的法律关系内容处理,不适用加工取得所有权规则。

归属规则:有约定依约定;如无约定,加工所增价值未超过原材料价值,则加工物归原材料所有人;如果加工价值明显大于原物的价值,新物可以归加工人所有;如果加工价值与原材料价值相当,可由双方共有。无论由谁取得所有权,必须给予不能取得所有权的一方以补偿。

承揽不同于加工。加工是当事人对材料附加有价值的劳动,加工人所为的加工行为是事实行为,其与加工人是否有行为能力及是否为善意、恶意无关。而承揽是法律行为,定作物的归属依据约定,无约定时由定作人所有。加工是事实行为,加工物归属有约定依约定;如无约定,加工所增价值未超过原材料价值,则加工物归原材料所有人;如果加工价值明显大于原物的价值,新物可以归加工人所有;如果加工价值与原材料价值相当,可由双方共有。

(四)拾得遗失物

史尚宽先生认为,遗失物具有以下条件:(1)非无主物;(2)须有物之占有之移转;(3)须占有不同时移属于第三人;(4)须非隐藏物;(5)占有之丧失,须非出于占有人之意;(6)占有之丧失具有确定性;(7)须为动产。[①] 谢在全先生认为,构成遗失物需要有以下条件:(1)占有人丧失占有;(2)占有丧失须非基于占有人的意思;(3)须现无人占有;(4)须为动产。[②] 遗失物是指非出于原所有权人的意思而丧失占有之物。遗失物是有主物,适用"拾得"规则,无主物适用先占规则。寄存物、隐藏物不是遗失物,因为权利人并未失去对物的占有;被

① 参见史尚宽:《物权法论》,中国政法大学出版社 2000 年版,第 128 ~ 129 页。

② 参见谢在全:《民法物权论》(上册),中国政法大学出版社 2011 年版,第 286 ~ 289 页。

盗窃物也不是民法意义上的遗失物,因为遗失物须非因他人夺取而丧失。

拾得行为是指发现并占有遗失物的行为,发现和占有构成拾得行为的两个要素。所谓发现,是指已经知道或确定遗失物及其地点;所谓占有,是指已经基于占有的意思而占有。仅仅是发现而没有占有,不构成拾得。例如,甲与乙同行,甲先发现遗失物,乙后来也发现,如果乙先占有该物,则乙为拾得人,即使乙的发现基于甲的告知,因为乙同时具备发现和占有两要件。但是在甲告知乙才发现该物时,如果甲也有意占有该物,而乙抢先为之,则有悖善良风俗,构成侵权行为。[①] 拾得行为为事实行为,而不是法律行为,其成立不需要具备行为能力,无行为能力人也可以发生拾得行为。

《民法典》第314条、第315条、第316条、第317条、第318条规定了拾得人和遗失人之间的权利义务关系。第314条规定拾得人的返还义务和通知义务,第315条规定收到遗失物的有关部门的通知义务和发布招领公告的义务,第316条规定拾得人的妥善保管义务及保管不当的赔偿责任。第317条规定拾得人享有的必要费用请求权和悬赏情形下的报酬请求权。第318条规定遗失物自发布招领公告之日起一年内无人认领的,归国家所有。为了保护失主的利益,《民法典·物权编》第318条规定的认领期限由原《物权法》中的半年修改为一年。通说认为,拾得遗失物,系"未受委任,并无义务,而为他人管理事务",拾得行为可以适用无因管理。[②] 但是,如果拾得人拒不返还的则适用恶意占有的法律后果。但是,我国《民法典》明确规定了拾得人返还遗失物的法定义务,不符合无法定或约定义务为他人利益进行管理的要件,因此不是无因管理,而是法定的债权债务关系。第317条第1款规定保管遗失物产生的必要费用,主要是指保管贵重物品时租用保管箱所支出的费用,保管遗失的动物产生的饲养费用或治疗费用,其他费用还有发布招领公告的费用等。权利人支付必要费用的义务与拾得人返还遗失物的义务构成同时履行的关系,双方均可以适用《民法典》第525条主张同时履行抗辩权。[③] 第317条第3款规定拾得人侵占遗失物时,权利人可以享有拒绝支付必要费用和悬赏报酬的抗辩权。

---

① 参见史尚宽:《物权法论》,中国政法大学出版社2000年版,第130页。

② 参见王泽鉴:《民法概要》,北京大学出版社2009年版,第407页。

③ 参见崔建远:《中国民法典释评·物权编》,中国人民大学出版社2020年版,第534页。

依据《民法典》的规定，遗失物归属分为三种情形：第一，国家。《民法典》第318条规定，遗失物自发布招领公告之日起一年内无人认领的归国家所有。第二，遗失物权利人。《民法典》第314条规定拾得人返还遗失物的义务，因此遗失物权利人仍然是所有权人。第三，受让人。《民法典》第312条规定，遗失物权利人自知道或者应当知道受让人之日起两年内没有向受让人请求返还遗失物的，受让人取得所有权。可见，我国法律不允许拾得人取得遗失物所有权。

拾得人几乎没有任何权利，而只负有相关义务（返还、及时通知、上交、妥善保管、致遗失物毁损或灭失需承担民事责任、不得侵占等），最后遗失物若无人认领时，却归国家所有而非拾得人所有。这种让拾得人仅负义务而几乎不享有任何权利的制度，在实践中难以发挥很好的作用。① 对于拾得，比较法上有立法例采取拾得人有限或有条件取得所有权规则。《德国民法典》第973条、《瑞士民法典》第721条、《日本民法典》第240条规定，遗失物拾得后6个月内，所有人未认领者，有关机关应当将遗失物或拍卖所得价金交给拾得人。② 我国《民法典》第317条第2款规定："权利人悬赏寻找遗失物的，领取遗失物时应当按照承诺履行义务。"法律仅仅规定悬赏情形下拾得人可以获得报酬，没有规定拾得人获得法定报酬，也不允许拾得人取得所有权。实践中拾得人可能不会返还遗失物，而遗失人往往没有证据。如果规定拾得人在履行一定义务的同时可以获得相应报酬，在采取通知、通告等义务后仍不能寻得失主的情形下，使拾得人在一定条件下取得所有权，从而使物摆脱长期的权利真空状态，以加速物的利用和流转。但是，如果拾得人不履行通知义务、保管义务、招领义务等法定义务，直接占为己有，这时构成民法上的不当得利返还责任，甚至是刑法上的侵占罪。

漂流物是指水域上漂流的无主物或所有人不明的物，埋藏物是藏附于土地中的物，而隐藏物是隐藏在土地之外的其他包藏物中的物。如果某物不是埋藏于他物之中，具有显而易见性，则属于遗失物或抛弃物，拾得人拾得该物后，应当按照遗失物的归属或先占规则处理。③ 依据《民法典》第319条，拾得漂流物、发现埋藏物或者隐藏物的，参照拾得遗失物的有关规定。因此，漂流物、埋藏物

---

① 参见彭诚信：《〈民法典〉物权编的进步、局限与未来》，载《法制与社会发展》2020年第4期。

② 参见史尚宽：《物权法论》，中国政法大学出版社2000年版，第134页。

③ 参见王利明主编：《民法》，中国人民大学出版社2018年版，第224页。

和隐藏物被发现以后，应当作为遗失物，拾得人及时返还失主，或者交给有关部门，然后有关部门应当及时交还失主或发出招领公告。如果发现人或者第三人能够证明埋藏物、隐藏物归原所有权人所有，所有权人可以追回该物。所有人不明的，发现人应当将发现之物汇报给国家有关部门，有关部门发布招领公告之日起一年内无人认领的由国家取得所有权。

（五）其他原始取得方式

1. 劳动生产

劳动是创造财富的最主要途径，是取得所有权最基本、最重要的合法方式。如建造房屋、种粮食、织布、生产钢铁。马克思主义认为劳动创造价值，劳动者提供劳动创造了社会财富。尽管我国《民法典》没有明文规定劳动生产取得所有权，但司法实践中如果没有例外约定，由劳动者合法取得所有权，这是符合马克思主义基本原理的。

2. 收取孳息

孳息是由原物产生的新增物。孳息是原物所有权人最重要的收益，如母鸡下的鸡蛋、土地种的粮食、房租等。《民法典》第 321 条规定孳息的所有权取得方式，天然孳息基于自然规律产生，由原物所有权人取得，是收益权能的体现。但所有权设定有承包经营权等用益物权的，那么用益物权人优先于所有权人收取孳息，但有约定的除外。法定孳息基于法律关系产生，有约定的按照约定取得，无约定的按交易习惯取得。按一般的交易习惯，租金由租赁物所有人取得，利息由存款所有权人取得，股息由股票原所有人取得，红利由投资人取得。原物所有权转移的，孳息所有权随之转移。

3. 先占

先占是指对无主的动产以自主占有的意思先于他人取得占有，自取得占有时取得该动产所有权的事实。我国《民法典》没有规定先占取得制度。社会对先占的现实需求的事例为，原所有权人抛弃的动产，如饲养动物、日用衣物、家电等，他人可取而得之；对于国家（或地区）不禁止捕捉和采伐的野生动植物，可通过狩猎、捕捞、采伐等取得所有权。[1] 传统物权法理论认为，先占的构成要件包括两个方面。首先，客体必须是无主的动产。无主是指动产上没有任何人的

---

① 参见彭诚信：《〈民法典〉物权编的进步、局限与未来》，载《法制与社会发展》2020 年第 4 期。

所有权。先占的客体只能是动产,对不动产的先占除国际法之外很少有被承认的。遗失物是非基于所有权人意志丧失占有,不属于无主动产。其次,需以所有的意思占有无主物,即有将占有的动产归自己管领支配的意思,例如拾荒者就是以自主占有的意思占有被他人抛弃的无主动产。

我国没有规定无主物归国家所有,个人可以取得无主物所有权。无主物的归属容易产生纠纷,因此有必要确立最先占有无主动产的人取得所有权。占有是公然、和平、自主地占有,先占取得可以对抗所有其他人。从古罗马法、日耳曼法到近代各国的民法,都对先占作出过规定。《德国民法典》第958条规定:"(1)自主占有无主动产的人取得此物的所有权。(2)先占为法律禁止或因实施占有而损害他人的先占权者,不取得所有权。"《日本民法典》第239条规定:"无主的动产因所有的意思将其占有而取得其所有权。无主不动产属于国库所有。"《俄罗斯民法典》第219条第3款规定:"在本法典规定的情况下和依照本法典规定的程序,一个人可以取得无主财产、所有人不明的财产,或者所有人拒绝领受的财产、其所有人依照法律规定的其他根据丧失其所有权的财产的所有权。"我国历代法律也都承认先占,但自中华人民共和国成立后,法律没有规定先占。我国《民法通则》《继承法》《文物保护法》等相关法律对无人继承的遗产、埋藏的文物、受国家保护的野生动物、渔业资源等规定为国家所有,因此没有必要再规定先占制度。但是也有很多学者主张我国应当规定先占制度,如梁慧星教授领衔起草的《中国物权法草案建议稿》、王利明教授领衔起草的《中国物权法草案建议稿及说明》均对先占进行了规定,孟勤国教授起草的《物权法草案建议稿》也对先占作了规定。我国习惯法上历来允许公民进入国家或集体所有的森林、荒原、江河进行采集、砍柴伐薪、打猎、捕鱼,并取得猎取物和采集物的所有权。因此,我国应当承认习惯法保持中的先占取得制度,规定先占取得制度,有利于发挥物的效用、稳定现实关系,有利于交易安全和维持社会秩序。①在《民法典》未规定的情况下,司法机关不宜否认其物权取得效力。因为先占是人类社会有史以来亘古不变的自然法规则,而对无主物的先占在我国也是普遍存在的事实,不管《民法典》规定与否,都应当对依此事实取得的所有权予以

---

① 参见杨峰:《先占的历史考察与制度功能——兼论我国〈物权法〉中先占制度的确立》,载《法学杂志》2006年第3期。

保护。

4.时效取得

时效取得是传统物权法的基本制度，我国《民法典》虽然没有规定时效取得，但传统民法埋论认为时效取得是所有权的原始取得方式之一。萨维尼认为，"一切所有权都是因时效而成熟的他主占有"。农村集体土地上土地使用权的确权问题、国有农场农用地使用权的确权问题，甚至对某些四荒土地的土地使用权问题，仍存在适用取得时效的现实需求。①

(1)概念

时效取得是指在法律规定的条件下，民事主体公开、持续地占有他人财产或行使他物权，经过一定的期间，占有人取得该物物权，原权利人丧失所有权的制度。时效取得为原始取得，适用于所有权和他物权。

(2)取得时效和诉讼时效

时效制度是指特定的法律事实，经过一定的法定期间产生一定的法律后果的法律制度。传统民法中的时效制度包括取得时效和诉讼时效，但二者的区别非常明显。第一，取得时效的法律后果是取得物权，诉讼时效则是抗辩权产生。第二，取得时效是物权法律制度，适用于物权的取得；诉讼时效主要适用于债权请求权。诉讼时效制度规定在民法典总则部分，而取得时效一般规定在物权编。

(3)意义或功能

取得时效制度在市场经济条件下有其存在的合理性与必要性。取得时效牺牲原所有权人的利益，目的在于消除物权归属状态的不确定性，保护交易安全。无权利人以所有人的意思公然、和平地持续占有他人的所有物并经过相当长时间后，已经向任意第三人形成其拥有真实权利的公示，从而使第三人信赖公示而与之建立各种法律关系。倘若将已经建立起来的各种法律关系推翻，将导致交易秩序混乱。从权利的证明来看，证明真实权利所凭借的各种证据往往会随着时间的推移而丧失或遗失。法律不允许所有权人长期不行使权利，任其财产浪费或闲置，因而给予长期占有、使用财产的人以合法权利，目的在于使物

① 参见高海：《农场国有农用地使用权确权规则探究——以取得时效为视角》，载《北方法学》2016年第2期。

质财富得到更有效地利用。

(4)构成要件

由于取得时效制度一定程度上牺牲了原所有权人利益,立法者应当对取得时效制度设定较为严格的要件,避免取得时效被滥用,以此平衡财产的静态安全与动态安全。

第一,主观上有为自己取得权利的意思。时效取得是为维持现有使用归属秩序的一种制度,是一种为当事人增加权利的制度,但如果当事人主观上没有取得权利的意思,法律没有保护的必要。

第二,客观上要公开、和平、持续地占有标的物。公开意味着对标的物的占有事实向社会公开、不加隐瞒;和平是指没有以暴力、胁迫手段取得或维持占有;持续占有是指占有状态须持续不间断。

第三,持续占有经过法定的期间。《德国民法典》规定占有动产的期间为10年;我国《民法典》则没有规定。

第四,占有的标的物为他人所有的物。无主财产适用先占取得,如果占有自己所有的财产不适用时效取得。

(5)法律效果

如果占有满足上述四个构成要件,由占有人取得物权,原权利人丧失物权。取得时效的构成要件主要是占有和经过一定期间,并不需要占有人的善意。其适用范围包括所有权和用益物权,不包括担保物权。时效取得是一种原始取得方式,占有人取得的物权可以对抗他人非法干涉。

二、继受取得

继受取得,相对于原始取得而言,是指通过某种法律事实,从原所有人处取得所有权。典型的继受取得方式有买卖、互易、赠与、继承、遗赠。由于继受取得通过法律行为取得,因此应当遵循物权变动公示公信原则、区分原则,动产自交付时取得所有权,不动产自登记时取得所有权。

第四节　所有权的限制

《民法典》第132条规定:"民事主体不得滥用民事权利损害国家利益、社会公共利益或者他人合法权益。"权利行使与权利限制是一对永恒的命题。19世纪以来,伴随民法社会化思潮日益高涨,维护社会公共利益的要求和保护消费者等利益的观念渐次渗透。与之相应,各国在立法政策方面均作出调整。随着城市信用原则和当事人利益平衡的价值取向在民法领域中的确立,民事权利社会化倾向很明显。民事权利限制即为社会化的重要方面,如相邻关系中容忍义务的确定等。民事权利的限制应当出于维护公共利益的目的,且必须要由法律、行政法规明确规定。

所有权具有绝对性,任何其他人都负有不侵害所有权的义务。但是,一味强调所有权的绝对性,不利于社会关系的和谐,所有权从来都是受到限制的,从《十二铜表法》开始,罗马法一直对所有权进行限制,主要表现在:基于相邻关系而对所有权进行限制,相邻土地之间应留空地5尺供通行;因公共或社会利益的限制,如街道和公路两旁的土地所有人应当对道路进行适当的维护;宗教方面的限制或人道主义、道德的限制等。为了维护社会公共利益,所有权绝对开始向社会化发展,所有权日益受到来自私法和公法上的限制。

一、公法限制

许多土地资源、自然资源的规范基本上以管理法或行政法为基础,《民法典》对这些法律创设和规范的权利予以肯定,许多物权要受公法调整,强化对国有财产和集体财产的保护。《土地管理法》中的土地管理规则、《农村土地承包法》中的土地承包规则、《野生动物保护法》中的野生动物保护规则等公法规范都限制所有权的行使。受到《民法典》保护的财产必须是合法取得的财产,必须遵守国家征税的法律,服从有关国家机关的监督管理,不得通过非法手段获取财产。《民法典》承认公法对所有权的限制,《民法典》第242条规定:"法律规定专属于国家所有的不动产和动产,任何组织或者个人不能取得所有权。"这里法律主要指的是公法,即公法如果规定专属于国家所有的物。例如,《海岛保护法》关于无居民海岛的规定,此时集体和私人就不能取得所有权。《民法典》第244条规定:“国家对耕地实行特殊保护,严格限制农用地转为建设用地,控制建设用地总量。不得违反法律规定的权限和程序征收集体所有的土地。”国家为保护耕地,严格控制耕地转化为非耕地。《民法典》第243条、第245条还规定了征收和征用,国家为了公共利益对私人所有权进行限制。

1. 征收

征收是指为了公共利益的需要,依照法律规定将集体所有的土地和单位、私人的房屋及其他不动产所有权转归征收人的法律事实。南方很多农村出现卖地给私营企业主的现象,这个属于买卖土地使用权的行为,不属于征收的范畴,征收是一种行政行为。被征收的土地、房屋、不动产由征收人所有,征收标的只能是不动产,征收目的为公共利益,即不特定主体的合法利益。《国有土地上房屋征收与补偿条例》第8条规定:“为了保障国家安全、促进国民经济和社会发展等公共利益的需要,有下列情形之一,确需征收房屋的,由市、县级人民政府作出房屋征收决定:(一)国防和外交的需要;(二)由政府组织实施的能源、交通、水利等基础设施建设的需要;(三)由政府组织实施的科技、教育、文化、卫生、体育、环境和资源保护、防灾减灾、文物保护、社会福利、市政公用等公共事业的需要;(四)由政府组织实施的保障性安居工程建设的需要;(五)由政府依照城乡规划法有关规定组织实施的对危房集中、基础设施落后等地段进行旧城区改建的需要;(六)法律、行政法规规定的其他公共利益的需要。”如国家为了建设从重庆到上海的铁路而征收农村土地,不特定的人都可以享受铁路服务,该征收目的就是公共利益。而国外某民营企业在农村建玩具生产企业,由政府征收农村土地,就不属于公共利益。

征收程序要合法,并进行适当补偿。对于征收补偿的标准问题,主要应该参照人格理论和功利主义的观点。在补偿标准上,功利主义为所有财产设定了统一的补偿标准,即“公平的市场价格”,这并不是财产的真实价值,而是从可操作性的角度对财产价值的假定。在各国法律中,征收补偿通常以市场价格为准。“公平的市场价格”是指,如果被征收人将被征收的财产出售的话,他将会得到的收益。人格理论则倾向于为不同财产设定不同的价格,“可替换财产”的补偿与功利主义类似,采用市场价格,“与人格关系密切的财产”则要获得高于市场价格的补偿。当征收的对象是被征收人赖以生存的土地或资产时,仅仅以

“市场价格”来补偿并不符合人格理论的要求。在这种情况下,政府应考虑被征收人以后的生存发展问题,为其将来的谋生方式和发展机会提供切实保障,使其生活水准和发展的机会不低于原来的标准。例如,我国有些地方在征收农民的耕地之后,除了对被征收人给予经济上的补偿,还为其提供工作机会或技能培训,帮助他们获得新的劳动技能和谋生手段。[①]《国有土地上房屋征收与补偿条例》规范国有土地上房屋征收与补偿活动,维护公共利益,保障被征收房屋所有权人的合法权益。其中第 17 条规定:“作出房屋征收决定的市、县级人民政府对被征收人给予的补偿包括:(一)被征收房屋价值的补偿;(二)因征收房屋造成的搬迁、临时安置的补偿;(三)因征收房屋造成的停产停业损失的补偿。市、县级人民政府应当制定补助和奖励办法,对被征收人给予补助和奖励。”第 22 条规定:“因征收房屋造成搬迁的,房屋征收部门应当向被征收人支付搬迁费;选择房屋产权调换的,产权调换房屋交付前,房屋征收部门应当向被征收人支付临时安置费或者提供周转用房。”产权调换、货币补偿等方式,使被征收人恢复到征收前的生活状态。

2. 征用

征用是指基于特定利益非经被征收人同意而使用其物的一种强制借用。《民法典》第 245 条规定:“因抢险救灾、疫情防控等紧急需要,依照法律规定的权限和程序可以征用组织、个人的不动产或者动产。被征用的不动产或者动产使用后,应当返还被征用人。组织、个人的不动产或者动产被征用或者征用后毁损、灭失的,应当给予补偿。”被征用人有义务将被征用的标的物交给征用人使用,所有权人仍然保留被征用物的所有权,征用人在征用结束后应当返还征用物。征用标的可以是动产或不动产,只有因抢险、救灾、疫情防控等紧急需要才能征用,即事关公共利益并且情势紧急才可以借用。比如,某地遭遇洪水灾害,国家启动紧急救灾应急机制,并在没有遭遇灾害的地区征用一些救灾物资,比如运输工具,以此应急。疫情防控阶段,我国政府大量征用酒店用于抗疫医生的休息或者疑似病例的隔离。征用程序要合法,并且要在事后返还原物,如果征用物发生损毁的,被征用人还可以要求征用人进行补偿。但是,《民法典》对征用补偿机制未进一步明确。有学者认为,“就规范框架所展开的征用补偿

① 参见王蕾:《征收的财产权理论基础》,载《浙江社会科学》2020 年第 8 期。

机制而言，需要排除‘名为征用、实为征收’和‘由征用转化而成的征收’，并特殊处理国有资产的征用问题。在可能扩充的范围上，可以考虑‘名为限制性措施、实为征用’和人力、服务等非有形物的征用。同时，征用导致特定主体的额外‘特别牺牲’，以及在平台经济模式下电商平台是否可能构成新的征用样态，也值得关注”。①

《民法典》规定征收和征用制度并未对公共利益作出明确界定，主要基于两个理由：第一，为防止商业开发以公共利益的名义进行征收，损害广大群众的利益，法律应当对公共利益作出具体界定或概括性规定。第二，由于公共利益存在多样性和复杂性，难以对其作出概括性规定。公共利益应当作为不确定的规范性概念，由执法者在个案中依法依价值判断予以具体化。《民法典》作为私法，对征收及补偿问题予以规范，对公共利益的具体界定还是分别由相关法律规定较为切合实际。

二、私法限制

所有权不仅受到公法的限制，也受到私法的限制。

（一）禁止权利滥用和诚实信用

《民法典》第7条规定：“民事主体从事民事活动，应当遵循诚信原则，秉持诚实，恪守承诺。”第132条规定：“民事主体不得滥用民事权利损害国家利益、社会公共利益或者他人合法权益。”《民法典》规定了这两项原则，一切民事行为都应当遵循这些基本原则，物权行使当然不例外。一切私权利的行使均须遵循诚实信用原则，以不违反社会公共利益或损害他人为目的，否则将构成权利滥用而被禁止。所有人滥用所有权的，应当依法承担相应的法律责任。只有兼顾所有人利益和社会利益，才能充分、合理地发挥物的效用。权利滥用在相邻关系中体现的很明显，表现为阻碍他人正常采光、通行、安装线路、管道等。这将在相邻关系这一章详细阐述。

（二）正当防卫和紧急避险

自卫行为是权利人为保护自己或他人的民事权利而采取的必要措施。在我国民法理论体系中，自卫行为以两种身份出现，一是作为民事权利的自力救

---

① 蒋红珍：《疫情防控中的征用补偿：适用范围的思考》，载《财经法学》2020年第3期。

济措施,二是作为侵权责任的抗辩事由。《民法典》第181条规定:“因正当防卫造成损害的,不承担民事责任。正当防卫超过必要的限度,造成不应有的损害的,正当防卫人应当承担适当的民事责任。”第182条规定:“因紧急避险造成损害的,由引起险情发生的人承担民事责任。危险由自然原因引起的,紧急避险人不承担民事责任,可以给予适当补偿。紧急避险采取措施不当或者超过必要的限度,造成不应有的损害的,紧急避险人应当承担适当的民事责任。”

正当防卫,是指为了保护本人或者他人人身或财产免受正在进行的不法侵害,而对侵权行为人采取的必要的防卫行为。紧急避险是指为了使本人或者他人的人身或财产免受正在发生的危险,而不得已采取的致他人较小财产损害的行为。所有权受到自卫行为和紧急避险的限制,所有权即使受到侵害也不得向自卫人主张民事责任。

(三)自助行为

自助行为,是指在法院等机构来不及救助而导致请求权实现困难的情况下,在法律允许的范围内,拘束他人人身或毁损、扣押他人财产的行为。自助行为即使侵害所有权,仍然免责。《民法典》第1177条规定:“合法权益受到侵害,情况紧迫且不能及时获得国家机关保护,不立即采取措施将使其合法权益受到难以弥补的损害的,受害人可以在保护自己合法权益的必要范围内采取扣留侵权人的财物等合理措施;但是,应当立即请求有关国家机关处理。受害人采取的措施不当造成他人损害的,应当承担侵权责任。”自助行为是私力救济的主要表现,是立法者认可的合法行为。但是,自助行为应当控制在必要限度内,否则将对侵害所有权的行为承担民事责任。

(四)设立定限物权

基于所有权的弹力性,所有权人可以将部分权能让渡给他人设立用益物权或担保物权,当用益物权人行使使用和收益权能时,所有权的占有、使用和收益权能就受到了用益物权的限制;当担保物权人就物的拍卖所得进行受偿时,所有权的处分权能受到了担保物权的限制。《民法典》第241条规定:“所有权人有权在自己的不动产或者动产上设立用益物权和担保物权。用益物权人、担保物权人行使权利,不得损害所有权人的权益。”此外,所有权人还可以设立租赁、保管、借用等债权,所有权的占有、使用权能就受到上述债权的限制。因此,所有权行使还会受到用益物权、担保物权、债权的合法限制。①

第五节　所有权的种类

作为一种民事权利，权利主体或权利客体不同，其权利内容和行使方式亦有所不同。以德国民法为代表的大陆法系国家按照客体对所有权进行区分，我国《民法典》则按照主体对所有权进行区分。

一、国家所有权、集体所有权和私人所有权

国家所有权、集体所有权和私人所有权是按照所有权主体进行的分类，这三者的区别除了权利主体不同外，权利客体和权利的内容和行使都有区别。

(一) 国家所有权

我国社会主义经济制度的基础是生产资料的社会主义公有制，包括全民所有制和集体所有制。为更好地发展全民所有制经济，我国《民法典》第 246 条至第 259 条从明确国有财产的范围和国家所有权的形式、国有财产的保护等角度规定了国家所有权。国家所有权并非始自社会主义国家，更不是仅社会主义国家才有，任何国家包括美国等资本主义国家都有国家所有权，因为国家必须占有一定的社会财产来解决社会生产中的重大问题从而实现国家的基本职能。

1. 概念

国家所有权是指国家对全民所有的财产进行占有、使用、收益和处分的权利。《民法典》第 246 条第 1 款规定，“法律规定属于国家所有的财产，属于国家所有即全民所有”。国家所有权是全民所有制的法律体现。

2. 国家所有权主体

国家所有权的主体是国家，国家在民法上可以具有民事权利能力而成为独立的民事主体，国家是民事主体中的法人，与其作为主权者的身份应当相分离。国家以所有权人的身份从事民事活动时，国家不再是主权享有者或者政权承担者。国家所有权的主体具有唯一性、统一性，即国家，包括国务院在内的各级国

---

① 参见崔建远：《物权法》，中国人民大学出版社 2014 年版，第 178 页。

家机关，都只是代表国家行使所有权，非经国家授权或法律规定，任何组织和个人都不得行使该所有权权能或充当其权利主体。

但是国家财产并非只能由国家占有，国家为了充分发挥全民财产经济效益，满足经济建设和人民物质文化生活的需要，以及国家机关、事业单位从事职能活动的需要，国家将全民财产交给国家机关、企事业单位、其他组织及个人占有和使用。《民法典》第 255 条和第 256 条规定，国家机关和国家举办的事业单位对国有财产享有占有、使用、依据法律和国务院规定进行处分的权利。《民法典》第 257 条规定，国家出资的企业，由国务院、地方人民政府依照法律、行政法规规定分别代表国家履行出资人职责，享有出资人权益。例如，《高校国有资产管理暂行办法》第 3 条规定："本办法所称国有资产，是指高校占有、使用的，依法确认为国家所有，能以货币计量的各种经济资源的总称。高校国有资产包括用国家财政资金形成的资产、国家无偿调拨给高校的资产、按照国家政策规定运用国有资产组织收入形成的资产、接受捐赠等经法律确认为国家所有的其他资产，其表现形式为流动资产、固定资产、在建工程、无形资产和对外投资等。"高校作为事业单位，其土地使用权来自国家的划拨，高校办公楼作为国家财产由高校占有、使用、收益，但是高校无处分权。《高校国有资产管理暂行办法》第 16 条规定："高校国有资产的使用包括单位自用和对外投资、出租、出借等方式。高校国有资产使用应首先保证高等教育事业发展的需要。"高校占有、使用国有资产的方式多样，但必须首先保障教育公益事业的发展，如教学楼必须在满足教学需要的前提下，才可以向外出租、出借等。《高校国有资产管理暂行办法》第 32 条规定："高校处置国有资产，应按照规定权限进行审核、审批或报备。未按规定办理相关手续，不得擅自处置。"高校对国有资产有一定处分权，但必须依法办理相关手续，不得随意处分。

3. 国家所有权客体

国家所有的客体具有广泛性。由于国有财产关系国家职能的实现，《民法典》对国家所有权的客体有明确规定。

(1) 专属于国家所有的财产

矿藏、水流、海域、城市的土地、无居民海岛、国防资产、无线电频谱专属于国家所有，任何单位和个人都不得对这些物享有所有权。所谓专属，是指只能属于特定主体所有，而排斥其他主体享有所有权。专属于国家所有的财产，不能由自然人、法人享有,也不适用善意取得。国防资产是指国家为了保障国防安全而出资设立的,用于国防目的的军事设施、军事基地等。国防资产属于国家所有。《民法典》和《无线电管理条例》均规定无线电频谱资源归国家所有。无线电频谱是具有重要战略意义的国家稀缺资源,是推动信息化发展的重要载体。《无线电管理条例》第 3 条规定:“无线电频谱资源属于国家所有。国家对无线电频谱资源实行统一规划、合理开发、有偿使用的原则。”任何单位或者个人不得擅自使用无线电频率,不得利用无线电台(站)进行违法犯罪活动。

(2)原则上属于国家所有,但法律规定属于集体所有则属于集体所有的财产

森林、山岭、草原、荒地、滩涂等自然资源原则上属于国家所有,但如果法律另有规定,这些资源中的某些部分属于集体所有的,则属于集体所有。《森林法》第 14 条第 1 条规定:“森林资源属于国家所有,由法律规定属于集体所有的除外。”国家享有森林所有权目的在于加快国土绿化,发挥森林蓄水保土、调节气候、改善环境的功能;法律规定部分森林归集体所有,目的在于合理利用森林资源,适应社会主义建设和人民生活的需要。《草原法》第 9 条有类似规定。这些自然资源不可能属于个人所有。

(3)原则上属于集体所有,但法律规定属于国家所有则属于国家所有的财产

农村和城市郊区的土地原则上属于集体所有,但是如果法律规定属于国家所有的,则属于国家所有。《土地管理法》第 9 条规定:“城市市区的土地属于国家所有。农村和城市郊区的土地,除由法律规定属于国家所有的以外,属于农民集体所有;宅基地和自留地、自留山,属于农民集体所有。”国家为了公共利益或者管理需要,可以规定农村和城市郊区的部分土地属于国家所有。在城乡一体化进程中,国家逐渐将其周边的农村划归城市统一管理,那么这些原属于集体所有的土地就通过法律的规定使之属于国家所有。

(4)法律规定为国家所有的基础设施

铁路、公路、电力设施、电信设施、油气管道等基础设施关系到国计民生的大问题,依照法律规定属于国家所有的就属于国家所有。法律没有规定属于国家所有的基础设施就可以属于集体所有或者个人所有。例如两个村庄自己集资修建的一条连接彼此的公路,就属于集体所有,而不是国家所有。

（5）野生动植物资源、国家所有的文物

动物分为野生动物和饲养动物。《野生动物保护法》第 2 条第 2 款规定："本法规定保护的野生动物，是指珍贵、濒危的陆生、水生野生动物和有重要生态、科学、社会价值的陆生野生动物。"第 3 条第 1 款规定："野生动物资源属于国家所有。"珍贵、濒危的或有科研价值、生态价值或社会价值的野生动物归国家所有，其他包括苍蝇、蚊子、蚂蚁、老鼠在内的野生动物不属于国家所有。只有法律规定为属于国家所有的动物资源才属于国家所有。《野生植物保护条例》规定珍贵野生植物和具有重要经济、科学研究、文化价值的濒危、稀有植物归国家所有。明确野生动植物的归属，有利于解决野生动物致人损害的责任问题。例如，安徽省某县野猪非常猖獗，野猪是受国家保护的野生动物，属于国家所有，那么野猪致人伤害，作为所有人的国家应当承担赔偿责任。吉林省出台《吉林省重点保护陆生野生动物造成人身财产损害补偿办法》，主要包括补偿条件、补偿核准认定、补偿申请、补偿受理程序、补偿费标准等，共计 15 条。在吉林省行政区域内，国家和省重点保护野生动物造成人畜伤害或财产损失，有下列情形之一者，受害人有取得政府补偿的权利：对从事正常生产和生活的公民造成伤害或者死亡的；在依法划定的生产经营范围内种植的农作物造成较大损毁的；对在依法划定的可以放牧或圈养区域内放牧或圈养的牲畜造成伤害或者死亡的；对在依法认定造成人身、财产损害的其他情形。福建省则由中央、省级、县级政府出大部分保费，野猪造成水稻损失可以获得保险赔偿。

文物原则上属于国家所有，但是只有法律规定属于国家所有的文物才属于国家所有，《文物保护法》第 5 条规定国家境内地下、内水和领海中遗存的一切文物、古文化遗址、古墓葬、石窟寺、国家指定保护的纪念建筑物、古建筑、石刻、壁画、近代现代代表性建筑、中国境内出土的文物、国家收藏的文物、国家征集购买的文物、个人捐赠给国家的文物等属于国家所有。《文物保护法》第 6 条进一步规定，集体或个人对文物享有的所有权受法律保护。

4. 国家所有权的行使

《民法典》第 246 条第 2 款规定，除法律另有规定外，由国务院代表国家行使对国家所有的财产的所有权。依据《民法典》第 255 条和第 256 条的规定，国家在保留国家所有权的同时，将国有财产的经营权授权给国家机关、事业单位行使，国家机关、事业单位享有对财产的占有、使用以及依照法律和国务院的有关规定收益、处分的权利，这样才能充分发挥国有财产的使用价值。国家举办的事业单位是指国家出资兴办的、服务于教育、科学、文化、卫生、体育等公益性事业的事业单位法人。《民法典》第257条规定，国家出资的企业，由国务院、地方人民政府依照法律、行政法规规定分别代表国家履行出资人职责，享有出资人权益。国家对授权给国有企业的国有资产，不再享有所有权，而只享有出资人权益。这些财产不能转让，不能抵押，也不能适用善意取得。此外，对于国家专有的自然资源，无须登记即可确立所有权。

为保证更好地行使国家所有权，加强国有财产监管，防止国有财产流失，《民法典》确认国家所有权的行使主体、客体范围，宣示部分国有财产的专属性。《民法典》进一步确定了国有资产保护的基本框架和原则：《民法典》第258条规定，禁止任何组织或者个人侵占、哄抢、私分、截留、破坏国家所有的财产。《民法典》第259条第1款规定，履行国有财产管理、监督职责的机构及其工作人员，应当依法加强对国有财产的管理、监督，促进国有财产的保值增值，防止国有财产的损失；滥用职权、玩忽职守，造成国有财产损失的，应当依法承担法律责任。第259条第2款规定，违反国有财产管理规定，在企业改制、合并分立、关联交易等过程中，低价转让、合谋私分、擅自担保或者以其他方式造成国有财产损失的，应当依法承担法律责任。同时，《民法典》第233条至第239条有关物权保护的规定都可以适用于对国家所有权的保护。例如，在非法占有国有财产的情况，国有财产管理机关和直接支配国有财产的机关、事业单位，有权请求确认物权、排除妨害、返还财产，并可以依法追究行政责任或刑事责任。此外，《企业国有资产法》保护国家对企业各种形式的出资所形成的权益，《行政事业单位国有资产管理办法》（已失效）规范行政事业单位的国有资产管理行为。我国应当尽快制定“国有资产管理法”，来落实《民法典》有关国有资产保护的规定。例如，我国各地煤矿资源本应当属于国家，但地方很多煤矿企业在管理过程中滥用职权，导致国有资产流失严重，亟须立法明确规范。

（二）集体所有权

1. 概念

集体所有制经济是公有制经济的重要组成部分，反映在《民法典》中就是集体所有权。集体所有权是指劳动群众集体依法对集体所有财产的占有、使用、收益、处分的权利。《民法典》第260条至第265条对此进行了规定。集体所有权,包括农村集体所有权和城镇集体企业所有权。城镇集体所有企业按照企业形态进行认定,或者是公司,或者是合伙。集体所有权主要规定的是农村集体所有权,其实现方式如下:对于农用土地按照土地承包经营权实现;对于农村建设用地,通过建设用地使用权实现;对于动产,通过股份制、合作社实现。集体所有权的性质是个难题,集体成员是实际享有利益的主体,却又不是所有权主体,集体成员能否利用集体所有权实现自己的利益是法律必须解决的问题。就农村土地而言,集体所有的目的在于防止土地的集中,确保特定区域范围内的人口都有赖以生存的生产资料——土地。目前,我国集体土地所有权存在主体虚位、性质不明及权能残缺的主要困境,集体土地国有化、混合所有以及私有化等改革方案,都存在自身无法克服的弊端。农村土地利用问题的关键是落实农村集体所有权,使农村土地真正成为农民共同所有的财产,进而实现自主利用土地。①

2. 集体所有权主体

集体所有权的主体具有多元性,包括各种集体组织。现实生活中数以万计的集体组织都可以成为集体所有权的所有者,我国集体所有制组织普遍存在于城乡中的工业、农业、商业等领域,其财产又分属于各自的集体组织。集体所有权的主体还包括集体的全体成员。②《民法典》第 261 条规定,农民集体所有的财产属于本集体成员集体所有。但是,集体组织内的某个成员或部分成员不是集体所有权的主体,无权处分集体组织的财产,只能在集体组织的授权范围内使用和管理集体财产。集体组织所有的财产与集体组织成员的个人财产是分开的。

3. 集体所有权客体

客体具有广泛性,但是国家专属的财产不能成为集体所有权的标的物。《民法典》第 260 条规定,集体所有的不动产和动产包括:法律规定属于集体所有的土地和森林、山岭、草原、荒地、滩涂;集体所有的建筑物、生产设施、农田水利设施;集体所有的教育、科学、文化、卫生、体育等设施;集体所有的其他不动产和动产。如农村集体经济组织可以对土地、森林、山岭、荒地、生产设施、农田

① 参见高飞:《论集体土地所有权主体之民法构造》,载《法商研究》2009 年第 4 期。

② 参见王利明主编:《民法》,中国人民大学出版社 2018 年版,第 229 页。

水利设施、教育文化设施等享有所有权。村集体的耕地、池塘、耕牛、水泵、村办小学都属于集体所有，而农民自己的生产工具、耕牛等则属于个人所有。城镇集体组织集体所有的标的不同于农村集体经济组织，土地不能属于城镇集体经济组织，而是属于国家，但集体企业的厂房，机器设备，文化、卫生设施等可以为城镇集体组织所有。

4. 集体所有权的行使

（1）农民集体行使所有权时，重大事项依法应当由村民会议讨论决定。农民集体成员召开会议，应当符合《村民委员会组织法》相关规定。《民法典》第261 条规定，重大事项范围包括：土地承包方案以及将土地发包给本集体以外的组织或者个人承包；个别土地承包经营权人之间承包地的调整；土地补偿费等费用的使用、分配办法；集体出资的企业的所有权变动等事项以及法律规定的其他事项。

（2）集体所有的土地、森林、山岭、草原、荒地、滩涂的权利行使。法律规定这些自然资源由村集体经济组织或者村委会代表集体行使。《民法典》第 101 条第 2 款规定，未设立村集体经济组织的，村民委员会可以依法代行村集体经济组织的职能。

（3）集体成员查阅、复制相关资料的权利。集体的财产属于集体所有，每个成员没有处分权，但有监督权。《民法典》第 264 条明确规定，农村集体经济组织或者村民委员会、村民小组应当依照法律、行政法规以及章程、村规民约向本集体成员公布集体财产的状况。集体成员有权查阅、复制相关资料。

（4）集体经济组织成员的撤销权。集体财产的使用和收益，都应当由集体采取法定的程序来决定。集体经济组织或者村民委员会的管理人作出的决定侵害集体成员合法权益的，受侵害的集体成员可以请求人民法院予以撤销。《民法典》第 265 条对集体成员的撤销权作出明确规定。

5. 集体所有权的保护

《民法典》第 265 条规定，集体所有的财产受法律保护，禁止任何组织或者个人侵占、哄抢、私分、破坏。农村集体经济组织、村民委员会或者其负责人作出的决定侵害集体成员合法权益的，受侵害的集体成员可以请求人民法院予以撤销。《民法典》第 233 条至第 239 条有关物权保护的规定都可以适用于对集体所有权的保护。集体土地是集体所有权最重要的客体，应当禁止有关地方人民政府以所谓兴办开发区、工业园的名义圈占集体所有的土地，造成耕地的流失；也不允许在征地之后不给予充分的补偿或者截留补偿款等。①

（三）私人所有权

人的衣食住行都离不开物质资料，法律必须确认和保障民事主体能够对自己的生活资料和生产资料享有所有权。私人所有权可以由私人直接行使，当然法人所有权、社会团体所有权除外。强化对私人所有权的保护，有助于促进交易，鼓励公平竞争，刺激社会财富的创造，进一步推动市场经济的发展。《宪法》第13条第1款、第2款规定，“公民的合法的私有财产不受侵犯。国家依照法律规定保护公民的私有财产权和继承权”。

1. 概念

私人所有权是指私人对其所有的财产依法进行占有、使用、收益、处分的权利。《民法典》第266条至第270条对个人所有权作出了规定。社会团体、法人的所有权，也包括在私人所有权的范围内。私人所有权应当包括两个方面的内容：一是公民个人依法对其动产和不动产所享有的权利；二是私人投资者就其投资、收益所享有的权利。

2. 私人所有权主体

私人，包括自然人、个体工商户、农村承包经营户、外国人、无国籍人、个人独资企业、外商企业等。社会团体、法人的所有权，也包括在私人所有权的范围内。依据《民法典》第268条的规定，私人可以投资设立公司，私人的投资所产生的出资人权益都属于私人所有权的客体。这里的“私人”显然是与“公主体”对立的一个概念，在我国“公主体”是指国家和集体，国家、集体之外的主体都属于私人，范围非常广泛。社会团体所有权是指各类社会团体对其财产享有的占有、使用、收益和处分的权利，包括人民群众团体、社会公益团体、文艺团体、学术研究团体、宗教团体等。《民法典》第270条规定，社会团体法人所有权受到法律保护。社会团体所有权很难按照所有制而被归属到哪一类中，应当对社会团体所有权单独规定。因此，只有私人投资兴办的社会团体所有权属于此处的私人所有权，社会团体在行使其所有权时不得超越登记批准的业务范围进行活动。

① 参见王利明主编：《民法》，中国人民大学出版社2018年版，第231页。

3. 私人所有权客体

私人所有权的客体包括私人的生活资料和生产资料。《民法典》第 266 条列举了私人所有权的客体，包括收入、房屋、生活用品、生产工具、原材料等。私人的生活资料主要是自己的房屋、合法收入所得（工资、奖金、稿酬、个体经营收入、承包经营收入、租金、利息、受赠物）、储蓄、生活用品、个人拥有的文物、图书资料、自留地自留山房前屋后种植的林木、自己饲养的牲畜等。生产资料主要是农村承包经营户投入承包经营的自有资产，个体工商户生产经营的生产资料和私营企业的生产资料。受法律保护的是合法的私人财产。合法财产包括三种：劳动所得（工资、奖金、个体经营收入、承包经营所得、稿酬等）、法律允许的方式获得（继承）、通过建立民事法律关系获得（租金、利息、股息、基金等）。

4. 私人所有权的行使与保护

私人所有权的取得方式既可以是合法的劳动，也可以是投资、继承与赠与。对私人财产的剥夺只能通过司法程序、征收程序等法定程序。私人所有权由自然人、法人和社会团体所有权人行使或者由其代理人行使。所有权人的合法财产受法律保护，禁止任何单位和个人侵占、哄抢、破坏。对于侵占、哄抢、破坏私人财产的，受害人可以适用《民法典》相关规定，根据具体情况主张返还原物、消除危险、排除妨碍、修理、重作、更换、赔偿损失等。另外，《民法典》第 268 条规定出资的财产归属于企业；出资人对设立的企业享有出资人权益，出资人通过企业的盈余分配取得股息、红利。

（四）所有权平等保护原则

1. 私法领域的平等保护原则

《民法典》第 207 条规定，国家、集体、私人的物权和其他权利人的物权受法律平等保护，任何组织和个人不得侵犯。私人所有权与国家所有权、集体所有权一样，都是法律所确认的所有权，受到同等的保护，不受侵犯。不同性质的企业财产所有权，平等地受到物权法保护。但是，所有权平等保护是私法主体平等原则的体现，并不意味着私人可以对抗国家的正当干涉。私人所有权应当让位于国家利益与公共利益，但在私法领域应当对受侵害的私人所有权予以法律保护。为了公共利益的需要，依照法律规定的程序可以征收集体、个人的房屋及其他不动产。因抢险、救灾等紧急需要，依照法律规定的程序可以征用单位、个人的不动产、动产。征收征用都必须给予合理的补偿。此时，私人不得以私法领域的平等保护原则对抗国家的决定,但是可以依据法律获得平等保护,表现为合理的市场化补偿。

2. 平等保护的正当性

在过去计划经济体制下,一味强调公有财产的优先性、神圣性,限制、歧视私人所有权,严重挫伤了个人的积极性,不利于私营经济的发展,同时也阻碍了公有经济的健康、可持续发展。在社会主义市场经济条件下,各种所有制经济形成的市场主体必须将自己的产品置于统一的市场接受消费者的监督和评判,并产生交易关系。各种权利主体处于平等的法律地位,享有相等的权利,承担相同的责任,同样地受到物权法、合同法、公司法等一系列社会主义市场主体法和市场行为法的调整。如果没有所有权的平等保护,就没有商品交换和市场的平等,更没有对外开放和与国际接轨。只有实行财产权平等,才可能真正将国有企业推向市场,形成国有企业与私营经济公平竞争,从根本上促进国有企业的发展壮大。如果赋予国有财产以特殊地位,使之丧失平等地参与市场竞争的能力,对于国有资产的保值增值有害无益。国家要发展经济,只有平等的保护三种所有权,才有利于国有财产的保值增值,有利于私营经济的发展。

二、不动产所有权和动产所有权

(一)区分标准

大陆法系将物分为不动产和动产,不动产是指空间上不能移动或者移动会损害物本身价值的物,动产则是指可以移动的物。大陆法系国家根据权利客体的不同将所有权分为不动产所有权和动产所有权,如《法国民法典》《德国民法典》《瑞士民法典》《日本民法典》《意大利民法典》等。

(二)不动产所有权

不动产所有权,即以不动产为客体的所有权。主要包括以下两类。

1. 土地所有权

按照《土地管理法》的规定,我国城市的土地属于国家所有,农村和城市郊区的土地属于集体所有,至于森林、山岭、草原、荒地、滩涂等自然资源,这些土地原则上属于国家所有,但如果法律另有规定,这些资源中的某些部分属于集体所有的,则属于集体所有。在我国土地公有,不能随意流转;但是,所有权人可以将土地使用权以出让的方式交给私人使用，土地使用权可以参与市场流转，以充分发挥土地的价值。

2. 房屋所有权

房屋可以由国家、集体、私人所有，它是人们最重要的生活资料。由于房屋是建立在土地之上，而土地属于国家和集体，如何调整这两者之间的关系，根据我国《民法典》第356条、第357条的规定，房地一致，土地使用权转让、抵押时，房屋的所有权和该房屋占用范围内的土地使用权同时转让、抵押；房屋转让、抵押时，土地使用权一并转让、抵押。

(三)动产所有权

专门适用于动产所有权的制度有拾得遗失物、质权、留置权等；对于动产和不动产都适用的制度，如善意取得、抵押制度，要注意由于标的物不同，其具体的适用规则也不同，尤其是物权变动公示要件不同。

(四)区分意义

之所以区分动产所有权和不动产所有权，主要原因在于二者的公示要件不同：首先，动产所有权的取得和变动以动产的占有和交付为要件；不动产所有权的取得和变动以登记为要件。其次，所有权的取得方式也有所不同，动产所有权可以通过先占取得，不动产所有权则不可以；即使都可以采取的取得方式，其具体规则也不同，如善意取得制度要求二者的公示方法不同，添附物归属因动产与不动产而有区别，动产和不动产的取得时效也不同。因此，大陆法系国家多以动产、不动产为区分物权的标准，来设计整个物权制度，我国《民法典》也采取了以动产、不动产作为区分物权的标准。

第四章

共　　有

第一节　共有概述

一、共有的概念

根据权利主体的数量，所有权分为单独所有和共有。单独所有，一人对一物享有的所有权。所谓共有，是指某项财产由两个或两个以上的权利主体共同享有的所有权。《民法典》第 297 条规定，不动产或者动产可以由两个以上组织、个人共有。所有权制度一般以单独所有权为原型设计所有权相关规范。单独所有是所有权的原型，共有则基于一定的法律事实导致。如夫妻共有、遗产分割前的共有。尽管共有是所有权的特殊形态，但基于各种法律事实，现实中共有仍然大量存在。例如，夫妻在婚姻关系存续期间，只要没有作出财产约定，夫妻就对财产形成共有关系，包括两人的工资、房产、车辆等都形成共有。《民法典》第 297 条至第 310 条规定了共有制度，《物权编解释（一）》第 9 条至第 13 条对共有制度作了补充规定。

共有情形下，所有权的权能没有影响，仍然是占有、使用、收益、处分。按照一物一权原则，一物之上不得存在多个所有权，数人不得对同一物各自享有完整所有权。共有没有违反一物一权原则，多个共有人对一物共同享有所有权。共有只是在量上对所有权进行分割，仍然是一个所有权。共有作为一个整体，排除共有人之外的他人干涉，但共有人内部则没有排他的特征，而应该按照约定相互容忍。

二、共有的法律特征

1. 共有的主体是两个或两个以上的自然人、法人或其他组织。这是区别于单独所有权的最大特征。共有既可以是同一种类型的所有权的联合,如集体组织所有权的联合,也可以是不同类型的所有权的联合,如集体组织所有权与公民个人所有权的联合。

2. 共有权的行使及于物的整体。共有的标的是特定的物,既可以是独立物,也可以是集合物,如共同继承的遗产;客体既可以是特定物,也可以是权利的集合,各种权利的共有是准共有。共有关系存续期间,共有物是一个独立的整体,不得分为若干部分而由各共有人分别享有所有权。各共有人的权利及其行使应当及于物的全部。例如,夫妻共有一套房屋,他们占有、使用、收益、处分的权能及于整个房屋,而不是由丈夫和妻子分别享有卧室或客厅所有权,否则那就是两个所有权,不是共有。

3. 在内容方面,共有人对共有物按照各自的份额享有权利并承担义务,或者平等地享有权利、承担义务。对外关系中,共有人作为一个整体共同行使权利、承担义务,共有人之外的所有其他人都负有不得侵犯共有权的义务,体现绝对权的性质。对内关系中,各共有人之间相互独立,按照约定或法律规定享有权利、分担义务,体现相对权的性质。同时,每个共有人对共有物享有的占有、使用、收益和处分的权利,不受其他共有人的侵犯。在行使共有财产的权利、特别是处分共有财产时,必须由全体共有人协商,按共有人共同的意志行使共有权。正是由于共有人彼此不能独占性的排除他人干涉,因此它只能作为整体,是一个所有权。

4. 共有权的成立与支配都基于共有人的共同意思。基于共有人共同生活、生产和经营目的,可以对共有物形成共有关系;一旦共有的目的或意志不再存在时,内部关系瓦解,直接决定外部关系的消灭,共有人可以对共有财产进行分割,共有权即消灭。如夫妻结婚,财产共有;夫妻离婚,财产分割。家庭存续,形成财产共有,一旦分家析产,则家庭共有消灭。

共有权的行使须基于共有人的共同意思,不同于单独所有权基于所有人的单独意思即可行使。按份共有人处分共同财产须经占份额 2/3 以上共有人的同意,共同共有财产的处分须经全体共有人的同意。当然,同意的意思表示可以是通过事前或事后的协议,也可以是通过合伙企业的章程。

三、共有的形式

《民法典》规定共有包括按份共有和共同共有。有学者认为共有还包括总有、合有,建筑物区分所有权中的共有不是按份共有和共同共有。[①] 除了按份共有和共同共有,还有准共有,即对担保物权、债权、知识产权等财产权利的共同享有。

1. 共同共有,是指两个或两个以上的民事主体,根据某种共同关系而对某项财产不分份额的共同享有权利承担义务。共同共有以共同关系的存在为前提,如夫妻关系、家庭关系。在共同共有关系存续期间,共有人平等地对共有物享有权利、承担义务。

2. 按份共有,又称为分别共有,是指数人按照应有份额对共有物共同享有权利、分担义务。按份共有中,各共有人对共有物享有不同的份额。例如,甲乙共同出资购买一处房屋,甲出资 60 万元,乙出资 40 万元。甲乙二人共同决定将该房屋出租获取收益。在租金的分配上,甲有权获得租金总额的 60%,乙则获得租金总额的 40%。同时,在房屋维修费用的负担上,甲应当承担 60%,乙承担 40%。

合伙属于按份共有还是共同共有?合伙有共同共有的色彩,主要体现在:合伙具有一定人合性,合伙财产由合伙人统一使用管理;在合伙事务管理方面,合伙人有共同的平等的权利;合伙人对合伙债务承担连带责任。但合伙仍然应当属于按份共有,因为合伙人出资形成的共有为按份共有,盈余分配和风险承担也以份额为准;连带责任只是对外责任,对内仍然是按份责任。合伙债务首先由合伙积累的财产偿还,不足部分才由所有合伙人承担连带责任,但对内是按份责任,因而是按份共有。

3. 准共有。《民法典》第 310 条规定,用益物权和担保物权的共同享有,参照共有制度。由于物权制可以说是财产权制度的一般规定,因此应当对该法条作扩大解释,准共有应当从用益物权、担保物权,扩展到知识产权、债权等一切财产权的共同享有。准共有是指数人按份共有或共同共有所有权以外的财产

① 参见王利明主编:《民法》(上册),中国人民大学出版社 2020 年版,第 347 页。

权,包括用益物权、担保物权、知识产权、债权等财产权。例如,两人以上共同享有一块土地的建设用地使用权,两人共同享有专利权。准共有人的权利义务关系参照按份共有和共同共有的相关规定。

四、共有的成立与消灭

(一)共有的成立

1. 基于当事人的意思成立共有。成立共有的意思可以是共有人的意思表示,如共同出资购买,约定共有;也可以是共有人之外的意思表示,如赠与;可以是双方的合意,也可以是单方意思表示,如遗嘱约定遗产归甲乙共有。只要是真实的意思表示,法律就应当尊重当事人的意思,成立和保护共有。

2. 基于法律规定成立共有。由于某种法律事实的出现,法律直接规定产生共有这一法律后果,包括夫妻财产的共有、家庭财产的共有、继承人在遗产分割前的共有、添附物的共有、多人基于先占取得的共有等。①

(二)消灭

基于一定的法律事实,产生共有的内部关系消灭,则共有关系消灭。如婚姻关系解除、家庭关系解体、合伙散伙、共同继承人分割遗产、原来的共有协议终止等。共有权作为所有权的一种形式,共有权的转让、抛弃、共有物的灭失等所有权消灭的一般事由也会导致共有权的消灭。

五、因共有财产而产生的债权债务关系

(一)因共有财产产生的债权

因共有财产产生的债权基于法律直接规定产生。《民法典》第 307 条规定:"因共有的不动产或者动产产生的债权债务,在对外关系上,共有人享有连带债权、承担连带债务,但是法律另有规定或者第三人知道共有人不具有连带债权债务关系的除外;在共有人内部关系上,除共有人另有约定外,按份共有人按照份额享有债权、承担债务,共同共有人共同享有债权、承担债务。偿还债务超过自己应当承担份额的按份共有人,有权向其他共有人追偿。"因共有财产而产生

① 参见梁慧星、陈华彬编著:《物权法》,法律出版社 2005 年版,第 252 页。

的债权，通常是因共有财产的利用而产生的债权，例如共有人将共有的房屋出租后享有租金债权。除了共有财产利用可能产生债权外，第三人侵害共有财产而产生的连带侵权损害赔偿请求权也属于因共有财产产生的债权。共有人享有连带债权，这种债权具有对外效力。各共有人均有权请求债务人履行全部债务，任何一个共有人均有权接受债务人的履行，任何一个共有人接受债务人的全部履行后，连带债权消灭。内部关系上，按份共有人按照份额享有债权，如果共有人接受了超出其份额的债权，其他共有人有权追偿。有学者主张连带债权人受领全部给付后，其他连带债权人只能请求其偿还相应的份额，而不能再请求债务人履行，由此难免产生求偿不能的风险，建议参照可分债权与不可分债权的理论，将按份共有人因共有物产生的对第三人的债权分别按照可分债权和不可分债权处理。[①]

（二）因共有财产产生的债务

因共有财产而产生的共同债务，是指因共有的不动产和动产所产生的债务关系。通常，此种债务主要包括侵权之债和合同之债。前者如共有的机动车交通肇事产生侵权损害赔偿债务，后者如机动车共有人因机动车维修合同而产生的支付维修费的债务。如果纯粹是共有人的行为而不是共有财产的利用产生的债务不属于因共有财产产生的债务，例如甲和乙共有一套房屋，甲因为个人的行为对外产生的债务是个人债务，只有因对共有房屋进行修缮产生的费用才属于共有人甲和乙的共同债务。由于共有关系包括内部关系和外部关系两个方面，债务关系同理也包括内部关系和外部关系。外部关系上，共有权是一个整体，因此共有人对外承担连带债务，各共有人均有义务向债权人作出全部履行，任何共有人作出全部履行后均导致连带债务的消灭。就内部关系而言，按份共有和共同共有的内部关系不同，按份共有人按照份额承担债务，共有人若承担了超出其份额的债务，有权向其他共有人追偿；而共同共有人共同承担债务，共有人之间没有追偿权。

《民法典》第307条规定两种不构成连带债权债务的情形，即法律另有规定或者第三人知道共有人不具有连带债权债务关系。非共有人未经共有人允许

---

① 参见郑玉波：《民法债编总论》，中国政法大学出版社2004年版，第388页；戴孟勇：《物权法共有制度的反思与重构——关于我国〈物权法〉“共有”章的修改建议》，载《政治与法律》2017年第4期。

驾驶共有的汽车而致他人损害的，直接适用《民法典·侵权责任编》的相关规定。[①] 如果损害发生之前，第三人已经知道共有人之间依据份额享有债权或承担债务的，则不能产生连带债权债务关系。

六、共有财产的分割

共有关系因共有物的灭失、某一共有人取得所有其他共有人的应有部分而终止，其中最重要的原因是共有财产的分割。[②] 共有关系消灭后，必须对共有财产分割。共有财产也可以依照约定或法律规定在共有关系存续期间进行分割。无论基于何种事实进行分割，一旦分割完毕，都产生共有权消灭的法律后果。

1. 共有财产分割的概念和原则

所谓共有财产的分割，就是在共有关系存续期间内，共有人请求按照一定的份额或者均等地分割共有财产为每个共有人所有。《民法典》第 303 条规定："共有人约定不得分割共有的不动产或者动产，以维持共有关系的，应当按照约定，但是共有人有重大理由需要分割的，可以请求分割；没有约定或者约定不明确的，按份共有人可以随时请求分割，共同共有人在共有的基础丧失或者有重大理由需要分割时可以请求分割。因分割造成其他共有人损害的，应当给予赔偿。"因此，共有财产分割应遵循如下原则：

（1）尊重共有人意愿原则。共有财产尤其是按份共有财产是否分割，如何分割，完全属于共有人的事务，原则上应当尊重共有人的选择。物权法允许共有人约定不得分割共有的不动产或者动产，以维持共有关系。但共有人有重大理由需要分割的，仍然可以请求分割。

（2）依法分割原则。如果共有人对共有财产是否可以分割、什么情况下可以分割没有作出约定，或者约定不明确的，从促进物尽其用和保护他人利益的目的考虑，法律要对共有财产的分割作出必要的规范。共有人分割共有财产时不得损害国家、集体、他人的利益，不能把属于国家、集体的财产作为共有财产进行分割，按份共有人只能取得属于自己份额的财产，分割共有财产时也不得侵害债权人和其他利害关系人的利益。共同共有财产分割应当体现男女平等、

① 参见王利明主编：《民法》（上册），中国人民大学出版社 2020 年版，第 361 页。
② 参见史尚宽：《物权法论》，中国政法大学出版社 2000 年版，第 166 页。

保护妇女和未成年子女利益的精神，在确定各共有人应分得的份额时，对于负担抚养、赡养、扶养其他家庭成员义务的共有人应当适当考虑多分。①

(3)损害赔偿原则。共有权的行使应当及于共有物整体，共有人对共有物整体享有所有权，共有物的功能、作用、价值是确定的。"因分割对其他共有人造成损害"不是指一般的分割共有财产给其他共有人造成损害，而是仅指在按份共有的情况下，当事人签订了禁止分割协议，因重大理由需要分割共有财产或者共同共有中共有的基础丧失或有重大理由需要分割时请求分割，由此给共有人造成的损害。② 具体的损害表现为导致共有财产的功能丧失或者削弱，可能对其他共有人造成损害，例如共有的合伙财产因分割共有财产导致合伙资金不足，影响继续运营。因此，法定或者依约定分割共有财产给其他共有人造成损害的，应当给予赔偿。

2. 分割请求权

分割请求权是指共有人依据其意志请求其他共有人分割共有物，从而脱离共有关系的权利。共有分割请求权的性质有请求权说与形成权说之争，主张请求权说的学者，认为分割请求权是请求其他共有人为合意分割共有物之债权请求权，不直接发生物权变动。③ 王泽鉴认为，共有分割请求权是分割共有物的权利，并非请求其他共有人同为分割行为的权利，其性质为形成权，并非请求权。④ 本书主张，共有财产分割请求权只是请求其他共有人分割共有财产，其行使不能直接导致共有财产的分割，因此该项权利是请求权。分割请求权的行使并不必然导致所有权的变动，是否分割以及如何分割的问题，还需要与其他共有人协商或经人民法院裁决。法律根据按份共有与共同共有的区别，对各自的财产分割作出不同的规定。

就按份共有而言，按份共有人可以随时请求分割共有财产。《民法典》第303条规定，如果共有人约定不得分割共有财产时，共有人不得请求分割共有财产，但共有人有重大理由时仍然可以请求分割共有财产。这意味着如果没有不得分割共有财产的约定，按份共有人可以随时请求分割共有财产；如果共有人

---

① 参见杨立新：《共有权研究》，高等教育出版社2003年版，第275~276页。

② 参见王利明主编：《民法》(上册)，中国人民大学出版社2020年版，第365页。

③ 参见温世扬、廖焕国：《物权法通论》，人民法院出版社2005年版，第262~263页。

④ 参见王泽鉴：《民法物权——通则·所有权》，中国政法大学出版社2001年版，第323页。

有重大理由需要分割共有财产,可以不受不得分割约定的限制。按份共有是共有人按照确定的份额对共有财产享有权利承担义务的共有。按份共有人对其应有的份额享有比较完整的、类似于单独所有权的权利。按份共有存续期间,按份共有人有权请求从共有财产中分割属于自己的份额。这种请求不需要征得其他共有人的同意,一经提出就会产生分割的法律后果,这一请求权具有形成权的性质。当然,前提是共有人对是否分割没有约定或约定不明确。

就共同共有而言,《民法典》第303条规定共同共有人在共有基础丧失或者有重大理由需要分割时可以请求分割。这意味着共同共有人原则上不得在共同关系存续期间请求分割共有财产。共同共有是共有人对全部共有财产不分份额地享有权利承担义务的共有,可以说共有人之间不分彼此。在共有关系存续期间,各共有人对共有财产没有确定的份额,无论权利享有还是义务承担都无份额比例之分。共同共有人对共有财产的分割没有约定时,只有在共有的基础丧失或者有重大理由需要分割时才可以请求分割共有财产。共有人的基础丧失,是指共同共有赖以产生的基础关系已经不存在,如夫妻婚姻关系的解除使共有丧失基础,这种情形下夫妻任何一方都可以请求分割共有的财产。所谓重大理由是指不分割共有财产会严重损害共有人的利益,包括共有财产不分别管理可能会发生重大损害,必须通过分割而实行分别管理;因各方面的原因共有难以继续维持也可以请求分割;不分割共有财产可能影响共有人或其赡养的父母的身体健康等。例如,没有经济收入的某个共有人的父亲病重,需要做手术急需用钱,需要分割共有财产,获得给父亲看病的钱。父亲患病急需费用属于本条规定的重大理由需要分割共有财产的情形。凡是有正当理由急需用钱的情形都属于重大理由。在婚姻关系存续期间,夫妻二人约定由原来的夫妻共同财产制,改变为夫妻分别财产制,这种情形属于重大理由,夫妻任何一方都可以请求分割共有财产。

《民法典》第1066条规定:"婚姻关系存续期间,有下列情形之一的,夫妻一方可以向人民法院请求分割共同财产:(一)一方有隐藏、转移、变卖、毁损、挥霍夫妻共同财产或者伪造夫妻共同债务等严重损害夫妻共同财产利益的行为;(二)一方负有法定扶养义务的人患重大疾病需要医治,另一方不同意支付相关医疗费用。"例如,甲乙为夫妻,甲90多岁,乙86岁,均为再婚,各自婚前均有子女,现甲乙共有的一套房屋被拆迁获得补偿款71万元。甲将其中的26万元交给自己的儿子,不知去向,另外的 45 万元由自己管理。乙对此事非常不满,要求将这 71 万元交由自己管理,而甲不同意,双方产生纠纷。乙起诉至法院要求离婚,并要求获得 35.5 万元拆迁款。后来法院经过判决,认为甲乙 40 多年的夫妻感情,仅仅因为财产管理产生争执,不构成感情破裂,故判决不准离婚。但乙要求必须对拆迁款进行分割,人民法院最终依据原《婚姻法司法解释(三)》第 4 条对拆迁款进行分割。该司法解释第 4 条规定:"婚姻关系存续期间,夫妻一方请求分割共同财产的,人民法院不予支持,但有下列重大理由且不损害债权人利益的除外:(一)一方有隐藏、转移、变卖、毁损、挥霍夫妻共同财产或者伪造夫妻共同债务等严重损害夫妻共同财产利益行为的;(二)一方负有法定扶养义务的人患重大疾病需要医治,另一方不同意支付相关医疗费用的。"由于有 26 万元交给甲的儿子已经不知去向,最后甲乙各得 45 万元的一半。此案例说明婚姻关系存续期间,因特殊原因或重大理由导致共有财产必须分割的,可以分割共有财产。《民法典》第 1066 条关于婚姻关系存续期间请求分割共同财产的规定较窄,建议将夫妻双方长期分居、一方患重大疾病、家暴、虐待、出轨、赌博、酗酒、挥霍、沉迷不良嗜好、一方长期拒绝承担家庭开支、不承担子女的抚养费用等情形均可纳入婚姻关系存续期间考量分割共同财产的情形。[①]

3. 分割的方式

物尽其用也是我国物权法的立法目的之一,共有财产的分割方式充分体现这一原则。按照《民法典》第 304 条第 1 款的规定,"共有人可以协商确定分割方式。达不成协议,共有的不动产或者动产可以分割且不会因分割减损价值的,应当对实物予以分割;难以分割或者因分割会减损价值的,应当对折价或者拍卖、变卖取得的价款予以分割"。具体来说,对共有财产的分割可以采取三种方式:

(1)实物分割。如果共有人都愿意接受共有物,而且共有物分割不影响共有物的使用价值和特定用途时,可以对共有物进行实物分割,如分割土地、粮食等。一旦实物分割会减损共有物的功能或价值,那么共有物无法进行实物分割。例如,甲乙共有一辆车,或共有一头牛,则不能采取实物分割。

① 参见熊小琼:《共同共有人的共有物分割请求权浅析》,载《宁夏大学学报(人文社会科学版)》2019 年第 5 期。

(2)变价分割。变价分割,即共有人对共有物变价所得价款进行分割。变价分割首先适用于不适宜进行实物分割的情形,例如共有一台电脑就无法进行实物分割,可以就电脑变卖所得进行分割,这就是变价分割。另外,变价分割还可以适用于共有人都不愿意取得共有物的情形。例如夫妻拥有两套房屋,后因离婚面临分割房屋,但二人都面临出国,不愿意取得房屋所有权,那么就可以采取变价分割的方式。

(3)作价补偿。作价补偿通常适用于共有物性质上不能以原物分配或者原物分配有困难的情形。① 作价补偿,即由共有人之一取得共有物所有权,而对其他共有人进行补偿。对于不可分割的共有物或者分割将减损其价值的,如果共有人的一人愿意取得共有物,另外的共有人愿意放弃共有物时,可以由该共有人取得共有物,并由该共有人向其他共有人折价补偿。无论能否进行实物分割,只要共有人中有人愿意取得共有物,而其他人愿意放弃共有物,则均可以采取作价补偿。

实践中会出现这样的情形,共有人都愿意取得共有物,但是共有物不可分割或者分割将减损其价值,该如何分割?司法实践处理这个问题是采取"竞买"的方式。所谓竞买,是指共有人通过自愿竞价的方式,由出价更高的当事人取得共有物的所有权,对其他共有人依照竞买价款的一定比例进行补偿。这种竞买方式是作价补偿的特殊情形。

在共有人不能就共有物分割的方法达成协议的情况下,共有人可以诉请法院进行裁决分割。从各国和地区的民法规定来看,关于共有物裁判分割的方法,主要有三种立法例:(1)以原物分割为原则,变价分割为例外,在近现代民法上,多数国家或地区采取这种立法例,如德国、奥地利、瑞士、俄罗斯、日本等;(2)以原物分割为原则或原物分割兼价金补偿,以变价分割为例外,我国台湾地区的民事法律规定采取这种共有物裁判分割方法;(3)立法仅提供裁量准则,授权法院就个案选择最合适的分割方法,这是荷兰所采取的共有物裁判分割方式。大多数国家或地区采取第一种模式。② 如果共有人向法院提出分割请求,人民法院作出分割共有财产的形成判决,可以直接引起物权发生变动。《民法

---

① 参见谢在全:《民法物权论》(上册),中国政法大学出版社 2011 年版,第 378 页。

② 参见房绍坤:《论共有物裁判分割的方法与效力》,载《山东社会科学》2015 年第 11 期。

典》第229条规定:“因人民法院、仲裁机构的法律文书或者人民政府的征收决定等,导致物权设立、变更、转让或者消灭的,自法律文书或者征收决定等生效时发生效力。”因此,经法院作出的分割共有财产的判决生效后,物权即发生变动,无须进行不动产变更登记。

4. 分割的效力

共有财产分割以后,共有关系归于消灭。无论是实物分割还是作价补偿,各共有人就分得的实物取得单独的所有权。《民法典》第304条第2款规定:“共有人分割所得的不动产或者动产有瑕疵的,其他共有人应当分担损失。”这一规定有利于保障共有物分割的正常进行,也有利于保障各个共有人在分割中的权利,分割本身可以理解为一种交易,每个共有人依据诚信原则,负有类似于出卖人的担保义务。[①] 瑕疵担保责任的内容包括解除合同、请求减少价金和请求损害赔偿三种情况,其中解除合同仅适用于协议分割的情形,请求减少价金和请求损害赔偿可适用于协议分割与裁判分割两种情形。[②] 各共有人对对方分割所得的财产彼此互负瑕疵担保责任,包括物的品质瑕疵担保和权利瑕疵担保。分割共有财产时,分得财产的共有人如果已经发现物的表面瑕疵可以提出异议;分得财产的共有人如果在共有财产分割完毕之后发现财产的隐蔽瑕疵,有权利向其他共有人请求分担损失。例如,甲乙共有一台价值1万元的电脑,大学毕业前夕两人分割共有的电脑,最后由甲取得电脑,向乙补偿5000元,如果甲之后发现分得的电脑存在隐蔽瑕疵、不能正常使用,甲有权请求乙分担电脑的损失。权利瑕疵担保是指共有财产如果存在产权争议或者权利负担时,共有人相互之间可请求对方分担损失的担保责任。例如甲乙作为继承人分割共同继承丙的遗产——一辆车时,甲乙协商由甲取得车辆所有权,并向乙补偿5万元,实现共有财产的分割。但是分割之后甲发现车辆实际上不是丙的遗产,而是丙从丁处借用,因此甲乙对车辆的共有实际就存在权利瑕疵,此时甲有权请求乙返还之前补偿的5万元。

---

① 参见王利明主编:《民法》(上册),中国人民大学出版社2020年版,第367页。

② 参见戴孟勇:《物权法共有制度的反思与重构——关于我国〈物权法〉“共有”章的修改建议》,载《政治与法律》2017年第4期。

第二节 按份共有

一、按份共有的概念和特征

按份共有,又称分别共有,是指两个或两个以上的共有人按照各自的份额分别对共有财产享有权利和承担义务的一种共有关系。《民法典》第298条规定了按份共有制度。按份共有有以下四个特点:第一,权利人为多个主体,这不同于单独所有权。第二,共有人内部按照份额享有权利和承担义务。依据《民法典》第309条的规定,共有人有约定依据约定确定份额,无约定或约定不明确的,按照出资额确定;不能确定出资额的,视为等额享有,这样比较公平。第三,按份共有人有权处分自己的份额,共有人对自己的份额享有类似于单独所有权的权利。但是,各个份额并不是一个完整的所有权。第四,按份共有人对份额享有同等条件下的优先购买权,以维持共有物的使用。按份共有因共有人之间的约定、共有财产归属于一人、共有财产丧失和被转让而消灭。

二、按份共有中的应有部分

按份共有的应有部分,是指共有人对共有物所有权所享有的比例,或者说应有部分是各共有人行使权利和承担义务的范围。应有部分是抽象而非具体的范围,是行使权利的范围,而不是对共有物进行量的分割;应有部分不局限在共有物的某一个特定部分上,而是抽象地存在于共有财产的任何一部分之上;应有部分是就权利的分割,而不是就所有权权能的分割。每个共有人均有权对共有物进行占有、使用、收益和处分,只是行使权利的范围有所不同。按份共有人对应有部分享有的权利不是一个完整的所有权,否则一物上就成立了多个所有权,违反一物一权原则。而且,如果各共有人分别享有所有权,则共有物实际被分割,不利于共有关系的维持。按份共有人有权自由转让其应有部分,除法律和合同另有规定之外,按份共有人转让其份额不需要征得其他共有人同意。除共有人有例外约定之外,各共有人有权自由退出,有利于财产的合理配置与流通。按份共有人死亡时,其应有部分还可以作为遗产由继承人继承。

三、按份共有产生的原因

按份共有有依约定产生和依法律规定产生两种方式。

1. 依据约定产生。如共有人共同出资购买而形成共有，或者共有人通过份额转让而形成共有等，只要是当事人的真实意思，只要不违反法律规定，都可以形成按份共有。

2. 依据法律规定产生。《民法典》第308条规定："共有人对共有的不动产或者动产没有约定为按份共有或者共同共有，或者约定不明确的，除共有人具有家庭关系等外，视为按份共有。"如果共有人没有约定为按份共有或共同共有，而且共有人不具有家庭关系，视为按份共有。共同共有必须以共同关系存在为前提。共同共有对各共有人的限制较多，不利于共有法律关系的简化，除非必要，不宜直接推定为共同共有。

四、按份共有人的权利和义务关系

（一）按份共有人的权利

1. 按份共有人有权依其份额对共有财产享有占有、使用和收益权，依据份额承担义务。共有人对财产的占有、使用、收益及于物的全部，如对房屋的按份共有应当及于客厅、卧室、厨房等整体。共有人依据份额行使权利，不是对物的份额行使权利，而是体现在收益按照份额分配。例如汽车的按份共有人，依据份额享有出租汽车的租金收益权。共有人之间按照份额承担义务，例如共有人按照份额承担汽车的税费。份额越大，则使用共有财产并获取收益的权利就越大；份额越少，则使用共有财产并获取收益的权利就越小。为维护全体共有人的利益，对共有财产的使用方法应当由全体共有人协商决定，否则侵害其他共有人的权利。

2. 全体共有人有权处分和管理共有财产。有学者主张按份共有财产的处分应当经共有人一致同意，有利于平等保护各个按份共有人，避免了多数决规则下可能出现的损害不同意的少数按份共有人利益的现象。[①] 但是依据我国

---

① 参见戴孟勇：《物权法共有制度的反思与重构——关于我国〈物权法〉"共有"章的修改建议》，载《政治与法律》2017年第4期。

《民法典》第 301 条的规定,经占份额三分之二以上共有人的同意,共有人可以处分共有财产。按份共有人的权利有份额之分,因此处分共有财产应当采纳份额多数同意说。按份共有人有权按照约定管理其共有财产。按份共有人对共有物实施的管理行为,通常包括保存、改良、利用等行为。保存行为是指按份共有人为防止共有物灭失、毁损或者共有物权利丧失或受限制,所采取的维持共有物现状的行为;改良行为是指不变更共有物的性质而增加其效用或价值的行为;利用行为是指以满足按份共有人的共同需要为目的,不变更共有物的性质而决定其使用收益方法的行为。《民法典》第 300 条规定,无约定或约定不明确的,各共有人都有管理的权利和义务。例如共有人都有保养共有汽车、缴纳税费的权利和义务。《民法典》第 301 条规定,共有物的重大修缮、变更性质或者用途,应当经占份额 2/3 以上共有人同意。例如,共有房屋的装修,应当经占份额 2/3 以上共有人的同意。共有物管理协议应当约束共有人,为了维持共有物管理关系的安定性,促进共有物的利用效率,我国可以借鉴国外共有制度,在一定条件下赋予共有物管理协议以物权效力,能够产生对抗效力和公示公信效力,保护善意第三人的合法利益。

3. 按份共有人有权处分其份额。《民法典》第 305 条规定:“按份共有人可以转让其享有的共有的不动产或者动产份额。其他共有人在同等条件下享有优先购买的权利。”处分包括分出和转让:分出是指按份共有人退出共有,将自己在共有财产中的份额分割出去,此时发生共有财产的分割;转让是指共有人依法将自己在共有财产中的份额转让给其他人。按份共有人退出或转让自己的份额一般不受时间限制,但如果共有人在共有关系存续期间明确约定不得分割共同财产或转让份额的,应当依照约定,否则承担违约责任。按份共有人还可以其共有份额设定抵押权,抵押权仍存在于共有物的全部而非一部分,由于抵押权具有不可分性,不因抵押物的分割或者部分转让而受影响。①

4. 按份共有人享有优先购买权。《民法典》第 305 条规定,按份共有人转让份额时,其他共有人在同等条件下享有优先购买权。优先购买权是指特定的民事主体依照法律规定的程序享有的优先于他人购买某项特定财产的权利。优先购买权是一种法定的权利,限制共有人对共有份额的处分权,只要其他共有

---

① 参见崔建远:《物权法》,中国人民大学出版社 2021 年版,第 435 页。

人行使优先购买权，出卖人不得将共有份额转让给共有人之外的人。按份共有人优先购买权有利于控制主体的变更和实现按份共有关系的稳定，因为当权利冲突主体归为一个主体时，权利冲突背后的利益、价值冲突也就不复存在。[①] 如果第三人侵害了优先购买权，共有人可以主张该处分行为无效，第三人不能取得共有份额。《物权编解释（一）》第9条规定继承人继承共有人份额时，其他共有人不得行使优先购买权。

学理上对“同等条件”主要有两种观点。绝对同等说要求优先购买权人应严格以第三人与转让人所达条件作为自己的合同条件，条件是完全一致的；相对同等说主张条件不需要完全一致，具有实质性意义的条件达到相等即可，否则对于先买权人的要求则过于严苛。《物权编解释（一）》第10条规定应当综合共有份额的转让价格、价款履行方式及期限等因素，确立相对同等说。同等条件不仅要看支付价款，还需要考虑支付方式，即一次性付款还是分期付款。如果第三人主张一次性付款，那么共有人不能主张分期付款为同等条件。至于是手机转账支付还是现金支付，这不会影响出卖人的利益，因此不应当以此为同等条件。《民法典》第306条规定优先购买权的行使程序，新增优先购买权的行使前提、行使期限、两个以上行使优先购买权的共有人协商义务，增加了对转让人“将转让条件及时通知其他共有人”，其他共有人“应当在合理期间内行使优先购买权”等具体要求，以及有两个以上其他共有人主张行使优先购买权时的具体处理规则。[②] 共有人转让共有份额时，应当通知其他共有人，告知的内容包括价格及其他重要条件。按份共有人将转让条件告知其他共有人之后，其他共有人应当在合理期限内做出是否行使优先购买权的意思表示，一定期限内不行使优先购买权视为放弃。《物权编解释（一）》第11条规定优先购买权的行使期间：如果转让人向其他按份共有人发出包含同等条件的通知，通知载明行使的期间短于该通知送达之日起15日的，行使期间为15日；载明期间高于15日的，以载明的行使期间为准；如果通知没有载明行使期间，行使期间亦为通知送达之日起15日；转让人未通知的，为其他按份共有人知道或者应当知道最终确定的同等条件之日起15日；转让人未通知，且无法确定其他按份共有人知道或者

① 参见许尚豪、单明：《优先购买权制度研究》，中国法制出版社2006年版，第44页。
② 参见彭诚信：《〈民法典〉物权编的进步、局限与未来》，载《法制与社会发展》2020年第4期。

应当知道最终确定的同等条件的，为共有份额权属转移之日起6个月。第12条规定不得以其优先购买权受到侵害为由，仅请求撤销共有份额转让合同或者认定该合同无效，第13条规定共有人之间转让份额的情形不适用优先购买权。

行使先买权后，之前的买卖合同效力如何？《物权编解释(一)》第12条未作规定，只是规定如果仅仅主张撤销先合同或主张先合同无效，而不行使先买权的情形不予支持。那么，如果既主张撤销先合同或先合同无效，同时积极行使先买权、履行买卖合同的，那么法院应予支持；再或者如果只主张先合同无效，却不积极行使先买权的，那么先合同有效。法院并未主张先买卖合同绝对无效。先前买卖合同是否无效，取决于先买权人是否行使先买权、履行买卖合同。

按份共有人享有优先购买权制度有利于稳定共有关系，维护财产秩序；有效配置资源，有利于对共有财产的有效利用，实现物尽其用，平衡三者利益。共同共有人是否享有优先购买权？《民通意见》第92条规定："共同共有财产分割后，一个或数个原共有人出卖自己分得的财产时，如果出卖的财产与其他原共有人分得的财产属于一个整体或配套使用，其他原共有人主张优先购买权的，应当予以支持。"该条是物尽其用理念的体现。共同共有关系存续期间，共有人不可能转让份额，因此不可能导致其他共有人享有优先购买权。

共有是一种物权，共有人的优先购买权应当优先于承租人的优先购买权。此外，如果共有人的优先购买权优先于承租人的优先购买权，共有人相应减少，可以减少交易成本，稳定已形成的对共有物的支配关系和共有团体内部的合作关系。反之，如果承租人的优先购买权优先于共有人的优先购买权，则另有他人加入共有关系，不利于稳定已形成的共有关系。[①]《民法典》第726条对此问题作出明确规定，按份共有人的优先购买权优先于承租人的优先购买权。

5. 按份共有人享有物权请求权。共有权受到第三人侵害时，共有人均享有排除妨害、消除危险、恢复原状、返还原物的请求权。各共有人对第三人享有物权请求权，可以单独行使此项权利，不必征得其他共有人同意。[②] 各共有人可以单独提起返还原物、恢复原状等诉讼请求，但需要向所有共有人返还，而不是只

---

① 参见常鹏翱：《论优先购买权的法律效力》，载《中外法学》2014年第2期。

② 参见谢在全：《民法物权论》（上册），中国政法大学出版社2011年版，第363页。

向提起诉讼的共有人返还原物或恢复原状。

6. 按份共有人对外享有连带债权。依据《民法典》第307条，按份共有依然是一个完整、独立的所有权，共有人对外享有连带债权。对内关系上，共有人之间按照份额享有债权，低于自己应当享有份额的共有人有权向其他共有人追偿，以实现公平。

（二）按份共有人的义务

各共有人均有义务管理共有财产，包括修缮共有、缴纳相关的管理费用。例如，共有人均有义务对共有的车辆进行日常管理，维护车辆的整体安全和各项性能，缴纳车辆的保险费等各项税费，各共有人按照各自份额承担管理费用。《民法典》第302条规定："共有人对共有物的管理费用以及其他负担，有约定的，按照其约定；没有约定或者约定不明确的，按份共有人按照其份额负担，共同共有人共同负担。"除了共有财产的税费负担外，还要承担共有财产造成他人损害的损害赔偿责任。依据《民法典》第307条的规定，各共有人对外承担连带债务，对内按照份额承担债务，超出其份额应当承担的部分可以向其他共有人追偿。

五、处分共有财产或对共有财产作重大修缮

《民法典》第301条规定："处分共有的不动产或者动产以及对共有的不动产或者动产作重大修缮、变更性质或者用途的，应当经占份额三分之二以上的按份共有人或者全体共同共有人同意，但是共有人之间另有约定的除外。"处分共有财产与处分共有份额不同。处分共有财产是指共有人依法将共有物转让或设置抵押等处分行为，需要遵循法定程序；而处分共有份额是指共有人转让或将自己的份额抵押给他人，处分份额是共有人的权利，不需要经过其他共有人同意。对共有财产作出重大修缮是指对共有物作出重大改良或重大维修，例如装修房屋。依据《民法典》第301条的规定，按份共有人处分共有财产或者对共有财产作出重大修缮，需要经过占份额2/3以上的共有人同意。如果要求所有共有人全体同意，决策效率太低，实践操作难度比较大。如果其他少数共有人不同意处分或重大修缮，有权利分割共有财产或者转让自己的份额。如果共有人违反该法律规定，不经2/3以上共有人同意就擅自处分共有财产，属于无权处分行为。依据《民法典》第597条，因出卖人未取得处分权致使标的物所有

权不能转移的，买受人可以解除合同并请求出卖人承担违约责任。如果第三人符合善意取得的构成要件，第三人可以取得共有财产的所有权，此时其他共有人可以要求无权处分人承担侵权损害赔偿责任或不当得利返还责任。

第三节　共同共有

一、共同共有的概念和特征

共同共有是指两个或两个以上的自然人或法人，根据某种共同关系而对某项财产不分份额地共同享有权利并承担义务。《民法典》第 299 条规定："共同共有人对共有的不动产或者动产共同享有所有权。"共同共有人基于共同关系而共有一物，没有份额之分，平等地享有权利和承担义务。

共同共有与按份共有相比较，具有以下特征：

1. 共同共有根据共同关系而产生，以共同关系的存在为前提。共同关系是指数人因共同目的而形成的（法律）关系。[①] 共同关系通常指具有伦理色彩的身份关系，如夫妻关系、家庭关系、继承人，这种身份上的紧密关系，意味着在财产关系上"不分彼此"。共同关系可依法律规定、习惯或法律行为而成立。《民法典》第 1062 条规定夫妻关系存续期间取得的财产属于夫妻共同共有，这是法律规定属于共同共有的情形。法律或者习惯允许当事人通过法律行为成立共同关系的情形，如我国《民法典》第 1065 条第 1 款规定夫妻可以约定各自的婚前财产归夫妻共同所有。[②] 此外在添附中，添附人之间可以就添附物形成共同共有作出明确约定。共同关系依习惯而成立的情形，如共有祠堂或共有祖坟中的家族或宗族关系。[③]

2. 在共同共有中，共有财产不分份额。共有人共同享有权利、承担义务，不

① 参见张俊浩主编：《民法学原理》，中国政法大学出版社 1991 年版，第 409 页；梁慧星、陈华彬：《物权法》，法律出版社 2010 年版，第 242 页。

② 参见戴孟勇：《物权法共有制度的反思与重构——关于我国〈物权法〉"共有"章的修改建议》，载《政治与法律》2017 年第 4 期。

③ 参见谢在全：《民法物权论》（上册），中国政法大学出版社 2011 年版，第 395 ~ 396 页。

分份额。只要共同共有存在,共有人对共有的财产就无法划分各人的份额或者哪个部分属于哪个共有人所有,只有在共同共有关系终止、共有财产分割以后,才能确定各共有人的份额。[①] 共同共有关系存续期间,部分共有人擅自处分共有财产构成无权处分行为。

3. 在共同共有关系存续期间不得请求分割共有财产,以维持共有关系。由于共同共有基于共同关系而存在,为了维系共同关系,一般不得分割共有财产,但是法律另有规定或当事人另有约定的除外。例如,婚姻关系存续期间,一方有隐匿、毁损夫妻共同财产或其他侵害共同财产行为,另一方有权请求分割夫妻共同财产。

4. 共有人就共有财产对外享有连带权利承担连带义务,共有人之间对外为连带关系,内部关系为共同关系。《民法典》第 307 条规定,共同共有人对外享有连带债权和承担连带债务,内部关系上共同共有人共同享有债权、承担债务。因此,即使在内部关系上,共有人之间不存在追偿问题。而按份共有人之间除内部有份额之外,共有人超出份额承担债务时可以向其他按份共有人追偿。

二、共同共有的形式

在我国,共同共有的基本形式有三种:

1. 夫妻共有财产。依据我国《民法典》第 1062 条的规定,夫妻在婚姻关系存续期间所得的财产,归夫妻共同所有。夫妻对共同所有的财产,有平等的处理权。《民法典》规定夫妻共有财产的范围包括夫妻在婚姻关系存续期间所得的工资,奖金,劳务报酬,生产、经营、投资的收益,知识产权的收益,继承或者受赠的财产等。此外,《民法典》第 1065 条第 1 款规定:“男女双方可以约定婚姻关系存续期间所得的财产以及婚前财产归各自所有、共同所有或者部分各自所有、部分共同所有。约定应当采用书面形式。没有约定或者约定不明确的,适用本法第一千零六十二条、第一千零六十三条的规定。”据此,夫妻可以约定婚姻关系存续期间的个人财产或婚前财产归夫妻共同所有。夫妻以婚前个人财产在婚姻关系存续期间获得的投资收益也属于夫妻共同财产。夫妻处分共同

① 参见全国人大常委会法制工作委员会民法室主编:《中华人民共和国物权法条文说明、立法理由及相关规定》,北京大学出版社 2007 年版,第 168 页。

财产时,应当取得双方一致同意。夫妻一方明知另一方处分财产而未作否定表示的,视为同意。如果夫妻一方对另一方处分夫妻共有财产的行为及时作出了否定的意思表示,不得认为已经同意。夫妻关系存续期间原则上不得请求分割夫妻共有财产。

2. 家庭共有财产。家庭共有财产是指家庭成员在家庭共同生活关系存续期间,共同创造、共同所得的财产。家庭共有财产的主体是对家庭共有财产作出贡献的成员,例如成年子女将工作收入交给父母后形成家庭共有财产。家庭共有财产包括家庭成员交给家庭的财产、家庭成员共同受赠的财产以及在此基础上购置和积累起来的财产等。[①] 家庭成员个人购买的、专属于个人生活使用的财产为家庭成员的个人财产,不属于家庭共同财产;只有以维持家庭成员共同生活或生产为目的的财产才是家庭共同财产。[②] 子女向父母给付的赡养费属于父母个人财产,父母向子女给付的抚养费属于子女的个人财产,子女以个人名义从事生产经营活动所获取的收入应作为个人财产,无法确定为个人财产还是家庭共有财产的,应视为家庭共有财产。区分家庭共有财产和家庭成员个人财产的意义在于分家析产时只能对家庭共有财产进行分割,家庭成员死亡时只能以其个人财产作为遗产继承;为家庭的共同生活和生产需要所付出的开支,由家庭共有财产负担;而为了满足个人需要所付出的开支,是家庭成员的个人债务,应当由个人财产负担。[③] 当家庭共同生活关系终止时,家庭共有财产权消灭,包括成年子女与父母分家、父母婚姻关系终止等。家庭财产的外延大于家庭共有财产,家庭财产包括家庭共有财产和家庭成员的个人财产,家庭成员分家析产时只能就家庭共有财产进行分割。《民法典》第 56 条第 1 款规定:"个体工商户的债务,个人经营的,以个人财产承担;家庭经营的,以家庭财产承担;无法区分的,以家庭财产承担。"家庭经营的个体工商户,以家庭共有财产对外承担家庭债务;个人经营的个体工商户,以家庭成员个人财产对外承担个人债务。有学者认为家庭成员可以就共有财产的归属进行约定,应当符合下列条件:一是参与约定的主体应是将个人财产纳入家庭共有财产的成员;二是该约定的内

① 参见胡康生主编:《中华人民共和国物权法释义》,法律出版社 2007 年版,第 217 页。

② 参见崔建远:《物权法》,中国人民大学出版社 2021 年版,第 264 页。

③ 参见王利明主编:《民法》(上册),中国人民大学出版社 2020 年版,第 358 ~ 359 页。

容应通过某种方式明确告知与之交易的第三人,否则不能对抗善意第三人要求家庭成员之间承担连带责任的请求。①

家庭共有财产不同于夫妻共有财产。在夫妻和未成年子女组成的核心家庭里,未成年子女对父母的财产不享有共有权,也没有其他的和父母形成家庭财产所有权的事实,此时没有形成家庭共有财产,而是夫妻的共有财产。② 在父母与成年子女构成的家庭中,成年子女有独立的经济收入,与父母未分家析产,此时形成父母与子女的家庭共有财产。此外,在由成年兄弟姐妹组成的家庭中,家庭共有财产也与夫妻共有财产不同。

3. 遗产分割前的共有。遗产分割前,遗产的性质有无主财产说、财产法人说、继承人共有说不同主张。无主财产说主张遗产分割前遗产权利人尚未确定,所以属于无主财产;财产法人说认为遗产本身是一个法人,独自享有权利和承担义务;继承人共有说主张遗产在分割前为全体继承人共有,在继承人作出放弃继承的意思表示之前,继承人一律视为遗产共有人。③《民法典》第1124条第1款规定,继承开始后,继承人没有作出放弃继承的书面表示的,视为接受继承。我国学理上基本上采继承人共有权说,即共同继承人在遗产分割前,共同享有对遗产的所有权。继承人共有是按份共有还是共同共有,有两种立法例。第一种是按份共有制,最早为罗马法采用,之后为法国、日本等国继承法采用,主张继承开始后,继承人各自享有确定的、显在的应有部分;各个继承人即使在遗产分割前,也可以单独处分其应继承份额;第二种是共同共有制,最初为日耳曼法采用,之后为德国、瑞士等国采用,主张共同继承人的应继承份额是潜在、不确定的,在个别的财产上无显在的、确定的应有部分,各共同继承人不得处分全部或者个别财产上的应有部分,但共同继承人全体同意的除外,继承的债权和债务在遗产分割前归共同继承人全体所有。④ 有学者认为共同继承人享有随时分割遗产的请求权,主张继承人对遗产分割前的共有是按份共有。⑤ 由于继

---

① 参见肖立梅:《家庭共有财产的性质研究》,载《法学杂志》2009年第1期。

② 参见梅夏英、高圣平:《物权法教程》,中国人民大学出版社2010年版,第147页。

③ 参见郭明瑞、房绍坤:《继承法》,法律出版社2004年版,第190页。

④ 参见房绍坤、范李英、张洪波编著:《婚姻家庭继承法》,中国人民大学出版社2020年版,第237页。

⑤ 参见冯乐坤:《共同继承遗产的定性反思与制度重构》,载《法商研究》2011年第2期。

承人享有的应继承份额并不是确定的共有份额，任何继承人不得单独取得遗产的所有权，所以通说一般认为遗产分割前的共有为共同共有。

关于合伙财产的共有性质是按份共有还是共同共有，理论上争议也比较大。合伙人出资形成的共有为按份共有，盈余分配和风险承担也以份额为准。但是，在合伙事务管理方面，合伙人有共同的平等的权利，体现出人合性的色彩。但是，这种管理上的人合性色彩不是合伙财产的本质特征，合伙财产的本质特征依然是按份共有。合伙因协议而成立，合伙人之间约定共有份额，如无约定或约定不明，推定份额相等；合伙人可保持合伙关系而处分合伙份额，证明其所受限制并不影响合伙之按份共有性质，因此，合伙为按份共有。[①]

三、共同共有人的权利和义务

共有人之间的权利义务由婚姻法、继承法等法律规定或当事人约定，共同共有人对共有财产享有平等的占有、使用权。对共有财产的收益，不是按比例分配，而是共同享有。例如，夫妻对共有的房屋享有平等的占有、使用、收益权。共同关系存续期间，非因重大理由不得分割共有财产。共同财产产生的费用平均分担，对外享有连带债权、承担连带债务。

共有人行使权利应当协商一致，对共有财产的重大修缮或处分，遵循全体同意原则。对共有财产的处分，必须征得全体共有人的同意。在共同共有关系存续期间，部分共有人擅自处分共有财产的，一般认定无效。但第三人善意、有偿取得该财产的，应当维护第三人的合法权益，对其他共有人的损失，由擅自处分共有财产的人赔偿。《民法典》第 1062 条第 2 款规定："夫妻对共同财产，有平等的处理权。"《民法典》第 1060 条规定："夫妻一方因家庭日常生活需要而实施的民事法律行为，对夫妻双方发生效力，但是夫妻一方与相对人另有约定的除外。夫妻之间对一方可以实施的民事法律行为范围的限制，不得对抗善意相对人。"夫妻因日常生活需要处理夫妻共同财产的，任何一方有权决定，但对于重大财产的处理应当夫妻协商一致，否则构成无权处分，但如果交易第三人为善意的，另一方不得以不同意或不知道为由对抗善意第三人。

---

① 参见李锡鹤：《究竟何谓"共同关系"——再论按份共有与共同共有之区别》，载《东方法学》2016 年第 4 期。

四、共有关系的终止和共有财产的分割

共同关系的终止导致共有关系的消灭,依据相关法律确立分割共同财产的原则。《民法典》第1087条第1款规定:"离婚时,夫妻的共同财产由双方协议处理;协议不成的,由人民法院根据财产的具体情况,按照照顾子女、女方和无过错方权益的原则判决。"《民法典》第1088条规定:"夫妻一方因抚育子女、照料老年人、协助另一方工作等负担较多义务的,离婚时有权向另一方请求补偿,另一方应当给予补偿。具体办法由双方协议;协议不成的,由人民法院判决。"相关司法解释对夫妻关系存续期间的经营所得、孳息等财产的分割也有明确规定。《民法典》第1130条规定:"同一顺序继承人继承遗产的份额,一般应当均等。对生活有特殊困难又缺乏劳动能力的继承人,分配遗产时,应当予以照顾。对被继承人尽了主要扶养义务或者与被继承人共同生活的继承人,分配遗产时,可以多分。有扶养能力和有扶养条件的继承人,不尽扶养义务的,分配遗产时,应当不分或者少分。继承人协商同意的,也可以不均等。"可见,夫妻共同财产、遗产的分割首先尊重意思自治,如达不成分割协议,可以考虑照顾子女、女方、缺乏劳动能力的人等弱势群体,同时还要结合共有人对共同财产的贡献及生产、生活的实际需要。

五、按份共有与共同共有的区别

按份共有与共同共有均符合两个条件,即两个或两个以上的权利主体、享有一个所有权。但是,二者的区别还是很明显的。

1. 按份共有人无共同关系,具暂时性;共同共有以婚姻、家庭等共同关系的存在为前提,存续期间较长。

2. 按份共有人依据份额享有权利、承担义务;共同共有人平等地享有权利、承担义务,无份额。

3. 按份共有财产除约定不得分割外,可随时请求分割共有财产;而共同共有人无重大理由不得请求分割共有财产,只有共有的基础丧失或者有重大理由需要分割时才可以请求分割。

4. 按份共有人有权自由处分其份额,其他共有人有同等条件下的优先购买权,而共同共有人无份额可处分,也不存在优先购买权的问题。

5. 按份共有财产的重大修缮及处分共有财产应当经占份额 2/3 以上共有人同意；而共同共有财产的重大修缮及处分，应当经全体共有人同意。

第四节　准　共　有

一、准共有的概念

所谓准共有，是指两个以上民事主体共同享有用益物权、担保物权、债权、知识产权等财产权利。知识产权共有的发生需要满足两个条件：首先，需要有数个主体作为共同的权利人进行了共同的智力劳动创造行为或其他行为；其次，需要有作为知识产权客体的知识产品的出现，否则不可能产生知识产权的共有。[①]

二、准共有的特征

准共有与一般共有不同，其特点在于：

1. 准共有的客体是所有权之外的财产权，包括用益物权、担保物权、债权、知识产权，由于继承权是以身份关系为基础的财产权，不应当包括在内。

2. 准共有的有关规则，应当参照法律关于共有的规定。如两人共同撰写一部著作，享有一个著作权，这是知识产权的共有。究竟是按份共有还是共同共有，可以基于主体是否构成共同关系，有无夫妻、家庭成员等身份，如不构成共同关系，一般为按份共有。有些关于共有的规定不能适用于准共有，例如关于共有的实物分割不能适用于准共有，因为准共有不是对所有权的共有。[②] 如法律对某种准共有有特殊规定的，依据特殊规定。知识产权共有发生以后，共有人之间的权利义务规则不仅适用共有的一般规则，同时还要符合知识产权法本身的要求。如《著作权法》第 14 条规定，“两人以上合作创作的作品，著作权由合作作者共同享有。没有参加创作的人，不能成为合作作者。合作作品的著作

---

① 参见秦亚东、杨健：《知识产权共有法律问题研究——以财产法为视角的实证分析》，载《学习与探索》2012 年第 2 期。

② 参见王利明主编：《民法》（上册），中国人民大学出版社 2020 年版，第 348 页。

权由合作作者通过协商一致行使;不能协商一致,又无正当理由的,任何一方不得阻止他方行使除转让、许可他人专有使用、出质以外的其他权利,但是所得收益应当合理分配给所有合作作者。合作作品可以分割使用的,作者对各自创作的部分可以单独享有著作权,但行使著作权时不得侵犯合作作品整体的著作权”。该条对著作权的共有作出明确规定,应当优先适用。

第五章

建筑物区分所有权

第一节 建筑物区分所有权概述

一、建筑物区分所有权制度的渊源

法律是实践的产物。建筑物区分所有权是解决两个以上的主体分别独立地拥有一幢物业所生问题的制度安排,是第二次世界大战后城市立体化发展的产物。第二次世界大战后,不少国家发生严重的住宅危机,为解决广大市民的居住问题,各国政府纷纷兴建高层或者多层建筑物,由此产生一幢建筑物存在多个所有权人的情形。根据传统的民法理论,一个物上只能存在一个所有权。一座房屋上只能成立一个所有权,两个以上的主体享有一幢楼房,只能选择共有制度。但在按份共有情形下,每个共有人只能享有特定物价值上的份额,而不能对其享有独立支配权,共有人之间相互牵制,不能很好地解决多人拥有同一幢物业的问题。于是,就产生了建筑物区分所有制度。区分所有制度建立在对物的区割基础之上,它是将一个物区分为相对独立的物,赋予独立的所有权,同时又通过共有体制解决其余部分归属和利用的问题。因而这种所有权被认为是对专有部分享有所有权,而对相互联结的共同部分享有共有权的一种复合体制。对此,各国相继制定了建筑物区分所有权的法律或修改民法典以调解不同所有权人之间的关系。有关国家现行调整建筑物区分所有权关系的法律有:《法国住宅分层所有权法》、《日本建筑物区分所有权法》、《奥地利区分所有权法》、《德国住宅所有权与长期居住权法》、《英国住宅法》和《美国公寓大厦所有权创设之形态法》。

在我国,20 世纪 80 年代没有这么多高层住宅,也没有商品房制度,因此原《民法通则》没有规定建筑物区分所有权。随着住房制度的改革和高层建筑物的大量出现,住宅小区越来越多,建筑物区分所有权已经成为私人不动产物权中的重要权利。原《物权法》颁布前,我国仅有《物业管理条例》,调整建筑物区分所有中的物业管理关系,没有相应的上位制度。原《物权法》首次明确确立和完善了建筑物区分所有。《民法典》回应了建筑物区分所有权制度在实践中存在的问题,对建筑物区分所有权规定进一步细化。最高人民法院于 2009 年发布两个司法解释《最高人民法院关于审理建筑物区分所有权纠纷案件具体应用法律若干问题的解释》和《最高人民法院关于审理物业服务纠纷案件具体应用法律若干问题的解释》,最高人民法院于 2020 年根据《民法典》对《最高人民法院关于审理建筑物区分所有权纠纷案件具体应用法律若干问题的解释》进行了修正,更改为《建筑物区分所有权解释》,对建筑物区分所有的相关问题作出更细致可行的解释。建筑物区分所有权制度可以明确在区分所有情形下的产权和利益关系,有助于保护公民的切身利益,解决各种产权纠纷,维护社会生活的安定,构建和谐社会。[①]

二、建筑物区分所有权的概念和特征

(一)概念

建筑物区分所有权是指区分所有建筑物的业主对其专有部分享有专有权,对共同使用部分享有共有权,以及相互之间对建筑物的整体享有管理权,而构成的建筑物所有权的复合共有。物权法立法过程中曾有学者建议适用"业主权利""业主所有权""复合所有权""住宅分层所有权"等表述,但由于建筑物区分所有权能够较全面地反映该权利的特征,并在实践中已经被适用,最终立法采用"建筑物区分所有权"。[②] 为了保护公民的基本财产权利,《民法典·物权编》设立专章规定建筑物区分所有权。《民法典》第 271 条对业主的建筑物区分所有权进行了定义:"业主对建筑物内的住宅、经营性用房等专有部分享有所有

① 参见王利明主编:《民法》(上册),中国人民大学出版社 2020 年版,第 305 页。

② 参见王利明:《论业主的建筑物区分所有权的概念》,载《当代法学》2006 年第 5 期。

权，对专有部分以外的共有部分享有共有和共同管理的权利。”这一条延续了原《物权法》第 70 条对建筑物区分所有权的界定。建筑物区分所有权的主体是业主，而不是房屋承租人、借用人、管理人等“专有部分占有人”。[①]

(二)特征

1. 客体具有整体性。尽管是区分所有权，但其标的物是一幢建筑物，是一个独立物，包括公寓、普通住宅和连体别墅等。由于商品房开发都是以小区为单位进行规划和建设的，区分所有权的范围已经从建筑物拓展到整个小区，小区范围内的绿地、道路、车位、车库等都是建筑物区分所有权的客体。区分所有权的客体不限于住宅，也可以是经营性用房。所谓区分是指因为对建筑物进行纵向和横向的区分，而形成一层或者一套房屋的产权，从而在此基础上产生专有部分的所有权、共有权以及业主的管理权。建筑物内部可以采取三种分割方式：(1)纵的分割，即将一栋建筑物从纵的角度划分为数户，从而产生纵的区分所有权。(2)横的分割，即将一栋建筑物以横的水平分割方式将各层分属于区分所有权人，从而产生横的区分所有权。(3)纵横的分割，即通过上下横切、左右纵横分割成独立成套的建筑物，从而产生纵横混合的区分所有权。[②]

2. 权利主体是业主。依据《建筑物区分所有权解释》，业主主要包括两类：(1)依法取得专有部分所有权的人。《建筑物区分所有权解释》第 1 条第 1 款规定：“依法登记取得或者依据民法典第二百二十九条至第二百三十一条规定取得建筑物专有部分所有权的人，应当认定为民法典第二编第六章所称的业主。”基于买卖合同、赠与合同等民事法律行为取得建筑物专有部分所有权的，一般以不动产登记作为公示要件；基于人民法院、仲裁委员会、政府征收决定、合法建造、继承取得的专有部分所有权，可以不经登记直接认定为专有部分所有权人。(2)基于商品房买卖行为而合法占有建筑物专有部分的人。《建筑物区分所有权解释》第 1 条第 2 款规定：“基于与建设单位之间的商品房买卖民事法律行为，已经合法占有建筑物专有部分，但尚未依法办理所有权登记的人，可以认定为民法典第二编第六章所称的业主。”只有同时满足与建设单位订立有效商

---

① 参见陈华彬：《业主的建筑物区分所有权——评〈物权法草案〉第六章》，载《中外法学》2006 年第 1 期。

② 参见陈华彬：《现代建筑物区分所有权制度研究》，法律出版社 1995 年版，第 20 页以下。

品房买卖合同、因交付而合法占有建筑物专有部分、尚未依法办理所有权登记这三个条件的合法占有人可以认定为业主。实践中没有办理登记的情形经常发生，例如因建设单位的原因导致不能如期办理房产登记，如果此时仍然以建设单位作为业主，不利于专有部分买受人行使权利。

3. 权利内容具有复合性和一体性。区分所有权是由专有权、共有权和共有部分管理权三要素构成的特别所有权。建筑物区分所有权不同于一般的所有权与共有，是一种特殊类型的物权，强调全体业主对建筑物及小区的共有财产承担维护和管理的义务。三要素结为一体不可分离，转让、抵押、继承时，应将三者一体转让、抵押和继承。《民法典》第 273 条规定，业主转让专有部分的权利时，共有部分的权利一并转让。

4. 专有权的主导性。区分所有人取得专有权就取得了共有权和管理权，丧失专有权就丧失共有权和管理权；专有权决定共有部分的持有份比例，决定共有权中的使用和收益范围，专有权的大小决定共有权和管理权的大小；登记时只登记专有权，不登记共有权和管理权。

（三）区分所有和共有的区别

1. 共有是两个以上的人拥有同一个建筑物专有部分，不是一种独立的所有权形式；而区分所有是多人分别对不同的专有部分享有所有权和对共用部分享有共有权。前者在一个物上只存在一个所有权，而后者在一个物上存在多个独立所有权。

2. 共有关系解除时，按份共有人可以行使优先购买权，而区分所有人之间根本不存在优先购买权，区分所有权具有独立性。

3. 共有的登记簿册只有一个，依据这一个簿册向每个共有人签发不独立的共同所有权证；而区分所有人每人一个登记簿册，每个人拥有独立的所有权证。①

---

① 参见高富平：《物权法讲义》，法律出版社 2011 年版，第 106 ~ 107 页。

第二节　专　有　权

一、专有权的概念和特征

专有权,是指权利人享有的以区分所有建筑物的独立建筑空间为标的物的所有权。《民法典》第272条规定:“业主对其建筑物专有部分享有占有、使用、收益和处分的权利。业主行使权利不得危及建筑物的安全,不得损害其他业主的合法权益。”专有权具有以下特征:

第一,专有权的客体具有特殊性。专有权的客体不是独立的不动产,只能是建筑物经分割后形成的具有一定独立性的专有部分,业主与开发商如特别约定某块绿地属于业主专有,那么也可以成为专有权的客体。

第二,专有权具有单独所有权的效力。专有权是建筑物区分所有权的核心部分,具有单独所有的性质。即权利人对专有部分享有独占性的支配权,包括占有、使用、收益、处分的权利。当专有权受到侵害或妨害时,权利人可以行使排除妨害、消除危险、恢复原状、返还原物等物权请求权。专有部分转让时,其他人无优先购买权。

第三,专有权行使受到限制。业主行使专有权时可能影响其他同栋建筑物业主的合法权益,如住宅改变为经营性用房时,可能影响其他业主的生活安宁,应当征求其他有利害关系业主的一致同意。而且专有部分内的共用部分,如水电设施、暖气管道等,业主行使权利时也不得影响其他业主对共用部分的使用。

二、专有部分

(一)专有部分的概念及要件

专有部分是指在构造和功能上具有独立性、属于区分所有权人独立支配的部分。专有部分具有构造上的独立性和功能上的独立性。《建筑物区分所有权解释》第2条第1款规定:“建筑区划内符合下列条件的房屋,以及车位、摊位等特定空间,应当认定为民法典第二编第六章所称的专有部分:(一)具有构造上的独立性,能够明确区分;(二)具有利用上的独立性,可以排他使用;(三)能够登记成为特定业主所有权的客体。”专有部分需要具备三个要件：

第一，构造上的独立性。构造上的独立性是指各个部分在建筑物的构造上可以被区分开，并与建筑物其他部分在物理上隔离开来，客观地划分为不同部分并为各个所有权独立支配。只有建筑物的某一部分在物理构造上与其他部分区分开来成为一个独立空间，专有权人支配的范围才得以明确。实践中，以有无固定墙壁间隔为判断依据。

第二，利用上的独立性。利用上的独立性是指建筑物经区分后，该部分可以作为建筑物单独使用，与一般建筑物相同，有独立的经济效用。① 专有部分在交易观念上被认为具有独立的建筑物应有的功能，其判断依据是有无直接的出入口和内部专用设备，如果不能排他地利用，也不能成为专有部分。随着未来建筑技术的发展与社会生活的演变，其表现形式可能有所不同。只要不需要借助其他部分辅助即可利用的部分都符合利用上的独立性，区分的部分可以用来居住、停放车辆、用作办公室、店铺等。

第三，能够登记成为特定业主所有权的客体。《建筑物区分所有权解释》除规定在构造上和利用上的独立性这两个条件之外，还增加了第三个条件，即能够登记成为特定业主所有权的客体，从而符合法律上的独立性。如果被分割的各个部分登记为各个主体所有，则建筑物作为整体不能再作为一个独立物存在。规划上专属于特定房屋，且建设单位销售时已经根据规划列入该特定房屋买卖合同中的露台等，应当认定为专有部分的组成部分。

（二）专有部分的范围

关于专有部分的范围，有以下四种学说：

1. 中心说。该学说认为专有部分范围要达到墙壁、柱、地板、天花板等境界部分厚度的中心。这种学说的优点是使各区分所有人可以充分行使其专有部分的权利。缺点也很明显，现实建筑物分隔部分的内部构造相当复杂，且往往有维持整体建筑物正常使用所需要的各种管线，如水管、瓦斯管、电线等，中心线的认定相当不易，对整体建筑物的维持与管理有损害。

2. 空间说。该学说认为专有部分的范围仅限于由墙壁、地板、天花板所围成的空间部分，而界线点上的分隔部分如墙壁、地板、天花板等则为全体或部分

① 参见谢在全：《民法物权论》（上册），中国政法大学出版社2011年版，第231页。

区分所有人共有。

3. 最后粉刷表层说。该学说认为专有部分包括壁柱等境界部分表层所粉刷的部分，境界壁与其他境界的本体属于共有部分，但境界壁上最后粉刷的表层部分则属于专有部分。

4. 壁心和最后粉刷表层说。该学说认为专有部分的范围应分为内部关系和外部关系。在区分所有人之间，尤其是有关建筑物的维持、管理关系上，专有部分应仅包括壁、柱、地板和天花板等境界部分表层所粉刷的部分；但在外部关系上，尤其是对第三人的关系（如买卖、保险、税金等）的关系上，专有部分的范围则包括壁、柱、地板和天花板等境界部分厚度的中心线，如房屋买卖合同是以包括墙壁在内的房屋的建筑面积为依据。

综上，第四种学说有利于财产的管理、维护，又考虑到财产的独立性和对外关系，是目前通说。

（三）专有部分的具体范围

《建筑物区分所有权解释》第 2 条第 1 款规定："建筑区划内符合下列条件的房屋，以及车位、摊位等特定空间，应当认定为民法典第二编第六章所称的专有部分……"专有部分的范围包括房屋、车位、摊位等。第一，房屋。房屋是指建筑物经过纵的分割、横的分割或者纵横分割而形成的专有部分，而不是由业主按照一定份额对建筑物整体分别享有所有权，因为建筑物专有权不同于按份共有权。但是，《建筑物区分所有权解释》第 2 条第 3 款规定："本条第一款所称房屋，包括整栋建筑物。"例如，某个业主购买了别墅小区的一栋别墅，该业主可以对单栋的别墅享有专有权，对小区内的绿地、道路等享有共有权。第二，车位、摊位等特定空间。车位虽然没有封闭，但是必须在地面上划定确定的分割线以确定各个车位的支配范围，以满足构造上和利用上的独立性。摊位分为封闭和非封闭的摊位，封闭摊位能够满足构造和利用上的独立性，非封闭摊位可以通过划分分割线或挡板来区分各个摊位，从而满足构造和利用上的独立性。第三，露台等。《建筑物区分所有权解释》第 2 条第 2 款规定："规划上专属于特定房屋，且建设单位销售时已经根据规划列入该特定房屋买卖合同中的露台等，应当认定为前款所称的专有部分的组成部分。"露台专属于特定房屋是指露台与特定房屋具有物理上的直接联系，应当属于特定房屋所有人使用。建设单位已经根据规划将露台列入房屋买卖合同的一部分，则属于专有部分；反之，如果规划只是将其确定为共有部分，就只能是业主的共有部分。此外，封闭的车库也能够同时满足构造上和利用上的独立性，也可以作为专有部分。

三、专有权人的权利和义务

（一）权利

1. 占有、使用、收益权。业主对专有的部分享有独占性的、类似于单独所有权的占有、使用和收益的权利，如业主享有居住或者出租房屋收取租金的权利。

2. 可以且只能进行法律处分。业主有权为转让房屋、设定抵押等法律处分行为，但是业主不能对专有部分进行事实处分，如拆毁房屋。由于业主有维护建筑物整体安全的义务，业主不得对专有部分进行事实处分。

3. 可以行使物权请求权以排除妨害。业主的专有权受到侵害时，业主当然享有请求返还原物、排除妨害、消除危险等物权请求权，以恢复专有权的圆满状态。例如，业主长期在住宅内教授钢琴课程，影响其他业主休息，其他业主可以请求教授钢琴课的业主停止侵害、排除妨害，或者要求其安装防噪音设备等。

（二）义务

建筑物的专有部分与共有部分具有一体性、不可分离性，如没有电梯、楼道、走廊，业主不可能出入自己的居室，没有水、电等管线，业主无法使用自己的房屋。因此，业主对专有部分行使专有权应受到一定限制。《民法典》第 272 条规定："业主对其建筑物专有部分享有占有、使用、收益和处分的权利。业主行使权利不得危及建筑物的安全，不得损害其他业主的合法权益。"

1. 不得违反使用目的，禁止变更住宅用途。业主将住宅改变为经营性用房，可能影响到其他业主的生活安宁、安全，可能产生油烟、废水、噪声等污染，给小区的管理带来诸多不便。[①]《民法典》第 279 条规定，"业主不得违反法律、法规以及管理规约，将住宅改变为经营性用房。业主将住宅改变为经营性用房的，除遵守法律、法规以及管理规约外，应当经有利害关系的业主一致同意"。《建筑物区分所有权解释》第 10 条规定："业主将住宅改变为经营性用房，未依据民法典第二百七十九条的规定经有利害关系的业主一致同意，有利害关系的

① 参见胡康生主编：《中华人民共和国物权法释义》，法律出版社 2007 年版，第 180 页。

业主请求排除妨害、消除危险、恢复原状或者赔偿损失的，人民法院应予支持。将住宅改变为经营性用房的业主以多数有利害关系的业主同意其行为进行抗辩的，人民法院不予支持。”《建筑物区分所有权解释》第 11 条规定，业主将住宅改变为经营性用房，本栋建筑物内的其他业主应当认定为“有利害关系的业主”。本栋建筑物内的其他业主只需要证明业主身份，无须另外举证证明其房屋价值或生活质量受到不利影响；但是建筑区划内、本栋建筑物之外的业主，主张自己有利害关系的，应当证明其房屋价值、生活质量受到或可能受到不利影响。所谓“经有利害关系的业主一致同意”意味着任何有利害关系的业主不同意改变住宅用途，业主即不得以其他多数业主同意为由进行抗辩，应当停止改变住宅用途的行为。即使是多数利害关系业主同意住宅改变为经营性用房，如果未征得所有有利害关系业主的同意，也不能更改住宅用途。这意味着物权编加大了对影响其他业主利益的行为的限制，在实质上扩张了具有利害关系的业主的权利。① 如果业主擅自改变住宅用途，其他业主可以请求恢复原状、排除妨害以及赔偿损失。

2. 维护建筑物牢固和完整。业主在占有、使用、收益、处分专有部分时，不得危及建筑物的安全，不得损害其他业主的合法权益。业主只能在建筑物设计允许的限度内合理使用其专有部分，不得对建筑物的安全性造成损害，妨害整栋建筑物的安全。比如，不得将卧室改装成卫生间，这可能导致楼下卧室渗水；不得擅自拆改建筑物承重结构危及建筑物安全、不得在房间内安置超出楼板承重能力的重物等，不得在专有部分储藏、存放易燃易爆危险物品。

3. 不得侵害专有部分中的共有部分。《民法典》第 272 条规定，业主行使权利不得危及建筑物的安全，不得损害其他业主的合法权益。业主使用专有部分中的暖气管道、水管、电线等共有物时不得随意撤换、毁损，不得侵害专有部分中的取暖设施、水、电设施等。

① 参见彭诚信：《〈民法典〉物权编的进步、局限与未来》，载《法制与社会发展》2020 年第 4 期。

第三节 共有权

一、共有权的概念和特征

(一)概念

所谓建筑物区分所有人对共有部分的共有权,是指区分所有人依据法律、合同以及区分所有人之间的规约,对建筑物的共用部分、基地使用权、小区的公共场所和公共设施等所共同享有的财产权利。

(二)特征

1. 建筑物区分所有权的共有权主体身份具有复合性,既是共有权人,也是专有权人。共有权主体是全体业主,如果小区成立业主大会,且承认业主大会的民事主体资格,那么共有财产可以登记在业主大会名下;如果没有成立业主大会,那么可以登记在全体业主名下。①

2. 共有权的客体是共有部分。共有部分包括法定共有部分和约定共有部分,如建设用地使用权、小区公共道路、小区绿地等。共有部分通常附随于专有部分,共有部分随专有部分一并移转、抵押。共有部分不具有独立性,因此不同于按份共有和共同共有。

3. 共有权的取得、丧失、变更决定于专有权的取得、丧失和变更。《民法典》第273条第2款规定:“业主转让建筑物内的住宅、经营性用房,其对共有部分享有的共有和共同管理的权利一并转让。”由于共有权从属于专有权,共有权随着专有权的变动而变动,且共有权转让时其他共有人没有优先购买权。②

4. 区分所有的共有权人不得请求分割共有部分,而一般共有权人可以在重大理由情形下请求对自己的应有部分进行量的分割。

5. 业主对建筑物共有部分既享有权利,也承担义务。《民法典》第273条第1款规定:“业主对建筑物专有部分以外的共有部分,享有权利,承担义务;不得

---

① 参见王利明主编:《民法》(上册),中国人民大学出版社2020年版,第314页。

② 参见梁慧星、陈华彬编著:《物权法》,法律出版社2005年版,第178页。

以放弃权利为由不履行义务。”这些义务包括业主就共有部分向房屋出卖人支付相应的价款，业主就共有部分的维修分摊维修费用，业主就共有部分承担相应的物业费，业主就共有部分承担相应的契税等。① 业主不得以放弃权利为由不履行义务，例如业主不得以不使用电梯为由，不缴纳电梯维修费用；在集中供暖情况下，不得以冬季不在此居住为由不交纳暖气费用。

（三）性质

关于建筑物区分所有的共有权性质，学说上有共同共有、按份共有、区别对待、总有等不同见解。② 业主共有部分分摊的面积按照专有部分面积计算，业主对共有部分实际是享有份额的。而且，业主对共有财产分担管理费用时，也是按照专有部分面积分摊的，因此建筑物区分所有的共有权是一种按份共有。③这种共有权与一般的按份共有具有重要区别。首先，这种共有具有永久不可分割性；其次，这种共有具有从属性，从属于专有部分的所有权；再次，建筑物区分共有人的共有权限于使用、收益，只在专有权处分时一并处分共有权；最后，区分所有的共有权的使用具有较强的团体性，而一般共有权的团体性较弱，尤其是按份共有情形。区分所有中的共有权也不同于共同共有。区分所有具有明确的份额划分，并且小区物业相关费用，如绿地维护、建筑物修缮依据份额分摊，任何一人的退出不影响共有关系的存在，不导致共有财产的分割。

二、共有部分

（一）共有部分的范围

共有部分的本质是这些建筑物的性质或功能是服务于整个建筑物的使用或整个业主利益。共有部分为建筑物专有部分之外的其他部分，包括建筑物的附属建筑物和附属设施。建筑物专有部分之外的其他部分，包括楼梯、电梯、屋顶、地下室等。附属建筑物，包括规划区内的物业用房、配电室、消防设备、车位车库等。附属设施包括给排水设备、燃气管线、电缆光缆管线等。共用部分具

① 参见崔建远：《物权法》，中国人民大学出版社 2014 年版，第 196 页。

② 参见陈华彬：《现代建筑物区分所有制度研究》，法律出版社 1995 年版，第 136 页；王利明：《物权法研究》，中国人民大学出版社 2002 年版，第 389 页；沙风：《建筑物区分所有人之共有权的性质》，载《行政与法》2000 年第 6 期。

③ 参见高富平：《物权法讲义》，法律出版社 2011 年版，第 113 页。

有从属性和不可分割性。共用部分从属于专有部分,是为专有部分服务的,当专有部分转让时,共用部分随之转让。共用部分不可分割,共有人不得主张分割共用部分。

(二)法定共有和约定共有

依据《民法典》第274条、第275条的规定,法定的共有部分包括:(1)建筑区划内的道路,属于业主共有,但属于城镇公共道路的除外。(2)建筑区划内的绿地,属于业主共有,但属于城镇公共绿地或者明示属于个人的除外。(3)建筑区划内的物业用房。(4)占用业主共有的道路或其他场地用于停放的车位。(5)由业主支付的专门用于住宅共用部分、共用设施和设备维修所需的资金,如电梯、水箱等共有部分的维修费用。《建筑物区分所有权解释》第3条规定:"除法律、行政法规规定的共有部分外,建筑区划内的以下部分,也应当认定为民法典第二编第六章所称的共有部分:(一)建筑物的基础、承重结构、外墙、屋顶等基本结构部分,通道、楼梯、大堂等公共通行部分,消防、公共照明等附属设施、设备,避难层、设备层或者设备间等结构部分;(二)其他不属于业主专有部分,也不属于市政公用部分或者其他权利人所有的场所及设施等。建筑区划内的土地,依法由业主共同享有建设用地使用权,但属于业主专有的整栋建筑物的规划占地或者城镇公共道路、绿地占地除外。"法定共有部分的规定属于强行性规范,不允许建设单位与业主之间做出更改。

约定共有是业主之间通过合意约定某些专用部分为共用部分,业主与开发商就建筑区划内的停车位、停车库、地下室等,约定属于业主共有的情形,就属于约定共有的部分。业主之间也可以通过业主管理规约确定共有部分的范围。区分法定共有部分和约定共有部分的意义在于意思自治原则发挥作用的空间不同,法定共有由法律直接规定,当事人约定不得改变法定共有部分的归属。[①]

(三)道路、绿地、物业服务用房、其他公共场所和公共设施

《民法典》第274条规定:"建筑区划内的道路,属于业主共有,但是属于城镇公共道路的除外。建筑区划内的绿地,属于业主共有,但是属于城镇公共绿地或者明示属于个人的除外。建筑区划内的其他公共场所、公用设施和物业服务用房,属于业主共有。"建筑区划内没有经过市政规划的道路是业主进入自己

---

① 参见崔建远:《物权法》,中国人民大学出版社2014年版,第197~198页。

建筑物专有部分的必经之路，因此建筑区划内的道路属于业主共有，避免与开发商产生矛盾，但是如果经规划确定的道路就属于国家所有。现代人们更加注重小区的环境，绿地面积是业主判断与决定购买小区房屋的重要因素，绿地一般属于业主共有，但城镇公共绿地或明示属于个人的除外。有的小区开发商对一层促销时会将门口的一小块绿地赠与或销售给业主，此时小块绿地属于业主个人所有。物业服务用房是物业服务企业为管理小区而使用的房屋。物业服务企业接受全体业主委托提供专业化的物业管理服务，全体业主有权更换物业管理企业，物业服务用房由全体业主共有，有利于避免与物业服务企业之间就此产生的矛盾。其他公共场所包括小区内的广场、园林、门庭、大堂等，公共设施是指小区内供业主使用的公共照明设施、消防设施、健身设施、水管、天然气管道、暖气管道等设施，这些公共场所和公共设施依法属于全体业主共有。

（四）车库、车位

所谓车库，是指隶属于整个小区，具有独立的空间、以存放车辆为目的的附属建筑物。车库又常常被称为地下车库，但不仅仅限于地下车库，因为在有些建筑物内，地上一层或者二层也可能兴建车库，这也涉及其归属问题。车库本身四周是封闭的，其可以通过登记表彰权利的范围。所谓车位，是指车库中的停车位，以及规划用于停车的具体地点。《建筑物区分所有权解释》第 6 条规定，除建筑区划内规划用于停放汽车的车位之外，占用业主共有道路或其他场地增设的车位，应当认定为这里所称的车位。

确定车库和车位权属的基本办法应当是通过合同关系确定，开发商根据本小区的销售状况来决定采取出售、租赁或附赠方式。《民法典》第 275 条第 1 款规定："建筑区划内，规划用于停放汽车的车位、车库的归属，由当事人通过出售、附赠或者出租等方式约定。"通过买卖方式取得车库、车位的业主，应当享有车库、车位的所有权，并且应当进行物权登记。通过租赁，业主取得的是使用权。以附赠方式取得车库、车位的，通常车库、车位与专有部分连为一体，可以不进行物权登记，专有权可以带动车库、车位的权利流转。属于业主共有的财产，应当是不可分割、不宜也不能归任何业主共有的财产，如电梯等公用设施、绿地等公共场所。由于车库、车位和住宅的配套比例不同，业主之间享有的住宅面积不同、商品房销售的状况不同，因此车库如果属于共有，很难操作。《民法典》规定建设单位与业主通过约定解决归属，通过市场机制分配资源，有利于鼓励建设单位修建更多的车位、车库,从而缓解城市"停车难问题";如果当事人对车位、车库归属没有约定,从鼓励建造车位、车库的立法目的出发,应当推定车位、车库归建设单位所有。因此,法律允许开发商出售、出租车位、车库,否则可能影响开发商建造车位、车库的积极性,对业主也是极其不利的。

根据《民法典》第276条,开发商在修建了车位、车库之后,首先应当满足业主的需要。所谓首先满足业主需要,就是指开发商在修建了车位、车库之后应当首先将其出租、出售给业主,而不能高价卖给第三人。业主在同等条件下有优先购买权和优先承租权,在满足本小区业主需求前,不得将车位、车库出售、赠与、出租给小区业主之外的他人。随着城市经济的发展,城市居民机动车保有量越来越大,车位、车库对于业主变得越来越重要,如果车位、车库不能首先满足业主需要,意味着业主需要花费更高的成本去寻求车位和车库,不利于实现物尽其用和效率原则。

当事人通过出售、出租或者附赠等方式约定车位、车库归属时,如何界定"首先满足业主的需要"?《建筑物区分所有权解释》第5条规定,建设单位按照配置比例将车位、车库以出售、附赠或出租等方式处分给业主的,应当认定其行为符合"应当首先满足业主的需要"的规定。配置比例是指规划确定的建筑区划内规划用于停放汽车的车位、车库与房屋套数的比例。只要建设单位按照规划比例将车位、车库配置给业主,就视为首先满足了业主的需要,业主可以依据自己的购买能力决定购买或租赁。《民法典》第276条涉及公共利益,是强制性规定,因此违反《民法典》第276条的规定,没有首先满足业主需要,开发商的买卖行为或租赁行为无效。[①] 满足业主需要后,小区内如果还有富余的车位和车库,建设单位可以依法将其销售或者出租给小区业主以外的人,既有利于实现物尽其用,也有利于激励建设单位开发和建设更多的车位和车库。

(五)维修资金

维修资金,是指业主交纳的专门用于维修住宅共用部分、共用设施和设备的资金。《民法典》第281条第1款规定,建筑物维修资金属于业主共有,经业主共同决定,维修资金可以用于电梯、屋顶、外墙、无障碍设施等共有部分的维修、更新和改造。

---

① 参见崔建远:《物权法》,中国人民大学出版社2014年版,第202页。

《民法典》第 278 条规定维修资金的使用由业主共同决定，维修资金的筹集应当由专有部分面积占比 2/3 以上的业主且人数占比 2/3 以上的业主参与表决，而且应当经参与表决专有部分面积 3/4 以上的业主且参与表决人数 3/4 以上的业主同意。《民法典》第 281 条第 1 款规定，维修资金的使用情况应当向全体业主公布，业主有权查询维修资金的使用情况；第 2 款规定，紧急情况下需要维修建筑物及其附属设施的，业主大会或者业主委员会可以依法申请使用建筑物及其附属设施的维修资金。例如，建筑物受到暴风雪影响墙面脱落可能侵害小区行人人身安全，如果严格按照业主共同决定事项的表决程序可能来不及修复墙面，因此业主大会和业主委员会在紧急情况下有权依法申请使用维修资金。维修资金的使用通常出于紧急需求，如果严格按照业主大会的表决规则，效率比较低，因此可以依法申请直接使用维修资金。值得注意的是，目前法律对申请使用维修资金的程序、期限、条件均没有明确规定，有待进一步在相关法律、行政法规中予以明确和完善。

《建筑物区分所有权解释》第 3 条第 1 款第 2 项规定，其他不属于业主专有部分，也不属于市政公用部分或者其他权利人所有的场所及设施等属于共有部分。作为兜底性条款，该项规定其他既不属于业主专有也不属于市政公共所有的其他场所或设施均属于业主共有。

三、共有权人的权利和义务

(一)权利

1. 使用权。对共有部分的使用是区分共有权的核心内容，如对楼梯、通道、庭院等的合理使用。原则上，使用权不具有排他性，任何人不能阻止其他区分所有人的合理使用。合理使用包括共同使用和轮流使用。作为共同设施的电梯、走廊，依据其性质可以共同使用。而电话、洗衣机因其使用具有排他性，仅可轮流使用。《建筑物区分所有权解释》第 4 条规定，业主基于对住宅、经营性用房等专有部分特定使用功能的合理需要，无偿利用屋顶以及与其专有部分相对应的外墙面等共有部分的，不应认定为侵权。但违反法律、法规、管理规约，损害他人合法权益的除外。

2. 收益权。共有权人可依照规约或共有份额，取得因共用部分所产生利益的权利。如将建筑物楼顶租给他人做广告宣传，所得收益由共有权人共有；小区广场租给某商场进行业务宣传，其租金由共有权人共有。一般来说，这些收益应作为共同的收益，用于物业管理费用、建筑物维修基金等公共用途。如果有结余，也可以按比例分配。《民法典》第282条规定，建设单位、物业服务企业或者其他管理人等利用业主的共有部分产生的收入，在扣除合理成本之后，属于业主共有。共有部分产生的收益应当归属于业主，建设单位、物业服务企业或其他管理人等利用业主的共有部分的合理成本，应当由取得利益的业主负担，业主取得利益时应当扣除合理成本。实践中，共有部分经营收入主要用来弥补物业管理费或专项维修资金，没有将共有收益直接交给全体业主。依据《民法典》的规定，建设单位和物业服务企业应当将共有部分的收益交由业主共同决定，如果双方协议也可以用于弥补物业管理费或维修资金。《建筑物区分所有权解释》第14条第2款规定："属于前款所称擅自进行经营性活动的情形，权利人请求建设单位、物业服务企业或者其他管理人等将扣除合理成本之后的收益用于补充专项维修资金或者业主共同决定的其他用途的，人民法院应予支持。行为人对成本的支出及其合理性承担举证责任。"专有部分所有人对其屋顶以及专有部分对应的外墙等的无偿利用行为，应当属于法定范围内的无偿使用，不构成侵权。

3. 处分权。业主对建筑物的共有部分有同等处分权，包括事实上的处分，如对共有部分的拆除、更新、增建、扩建，都必须经过全体业主大会决定；也包括进行法律上的共同处分，如租赁、转让等。处分权归全体业主，必须按照业主集体决策机制形成共同意志，才能行使。《民法典》第278条规定，改变共有部分的用途或者利用共有部分从事经营活动属于应当经参与表决专有部分面积3/4以上的业主且参与表决人数3/4以上业主同意的重大事项。共有部分的处分应当由业主集体决定。

4. 物上请求权。《建筑物区分所有权解释》第14条第1款规定："建设单位、物业服务企业或者其他管理人等擅自占用、处分业主共有部分、改变其使用功能或者进行经营性活动，权利人请求排除妨害、恢复原状、确认处分行为无效或者赔偿损失的，人民法院应予支持。"共有人之外的人侵害了业主的共有权的，业主可以行使物上请求权。

（二）义务

1. 按照共有部分的用途使用的义务。此义务旨在共有部分的合理使用。

即按照共有部分的种类、位置、构造、性质、功能或目的等使用。《民法典》第278条规定，改变共有部分的用途需要经过应当经参与表决专有部分面积3/4以上的业主且参与表决人数3/4以上的业主同意。如果无损于共有部分的使用，则为合理使用。比如在通道中禁止堆放杂物、妨碍通行，楼顶、墙外禁止私自设置广告，绿地供小区绿化、欣赏，不得随意在绿地上种植或放养动物。

2. 维护现状。区分共有人不得任意改造共用物、破坏其原有功能，以维护共有部分的正常状态。建筑物区分所有人享有的共有权不同于一般的按份共有和共同共有，共有人不得请求分割共有部分，不得改动共用部分的设置和结构，以维持对建筑物的整体安全。

3. 分担共同费用和负担。共同费用包括：日常维修费用、更新土地或楼房共同部分及公共设备的费用、管理事务的费用以及由共有权人共同负担的公法上的税款等。费用分担份额以其专有部分在整个建筑物总面积的占比来确定。《民法典》第283条规定，建筑物及其附属设施的费用分摊、收益分配等事项，有约定的，按照约定；没有约定或者约定不明确的，按照业主专有部分面积所占比例确定。《建筑物区分所有权解释》第8条规定："民法典第二百七十八条第二款和第二百八十三条规定的专有部分面积可以按照不动产登记簿记载的面积计算；尚未进行物权登记的，暂按测绘机构的实测面积计算；尚未进行实测的，暂按房屋买卖合同记载的面积计算。"专有部分面积所占比例，可能是专有部分占一栋建筑物总面积的比例，也可能是专有部分占整个建筑区划内的全部建筑物面积的比例，取决于保存、修缮、改良的对象与业主的利益关系。[①]

第四节　管　理　权

一、管理权的概念和特征

（一）概念

根据《民法典》第271条的规定，区分所有权包括业主的共同管理权，这就

---

① 参见崔建远：《物权法》，中国人民大学出版社2014年版，第206页。

确认了业主对其共有财产和公共事务的管理权。所谓管理权，是指业主基于专有部分的所有权从而依法享有对业主的共同财产和共同事务进行管理的权利。管理权是专属于业主的权利。管理权又称为成员权，是区分所有建筑物的所有人基于一栋建筑物的构造、权利归属和使用上的密切关系而形成的作为建筑物管理团体的一名成员所享有的权利和承担的义务。

（二）特征

1. 它是独立于专有权和共有权的权利。管理权是对全体区分所有人的共同事物享有的权利和承担的义务，不是单纯的财产关系，有很大部分是管理关系，具有人法的因素存在。而专有权和共有权则是纯粹的财产关系。专有权和共有权无法包括表决权、参与订立管理规约权、选举和解除管理人之权利等，因此管理权具有独立性。

2. 管理权是一项与专有权、共有权密不可分的权利，三者共同构成区分所有权的完整内容、缺一不可。如果仅有专有权和共有权，那么基于整个建筑物的共同事务就无法完成，妨碍专有权和共有权的行使。为了维持建筑物共同体关系的存续与发展，尤其为了管理相互间的共同事务及共有部分的使用、收益，每个业主不得不享有共同管理权。[①]《民法典》第 278 条规定，对于建筑物的改建、重建、维修资金的使用等事项需要业主共同决定；第 286 条规定，业主大会和业主委员会对任意弃置垃圾、排放污染物或者噪声、违反规定饲养动物等侵害业主共同利益的违法行为，有权请求行为人停止侵害、排除妨害、赔偿损失等。有学者认为管理权是一种私法上的权利，是所有权的延伸，体现的是业主的私人利益，政府不宜干预。[②]

3. 管理权是一种永续性的权利。管理权基于建筑物的存在而存续，原则上不得解散。为维持建筑物的良好状态，确保居住生活品质，业主之间的共同利益会因建筑物而一直存在。[③] 建筑物的专有部分转移后，管理权也随之转移给新的业主，只要建筑物存在，管理权就会永久存在。

建筑物区分所有权的成立，以一栋建筑物为基础。在该栋建筑物上，各区

---

① 参见梁慧星、陈华彬：《物权法》，法律出版社 2007 年版，第 172 页。

② 参见王利明主编：《民法》（上册），中国人民大学出版社 2020 年版，第 321 ~ 322 页。

③ 参见谢在全：《民法物权论》（上册），中国政法大学出版社 2011 年版，第 254 页。

分所有人的专有部分通过共同墙壁、地板和天花板等共用部分相互连接，使彼此紧密地联系在一起。为了维持共同体关系的存续和发展，尤其为了共同事务及共有部分的使用收益，不得不结成一个团体组织，并借用团体组织的力量，共同管理共有部分及其他共同事务。

二、管理权的内容

（一）权利

1. 表决权。业主有权参加业主大会，参与制定管理规约、参与讨论、表决业主的共同事务。小区自然环境、小区安全、建筑物安全与修缮、小区收益、物业管理企业聘任等都属于共同事务。《民法典》第 278 条规定，制定和修改业主大会议事规则；制定和修改管理规约；选举业主委员会或者更换业主委员会成员；选聘和解聘物业服务企业或者其他管理人；使用建筑物及其附属设施的维修资金；筹集建筑物及其附属设施的维修资金；改建、重建建筑物及其附属设施；改变共有部分的用途或者利用共有部分从事经营活动等共同事项，由业主参与表决。

2. 选举权和被选举权。业主有业主大会组成人员的选举权和被选举权，通过选举，推选适当的业主或自己担任负责工作，或者委派其他人担任相当的工作，对不尽职的人员可以请求罢免或者解除职务。《民法典》第 277 条规定，业主可以设立业主大会，选举业主委员会。

3. 自行管理权。《民法典》第 284 条第 1 款规定，业主可以自行管理建筑物及其附属设施。业主享有建筑物区分所有权，当然有权自行管理。尤其对于人数较少、业主之间彼此熟悉的小区，业主可以不聘请物业服务企业，自行管理方式能够降低管理成本，而且也能减少与物业服务企业之间的矛盾。

4. 业主对于物业管理享有自主聘任权、解聘权、监督权。业主对建筑物及其附属设施自行管理，主要发生在业主人数较少的建筑区划。但随着经济的发展、科技的进步，建筑领域不断出现新技术、新产品，建筑物及其附属设施的科技含量也越来越高，管理的难度加大，管理更为复杂，业主自行管理较为困难，有一定难度，因此提倡选择专业化、市场化、社会化的物业管理公司管理建筑物及其附属设施。全体业主没有入住小区并成立业主大会之前，建设单位可以代替业主指定物业服务企业。《民法典》第 284 条第 2 款规定，业主有权更换物业服务企业或其他管理人。所谓解聘权,就是指在开发商前期聘任了物业服务机构之后,业主也可以通过一定的程序解聘开发商前期选聘的物业服务机构。业主陆续入住并成立业主大会之后,全体业主有权依法决定是否继续聘用建设单位指定的物业服务企业。对于业主大会委派的管理人或物业管理机构,有权监督,对于不称职的管理人有权提出批评、改进意见,建议更换管理人。《民法典》第 284 条第 2 款规定,对建设单位聘请的物业服务企业或者其他管理人,业主有权依法更换;第 280 条第 2 款规定,业主大会或者业主委员会作出的决定侵害业主合法权益的,受侵害的业主可以请求人民法院予以撤销。

(二)义务

业主应当遵守管理规约,遵守和执行业主大会决议,按规约和决议承担义务。《民法典》第 280 条第 1 款规定,业主大会或者业主委员会的决定,对业主具有法律约束力。《民法典》第 286 条第 1 款规定,业主应当遵守法律、法规以及管理规约,相关行为应当符合节约资源、保护生态环境的要求。对于物业服务企业或者其他管理人执行政府依法实施的应急处置措施和其他管理措施,业主应当依法予以配合。业主配合应急处置措施和其他管理措施的义务是法定义务,业主不得违反,否则将承担法律责任。

特别值得关注的是管理规约,管理规约是指全体业主通过业主大会就物业的管理、使用、维护与所有关系等各方面所制定的规则。[①] 管理规约是全体业主的共同意思表示,在性质上属于共同行为,由全体业主按照法律规定的表决程序作出决定,类似于公司章程。[②] 有效的管理规约对全体业主产生约束力,无论业主是否参与了管理规约制定,或者是否同意管理规约,所有业主或者专有部分占有人均有遵守管理规约的义务。管理规约是业主自治的重要体现。业主自治通过赋予管理规约以法律约束力,业主共同管理小区共有财产和共同事务,减少内部基于建筑物管理产生的纠纷与矛盾。例如,依据《民法典》第 279 条的规定,业主不得违反法律、法规以及管理规约,将住宅改变为经营性用房。业主将住宅改变为经营性用房的,除遵守法律、法规以及管理规约外,应当经有利害关系的业主一致同意。管理规约可以对住宅改变为经营性用房作出特别

---

① 参见万鄂湘主编:《物权法理论与适用》,人民法院出版社 2005 年版,第 410 页。

② 参见王泽鉴:《民法物权》,北京大学出版社 2009 年版,第 181 页。

的规定,对本小区住改商问题进行治理。管理规约不仅对全体业主具有法律约束力,同时也可以作为人民法院和仲裁委员会裁判的依据。

三、业主自治机构

《民法典》第 277 条规定,业主可以设立业主大会,选举业主委员会。业主大会是决策机关,业主委员会是执行机关。类似于人民代表大会和人大常委会或者股东会和董事会的关系。业主团体的日常事务由业主委员会负责。业主大会或业主委员会的决定,对全体业主具有约束力。业主大会或业主委员会作出的决定侵害业主合法权益的,受侵害的业主可以请求法院予以撤销,但应当在知道或应当知道业主大会或业主委员会作出决定之日起一年内行使。

(一)业主大会

业主大会是自治组织,是由全体业主组成的自我管理其共同财产和共同事务的组织。业主大会的职权是指业主大会依据法律、法规和管理规约的规定所享有的管理业主共同事务和共有财产的各种权利。业主大会作为全体业主的最高权力机构,作为代表业主行使对共有财产权利的机构,其职权主要是在于代表业主管理共同财产和共同事务,并就业主共同生活事项制定共同规则。业主大会选聘物业服务企业签订合同的,合同当事人为业主和物业公司。《民法典》没有规定业主大会的性质,理论上有两种观点:第一种观点主张业主大会没有独立的财产,不能独立承担民事责任,因此不是独立的民事主体。[①] 第二种观点主张业主大会有自己的章程,有自己的执行机关即业主委员会,可以按照章程形成决策,可以开立独立的账户,可以独立承担民事责任,因此是独立的民事主体。[②] 业主大会作为一个组织体,有自己的意思机关和执行机关,有权订立管理规约,也可以授权业主委员会对外代表业主从事一定的行为。本书赞同第二种观点,业主大会属于《民事诉讼法》第 51 条所规定的"其他组织",具有诉讼能力,可以自己的名义提起诉讼。2011 年 9 月北京市进行业主大会登记的试点,业主大会可以取得法人资格。业主大会只能从事与物业管理相关的职责,不能超出其职责范围。

---

① 参见王利明、尹飞、程啸:《中国物权法教程》,人民法院出版社 2007 年版,第 237 页。

② 参见崔建远:《物权法》,中国人民大学出版社 2014 年版,第 214 页。

业主大会由全体业主组成，但由于业主可能互不相识，入住时间也不统一，成立业主大会比较困难。《中共中央、国务院关于加强和完善城乡社区治理的意见》中明确规定，“加强社区党组织、社区居民委员会对业主委员会和物业服务企业的指导和监督”。《民法典》第277条第2款明确地方政府有关部门、居民委员会应当对设立业主大会和选举业主委员会给予指导和协助。地方政府有关部门、居民委员会对业主大会成立给予指导，可以提供业主大会议事规则、管理规约的示范文本，帮助协调业主的不同意见，促进业主大会和业主委员会的积极成立，帮助业主成立业主大会和选举业主委员会，强化对业主自治的支持。明确政府有关部门、居民委员会对成立业主大会和业主委员会的指导和协助义务，有利于帮助业主提升法律素养和自治能力，提高业主大会和业主委员会的成立率；也有利于协调业主和物业管理人之间的关系，促进物业管理关系的和谐发展。[1]

建筑区划内的每个业主都是业主大会的成员，都有选举权和被选举权，有决定事项的投票权。业主大会的活动方式是举行会议、作出决议。《民法典》第278条规定业主共同决定的事项包括：制定和修改业主大会议事规则；制定和修改管理规约；选举业主委员会或者更换业主委员会成员；选聘和解聘物业服务企业或者其他管理人；使用建筑物及其附属设施的维修资金；筹集建筑物及其附属设施的维修资金；改建、重建建筑物及其附属设施；改变共有部分的用途或者利用共有部分从事经营活动；有关共有和共同管理权利的其他重大事项。《民法典》第278条规定的业主共同决定事项就是业主大会的职权范围，除此之外，其他法律、行政法规或者管理规约赋予的事项也属于业主大会的职权范围。只要涉及业主重大利益的事项，如公共道路封路、停车场、水管更换等重大事项，均属于业主大会的职权范围。

《民法典》规定应当由专有部分面积占比2/3以上的业主且人数占比2/3以上的业主参与表决，即可对业主共同决定事项作出表决，而不需要所有业主参加才能表决，因为召集所有业主参加表决不仅不符合实际情况，而且决策效率非常低，业主大会应当定期召开，每年至少召开一次至两次。为了解决物业管理活动中业主决议难的问题，物权编适当降低了业主作出决议的门槛。《民

---

① 参见鹿钦连：《建筑物区分所有权制度变化及影响》，载《中国物业管理》2020年第6期。

法典》第 278 条适当降低了业主共同决定事项，特别是使用建筑物及其附属设施维修资金的表决门槛。

上述业主共同决定事项对业主利益的影响程度不同，《民法典》采取区分的表决方式。第一，重大事项。依据《民法典》第 278 条的规定，对于筹集建筑物及其附属设施的维修资金、改建、重建建筑物及其附属设施、改变共有部分的用途或者利用共有部分从事经营活动等重大事项，应当经参与表决专有部分面积 3/4 以上的业主且参与表决人数 3/4 以上的业主同意。第二，一般事项。制定和修改业主大会议事规则、制定和修改管理规约、选举业主委员会或者更换业主委员会成员、选聘和解聘物业服务企业或者其他管理人、使用建筑物及其附属设施的维修资金等一般事项，经参与表决专有部分面积过半数的业主且参与表决人数过半数的业主同意即可。《民法典》将使用维修资金降为一般表决事项，降低了业主大会会议的表决门槛，有利于解决物业管理实践中维修资金程序长、使用难的问题，可以提高维修资金的申请效率，推动开展小区和住宅的维修工作。《民法典·物权编》在第 278 条第 1 款把“改变共有部分的用途或者利用共有部分从事经营活动”增加为应当“由业主共同决定”的事项。①

（二）业主委员会

业主委员会是业主大会的事务执行机构，由业主大会选举产生。小区通常人数较多，彼此不认识，平时很难召集业主大会，有必要通过业主委员会具体执行管理规约和业主大会决议。② 为了应对业主委员会成立难的问题，《民法典》第 277 条第 2 款规定，地方人民政府有关部门、居民委员会应当对设立业主大会和选举业主委员会给予指导和协助。业主委员会的委员应当是业主，依据《民法典》第 278 条规定选举或更换业主委员会成员应当经参与表决专有部分面积过半数的业主且参与表决人数过半数的业主同意。

《物业管理条例》第 15 条对业主委员会的职权进行了规定，包括：(1)召集业主大会会议，报告物业管理的实施情况。(2)代表业主与业主大会选聘的物业服务企业签订物业服务合同，此时业主委员会只是代表全体业主订立合同，而不是合同主体。(3)及时了解业主、物业使用人的意见和建议，监督和协助物

---

① 参见彭诚信：《〈民法典〉物权编的进步、局限与未来》，载《法制与社会发展》2020 年第 4 期。

② 参见韩松、姜战军、张翔：《物权法所有权编》，中国人民大学出版社 2007 年版，第 238 页。

业服务企业履行物业服务合同。(4)监督管理规约的实施。(5)业主大会赋予的其他职责。通常业主委员会的职权主要来自业主的授予,其主要职责是维护业主的权利。具体来说,包括召集业主大会、报告有关物业管理情况、受业主大会的委托与物业服务企业签订合同、及时了解业主的意见和建议、提出有关物业管理和维修维护的建议、监督和协助物业服务企业履行物业服务合同、监督有关财务等的公开等。业主委员会应当自选举产生之日起 30 日内,向物业所在地的区、县人民政府房地产行政主管部门备案。

业主大会或业主委员会的决定,对业主具有约束力;即使是没有经过自己同意或者自己反对的决议或决定,也应当执行。《民法典》第 286 条第 2 款规定:"业主大会或者业主委员会,对任意弃置垃圾、排放污染物或者噪声、违反规定饲养动物、违章搭建、侵占通道、拒付物业费等损害他人合法权益的行为,有权依照法律、法规以及管理规约,请求行为人停止侵害、排除妨碍、消除危险、恢复原状、赔偿损失。"《民法典》赋予业主大会和业主委员会请求权,可以直接向业主或人民法院行使该请求权,一定程度上承认了业主大会和业主委员会的诉讼主体资格。

《民法典》第 280 条第 2 款规定:"业主大会或者业主委员会作出的决定侵害业主合法权益的,受侵害的业主可以请求人民法院予以撤销。"业主针对业主大会和业主委员会作出的侵害其合法权益的决议行为有撤销权。该项撤销权是形成权,《建筑物区分所有权解释》第 12 条规定:"业主以业主大会或者业主委员会作出的决定侵害其合法权益或者违反了法律规定的程序为由,依据民法典第二百八十条第二款的规定请求人民法院撤销该决定的,应当在知道或者应当知道业主大会或者业主委员会作出决定之日起一年内行使。"超过该期限的,撤销权消灭。

四、委托物业管理

《民法典》第 284 条规定,业主可以自行管理建筑物及其附属设施,也可以委托物业服务企业或者其他管理人管理。物业管理具有专业化、市场化、社会化的优势。业主可以委托物业管理也可以自主管理。业主与物业服务企业是委托合同关系。《物业管理条例》第 35 条第 1 款规定,物业服务企业应当按照物业服务合同的约定,提供相应的服务。《民法典·合同编》专章规定了物业服务合同,明确物业服务企业和业主的权利义务与法律责任。为了实现物权编和合同编的协调,《民法典》第 285 条第 1 款规定,物业服务企业或者其他管理人根据业主的委托,依照本法第三编有关物业服务合同的规定管理建筑区划内的建筑物及其附属设施,接受业主的监督,并及时答复业主对物业服务情况提出的询问。有关物业服务纠纷,可以依据该引致条款适用合同编物业服务合同的相关规定。

物业服务企业对业主共有财产和共同事务进行管理和服务的行为,包括对建筑物的保存、改良、利用、处分以及对区分所有权人共同生活秩序的维持等内容。此外,依据《民法典》第 285 条第 2 款的规定,物业服务企业或者其他管理人应当执行政府依法实施的应急处置措施和其他管理措施,积极配合开展相关工作。《民法典 · 物权编》第 285 条增加了物业服务企业或者其他管理人有“及时答复业主对物业服务情况提出的询问”的义务,加强对业主权利的保护与事后救济。[①]《建筑物区分所有权解释》第 13 条规定:“业主请求公布、查阅下列应当向业主公开的情况和资料的,人民法院应予支持:(一)建筑物及其附属设施的维修资金的筹集、使用情况;(二)管理规约、业主大会议事规则,以及业主大会或者业主委员会的决定及会议记录;(三)物业服务合同、共有部分的使用和收益情况;(四)建筑区划内规划用于停放汽车的车位、车库的处分情况;(五)其他应当向业主公开的情况和资料。”物业服务企业答复业主疑问,有利于充分保障物业服务的透明和业主的知情权,减少业主与物业服务企业的纠纷。

住宅小区建成后,业主们陆续迁入居住的,业主大会无法成立,只能由建设单位选聘的物业管理企业对建筑物及其附属设施进行管理。《民法典》第 284 条第 2 款规定,业主大会成立后,可以对建设单位选聘的物业管理企业予以更换,因为委托人对受托人有选择、更换权。部分物业管理企业对业主以不交纳物业费、供暖费为由,擅自停电、停水,侵犯业主的合法权益。因此,《民法典》扩大了业主的救济路径,第 287 条规定,业主对建设单位、物业服务企业或者其他管理人以及其他业主侵害自己合法权益的行为,有权请求其承担民事责任。如果物业服务企业侵害业主合法权益的行为属于物业服务合同的条款内容,可以适用《民法典》第 577 条,物业服务企业要承担违约责任,此时业主同时享有违约损害赔偿请求权和侵权损害赔偿请求权。

① 参见彭诚信:《〈民法典〉物权编的进步、局限与未来》,载《法制与社会发展》2020 年第 4 期。

第六章

相邻关系

第一节 相邻关系概述

一、相邻关系的概念和特征

相邻关系是不动产相邻关系的简称,它是指相邻接的不动产所有人或使用人在行使各自的合法权利时,因相邻各方应当给予便利和接受一定限制而发生的权利义务关系。也就说,相邻关系是指两个以上相邻不动产所有人或使用人,在行使占有、使用、收益、处分权利时因给对方提供必要便利而发生的权利义务关系。不动产相邻关系,从本质上讲是一方所有人或使用人的财产权利的延伸,同时又是对他方所有人或使用人的财产权利的限制。这种财产权利的合理延伸和必要限制,对于充分发挥财产的效用,促进社会经济的发展,稳定经济秩序,具有重要意义。我国《民法典·物权编》第二分编所有权第七章专门规定了相邻关系。

相邻关系具有以下几个特征:

第一,相邻关系的主体是两个或者两个以上不动产的所有权人、使用人。相邻人可以是自然人,也可以是法人;可以是财产所有人,如集体组织、房屋所有人,也可以是非所有人,如土地承包经营权人、建设用地使用权人、宅基地使用权人、承租人等。

第二,相邻关系基于不动产的相互毗邻关系而产生。例如,因房屋毗邻而产生了通风采光的相邻关系。相邻关系亦可基于特定的自然环境而产生,例如

A、B 两镇处于一条河流的上下毗连的两个地段,由此产生了 A、B 两镇因利用水流灌溉和水力资源的相邻关系。如果 A、B 两镇,一个在湖南,一个在西藏,自然不能产生相邻关系。

第三,相邻关系因其种类不同而具有不同的内容。但其内容基本上可分为两个方面,一是相邻一方有权要求他方提供必要的便利,他方应给予必要的便利。所谓必要的便利,是指非从相邻方得到便利,就不能正常行使其所有权或使用权。例如,从相邻的土地上通行,必须是在无道路可行之前提下,才能要求相邻人给予方便。二是相邻各方行使权利,不得损害他方的合法权益。例如,从相邻方的土地上通行,应尽量避免给对方造成损失;在相邻方已建有房屋之邻地上建房,不得影响相邻方的采光和通风。此为相邻关系的消极的不作为方面。

第四,相邻关系的客体并非不动产本身,主要是行使不动产权所体现的利益,既包括经济利益,也包括其他利益。对于相邻关系的客体,学理上历来有不同的看法。一种观点认为,相邻关系的客体是不动产本身;另一种观点认为,相邻关系的客体是行使不动产权利所体现的利益;还有一种观点认为,相邻关系的客体是相邻各方所实施的行为(作为或不作为)。我们认为,相邻关系的主体必须是相邻不动产的所有人或使用人,对不动产享有合法权益。因此相邻关系的客体是行使不动产权利所体现的利益。相邻关系的种类较为复杂,不同的相邻关系因其内容不同,权利和义务所指向的对象也不同。

第五,相邻关系具有物权从属性。相邻关系的存在主要是由于相邻不动产所有人或使用人对不动产拥有所有权或者其他物权。这些物权存在,相邻关系就存在,物权消灭,则自无相邻关系可言。

第六,相邻关系所涉及的权利义务内容,是由法律明确规定的。相邻一方为行使自己的权利,有权要求他方提供便利。法律保护相邻一方的这种权利,但其不得滥用该权利。

二、相邻关系的法律性质

相邻关系,从相邻关系权利方讲又称相邻权。从性质上说,相邻权并不是一种独立的物权,而是所有权的延伸。这种延伸一般包括一方要求另一方提供必要的便利。所谓提供必要便利是指非从相邻方获得此种便利,便无法行使其权利。相邻的一方获得此种便利以后使其权利得到延伸,也能够使其顺利行使自身权利,而相邻的另一方因提供此种便利使其权利受到限制。正如谢在全先生指出的:"各相邻不动产所有人,基于其所有权之权能对其不动产,本得自由用益或排除他人干涉,但各所有人如仅注重自己之权利,而不顾他人权利之需求时,必将导致相互利害之冲突,不仅使不动产均不能物尽其用,更有害于社会利益、国民经济……鉴于此,法律遂就相邻不动产所有权之行使为一定程度之介入与干涉,使不动产所有权之行使,负有一定消极不作为或积极作为之义务。就此而言,即为所有权内容之限制。"①而所有权的限制问题是利用的限制还是行使方式的限制都是所有权本身的问题,法律对所有权限制的问题,是所有权制度的重要组成部分。正是从该意义上说,相邻权仍然是所有权的组成部分,而不是独立物权。

三、相邻关系的立法模式

关于不动产利用关系的内容其普及面甚广,为调节不动产利用而生的相邻关系亦多种多样。参照各国民法典,这些内容在各国民法典中排编体例不尽相同。在法国法和德国法这两个不同的大陆法系国家的民法典中,对于在物权体系的框架内如何设计不动产相邻关系与地役权制度,有不同的模式,即德国法模式和法国法模式。

(1)德国法模式

这种模式主要以德国、瑞士以及日本等为代表。该模式的特点表现为:首先,在立法体系上,采取不动产相邻关系与地役权同时确认的方式。但是两者的侧重不同,在其规范中,不动产相邻关系主要从所有权限制的角度进行规定,故义务内容占主要部分。而有关地役权的规范,则主要是从权利的角度考察,重点放在权利主体、客体、设立地役权的目的等一般规则上。其次,在内容上,该模式将不可称量之物的侵入、有倒塌危险的建筑物、开掘、树根或树枝、逾界建筑、通道通行、地界争议、共用地界、通风、采光等内容作为不动产相邻关系中的问题加以考虑。而这些在法国法中均属于引起地役权的原因。最后,德国法强调地役权的取得是基于当事人直接的约定且经登记而产生。这与法国法规

① 参见谢在全:《民法物权论》(上册),中国政法大学出版社 1999 年版,第 171 ~ 172 页。

定的约定与法定均产生地役权的思路有着明显的不同。

(2)法国法模式

这种模式主要以法国、意大利等为代表。这种模式的特点在于:首先,在物权立法中,没有对不动产相邻关系作出规定,但是对地役权的问题则作出了详细而又系统化的规定。其次,将地役权产生的原因作出十分宽泛的规定。与规定不动产相邻关系的其他国家或地区立法不同,法国法将被其他国家认为是引起相邻关系的原因,规定为是引起地役权的原因,包括:自然位置、法律的直接规定和所有权人之间的约定。再次,突出强调地役权人同时负有义务。这点在因法律的直接规定而产生的地役权中表现得尤为明显。它强调:为公共利益、地区利益或个人利益而进行的修路、建筑或其他工程,是法律规定的所有权人之间应当承担的负担。最后,在地役权取得上,采取了登记要件主义,依登记证书而取得地役权。同时规定了时效取得地役权的制度,即依 30 年占有而取得地役权。

分析以上两种模式可知,德国法认为相邻关系是对不动产所有权的限制,是属于所有权的内容,而地役权是一种独立的用益物权,是一种他物权,此为两个完全不同的概念;而法国法则认为相邻关系被界定为依法定而生的一种地役权。由此,产生了关于相邻关系的性质(相邻权说、地役权说、所有权限制说)的争论。

第二节 处理相邻关系的原则

《民法典》第 288 条规定:“不动产的相邻权利人应当按照有利生产、方便生活、团结互助、公平合理的原则,正确处理相邻关系。”依据这一规定,在处理相邻关系时,应遵循如下原则。

一、依照法律、法规和习惯处理相邻关系

《民法典》第 289 条规定:“法律、法规对处理相邻关系有规定的,依照其规定;法律、法规没有规定的,可以按照当地习惯。”依据这一规定,如果法律、法规对相邻关系作出了明确的规定,则必须依据法律、法规的规定处理相邻关系。

例如,有关法规规定建筑工程施工等,必须采取安全保障措施。如果法律、法规没有明确规定的,可以依据习惯进行处理。习惯包括习俗和惯例,它们都是人们长期生活中形成并遵守的生活准则,可以调节人们之间的生产生活,因而可以用作处理相邻关系的规则。例如,《民法典·物权编》没有规定邻地果实的取回权,如果一方果树的果实坠落在邻人的土地上,究竟应当允许果树的所有人取回果实,还是应当由领地的权利人取得,从比较法的角度看,各国规定并不一样,这就要考虑习惯问题。如果当地习惯允许果树所有人取回,就应当允许其取回。[①] 同时,在发生相邻关系纠纷之后,如果找不到法律、法规的相关规定,可以适用习惯。例如,关于通行权的确定,在一方给予另一方提供通行的便利时,究竟如何通行,也要考虑习惯问题。[②]

二、有利于生产原则

相邻关系是人们对于相互毗邻的财产进行占有、使用、收益、处分而发生的权利义务关系,直接或间接地与生产有关系,有的甚至就是在生产过程中发生的。因此,能否正确处理相邻关系,会对生产的发展起到积极的或消极的影响。我们既要注意保护相邻各方的合法权益,又要遵循保护经济、促进生产发展的原则。

三、方便生活原则

相邻关系与人民群众的生活密切相关。当然,这种联系有时是直接的、有时则表现得相对间接一些,如通风、采光、共墙、区分所有等相邻关系就直接涉及人们的生活环境。因此,在确认和保护这方面的相邻关系时,就必须从便利群众生活这一原则出发,坚持以人为本的原则,充分考虑到相邻权利人健康正常生活的需要,对危害相邻人身体健康和正常生活的行为,必须禁止,以创造相邻人之间安全、舒适、和谐的生活环境。

---

① 参见全国人大常委会法制工作委员会民法室编:《中华人民共和国物权法条文说明、立法理由及相关规定》,北京大学出版社 2007 年版,第 136 页。

② 参见王利明主编:《民法》(上册),中国人民大学出版社 2020 年版,第 343 页。

四、团结互助原则

我国是具有优良民族传统的礼仪之邦，邻里和睦，人际关系融洽、社会秩序井然、稳定团结是我国作为社会主义国家精神风貌的重要体现。因此，我们在处理相邻关系时，要明确各方之间是一种平等的民事主体之间的权利义务关系，而且在指导思想上要把相邻关系视为社会主义国家公民之间、法人之间或相互之间的互相协作关系，人民法院在审理相邻关系纠纷案件时，在查明事实，分清是非的基础上，说服教育当事人要互谅互让，从团结互助的愿望和原则出发，尽可能协商调解创造和睦、融洽的人际关系。

五、公平合理原则

相邻权是相邻各方平等享有的权利，并且其权利与义务互相对应，因此在确认和保护相邻权时，也应兼顾各方利益，即不能只保护一方的便利而损害他方利益。因相邻权而受益的一方，应根据实际情况，对承担义务一方所受损害予以赔偿或适当补偿。

总而言之，在实际处理相邻关系的时候，应当综合平衡相邻各方面的权利和利益，总体考虑这五项原则的精神，结合相邻关系的历史和现状正确地处理。

第三节 相邻关系的种类

相邻关系的范围非常广泛，情况也很复杂，以下根据《民法典》的规定和实践，介绍六类常见的相邻关系。

一、相邻用水关系

相邻用水、排水关系是两种最常见的相邻关系，在我国农村地区截流、挖水沟、水塘、滴水引起的相邻用水、排水纠纷尤为突出。《民法典》第 290 条规定：“不动产权利人应当为相邻权利人用水、排水提供必要的便利。对自然流水的利用，应当在不动产的相邻权利人之间合理分配。对自然流水的排放，应当尊重自然流向。”该条实际上规定的是用水资源的利用所形成的相邻关系，包括两个方面：

一是因用水产生的相邻关系。水流可分为地表水与地下水两种。无论地表水还是地下水，水源地人均可自由使用。但不得因利用水流而妨害邻人的用水利益。也就是水源地的所有人或使用人不得垄断对水的使用权，应允许相邻各方使用，并不得因自己利用水流而致邻人用水利益受妨害。例如，在自己土地上掘井从而致使邻人井泉的水位下降甚至干涸的，即不在允许之列。对相邻各方都有权利用的自然流水，应当遵循其自然形成的流向，按照由近至远、由高至低的原则依次使用。任何一方都不得为自身利益而改变水路，截阻水流；水源不足时，高地段的相邻方不得独自控制水源，断绝低地段的用水；水源充盈时，低地占有人亦不得擅自筑坝堵截水流，使水倒流，影响高地占有人的排水。任何一方为自身利益擅自改变流向或堵截水源以至影响他方正常的生产、生活的，他方有请求排除妨碍、恢复原状和赔偿损失的权利。

二是因排水产生的相邻关系。水流的排放分为自然排放和人工排放，一般而言，高地占有人或使用人有向低地排水的权利，低地占有人或使用人有承受高地排水的义务。依排放之水的不同，所有人或使用人承受的义务也有所不同。由于水有就下的属性，因此自然排水，低地占有人或使用人须负容忍排水的义务，称为承受义务。与此相应，高地占有人或使用人享有排水权。此承受义务为不作为义务，如高地之水流至自己占有或使用之地而受阻碍时，低地之人不负疏通义务。低地占有人或使用人违反承受义务，或设置防堵水流的工作物时，高地占有人得请求损害赔偿或请求去除堵塞的工作物。低地占有人或使用人既然对自然流水不负疏通义务，则水流因故于低地阻塞时，高地占有人或使用人即有以自己的费用，而为必要疏通工事的权利，此在学说上称为高地占有人或使用人之疏通权。该疏通费用之负担，有习惯时，从其习惯。

人工排水场合的相邻关系与自然排水场合的相邻关系，不尽相同。土地占有人或利用人在进行人工排水时，原则上并无使用邻地的权利。土地占有人或土地利用人不得设置屋檐或其他工作物，使自己不动产上的雨水直注于相邻方的不动产上。但作为例外，各国法又同时有条件地承认人工排水时高地占有人或使用人有使水流通过低地的权利，如《日本民法典》第220条规定："高地所有人，为干涸其浸水地或排泄家用、农工业用的余水至公共道路、公共水流及下水道，可以使水通过低地。"此外，《意大利民法典》第609条及第610条对此均有明文规定。从我国《民法典》第290条“不动产权利人应当为相邻权利人用水、排水提供必要的便利”的规定来看,其排水并未指明为人工排水还是自然排水,从文义上解释,应认为无论是人工排水还是自然排水,不动产权利人都有提供必须便利的义务。

二、相邻通行关系

相邻通行关系又称“必要通行权”,日本民法称为“围绕地通行权”,《瑞士民法典》称为“必要通路权”。对此,我国《民法典》第291条规定:“不动产权利人对相邻权利人因通行等必须利用其土地的,应当提供必要的便利。”本条是基于现实需要在不动产权利人的土地使用权上设定一项辅助义务,从而限制其权利的行使。关于相邻通行关系,需注意如下内容:

1. 相邻通行关系必须以确有必要为前提条件。也就是说,只有在相邻一方的土地或房屋由于自然或其他原因的限制,而处于相邻地一方所有或使用的土地或房屋包围之中,致使其不通过他方土地或者房屋就不能通行的情况下,相邻方才可以主张并行使“相邻通行权”。如果除经由该土地或房屋通行外,尚有公共通道或其他通道可以通行,则相邻方一般无权主张“通行权”。

2. 主张相邻通行权的一方应当选择经相邻他方造成损失最小的通行路线、通行方法,并且对所造成的他人损失予以适当补偿。

关于相邻通道,对于历史上形成的必经通道,除政府部门统一规划外,不动产权利人不得以自己享有所有权或使用权为由而予以堵塞或独占,妨碍相邻他方的生产、生活。但是如果有条件另开通道,也可以另开通道。对所谓“形成的必经通道”,应当根据主张相邻权的人使用该通道的时间长短,有无可供替代的其他通道以及该通道对使用人生产、生活便利的影响等,结合相邻关系的实际情况加以认定。

三、邻地施工关系

邻地施工关系,指不动产权利人在疆界或其近旁营造或修缮建筑物以及铺设电线、电缆、水管、暖气和燃气管线等而有使用邻地必要时,邻地权利人负有容忍该人使用其土地的义务。

因临时修建施工引起的相邻关系,在社会实践中大量存在,由此引起的相邻纠纷也较为常见。为解决此类纠纷,《民法典》第292条规定:"不动产权利人因建造、修缮建筑物以及铺设电线、电缆、水管、暖气和燃气管线等必须利用相邻土地、建筑物的,该土地、建筑物的权利人应当提供必要的便利。"根据该规定,因修缮房屋、建筑施工、铺设管线等引起的相邻关系有两个特点:一是"临时利用",二是"必须利用",即通常只有具备以下要件,土地权利人对于邻人土地或建筑物方有邻地使用权:(1)须于土地疆界或近旁修缮建筑物。(2)须有使用邻人土地之必要。即如果不使用邻地,则建造、修缮建筑物的工作将不能完成。但不动产权利人建造建筑物、铺设管线以及安装设备等,不得危及相邻不动产的安全,并应当尽量避免对相邻的不动产权利人造成损害;造成损害的,应当给予赔偿。《民法典》第292条规定的使用邻地包括两种情形:一是因建造、修缮建筑物而临时使用邻地;二是在邻地上安设管线。

四、相邻通风、采光和日照关系

自然通风、采光和日照对于不动产权利人的生产生活具有重要意义,对不动产权利人的生产、生活乃至于基本的身体健康有着重要影响。随着城市化的发展,因建筑物的通风、采光和日照问题引发的矛盾越来越多,因此,《民法典》第293条对相邻不动产权利人之间关于通风、采光和日照的内容作了规定。依据该条规定,建造建筑物,不得违反国家有关工程建设标准,不得妨碍相邻建筑物的通风、采光和日照。通风、采光和日照不仅是维持人们基本生产生活的要求,也是最低限度的生活条件,这也是某种程度上涉及个人尊严的维护。通风,采光和日照相邻关系包括如下内容:

第一,不动产权利人建造建筑物是否妨碍相邻建筑物的通风、采光和日照相邻权的,以是否违反国家有关工程建设标准为主要判断依据。关于妨碍相邻建筑物的通风、采光和日照达到何种程度,被害人始可请求排除侵害及损害赔偿,妨害的构成要件是一个核心问题。我国《民法典》实质上确立了以国家有关工程建设标准的内容为主要的判断标准,也就是说,如果建造建筑物符合国家建设标准,即使对邻地不动产权利人的通风、采光和日照造成了一定程度的妨碍,邻地不动产权利人也有容忍的义务。当然这不是绝对的,在某些情况下,也可能存在建筑物符合国家有关工程建设的标准,但是却使不动产相邻权利人的日照、通风和采光受到严重侵害,超出一般人能够容忍的程度,构成对相邻不动产权利人享有日照权、通风权和采光权的损害，这应当结合具体的案情由法官自由裁量。

我国的一些相关建筑规范中，对于相邻建筑物之间的通风、采光和日照等作了规定，比较有代表性的如住房和城乡建设部发布的《城市居住区规划设计标准》，对城市居住区建筑物的间距、采光、日照等方面提出了基本要求，如该标准 4.0.9 在对住宅建筑间距作出一般规定的同时，还对特定情况作出规定。审判实践中，以国家有关建筑规范作为判断是否妨碍相邻建筑物通风采光和日照的依据，是长期以来普遍遵循的方法。在不违反国家规范的前提下，建筑物所在地的地方性规范更贴近个案的具体情况，也是案件审理中的重要参考。①

第二，对通风、采光和日照相邻权妨害的救济方式，一般包括事前救济与事后救济。事前救济，指通过国家行政机关，对建筑工事加以监督以防通风、采光和日照问题发生，具体措施为加强建筑物的高度限制以及限制与邻地建筑物的距离等；事后救济，指相邻权受到侵害时，受害人以民事诉讼的方法请求排除侵害或请求停止进行工事，具体包括请求除去侵害、请求禁止侵害及请求损害赔偿三种。

五、相邻不可量物侵害关系

经济发展在促成社会飞速进步发展的同时，因工商业活动所生噪音、煤烟、粉尘、震动、臭气及放射性物质等不可量物，给不动产的所有人或利用人以极大的不利益，工商业活动场所的周遭环境往往遭到严重破坏。在这种情势下，大陆法系多数都把“不可量物物质侵入”的禁止性规定作为相邻关系一章的重要内容，在民法中对土地相邻中不可量物侵害进行了规制，以调整一般生活活动及无须经许可而从事营业活动所生的不可量物侵入问题。《德国民法典》第906 条称为“不可量物的侵入”，该条规定在干涉不侵害或者较轻微损害土地使用的范围内，不可量物侵害不得禁止，在“按当地通行的使用方法使用他人土地引起重大损害，而且不是采取此种使用者在经济上渴望获得的措施所能阻止的范围”亦不得禁止，但可以“要求适当的金钱赔偿”。据此，《德国民法典》关于

① 参见最高人民法院民法典贯彻实施工作领导小组主编：《中华人民共和国民法典物权编理解与适用》（上），人民法院出版社 2020 年版，第 463 页。

不可量物侵害的唯一实质性要件是“侵害的过度性”，各国基本上或者很大程度上也都以侵害的“异常性”作为不可量物侵害成立的唯一实质要件，并将其与相邻不动产权利人的“通常忍受限度”联系起来，一方面承认相邻人具有忍受义务，另一方面规定加害方的行为超过相邻人的通常忍受限度时，受害方有权要求排除妨害、停止侵害或者赔偿损害。

我国《民法典》没有采用“不可量物”的称呼，使用了“有害物质”这一名词，从外延来分析，《民法典》规定的“有害物质”范围要比《德国民法典》中的“不可量物”的范围更广，不可量物是微小的、无体的、不可见的、难以用常规计量方式衡量其程度的物质，如气体、粉尘、噪音、震动、电波、辐射等类似的难以计量的物质。而《民法典》第294条中规定的有害物质不仅包括煤气、臭气、烟雾、煤烟、燥热、噪音、震动以及类似的不可计量的物质。

是否构成对相邻不动产权利人侵害是不可量物侵害制度中最核心的问题。我国《民法典》没有明确指出构成有害物质侵害的判断标准，但从其表述来看，我们认为，判断不动产权利人的弃置或排放行为是否构成对相邻权的侵害，应当将加害者权利利用的适法性和受害者的受损害程度两方面相结合进行判断。首先，应当考虑不动产权利人弃置或者排放行为是否违反了国家的有关规定。但是是否违反国家规定不能作为判断是否构成侵害相邻权的唯一或主要标准，尤其是在我国对于一些物质的排放标准尚不齐备的情况下。法官还应当考虑受害者受损害的程度，即加害人的弃置或排放行为是否对相邻不动产权利人造成过度的、超出了以相邻关系为基础的通常忍受义务的损害。如果其侵害是轻微的，则相邻不动产权利人有容忍的义务，不得禁止该排放或弃置行为。

要注意有害物质的侵害与环境污染侵权之间的区别和联系。有害物质的侵害是环境污染的一种形式，两者致害载体相同，当有害物质侵害造成较为广泛影响，并对环境产生污染时，两者会产生请求权竞合的情况。然而，两者还是存在明显的区别：第一，有害物质的侵害与环境污染侵害请求权的依据不同，前者系由纯粹私法性质的民法所调整，后者在污染标准、救济方法等方面则由兼具公法、私法性质的环境保护法律及国家关于防止污染、保护环境等方面的有关法律、法规来加以规范。第二，有害物质的侵害就其侵害事实、侵害结果、因果关系等一般均由受害人举证，而环境污染侵害由于其对公益的损害程度大，其一般对加害方分配更重的举证责任，如《民法典》第1230条规定，“因污染环境、破坏生态发生纠纷，行为人应当就法律规定的不承担责任或者减轻责任的情形及其行为与损害之间不存在因果关系承担举证责任”。第三，因环境污染侵权适用无过错责任原则，污染者是否违法被明确排除在环境侵权构成要件之外。而本条规定的排放行为构成相邻污染妨害需要“违反国家规定”，将违法性要件作为相邻不动产权利人承担责任的构成要件，基于此，正确区分本条和环境污染侵权，对于受害人能否获得救济意义重大。参考域外立法并从最大限度保护人民群众生命健康的考虑出发，我们倾向于本条规定的情形应当限于因相邻不动产的个人或者家庭生活排放污染物，在此情形下，是否合规排放应系认定污染者是否承担民事责任的构成要件之一。因个人或者家庭生活之外的相邻不动产权利人实施的环境侵权行为，包括法人、非法人组织以及自然人在生产经营过程中排放污染物对他人人身或者财产权益造成损害的，不适用本条规定，而应适用《民法典・侵权责任编》关于环境污染侵权的相关规定，即是否合规排放并非认定污染者应否承担民事责任的构成要件，污染者以排污符合国家或者地方污染物排放标准为由主张不承担责任的，人民法院不予支持。

六、相邻防险关系

相邻防险关系是指一方不动产权利人负有不得在其不动产上做出损害相邻不动产安全的行为的义务，相应地，相邻他方不动产权利人享有得请求其不为一定行为或采取一定防范措施的权利。之所以规定相邻防险关系，其出发点是基于社会近距离的接触而产生的“照顾义务”。相邻不动产之间的客观地理状况决定了相邻不动产权利人之间与社会一般人之间的关系应有所不同。相邻不动产权利人长期处于一种相互接触、互相信赖的状态之中，已经形成了一个不可分割的利害共同体关系。双方必须尽最大的注意去维持好这种共同体关系，因为这种共同体关系一旦被破坏，双方彼此交恶，受损害的不是一方，而是双方。法律自然不能忽视这种关系，故使相邻各方负有一定的注意义务。这种“注意义务”体现在相邻防险关系上就是：相邻各方负有一定的“不作为”义务，即不得采取损害相邻不动产安全的行为。《民法典》第 295 条规定：“不动产权利人挖掘土地、建造建筑物、铺设管线以及安装设备等，不得危及相邻不动产的安全。”根据该条内容，不动产相邻防险关系包括以下内容：

第一，《民法典》列举了几种典型的相邻防险关系，如不动产权利人挖掘土地时，不得危及相邻土地的地基安全，使其发生动摇或动摇之危险，致使相邻土地上的建筑物受有损害或损害之虞；不动产权利人埋设水管线路等时，要注意预防土沙崩塌、水或污水渗漏到相邻不动产等。相邻防险关系并不限于《民法典》所列举的几种类型，在实务操作中应当注意从相邻不动产权利人负有的“注意义务”出发，判断是否存在相邻防险关系。

第二，法律规定的不动产权利人负有的此种不得作出危害相邻不动产安全的义务是强制性法定义务，违反此不作为义务时，构成对相邻不动产所有权的侵害，应当承担侵权责任。但对于此种侵权行为的性质究竟是一般侵权还是特殊侵权，我国现行立法没有规定。从各国民法典规定看，相邻防险关系大多实行特殊侵权责任，即无过错责任或过失推定责任。

第七章

用益物权概述

第一节 用益物权的概念和功能

一、用益物权的定义

用益物权(Nutzungsrechte)是指用益物权人对他人所有的不动产或者动产,依法享有的占有、使用和收益的权利。该概念最早来自罗马法,盖尤斯(Gaius)将收益权(ususfructus)作为一种重要民事权利收录在《法学阶梯》(Institution)中,中世纪的注释法学家使用用益物权的概念对其进行诠释,德国海德堡大学海瑟教授在《普通民法体系大纲——学说汇纂讲课任务》中将用益物权的概念引入第二编物权法中,18 世纪以后欧洲各国先后接受了这一概念和制度。① 虽然各国普遍存在用益物权制度,但用益物权的概念还存在学理讨论中,大多数国家的物权法或者民法典并没有对其进行明确的界定。我国 2002 年的《物权法草案(征求意见稿)》未对用益物权进行定义;2005 年 7 月的《物权法草案》第 123 条将用益物权定义为“对他人所有的不动产,享有占有、使用和收益的权利”。2005 年 10 月《物权法草案(修改稿)》第 122 条则改为“对他人所有的不动产或者动产,享有占有、使用和收益的权利”。直至审议通过的原《物权法》第 117 条规定,“用益物权人对他人所有的不动产或者动产,依法享有占有、使用和收益的权利”。在起草《民法典草案》的过程中,有学者主张应当对

① 参见王利明:《物权法研究》(第 4 版),中国人民大学出版社 2016 年版,第 757 ~ 758 页。

原《物权法》第117条进行审视和检讨，并分别从规定用益物权定义的必要性、定义中应否规定客体范围和用益物权的客体应否包含动产三个方面对原《物权法》第117条提出了修改意见。[①]《民法典》第323条仿照了所有权的界定模式，规定了用益物权的基本内容，延续了原《物权法》第117条的规定，“用益物权人对他人所有的不动产或者动产，依法享有占有、使用和收益的权利”。可以说原《物权法》第117条将用益物权的概念从学理的讨论中正式纳入了司法实践，作为一种立法创新不仅完善了我国物权法的体系，更为后来用益物权的发展（我国《民法典》新增了居住权）奠定了基础。需要注意的是用益物权不是一种物权的概念，而是一组物权的集合称谓。

二、用益物权的特征

与所有权、担保物权等物权相比，用益物权具有以下特征。

1. 用益物权是一种他物权、定限物权

根据《民法典》第323条，用益物权是权利人在他人所有的不动产或者动产上享有的权利，所有权人在其所有的不动产上设定用益物权后便形成对自己的约束，不得再直接对物的使用价值加以支配。值得注意的是，这里的“他人所有”如何理解？曾有观点认为必须是所有权人才可以根据法律规定或约定设定用益物权。[②] 但在我国土地公有的前提下，用益物权的客体完全可能是他人并不享有所有权的土地，例如相邻两块建设用地使用权人之间为避免相互遮挡视野，可以约定均不建造高于一定高度的建筑，双方均非所有权人，但同样可以互相设定地役权。实际上，《民法典》第372条规定可以在他人享有使用权的土地上设定用益物权，该条中使用了“他人的不动产”和“自己的不动产”的表述，而非“他人所有的不动产”和“自己所有的不动产”，这就意味着“他人的不动产”和“自己的不动产”不仅仅是自己或他人所有的不动产，可以是享有所有权的不动产，也可以是享有使用权的不动产，从而也就表明在他人享有使用权的不动产上可以设定地役权。[③] 因此，应将“他人所有”扩大理解为“他人享有使用

① 参见温世扬：《从〈物权法〉到“物权编”——我国用益物权制度的完善》，载《法律科学（西北政法大学学报）》2018年第6期。

② 参见梁慧星主编：《中国物权法研究》（下册），法律出版社1998年版，第582页。

③ 参见房绍坤：《民法典物权编用益物权的立法建议》，载《清华法学》2018年第2期。

权”，也就意味着可以在他人所有之物上设定用益物权，属于他物权。

此外，以对标的物的支配范围为标准可以将物权划分为完全物权与定限物权两种。所有权作为最完整的物权，权利人可永久的在法律允许的范围内充分行使其对物的占有、使用和收益等权能，因此属完全物权。而定限物权的权利人对物的占有、使用、收益只能局限在一定范围内。用益物权人可以行使占有、使用或者收益权能，但不能利用其交换价值，权能不完整，因此属定限物权。[①]

2. 用益物权的核心在于使用和收益

一般来说，用益物权以占有为成立要件。[②] 但并非所有类型的用益物权均需对标的物进行实体支配，如眺望地役权的权利人只需要义务人在供役地上不从事遮挡权利人视野的行为即可，占有对于地役权人而言并不具有意义。

用益物权的核心在于“用益”，具体而言包括使用和收益两方面。一方面，用益物权包括对物的使用、收益。具体的使用、收益方式视情况而定，权利人可以是对物本身单纯的使用或收益，也可以基于使用而获得收益。另一方面，用益物权一般不包括对物的处分权，权利人不能对标的物进行处分，但其享有对用益物权本身的处分权。如建设用地使用权人将其享有的权利抵押，甚至可以将其转让。对用益物权的处分或者流转有利于社会资源的良性流动，促进经济社会的发展，但该处分必须在法律允许的范围内。此外对用益物权的内容是否应当兼具“使用”和“收益”两项内容或目的有不同看法。[③] 从比较法来看，各国经济环境、民族历史等存在较大差异，用益物权的种类各异，因此用益物权的内容也存在较大差异。用益物权在德国民法上就是使用权的含义。[④] 而在日本民法上则是一种被限制了支配权的物权。[⑤] 但实际上将用益物权的内容概括为使用和收益是有失准确的，用益物权既可以是单纯的使用，如居住权人只能对房屋进行占有和使用，原则上不能将房屋出租进行收益。同时用益物权也可以是

---

① 参见李锡鹤：《物权稿论》，中国政法大学出版社 2016 年版，第 403 页。

② 参见房绍坤、丁海湖、张洪伟：《用益物权三论》，载《中国法学》1996 年第 2 期；温世扬、廖焕国：《物权法通论》，人民法院出版社 2005 年版，第 394 页；陈华彬：《物权法论》，中国政法大学出版社 2018 年版，第 450 页。

③ 参见江平主编：《民法学》，中国政法大学出版社 2000 年版，第 395 页；屈茂辉：《用益物权论》，湖南出版社 1999 年版，第 5 页。

④ 参见孙宪忠：《德国当代物权法》，法律出版社 1997 年版，第 30 页。

⑤ 参见［日］近江幸治：《民法讲义Ⅱ·物权法》，王茵译，北京大学出版社 2006 年版，第 259 页。

基于使用而获得收益,如建设用地使用权人使用建设用地合法建造房屋并出售而获得收益。因此用益物权的核心为使用、收益,但其内容并不需同时具备使用和收益。

3. 用益物权的对象为不动产

物权的客体既包括动产也包括不动产,两者均可以成为所有权和担保物权的客体,然而因风俗习惯的不同,导致不同国家用益物权的客体范围存在差别。日本将用益物权客体范围严格限制为不动产。[①] 而法国、德国、意大利等则将用益物权的客体界定为动产、不动产。[②] 在我国《民法典》出台之前,学者曾对用益物权的客体进行过讨论,针对是否应承认动产为用益物权的客体,形成了"肯定论"、"否定论"和"折中论"三种观点。"肯定论"认为应主要以不动产作为用益物权的客体,同时也允许动产作为客体,动产作为用益物权客体不但有比较法上的借鉴,也有现实意义。[③] "否定论"认为用益物权的客体仅为不动产,将动产作为用益物权的客体导致一般规定与具体权利、具体权利与物权法定之间存在逻辑冲突,既不符合现实需求,也不符合物权的发展趋势。[④] 因此应当将原《物权法》第117条中的"动产"删除后移植到《民法典》中[⑤],将动产的利用留给债法处理[⑥]。"折中论"认为将动产作为用益物权的客体不符合物权法定的原则,但是考虑到经济社会的发展,这一规定可以为将来动产用益物权的出现提供法律依据。[⑦]

物权法定为物权法的基本原则,我国《民法典》第116条,"物权的种类和内容,由法律规定"。因此用益物权的范围也必须由法律明文规定。《民法典》第323条规定用益物权人对他人所有的不动产或者动产,依法享有占有、使用和收益的权利。但考察《民法典》的具体规定会发现,所有的用益物权的客体均指向

---

① 参见房绍坤:《论用益物权的法律属性》,载《现代法学》2003年第6期。

② 参见房绍坤:《民法典物权编用益物权的立法建议》,载《清华法学》2018年第2期。

③ 参见梁慧星主编:《民法学原理:物权法原理》,国家行政学院出版社1998年版,第498页;李康宁:《用益物权客体范围的三维考察——兼评我国〈物权法〉第117条》,载《法学论坛》2012年第1期。

④ 参见陈华彬:《我国民法典物权编立法研究》,载《政法论坛》2017年第5期。

⑤ 参见陈华彬:《论编纂民法典物权编对〈物权法〉的修改与完善》,载《法治研究》2016年第6期。

⑥ 参见李康宁:《用益物权客体范围的三维考察——兼评我国〈物权法〉第117条》,载《法学论坛》2012年第1期。

⑦ 参见崔建远:《物权法》,中国人民大学出版社2009年版。

了不动产，并不存在以动产为客体的用益物权类型。因此有学者认为，原《物权法》第117条（《民法典》第323条）“表面上看是拓展了用益物权客体的范围，实质上却违反物权法法理，这样的规定不仅缺乏理论支撑和实践依据，而且经不起比较法上的印证，必然造成理解上的歧义和适用上的困惑”[①]。基于此，有学者指出，若想解决这种体系上的自相矛盾，要么采用缓和的物权法定主义，承认有的用益物权可以动产为客体；要么奉行严格的物权法定，仅将不动产作为用益物权的客体。[②] 从传统上来看，不动产具有固定性、永久性、非消耗性，具有较大价值，在其上设定稳定的使用权并不会对其造成过多的价值减损。特别对于极为稀缺的土地资源，为提高其利用效率非常有必要在其上设定用益物权。[③]然而动产与不动产恰恰相反，其具有流动性、可代替、可消耗和暂时性的特点，对于动产的利用完全可以通过购买、借用或者租赁的方式来实现，而非一定采用用益物权的形式进行利用。

但是用前瞻性的角度来看，将动产作为用益物权的客体可为将来动产用益物权的出现提供法律基础。有观点认为，原《物权法》第117条将动产纳入用益物权的客体范围确实有失妥当，但从积极方面来看，“当社会生活中出现以动产为客体的以用益为内容的权利需要具有物权效力时，若承认其为物权为最佳方案且已形成习惯的，则应当认可其为用益物权，而认可的根据就是原《物权法》第117条的规定”[④]。也有观点认为，“将用益物权的客体扩大到动产，最主要目的在于从物权法宏观体系上纳入大量的准物权，就是将作为动产用益物权的探矿权、采矿权、取水权、渔业权纳入物权法的规制范围”[⑤]。前一种观点是从发展的角度看问题，而后一种观点试图通过准物权解释动产作为用益物权的客体问题，有失偏颇。因为很难将探矿权、采矿权、取水权、渔业权的客体定义为动产，探矿权和采矿权的客体为特定的矿区，登记的权利人可以在此区域范围内进行

① 李康宁：《用益物权客体范围的三维考察——兼评我国〈物权法〉第117条》，载《法学论坛》2012年第1期。

② 参见崔建远：《民法分则物权编立法研究》，载《中国法学》2017年第2期。

③ 参见全国人大常委会法制工作委员会民法室主编：《中华人民共和国物权法条文说明、立法理由及相关规定》，北京大学出版社2007年版，第212页。

④ 崔建远：《物权法》（第4版），中国人民大学出版社2017年版，第255～256页。

⑤ 朱岩、高圣平、陈鑫：《中国物权法评注》，北京大学出版社2007年版，第370页。

探矿采矿活动。[①] 取水权的客体为水资源,虽然行使取水权的目的在于获得动产,但很难将水资源界定为动产。[②]

实际上,《民法典》第323条完全沿用了原《物权法》第117条的规定,《民法典·物权编》规定的五种典型用益物权同样是以不动产作为客体,根本原因在于《民法典·物权编》中规定的用益物权为最常见且典型的用益物权,随着科技的不断进步和金融制度的不断创新,动产的价值在不断增大。《民法典》第323条的规定为特别法以及未来立法中设定新种类的用益物权类型预留了空间[③],为用益物权的发展提供了可能。

4. 用益物权主要以《民法典》为依据,但也可以特别法为依据

纵观世界各国典型的用益物权皆为民法上的用益物权,如永佃权、典权、居住权、地上权等,同样我国《民法典》也将最典型的用益物权纳入其中,如居住权、建设用地使用权、土地承包经营权、宅基地使用权和地役权。此外,如前所述,在《民法典》之外,很多特别法同样规定了种类众多的准用益物权,如捕捞权、探矿权、采矿权、狩猎权、取水权等。这些权利相较于典型用益物权而言,在主体、客体、取得方式、权利内容方面等存在特殊性,因此在适用法律时应优先适用特别法,在特别法无相应规定时才能够适用《民法典》。

三、用益物权的功能

1. 用益物权是实现公有制与市场经济有效结合的最佳途径

在私有制国家中,大多数社会资源归私人所有,因此只要强调私有财产神圣不可侵犯和契约自由即可充分实现物尽其用的原则。在我国公有制为主体的情况下,不仅要坚持公有制的主体地位,同时还要发展市场经济,用益物权则成为兼顾二者的最佳纽带。根据《宪法》的规定,土地资源属于国家或集体所有,不得进行买卖,土地资源无法通过交易所有权的方式进入市场。但借助用益物权制度,在不变更土地所有权的前提下,通过建设用地使用权等制度,使土地的使用权在市场中流转,有利于国家或者集体以外的主体对土地资源进行充

---

① 参见房绍坤主编:《矿业权法律制度研究》,中国法制出版社2013年版,第41~44页。

② 参见房绍坤:《物权法用益物权编》,中国人民大学出版社2007年版,第345~346页。

③ 参见王利明:《物权法研究》(第4版),中国人民大学出版社2016年版,第762页。

分的利用。因此强调用益物权在物权法中的作用在我国具有特殊意义。[①]

2. 用益物权制度能够促进社会资源有效利用

首先,用益物权扩大了所有权的实现方式。所有权人对其所有的物享有绝对的最完整的权利,但并不一定能够将物的效益发挥到最大,通过设定用益物权,不仅可以实现所有权人的收益,且在我国土地公有制的背景下,能够将土地的效益发挥到最大。

其次,用益物权实现了物尽其用。不动产资源的稀缺性决定了不可能所有人都拥有不动产,为了平衡需求与供给之间的矛盾,必须有一种合适的制度以使得社会资源得到有效利用。用益物权制度的目的便在于此,将不动产所有权人和用益物权人的权利义务固定下来,明确所有权与用益物权之间的关系,从而满足非所有权人对他人不动产进行使用、收益的需求,进一步促进不动产所有与利用关系的协调发展。

最后,用益物权发挥了物的使用价值。用益物权作为一种独立的物权,具有可转让性,因此可以在市场的调节下实现资源的最优化配置。同时,在同一客体上可以设立多个互不冲突的用益物权,同样可将物的使用价值发挥到最大。[②]

3. 用益物权制度能够维护社会资源有序利用

首先,用益物权制度平衡了所有权人与用益物权人之间的权利义务。用益物权并非单方面的维护用益物权人的权利,它在保障用益物权人权利的同时兼顾了所有权人的权利,实现了两者的平衡,有利于社会资源的有序利用。

其次,用益物权制度固定了所有权人与用益物权人之间的权利义务。物权法定是物权的基本原则,无论是所有权还是用益物权,权利义务都是由法律明文规定的,当事人不得协议变更。因此通过用益物权制度减少了合同协商过程中双方因地位、实力差距等因素带来的不公平。此外还减少了合同磋商的环节,节约了交易成本,同时双方还可以保持相当稳固的关系。

再次,用益物权制度保障了所有权人与用益物权人的合法权益。用益物权的取得、变更一般需要通过登记的方式予以公示,一方面保护权利人的合法权

---

① 参见梅夏英、高圣平:《物权法教程》,中国人民大学出版社 2007 年版,第 201 页。

② 参见王利明主编:《民法》(上册),中国人民大学出版社 2020 年版,第 371 页。

益,另一方面维护交易安全。此外,通过登记的形式也有利于国家及时掌握土地的使用情况,以维护资源的有序利用。

最后,用益物权制度在一定程度上促进了社会经济的可持续发展。用益物权在赋予权利人权利的同时,也要求权利人承担一些义务,对于资源的开发、利用和持续发展具有重大意义。①

4. 用益物权制度有利于自然资源的保护与合理利用

随着社会的发展,对资源的需求日益增长,而土地等稀缺性资源则越来越少,在一个物上能够设立的物权形态越多,越能够满足人们增长的物质需求,促进对物的充分利用,而用益物权作为直接利用土地资源的权利,与资源的合理利用与开发存在密切联系。② 为了避免出现"公地悲剧"现象,现代物权法越来越重视对生态环境的保护。③ 为确保在利用自然资源的过程中能够协调个人利益与公共利益,必须通过权利配置来平衡这种利益关系。我国《民法典》十分重视对生态的保护,不仅将绿色原则作为基本原则之一,还在第 326 条规定,用益物权人行使权利,应当遵守法律有关保护和合理开发利用资源、保护生态环境的规定。

第二节　用益物权的内容

一、用益物权人的权利

1. 占有权

用益物权人获得用益物权的目的在于实现对物的使用和收益,而实现该目的的必要前提是占有标的物。如宅基地使用权人为建造住宅及其附属设施必须占有宅基地。但并非所有用益物权均需通过占有进行使用和收益,如前所述,远眺地役权则不需要实际占有标的物。

2. 使用权和收益权

用益物权顾名思义以使用和收益为核心。法律上的"使用"指的是按照物

---

① 参见王利明主编:《民法》(上册),中国人民大学出版社 2020 年版,第 371 ~ 372 页。

② 参见王利明:《物权法研究》(第 4 版),中国人民大学出版社 2016 年版,第 765 页。

③ 参见吕忠梅:《关于物权法的"绿色"思考》,载《中国法学》2000 年第 5 期。

的自然属性、法定用途或约定的方式，为特定目的对物进行实际上的利用。[①] 用益物权人依照法律规定或合同约定方式对标的物进行使用，以获得相应的利益。用益物权人使用的同时获得收益是用益物权设立的目的和初衷，取得收益的方式如下：一是通过利用财产获取收益，如取得建设用地使用权后建造楼盘获取利润；二是获取天然孳息，如收取土地上的农作物；三是获得法定孳息，如房屋所有人出租房屋以获取收益。

3. 排除他人干涉的权利

用益物权作为独立的物权，具有排他性和对世性，因此当然可以排除他人的干涉。同时《民法典》第 326 条规定，所有权人不得干涉用益物权人行使权利。用益物权虽来自所有权，但作为一项独立的物权，其价值以对物的实现利用为基础，与所有权所追求的利益存在差异，显然独立于所有权。因此在对物进行利用的过程中，所有权人负有不得干预的义务。与此同时，用益物权人在利用不动产过程中不得损害所有权人的权益。

4. 处分权

这里的处分权不是对标的物的处分，而是对用益物权本身进行的处分。为了将土地的利用效率发挥到最大，法律允许权利人在一定范围内处分其权利，如将建设用地使用权转让等。

5. 被征收后获得补偿的权利

用益物权作为一项独立的物权，收益是其最主要的权能，土地征收等原因导致用益物权灭失的，用益物权人使用和收益的权利被剥夺，因此在土地被征收后，用益物权人有权获得补偿。《民法典》第 327 条规定："因不动产或者动产被征收、征用致使用益物权消灭或者影响用益物权行使的，用益物权人有权依据本法第二百四十三条、第二百四十五条的规定获得相应补偿。"

二、用益物权人的义务

1. 合理开发自然资源、保护生态环境的义务

《民法典》第 9 条规定，民事主体从事民事活动，应当有利于节约资源、保护

---

① 参见最高人民法院民法典贯彻实施工作领导小组主编：《中华人民共和国民法典物权编理解与适用》(下)，人民法院出版社 2020 年版，第 600 页。

生态环境。这一条被称为“绿色原则”，贯穿《民法典》始终，对各分编的各项制度具有统领作用，因此在用益物权人行使权利时，应当遵守法律有关保护生态环境的规定。《民法典》第 326 条规定，用益物权人行使权利，应当遵守法律有关保护和合理开发利用资源、保护生态环境的规定。这是“绿色原则”在用益物权部分的具体体现。土地等自然资源具有稀缺性和不可再生性，必须在充分发挥物的效用的同时，要求权利人进行合理开发。

2. 以约定的方式行使权利

用益物权大都通过合同的方式设立，在合同中会对双方的权利义务进行详尽的规定，以填补法律在细节规定上留下的自治空间。因此权利人在使用他人不动产的过程中，除了要严格按照法律规定以外，必须以合同约定的方式方法行使权利、履行义务，不得滥用权利而对他人的不动产造成损害或对他人行使权利造成障碍。如法律未具体规定通行地役权的行使方式，但双方在合同中明确约定只可以步行的方式通行，权利人在行使通行地役权时便只能步行通过供役地，而不能在供役地上驾驶机动车。

3. 按约定支付价款的义务

根据《民法典》第 325 条的规定，用益物权通常是有偿的，且在设立用益物权的合同中也会存在相关的条款，因此用益物权人应当根据合同约定及时足额支付价款。如通过出让方式获得建设用地使用权的，应当按照约定支付土地出让金。该义务正是区分地役权与相邻关系的重要参考因素之一，需役地的权利人为了提高不动产的效益而利用供役地，多数情况下需要支付对价，而相邻关系仅仅为了满足彼此最低限度的利用，是法定的义务，无须支付价款。

4. 返还标的物并恢复原状的义务

用益物权的客体为不动产，权利人在使用、收益后通常不会造成太大的减损，在用益物权因期限届满或基于法定原因归于消灭时，用益物权人负有返还标的物的义务，并需恢复原状。若无法按期恢复原状后归还，则需要承担相应的损害赔偿责任。① 或者返还同种类、同数量、同品质的物，或根据市场价值返还价金。② 如居住权期限届满后，居住权人有义务将房屋恢复至取

① 参见房绍坤：《物权法用益物权编》，中国人民大学出版社 2007 年版，第 34 页。

② 参见王利明主编：《民法》（上册），中国人民大学出版社 2020 年版，第 374 页。

得居住权时房屋的状态，但对房屋合理使用造成的磨损或当事人另有约定的除外。

第三节　用益物权与相关权利的关系

一、用益物权与所有权

所有权和用益物权分别为《民法典》所规定的物权类型，所有权是用益物权产生的基础，用益物权是支配他人之物的权利，因此与他人之物的所有权天然存在联系。同一标的物上同时存在所有权与用益物权，该用益物权是分享所有权中占有、使用和收益权能而产生的权利。从另一面来看，虽然用益物权派生于所有权，但为实现其目的，必须在一定范围内抑制所有权的效力。[①] 可以说没有所有权存在作为基础，用益物权便没有存在的空间。但用益物权作为独立于所有权的一种物权类型，在权利内容、范围和期限等方面与所有权存在较大差异。

1. 权利内容不同

所有权作为最完整的物权，所有权人对自己的财产享有占有权、使用权、收益权和处分权等全部权能。而用益物权作为一种定限物权，是在他人不动产上享有的使用和收益的权利，其支配的是物的使用价值，只享有部分权能。

2. 权利范围、存续时间不同

用益物权是在他人财产上享有的权利，由所有权派生而来，因此被称为“他物权”，相对于“自物权”的所有权而言，是受限制的物权，不仅是在他人财产上享有权利，且其权利范围远小于所有权。虽然用益物权人可以将其享有的权利依法进行转让或者抵押，但其处分的仅为用益物权本身，而非处分财产的所有权。此外与所有权相比，用益物权并不具有永久的效力，其具有法定或约定的存续期间。

---

① 参见崔建远：《物权：规范与学说——以中国物权法的解释论为中心》（下册），清华大学出版社2011年版，第491页。

3. 客体不同

所有权的客体以有体物为原则，其范围十分广泛，无论是限制流通物还是禁止流通物，都可以称为所有权的客体。但用益物权的客体范围却很小。虽然《民法典》规定用益物权的客体既可以是动产也可以是不动产，但在我国当前情况下仍只存在不动产上。此外，用益物权的客体必须具有使用价值，否则没有设立用益物权的必要。

二、用益物权与担保物权

物权的种类包括所有权、用益物权和担保物权，用益物权和担保物权同样作为定限物权在某些特征上具有相似性，但基于不同的立法目的及调整对象，二者也存在较大差异，具体可表现为如下几个方面。

1. 对标的物的支配不同

用益物权以对标的物的使用和收益为旨趣，甚至在大多数情况下要实现对标的物的占有，其价值主要来源对标的物的支配。然而担保物权并不以对标的物进行支配为目的，其目的在于权利人能够取得标的物的交换价值。但值得注意的是，二者在此层面的区分在我国现行法下并不具有绝对意义，原因在于用益物权人不仅可以对标的物进行占有、使用或收益，同时也可将其权利进行转让或者抵押担保。

2. 独立性不同

用益物权作为独立的物权，由当事人依据法律的规定而设立，不需要以存在其他债权性权利作为前提。而担保物权作为从属物权必须以债权债务关系的存在为前提，并不能独立于基础法律关系而存在或转让，债权一旦消灭，则担保物权随之消灭。

3. 权利的法律属性不同

一方面，用益物权以某些不动产作为权利的客体。而担保物权的客体则具有多样化，既可以是不动产、动产，也可以是债权、股权等权利。另一方面，用益物权关注的是标的物的使用价值，不重视其让与性，因此标的物能否流通对用益物权不具有意义。而担保物权旨在取得标的物的交换价值，因此标的物必须具有可让与性。[①]

4. 权利实现时间不同

用益物权人占有、使用标的物的过程也是实现其权利的过程，权利实现与权利取得同时发生，二者处于同步的状态，不存在时间上的间隔。而担保物权人取得权利后并不能立即行使，需待约定或法定实现担保物权事由出现后方可行使，在时间上存在一定延迟。[②]

5. 权利的存续期间及确定方式不同

在我国现行法中，有关用益物权存续的期间及确定方式不尽一致，如划拨的建设用地没有明确的存续期间，在《民法典》中则对土地承包经营权明确了存续期间。而担保物权是有期限的物权，其存续期间通常由被担保债权及救济权的存续期间共同决定，当事人直接约定担保物权存续期间的不多。[③]

6. 占有对权利行使的影响不同

大多数用益物权以对标的物的占有为前提，若失去对标的物的占有则无法对其进行使用或收益，如居住权人不占有房屋，则无法在房屋内生活休息。而担保物权的设立很大程度是为了促进生产资料的流通和经济的发展，不移转占有的担保形态正在成为物的担保的主流[④]，除留置权和质权外的担保物权并不以对标的物的占有为前提，即便权利人未直接占有标的物，同样可以实现权利，只要法律上明确权利人对标的物享有权利即可。

三、用益物权与用益权

用益权起源于罗马法，是在他人之物上享有的使用、收益的权利，是人役权的重要类型。[⑤] 它与居住权、使用权、奴畜使用权等共同构成罗马法的人役权体系。在罗马法上，"用益权是对他人的物的使用和收益的权利，但以不损害物的

---

① 参见王利明、尹飞、程啸：《中国物权法教程》，人民法院出版社2007年版，第290页。

② 参见梁慧星、陈华彬：《物权法》，法律出版社2007年版，第256页。

③ 参见崔建远：《物权：规范与学说——以中国物权法的解释论为中心》（下册），清华大学出版社2011年版，第492页。

④ 参见[日]铃木禄弥：《物的担保制度的分化》，创文社1992年版，第63页。转引自陈华彬：《物权法论》，中国政法大学出版社2018年版，第453页。

⑤ 参见陈朝璧：《罗马法原理》，法律出版社2006年版，第303页。

实质为限"[1]。罗马人在去世后通常将某财产的使用权和收益权留给某个继承人,但同时将所有权留给另一继承人,正是为了实现遗嘱人的这一目的而创设了用益权制度。该制度发展到近代逐渐被法国、德国等国家传承下来并形成了各自的制度体系。

用益物权与用益权存在紧密联系,罗马法上的用益物权包括役权、地上权和永租权,其中役权包括人役权和地役权,人役权又分为用益权、使用权、奴畜使用权和居住权四种。[2] 因此用益权作为用益物权的一种,二者都是在他人之物上设定、注重发挥物的效应的权利。[3] 但实际上二者存在显著的区别。

首先,权利的客体不同。虽然《民法典》将动产列为用益物权的客体,但目前还不存在典型的动产用益物权;而在大陆法系国家的民法中,用益权的客体范围既可以是动产也可以是不动产,甚至可以将权利作为用益权的客体。[4]

其次,就二者关系而言,属于包含与被包含的关系。用益物权是与担保物权相对应的概念,是权利类型的集合体,它重视物的使用价值地发挥,以追求物的使用价值为目的。[5] 在一些规定了用益权的域外法中,用益权是用益物权的一种,是用益物权的下位概念。

再次,权利的流转性存在区别。用益物权注重对物的利用,不具有人身依附性,因此对其流转不做过多限制。但用益权作为人役权的一种,是为了某个人而设立,权利的实现与这个人的身份特征不可分,因此在流转上会受到一定限制,若权利人死亡则用益权随之消失,不可转让或继承。[6]

最后,二者设立的目的不同。用益物权的目的在于实现物尽其用,而用益权是为了满足特定人的生存利益,在很大程度上发挥着社会保障功能。[7]

---

① [罗马]查士丁尼:《法学总论:法学阶梯》,张企泰译,商务印刷馆1989年版,第61页。
② 参见周枏:《罗马法原论》(上册),商务印书馆1994年版,第360、368~371页。
③ 参见王利明:《物权法研究》(第4版),中国人民大学出版社2016年版,第773页。
④ 参见[德]曼弗雷德·沃尔夫:《物权法》,吴越、李大雪译,法律出版社2002年版,第473页。
⑤ 参见王利明、尹飞、程啸:《中国物权法教程》,人民法院出版社2007年版,第289~291页。
⑥ 参见[德]曼弗雷德·沃尔夫:《物权法》,吴越、李大雪译,法律出版社2002年版,第473页。
⑦ 参见陈朝璧:《罗马法原理》,法律出版社2006年版,第303页。

第八章

土地承包经营权

第一节　土地承包经营权概述

一、土地承包经营权的概念

土地承包经营权是指基于种植业、林业、畜牧业等农业生产的需要，土地承包经营权人依法对其承包经营的集体所有或者是国家所有由农民集体使用的耕地、林地、草地等享有占有、使用和收益的权利。

土地承包经营权属于我国农村法律制度的特有概念，是我国在经济体制改革实行土地承包责任制过程中形成的一种新型用益物权。土地承包经营权制度承载着政治性功能、社会性功能和经济性功能，在保留了农、林、牧业集体经济的基础之上，通过自然资源所有者与使用者的分离，将单纯的劳动者转化为土地的生产者，使农、林、牧民的收入与劳动成果挂钩，极大促进了农村经济的发展。①

农民集体所有和国家所有由农民集体使用的耕地、林地、草地以及其他用于农业的土地，依法实行土地承包经营制度。（《民法典》第330条）家庭承包经营占主导地位，家庭承包经营是农村家庭生产与生活的保障，是作为集体所有人的集体成员的财产性权利。集体土地与集体成员的土地分配关系，分为按人均有（口粮田）与按劳动力均有（责任田）两种模式。

---

① 参见张玉敏主编：《民法》，高等教育出版社2011年版，第244页。

二、土地承包经营权的性质定位

土地承包责任制推行之后，关于土地承包经营权的性质确定，学界曾存有争论，主要有债权说与物权说两种观点。由于2009年《民法通则》(已失效)第80条仅对土地承包经营权作了框架性的规定，此外还规定"承包双方的权利和义务，依照法律由承包合同规定"。此后1988年《土地管理法》第12条、《民通意见》第95条以及1999年通过的《最高人民法院关于审理农业承包合同纠纷案件若干问题的规定(试行)》第14条都反复确定农村土地承包经营权的内容要由合同约定，且未经发包人同意不得转让。在处理农村土地承包经营权纠纷中，一律按照合同的规则处理。因此，部分学者认为土地承包经营权是发生在发包人与承包人之间的联产承包合同关系，其内容是由合同确定的，不具有对抗外部第三人的效力，因此基于此类合同取得的农地使用权属于债权。[①] 还有部分学者认为将土地承包经营权认定为债权具有灵活性，有利于对承包地进行调整。[②] 但是债权说也引发很多质疑，物权说认为市场经济条件下农村经济体制的变革和农业经营模式的发展，要求土地承包经营权应当完全转化为物权性质的农地使用权。土地承包经营权物权化，就是使对农用土地的使用权利从土地承包经营合同关系中析出，与"联产"脱钩，成为一个独立的真正物权意义的权利。社会主义市场经济体制的确立和农业持续发展的需要，是土地承包经营权物权化的根本原因，而当前我国农村土地承包经营制度的内在变化，则是土地承包经营权物权化的直接动因。[③]

2002年颁布《农村土地承包法》通过对农村土地承包经营权作出了完整的法律规范与制度承认，限制了集体经济组织的合同自由，赋予了农村土地承包经营权的对抗效力，确立了其物权的性质。在原《物权法》的制定过程中，大多数学者认为土地承包经营权属于民事权利中的用益物权。论证依据是土地承包经营权脱胎于土地所有权，在性质上是对物的支配权，具有排斥包括发包人

---

① 参见中国社会科学院法学研究所物权法研究课题组：《制定中国物权法的基本思路》，载《法商研究》1995年第3期。

② 参见宋红松：《农地承包制的变迁与创新》，载王利明主编：《物权法专题研究》，吉林人民出版社2002年版。

③ 参见陈甦：《土地承包经营权物权化与农地使用权制度的确立》，载《中国法学》1996年第3期。

在内的其他一切人的非法干预，符合作为物权的对世性特征。[①] 土地承包经营权的物权化构造得到学界与立法机构的一致认可。

明确农村土地承包经营权的用益物权属性具有重要的意义。首先，稳定承包关系，维护农民的权益。通过法律的明确规定，可以稳定农村土地上的权利义务关系，限制了土地承包经营权内容的随意更改以及承包地的随意调整，保护了承包到期之后农民继续承包的权益，切实保护土地承包经营者的利益。其次，具有排他效力，加强权利保护。当遭受到发包人或者第三人的侵害时，土地承包经营权人有权行使物上请求权来排除第三人的妨害与侵害，以维护自己的合法权益。[②] 最后，能够保持权利的长期性与稳定性，有利于稳定土地承包经营关系，确定土地承包经营权的内容，促使承包者对土地进行长期的投资。[③] 同时也使得土地承包经营权成为一项长期稳定的财产性权利，能够成为征收补偿的客体。

三、土地承包经营权的称谓确定

在原《物权法》的制定过程中，对于土地承包经营权采用何种名称，学界的观点并不一致。农地使用权说认为，土地承包经营权属于债法的范畴，而且承包经营权与联产承包经营合同相联系，并不是一个独立的物权。因此，应当将土地承包经营权改为“农地使用权”。[④] 农用权说认为，应当将用于农、林、牧、渔生产经营的土地使用权统称为“农用权”。[⑤] 永佃权说认为，现行法上的土地承包经营权，实际上相当于永佃权。[⑥] 应借鉴罗马法永佃权制度所具有的物权性、永佃权人享有权利的充分性以及永佃权存续期间的永久性等特点，将土地

---

① 参见钱明星：《物权法原理》，北京大学出版社 1994 年版，第 290 页。

② 参见王利明：《物权法研究》(第 4 版)，中国人民大学出版社 2016 年版，第 811 ~ 812 页。

③ 参见马俊驹、余延满：《民法原论》，法律出版社 2010 年版，第 383 页。

④ 参见梁慧星编著：《中国物权法草案建议稿条文、说明、理由与参考立法例》，社会科学文献出版社 2000 年版，第 514 页。

⑤ 参见崔建远：《土地上的权利群论纲——我国物权立法应重视土地上权利群的配置与协调》，载《中国法学》1998 年第 2 期。

⑥ 参见杨立新：《论我国土地承包经营权的缺陷及其对策——兼论建立地上权和永佃权的必要性和紧迫性》，载《河北法学》2000 年第 1 期。

承包经营权改为"永佃权"。[1] 耕作权说认为,应确认因耕作或种植而使用国家或集体所有的土地权利。[2] 农村土地承包使用权说认为,"使用权"的内涵与外延均大于"经营权",可以更好地保护用益物权人的权利。[3] 土地承包经营权说认为,应当沿用农村土地承包经营权的概念,或者简称为"土地承包经营权"或"土地承包权"。[4] 原《物权法》最终确定采用土地承包经营权的称谓,《民法典》沿用了此概念。我国农村土地一直实行承包经营制度,农村土地承包经营权的名称已经被广大民众所接受,更换概念容易引起农民的误解。[5] 确定土地承包经营权的称谓,有助于维护广大民众的习惯与认知,也有利于维护政策与法律的稳定性。[6] 自原《物权法》到《民法典》均明确将土地承包经营权定性为用益物权,极大地强化了土地承包经营权的效力,有利于对土地承包经营权的保护。[7]

四、土地承包经营权的特征

土地承包经营权是一项独立的用益物权,与其他用益物权相比,具有下列法律特征:

1. 土地承包经营权的主体具有特殊性

通过家庭承包方式设定的土地承包经营权,在权利的初始取得阶段具有身份的限制。现行法律对土地承包经营权主体并未作出明确规定。在《农村土地承包法》第16条规定,"家庭承包的承包方是本集体经济组织的农户。农户内家庭成员依法平等享有承包土地的各项权益"。但《农村土地承包法》第5条规定,"农村集体经济组织成员有权依法承包由本集体经济组织发包的农村土地。任何组织和个人不得剥夺和非法限制农村集体经济组织成员承包土地的权利"。在《民法典》第55条中又规定,"农村集体经济组织的成员,依法取得农村

---

① 参见张红霞:《罗马法上的永佃权制度与我国农地承包经营制度改革》,载《法学》1999年第9期。

② 参见钱明星:《我国物权法的调整范围、内容特点及物权体系》,载《中外法学》1997年第2期。

③ 参见刘云生、李开国、孙鹏:《物权法教程》,中国人民大学出版社2009年版,第148页。

④ 参见王利明主编:《中国物权法草案建议稿及说明》,中国法制出版社2001年版,第368页。

⑤ 参见王利明:《物权法研究》(第4版),中国人民大学出版社2016年版,第804页。

⑥ 参见最高人民法院民法典贯彻实施工作领导小组主编:《中华人民共和国民法典物权编理解与适用》(下),人民法院出版社2020年版,第649页。

⑦ 参见谭启平主编:《中国民法学》,法律出版社2021年版,第334页。

土地承包经营权,从事家庭承包经营的,为农村承包经营户”。对此,学界有两种主张,一种观点认为土地承包经营权的主体是农户,另一种观点认为土地承包经营权的主体是集体经济组织成员,实务界一般认为,土地承包经营权的主体是农户。[①] 农村土地家庭承包的,承包方是本集体经济组织的农户,其本质特征是以本集体经济组织内部的农户以家庭为单位实行农村土地承包经营。家庭承包的农村土地承包经营权属于农户家庭,而不属于某一位家庭成员,故当承包农地的农户家庭中的一人或几人死亡时,承包经营仍然是以户为单位,承包地仍由该农户的其他家庭成员继续承包经营。[②]

2. 土地承包经营权的客体具有广泛性

土地承包经营权是存在农民集体所有和国家所有由农民集体使用的耕地、林地、草地以及其他用于农业的土地上的权利。土地承包经营权的客体不仅包括农民集体所有的土地,而且还包括国家所有由农民集体使用的土地。不仅包括耕地、林地、草地,还包括农田水利用地等其他用于农业的土地。换言之,土地承包经营权的客体实际上包括农村建设用地之外的各种土地。[③] 需要说明的是,这里的农村土地与我们通常所说农民集体所有的土地不是一个概念,二者的范围有所不同。一般所说的农民集体所有的土地是指所有权归集体的全部土地,其中主要有农业用地、农村建设用地等。而根据《农村土地承包法》的规定,农民集体所有的土地中能够设定土地承包经营权的土地只有农业用地。[④]

3. 土地承包经营权的期限具有稳定性

从权利的存续期间来看,土地承包经营权是一种有期限的物权,存续期限的长短取决于诸多因素。由于承包地是按人分配的,如果规定期限过长,期满之前就不得随意调整,会对集体经济组织内部的新增人口造成不公。如果规定期限较短又会影响到民众的积极性与生产的投入,甚至会出现破坏性利用土地的情形。通过对实践进行考察,总结历史经验,综合各方面因素考量,原《物权法》对承包地的期限作出了规定。《民法典》第 332 条延续了这一规定:“耕地的

---

① 参见周江洪、陆青、章程主编:《民法判例百选》,法律出版社 2020 年版,第 192 页。

② 参见李永军主编:《中国民法学》(第 2 卷),中国民主法制出版社 2022 年版,第 240 页。

③ 参见王利明、尹飞、程啸:《中国物权法教程》,人民法院出版社 2007 年版,第 298 页。

④ 参见石宏主编:《〈中华人民共和国民法典〉释解与适用 · 物权编》,人民法院出版社 2020 年版,第 254 页。

承包期为三十年。草地的承包期为三十年至五十年。林地的承包期为三十年至七十年。前款规定的承包期限届满,由土地承包经营权人依照农村土地承包的法律规定继续承包。”土地承包经营权有明确的存续期限,期限届满之后要么续期,要么重新发包给承包户。通常情况下,发包方没有正当理由不得拒绝原承包人继续承包。同时,为避免承包耕地的频繁变动,防止耕地经营规模不断被细分,维护稳定的土地承包关系,历经从个别时期提倡的“大稳定、小调整”到“增人不增地、减人不减地”,再到“长久不变”,体现了国家的基本政策导向①,即致力于维护稳定承包关系的法定化②。土地承包经营权虽然为有期限物权,但是发挥着与无期限物权相当的功效。

4. 土地承包经营权具有派生性

从权利的源头分析,土地承包经营权属于派生性权利,土地承包经营权的权源是农村集体土地所有权或国家土地所有权。③ 土地承包经营权是承包人在农民集体所有或国家所有由农民集体使用的土地上,获得占有、使用、收益的权能而形成的他物权项下的用益物权。

5. 土地承包经营权产生于承包合同

土地承包经营权依承包合同产生,不以采取公示方法为必要。《民法典》第333条第1款规定,土地承包经营权自土地承包经营权合同生效时设立。采取了意思主义的物权变动模式。《民法典》第335条规定,土地承包经营权互换、转让的,当事人可以向登记机构申请登记;未经登记,不得对抗善意第三人。登记只是土地承包经营权的对抗要件。④ 土地承包经营权的具体内容和土地承包经营权的期限都是由承包合同所确定的。土地承包纠纷大多数是根据《民法典·合同编》的规则进行处理的。但是土地承包经营权并不限于承包人与集体经济组织之间债的关系,而是一种新型的用益物权,受《民法典·物权编》保护。

6. 土地承包经营权的用途具有限制性

依《民法典》第331条的规定,土地承包经营权的创设目的是满足农业生产

---

① 参见最高人民法院民法典贯彻实施工作领导小组主编:《中华人民共和国民法典物权编理解与适用》(下),人民法院出版社2020年版,第676页。

② 参见李永军主编:《中国民法学》(第2卷),中国民主法制出版社2022年版,第242页。

③ 参见崔建远:《中国民法典释评·物权编》,中国人民大学出版社2020年版,第93页。

④ 参见李永军主编:《中国民法学》(第2卷),中国民主法制出版社2022年版,第241页。

的需要，从事种植业、林业、畜牧业等农业生产。通常情形下，根据立法的精神，农村土地承包经营权必须以农业性经营为目的，要遵循土地用途管制原则，依据《农村土地承包法》第 18 条的规定，要维持土地的农业用途，未经依法批准不得用于非农建设。此外，《土地管理法》第 30 条和第 37 条也规定，国家保护耕地，严格控制耕地转为非耕地，禁止占用永久基本农田发展林果业和挖塘养鱼等。可见，土地承包经营权的用途具有限制性，其权利的行使具有限定性。

7. 土地承包经营权的公示效力具有特殊性

《民法典》第 333 条规定："土地承包经营权自土地承包经营权合同生效时设立。登记机构应当向土地承包经营权人发放土地承包经营权证、林权证等证书，并登记造册，确认土地承包经营权。"土地承包权属于不动产物权，但是不以登记为生效要件，土地承包经营权自承包经营合同生效时成立。在承包经营合同生效后，即使发包人没有实际交付土地，也不影响土地承包经营权的设立。[①]

第二节 土地承包经营权的取得

土地承包经营权取得方式包括基于法律行为取得与非基于法律行为取得两种方式。基于法律行为的取得是土地承包经营权取得的基本途径。

一、基于法律行为取得土地承包经营权

(一)基于法律行为取得土地承包经营权的概述

基于法律行为取得土地承包经营权的，包括创设取得与移转取得两种方式。土地承包经营权的创设取得是指发包人与承包人通过订立有效的土地承包合同而取得土地承包经营权，是将集体土地所有权的部分权能分离独立出来而形成土地承包经营权的新权现象。表现为在集体经济组织与其成员之间的采用家庭承包方式设立土地承包经营权。家庭承包在初始取得阶段承包方必须是本集体经济组织内的农户。依据《民法典》第 333 条的规定，土地承包经营

① 参见杨震主编：《物权法》，中国人民大学出版社 2009 年版，第 181 页。

权的设立采取意思主义模式，自合同生效时取得土地承包经营权，登记并非土地承包经营权的成立要件。土地承包经营权属于他物权，并没有处分的权能，但承包人有权处分土地承包经营权自身的权利。《民法典》第334条规定："土地承包经营权人依照法律规定，有权将土地承包经营权互换、转让。未经依法批准，不得将承包地用于非农建设。"土地承包经营权的移转取得是受让人在土地承包经营权流转的过程中，在不改变土地性质的情况下，通过转包、互换、转让等方式，依法从土地承包人处取得土地承包经营权。倘若集体农业用地性质变为集体经营性建设用地后，土地承包经营权亦随之消灭。集体农业用地变为集体经营性建设用地后，关于土地的流转不再适用《农村土地承包法》，而应适用《土地管理法》的相关规定。① 对于家庭承包的土地经营权以互换、转让等方式流转时，采用的是登记对抗主义的立法模式。②

（二）以家庭承包方式设立农村土地承包经营权

1. 家庭承包方式的界定

所谓以家庭承包方式设立土地承包经营权，是指农民集体经济组织的全体成员以农户为生产经营单位作为承包方，通过与集体经济组织签订承包合同，创设土地承包经营权，承包集体所有的耕地、林地、草地等农业用地。

2. 承包的原则和程序

土地承包应当遵循以下原则：（1）按照规定统一组织承包时，本集体经济组织成员依法平等地行使承包土地的权利，也可以自愿放弃承包土地的权利；（2）民主协商，公平合理；（3）承包方案应当按照《农村土地承包法》第13条的规定，依法经本集体经济组织成员的村民会议2/3以上成员或者2/3以上村民代表的同意；（4）承包程序合法。（《农村土地承包法》第19条）

土地承包应当按照以下程序进行：（1）本集体经济组织成员的村民会议选举产生承包工作小组；（2）承包工作小组依照法律、法规的规定拟订并公布承包方案；（3）依法召开本集体经济组织成员的村民会议，讨论通过承包方案；（4）公开组织实施承包方案；（5）签订承包合同。（《农村土地承包法》第20条）

① 参见最高人民法院司法案例研究院编：《民法典新规则案例适用》，中国法制出版社2020年版，第140页。

② 参见魏振瀛主编：《民法》，北京大学出版社、高等教育出版社2017年版，第300页。

3. 土地承包经营合同

土地承包经营合同（也称农业承包合同、承包合同），是指本集体经济组织成员以家庭为单位（承包人），与集体经济组织（发包人）之间通过合同设定土地承包经营权的行为。依据《农村土地承包法》第 13 条规定，农民集体所有的土地依法属于村农民集体所有的，由村集体经济组织或者村民委员会发包；已经分别属于村内两个以上农村集体经济组织的农民集体所有的，由村内各该农村集体经济组织或者村民小组发包。村集体经济组织或者村民委员会发包的，不得改变村内各集体经济组织农民集体所有的土地的所有权。国家所有依法由农民集体使用的农村土地，由使用该土地的农村集体经济组织、村民委员会或者村民小组发包。依据《农村土地承包法》第 16 条的规定，家庭承包的承包方是本集体经济组织的农户。农户内家庭成员依法平等享有承包土地的各项权益。农村土地承包，妇女与男子享有平等的权利。承包中应当保护妇女的合法权益，任何组织和个人不得剥夺、侵害妇女应当享有的土地承包经营权。

土地承包经营合同具有以下法律特征：（1）土地承包经营合同为双务合同。承包方与发包方都享有一定的权利并负担一定的义务。（2）土地承包经营合同为要式合同。《农村土地承包法》第 22 条规定，发包方应当与承包方签订书面承包合同。承包合同一般包括以下条款：发包方、承包方的名称，发包方负责人和承包方代表的姓名、住所；承包土地的名称、坐落、面积、质量等级；承包期限和起止日期；承包土地的用途；发包方和承包方的权利和义务；违约责任。

发包人负有强制缔约的义务，农村集体经济组织成员有权依法承包由本集体经济组织发包的农村土地。任何组织和个人不得剥夺和非法限制农村集体经济组织成员承包土地的权利。但是，对于新增的集体成员，只能通过集体经济组织依法预留的机动地、通过依法开垦等方式增加的土地以及发包方依法收回和承包方依法自愿交回的土地承包给新增人口。如果仍然不能满足新增人口的承包需求，集体经济组织处于客观上的履行不能，无法签订土地承包经营合同。《农村土地承包法》第 25 条规定：“承包合同生效后，发包方不得因承办人或者负责人的变动而变更或者解除，也不得因集体经济组织的分立或者合并而变更或者解除。”第 26 条规定，国家机关及其工作人员不得利用职权干涉农村土地承包或者变更、解除承包合同。本集体经济组织成员在承包期满后，在另行发包的承包费、承包期限等主要内容相同的条件下，享有优先承包权。①

4. 土地承包经营权的设立要件

土地承包经营权自土地承包经营合同生效时设立，通过土地承包经营合同而无须登记就可以直接设立土地承包经营权。《民法典》第333条延续了原《物权法》第127条第1款与《农村土地承包法》第23条的规定，土地承包经营权自土地承包经营权合同生效时设立，采纳了意思主义的立法模式。《农村土地承包法》明确规定土地承包合同应当采用书面形式。因此，承包合同成立的时间应当是当事人签名、盖章或者按印之时。②

关于土地承包经营权的登记效力，学界存在争议。持登记对抗主义的学者认为，我国农村目前仍然属于熟人社会，公示的权利保护功能无从发挥。③ 农户向本集体经济组织以外的人转让的情况也比较少。④ 而且意思主义具有效率性，应当借鉴法国与日本的意思主义模式，采纳登记对抗主义。⑤ 持登记要件主义的学者认为，土地承包经营权事关农户和其他取得该权利之人的重大利益，同时也为了防止善意第三人免受不测的损害，应当采用登记成立要件主义。⑥ 既然土地承包经营权属于用益物权，就应当实行登记制度，土地承包经营权自登记之日起设立。而且对外流转较少是由于受到不当的限制所致，登记对抗主义导致登记制度形同虚设，农民的权益难以保障。"三权分置"的改革亟须土地承包经营权"登记要件"立法的及时跟进。⑦

二、非基于法律行为取得土地承包经营权

非基于法律行为而取得土地承包经营权主要是指以继承的方式。关于能否继承土地承包经营权学界存在不同的观点。有学者认为土地承包经营权不

① 参见蒋勇、陈枝辉主编：《中国民事诉讼裁判规则（土地卷）》，法律出版社2019年版，第56页。

② 参见石宏主编：《〈中华人民共和国民法典〉释解与适用·物权编》，人民法院出版社2020年版，第260页。

③ 参见王利明、尹飞、程啸：《中国物权法教程》，人民法院出版社2007年版，第303~304页。

④ 参见胡康生主编：《中华人民共和国物权法释义》，法律出版社2007年版，第293页。

⑤ 参见江平主编：《物权法》，法律出版社2009年版，第222页。

⑥ 参见崔建远：《中国民法典释评·物权编》，中国人民大学出版社2020年版，第106页。

⑦ 参见申建平：《民法典物权编不动产物权变动模式统一论》，载《苏州大学学报（社会科学版）》2017年第6期。

可以继承,因为土地承包经营权是基于承包合同而产生的,具有身份属性[①]与社会保障属性[②]。同时原《继承法》第3条规定的遗产范围不包括土地承包经营权。[③] 为了防止土地撂荒,有效利用土地,土地承包经营权的继承不宜采取。[④]

但是,土地承包经营权是一种用益物权,土地承包经营权的身份性仅体现在初次取得,而非伴随流转始终。[⑤] 其性质是可以继承的,如果不允许继承有失妥当。[⑥] 首先,《民法典》第1122条规定,“遗产是自然人死亡时遗留的个人合法财产。依照法律规定或者根据其性质不得继承的遗产,不得继承”。不同于原《继承法》采取的列举式与排除式相结合的模式,《民法典》为了适应社会发展所带来的财产形态多样化的现实,采用了排除式的立法模式,仅规定了何种权利不能继承,将不能继承的权利排除在外,未被排除的权利可为遗产。[⑦] 其次,未超过承包期的土地承包经营权可通过继承取得。《农村土地承包法》第32条规定,“承包人应得的承包收益,依照继承法的规定继承。林地承包的承包人死亡,其继承人可以在承包期内继续承包”。此外,耕地的承包经营权期限为30年,30年内必然存在承包人死亡的情形,当一个集体经济组织内部成员死亡,该成员的主体资格随之消灭,不再享有民事权利,而我国承包地实行“增人不增地,减人不减地”的原则,发包人不得擅自调整承包人的土地,并且承包不以登记为要件,因此,继承人事实上有继承承包经营权的权利,而不是仅继承其承包收益。[⑧] 最后,无论是大陆法系的德国、法国,还是英美法系的英国、美国,农地使用权都是可以继承的。因此,允许农村土地承包经营权继承符合我国客

---

① 参见王晓芬:《土地承包经营权继承问题探究——以法律适用为视角》,载《韶关学院学报》2011年第9期。

② 参见渠涛:《农户承包集体土地合同上的财产关系》,载《北方法学》2014年第2期。

③ 原《继承法》第3条规定:“遗产是公民死亡时遗留的个人合法财产,包括:(一)公民的收入;(二)公民的房屋、储蓄和生活用品;(三)公民的林木、牲畜和家禽;(四)公民的文物、图书资料;(五)法律允许公民所有的生产资料;(六)公民的著作权、专利权中的财产权利;(七)公民的其他合法财产。”

④ 参见梅夏英、高圣平:《物权法教程》,中国人民大学出版社2010年版,第199页。

⑤ 参见刘凯湘:《论农村土地承包经营权的可继承性》,载《北方法学》2014年第2期。

⑥ 参见魏振瀛主编:《民法》,北京大学出版社、高等教育出版社2000年版,第265页。

⑦ 参见杨立新主编:《中华人民共和国民法典释义与案例评析(继承编)》,中国法制出版社2020年版,第42～43页。

⑧ 参见黄萍主编:《民法学分论》,中国政法大学出版社2011年版,第209页。

观现实的需要。①

第二节 土地承包经营权的效力

一、土地承包经营权人的权利

(一)依法享有承包地的占有、使用、收益的权利

土地承包经营权,是指承包人在他人所有的土地上从事农林牧渔等农业生产活动并获得土地上的出产物等天然孳息,因此占有承包地是前提要件。土地承包经营权属于用益物权,土地承包经营权人的主要目的是对承包地的使用与收益,因此,使用权与收益权是土地承包经营权人的基本权利。所谓的使用权是指承包方依据承包地的自然性质与承包合同所约定的用途对承包地加以利用的权利。所谓的收益权是指从农业生产中获得的农副产品以及土地承包经营权出租或流转获得的收益。

(二)依法进行流转的权利

1. 概述

土地承包经营权属于一种独立的用益物权,自身具备处分流转的法律权能。同时,由于土地承包经营权属于他物权,承包人没有处分承包地的权利,但是承包人享有流转土地承包经营权自身的权利。土地承包经营权的流转,是指土地承包经营权通过合法的方式在有关当事人之间发生移转,土地承包经营权人发生变动。②《民法典》第334条规定,"土地承包经营权人依照法律规定,有权将土地承包经营权互换、转让。未经依法批准,不得将承包地用于非农建设"。流转的期限不得超过承包期的剩余期限。《民法典》第335条规定,"土地承包经营权互换、转让的,当事人可以向登记机构申请登记;未经登记,不得对抗善意第三人"。

① 参见胡家强、张娜:《对我国农村土地承包经营权继承的法律思考》,载《济南大学学报(社会科学版)》2009年第2期。

② 参见杨立新:《物权法》,中国人民大学出版社2020年版,第147页。

2. 土地承包经营权的互换

互换是指承包方之间为方便耕作或者各自需要，对属于同一集体经济组织的承包地块进行交换，同时交换相应的土地承包经营权。土地承包经营权互换是土地承包经营权在同一集体经济组织内部之间相互交换的一种易货交易，实质上是将土地承包经营权终局性地让与他人之时又于他人之处受让土地承包经营权的两种处分行为的叠加。[①] 土地承包经营权进行互换，是为了方便耕种或者各自需要，应当在属于同一集体经济组织的土地的承包经营权间进行互换，实现的是土地承包经营权的流转。受让一方对土地承包经营权的取得，是继受取得而不是原始取得。[②]

《农村土地承包法》第33条规定，"承包方之间为方便耕种或者各自需要，可以对属于同一集体经济组织的土地的土地承包经营权进行互换，并向发包方备案"。互换主要是基于第一轮承包分配时秉持的公平理念与优劣搭配模式造成的承包地分散化、细碎化的局面。随着农村经济的发展与农村生产设配的提升，承包方之间为方便耕作或者各自需要，自发将其承包的土地与其他农户的承包地进行交换，通过互换的方式，使土地连片、规模化，方便集中耕种的需求，提升了耕作的效率。[③]

土地承包经营权互换未办变更登记手续，不影响合同效力，互换一方不能以未明确约定期限为由，主张解除合同。村民之间互换土地均未取得土地承包经营权证，由此引发的纠纷不属于土地承包经营权纠纷，而属土地使用权纠纷，依法应由政府有关部门处理，非属法院直接受案范围。[④] 根据《土地管理法》第14条规定："土地所有权和使用权争议，由当事人协商解决；协商不成的，由人民政府处理。单位之间的争议，由县级以上人民政府处理；个人之间、个人与单位之间的争议，由乡级人民政府或者县级以上人民政府处理。当事人对有关人民政府的处理决定不服的，可以自接到处理决定通知之日起三十日内，向人民法院起诉。在土地所有权和使用权争议解决前，任何一方不得改变土地利用现

---

① 参见朱广新：《土地承包权与经营权分离的政策意蕴与法制完善》，载《法学》2015年第11期。

② 参见杨立新、李怡雯：《中国民法典新规则要点》，法律出版社2020年版，第225页。

③ 参见高圣平、王天雁、吴昭军：《〈中华人民共和国农村土地承包法〉条文理解与适用》，人民法院出版社2019年版，第175页。

④ 参见蒋勇、陈枝辉主编：《中国民事诉讼裁判规则（土地卷）》，法律出版社2019年版，第25页。

状。"但如果是村委会擅自调整承包土地引发纠纷,或者是乡政府擅自发包土地,侵害原承包人合法权益,法院都应予以受理。①

3. 土地承包经营权的转让

转让是我国现行法明确承认的一种土地承包经营权流转方式。《农村土地承包法》第34条规定,"经发包方同意,承包方可以将全部或者部分的土地承包经营权转让给本集体经济组织的其他农户,由该农户同发包方确立新的承包关系,原承包方与发包方在该土地上的承包关系即行终止"。虽然部分法院严格按照规定,在具备法定理由情况下,发包方不同意承包方采取转让方式流转其家庭土地承包经营权的,法院认定转让合同无效。② 但发包方同意在土地承包经营权流转中的地位不断弱化,目前只有土地承包经营权的转让才需要发包方的同意。根据治理视角的观察,发包方同意是以基层政权与村社共同体成员之间的结构性利益分离状况下的国家治理方式作为法政策基础的。这种结构性分离的状况正在发生变化,作为法政策的国家治理方式也应据此改变,因此,发包方同意在土地承包经营权流转中地位的不断弱化直至消失也就具有了合理性解释和证成根据。③

土地承包经营权转让的受让主体有严格的身份限制,受让人限定为本集体经济组织的其他农户。《农村土地承包法》修订删除了"承包方有稳定的非农职业或者有稳定的收入来源"的限制。首先,是因为在实践中没有规定的指标,加之存在不确定的变量,很难认定与操作。其次,此种限制条件违背民事行为能力的基本法理,不应成为限制转让人行为能力的依据。④ 最后,土地承包经营权是财产性权利,在法定义务中并没有社会保障的负担,只是由于国家和社会对农民的社会保障未全面普及才使得土地承包经营权附加了社会保障的替代功能。土地承包经营权的初始分配,考虑的是成员权的公平性,属于生存问题,而

① 参见蒋勇、陈枝辉主编:《中国民事诉讼裁判规则(土地卷)》,法律出版社2019年版,第43页。

② 参见蒋勇、陈枝辉主编:《中国民事诉讼裁判规则(土地卷)》,法律出版社2019年版,第64页。

③ 参见朱虎:《土地承包经营权流转中的发包方同意——一种治理的视角》,载《中国法学》2010年第2期。

④ 参见武亦文、杨勇:《论土地承包经营权处分之限制性规范的科学配置——基于司法裁判文书的整理和分析》,载《中国农村观察》2017年第6期。

流转更多的强调经济功能，是发展的问题。①

土地承包经营权互换、转让，采取登记对抗主义，应当按照《民法典》第 335 条关于“土地承包经营权互换、转让的，当事人可以向登记机构申请登记；未经登记，不得对抗善意第三人”的规定进行。②

(三)有权自主生产经营和处置产品

承包方有权根据生产经营规律与生产意愿规划生产布局与具体的生产计划，决定如何经营承包的土地，自主决定种植作物的种类、种植面积以及养殖项目，自主组织生产经营活动。承包方的自主经营权不受其他组织和个人的干涉与侵犯。只要承包方从事生产经营活动不违反法律的规定，发包方就不得随意干涉，更不能违背土地承包经营权人的意愿，强制其从事或不从事某种生产经营活动。③

土地承包经营权人对其从事农业生产获取的产品享有所有权与自主处置的权利。承包方有权自主处理产品，自行决定出售产品的销售价格与数量以及销售的对象等，发包方不得非法干涉。④

(四)承包地被依法征收、征用、占用时，有权依法获得相应的补偿

土地征收是国家为了公共利益的需要，通过法定程序，将农民集体所有的土地征收为国有土地。应当注意的是，对于承包地的征收应当严格限定在公益的范围之内，不得为了某些单位或个人的利益而进行征收。为了公共利益的需要，依照法律规定的权限和程序征收、征用不动产或者动产的，应当给予公平、合理的补偿(《民法典》第 117 条)。随着集体土地的征收，土地承包经营权随着农村集体土地所有权的消灭而不复存在，因此，征收机关必须及时、足额地补偿土地承包经营权人。《民法典》第 338 条规定，“承包地被征收的，土地承包经营权人有权依据本法第二百四十三条的规定获得相应补偿”。补偿费用主要包括土地补偿费、安置补助费以及农村村民住宅、其他地上附着物和青苗等的补偿

① 参见朱虎：《土地承包经营权流转中的发包方同意——一种治理的视角》，载《中国法学》2010 年第 2 期。

② 参见杨立新、李怡雯：《中国民法典新规则要点》，法律出版社 2020 年版，第 226 页。

③ 参见江平主编：《中国物权法教程》，知识产权出版社 2007 年版，第 321 页。

④ 参见温世扬：《物权法要义》，法律出版社 2007 年版，第 168 页。

费用。①

二、土地承包经营权人的义务

(一)维持土地的农业用途,未经依法批准不得用于非农建设

土地承包经营权的设立具有特定的目的性,主要是进行种植业、林业或畜牧业,因此,只能基于农业发展的目的而存续。《民法典》第334条明确规定,未经依法批准,不得将承包地用于非农建设。禁止占用耕地建窑、建坟或者擅自在耕地上建房、挖砂、采石、采矿、取土等(《土地管理法》第37条)。承包方、土地经营权人违法将承包地用于非农建设的,由县级以上地方人民政府有关主管部门依法予以处罚(《农村土地承包法》第63条)。买卖或者以其他形式非法转让土地的,由县级以上人民政府自然资源主管部门没收违法所得;责令限期拆除或改正;对直接负责的主管人员和其他直接责任人员,依法给予处分;可以并处罚款;构成犯罪的,依法追究刑事责任(《土地管理法》第74条)。根据《国务院关于深化改革严格土地管理的决定》的规定,要严格保护基本农田。基本农田是确保国家粮食安全的基础。土地利用总体规划修编,必须保证现有基本农田总量不减少,质量不降低。基本农田要落实到地块和农户,并在土地所有权证书和农村土地承包经营权证书中注明。基本农田一经划定,任何单位和个人不得擅自占用,或者擅自改变用途,这是不可逾越的"红线"。符合法定条件,确需改变和占用基本农田的,必须报国务院批准;经批准占用基本农田的,征地补偿按法定最高标准执行,对以缴纳耕地开垦费方式补充耕地的,缴纳标准按当地最高标准执行。禁止占用基本农田挖鱼塘、种树和其他破坏耕作层的活动,禁止以建设"现代农业园区"或者"设施农业"等任何名义,占用基本农田变相从事房地产开发。

(二)依法保护和合理利用土地,不得给土地造成永久性损害

土地承包经营权人在利用承包地的过程中应当合理开发土地资源,保护土

---

① 《民法典》第243条规定:"为了公共利益的需要,依照法律规定的权限和程序可以征收集体所有的土地和组织、个人的房屋以及其他不动产。征收集体所有的土地,应当依法及时足额支付土地补偿费、安置补助费以及农村村民住宅、其他地上附着物和青苗等的补偿费用,并安排被征地农民的社会保障费用,保障被征地农民的生活,维护被征地农民的合法权益。征收组织、个人的房屋以及其他不动产,应当依法给予征收补偿,维护被征收人的合法权益;征收个人住宅的,还应当保障被征收人的居住条件。任何组织或者个人不得贪污、挪用、私分、截留、拖欠征收补偿费等费用。"

地质量与生态环境,防止水土流失、土地荒漠化、土地盐碱化,禁止过度施肥或向土地长期排污,禁止给土地造成永久性损害。承包方给承包地造成永久性损害的,发包方有权制止,并有权要求赔偿由此造成的损失(《农村土地承包法》第63条)。因开发土地造成土地荒漠化、盐渍化的,由县级以上人民政府自然资源主管部门、农业农村主管部门等按照职责责令限期改正或者治理,可以并处罚款;构成犯罪的,依法追究刑事责任(《土地管理法》第75条)。

第四节　土地经营权

一、承包地“三权分置”的制度价值

中华人民共和国成立以来,我国的农村土地利用制度经历了复杂的变迁。[①]农村土地经历了三次重大制度变革,分别是“农民土地所有制”“集体所有,集体利用”“集体所有,农民利用”。[②] 随着轰轰烈烈的土地改革运动,农民获得了土地的所有权。随着社会主义改造,高级合作社和人民公社的推广,合作社对土地的所有权取代了原有的农户土地所有权。改革开放初期,我国实施了家庭联产承包责任制,农民享有土地承包经营权,土地所有权仍然归属于集体经济组织,形成了集体土地所有权与土地承包经营权“两权分离”的格局。家庭联产承包责任制调动了农民对土地的积极性,有效解决了农民的温饱问题,使农村的经济体制改革取得了重大的成果。

家庭承包责任制的实施引发农村土地产权制度的变革,实现了农村集体土地所有权与农户土地承包经营权的分离。随着土地的承包到户,土地承包经营权流转现象相继出现,并逐步成为农村土地改革实践的主要内容。改革的基本方向是弱化其社会管理和社会保障功能、强化其作为独立财产权的经济性功能。[③]

---

① 参见朱虎:《农地法律制度的变迁与村社治理——一个历史性的解释框架》,载《私法研究》2010年第1期。

② 参见王利明、周友军:《论我国农村土地权利制度的完善》,载《中国法学》2012年第1期。

③ 参见赵万一、汪青松:《土地承包经营权的功能转型及权能实现——基于农村社会管理创新的视角》,载《法学研究》2014年第1期。

2013年7月,习近平总书记在武汉农村综合产权交易所调研时提出,深化农村改革,完善农村基本经营制度,要好好研究农村土地所有权、承包权、经营权三者之间的关系。[①] 在2013年的中央农村工作会议上,习近平总书记指出,顺应农民保留土地承包权、流转土地经营权的意愿,把农民土地承包经营权分为承包权和经营权,实现承包权和经营权分置并行。[②] 为保障流转实践的顺利进行,一系列政策和决策先后跟进。[③]《中共中央、国务院关于全面深化农村改革加快推进农业现代化的若干意见》提出,"在落实农村土地集体所有权的基础上,稳定农户承包权、放活土地经营权,允许承包土地的经营权向金融机构抵押融资"。2014年11月中共中央办公厅、国务院办公厅在《关于引导农村土地经营权有序流转发展农业适度规模经营的意见》中强调,"坚持农村土地集体所有,实现所有权、承包权、经营权三权分置,引导土地经营权有序流转"。2015年《中共中央、国务院关于加大改革创新力度加快农业现代化建设的若干意见》要求:"抓紧修改农村土地承包方面的法律,明确现有土地承包关系保持稳定并长久不变的具体实现形式,界定农村土地集体所有权、农户承包权、土地经营权之间的权利关系。"2016年《中共中央、国务院关于落实发展新理念加快农业现代化实现全面小康目标的若干意见》再次强调:"稳定农村土地承包关系,落实集体所有权,稳定农户承包权,放活土地经营权,完善'三权分置'办法,明确农村土地承包关系长久不变的具体规定。"2016年8月30日,中央全面深化改革领导小组第二十七次会议审议通过了《关于完善农村土地所有权承包权经营权分置办法的意见》,提出实行所有权、承包权、经营权"三权分置",放活土地经营权。2015~2017年连续三个"中央一号文件"和党的十九大报告等则以党和国家政策的形式进一步阐明了"三权分置"政策的具体内容。为对实践中推行"三权分置"政策进行指导。[④] 承包地"三权分置"是继家庭联产承包责任制之后农村改革又一重大制度创新。

---

① 参见中共中央文献研究室编:《十八大以来重要文献选编》(上),中央文献出版社2014年版,第670页。

② 参见中共中央文献研究室编:《习近平全面深化改革论述摘编》,中央文献出版社2014年版,第66页。

③ 参见丁文:《论土地承包权与土地承包经营权的分离》,载《中国法学》2015年第3期。

④ 参见高飞:《土地承包权与土地经营权分设的法律反思及立法回应——兼评〈农村土地承包法修正案(草案)〉》,载《法商研究》2018年第3期。

在现阶段，我国进一步深化农村土地改革，顺应农民保留土地承包经营权、流转土地经营权的意愿，提出了承包地“三权分置”策略，并逐步上升到法律制度层面。2018 年 12 月，《农村土地承包法》的修订率先实现了农地“三权分置”的法定化，《民法典・物权编》对土地经营权作出相关规定，落实中央农地“三权分置”政策成为两部法律共同的目标。① 承包地“三权分置”是继家庭联产承包责任制后农村改革的又一重大制度创新。农村集体经济组织实行以家庭承包经营为基础、统分结合的双层经营体制。“双层”即家庭分散经营层面（农户自主经营）与集体统一经营层面（集体组织指导、管理、监督），双层经营体制是改革经营的总结，符合农业发展的要求。在深化改革的进程中，需要构建城乡统一的建设用地市场、加快构建新型的农业经营体系、赋予农民更多财产权利，重点改革土地经营权流转制度，推行农地三权分置改革，即实行土地所有权、土地承包经营权和土地经营权的分离，推动农地规模化的经营。但是，农地三权分置改革并不改变“双层经营体制”的实质内容。② “坚持农村土地集体所有权，稳定农户承包权，放活土地经营权”旨在不改变农村集体土地所有权性质及以家庭承包经营为基础，统分结合的双层经营体制的前提下，清除农地流转障碍，激活农地权利的财产价值，释放农地融资功能。修订后的农村土地承包法将“土地经营权”上升为法律概念，并设专节加以规定，明确了土地经营权流转的方式、原则以及土地经营权的权能等内容。《民法典・物权编》在农村土地承包法的基础上于“土地承包经营权”一章中用三个条文对土地经营权作了规定。③ 《民法典》增设土地经营权是一个重要的创新点，实现了土地经营权由政策提出到单行法确认，最后纳入法典的历史跨越，充分显示了土地经营权的重要地位，也彰显了土地经营权所具有的时代价值。④

承包地“三权分置”就是在“两权分置”的基础之上（村集体对土地的所有权、农户的土地承包经营权），从土地承包经营权中分离出一项土地经营权，形成承包

---

① 参见姜楠：《土地经营权的性质认定及其体系效应——以民法典编纂与〈农村土地承包法〉的修订为背景》，载《当代法学》2019 年第 6 期。

② 参见王利明：《物权法研究》（第 4 版），中国人民大学出版社 2016 年版，第 802 页。

③ 参见房绍坤：《民法典物权编之检视》，载《东方法学》2020 年第 4 期。

④ 参见房绍坤：《土地经营权入典的时代价值》，载《探索与争鸣》2020 年第 5 期。

地“三权分置”的新布局。[1] 关于承包地“三权分置”的法律表达，学界存在三种观点，分别是“土地所有权+土地承包权+土地经营权”[2]“土地所有权+土地承包经营权+土地承包权”[3]“土地所有权+土地承包经营权+土地经营权”[4]三种权利结构。关于土地承包经营权的性质，主要的观点有成员权说[5]、资格权说[6]、物权说[7]和收益权说[8]，还有学者提出“土地承包权”的政策术语实际上就是我国现行法中的土地承包经营权。[9]《民法典》第339条吸纳了《农村土地承包法》第36条的相关规定：“土地承包经营权人可以自主决定依法采取出租、入股或者其他方式向他人流转土地经营权。”从《民法典》的表达规范来看，最终采用了“农村集体土地所有权+土地承包经营权+土地经营权”的权利配置形式。

《民法典》第340条在民法基本法形式延续层面吸纳了《农村土地承包法》第37条的相关规定，土地经营权人有权在合同约定的期限内占有农村土地，自主开展农业生产经营并取得收益。《民法典》第342条规定：“通过招标、拍卖、公开协商等方式承包农村土地，经依法登记取得权属证书的，可以依法采取出租、入股、抵押或者其他方式流转土地经营权。”承包地“三权分置”使得土地所有权人（农民集体）、土地承包经营权人（承包农户）和土地经营权人（经营主体）都能各自享有自己的权利，土地经营权的流转能够整合土地资源，促进农村土地资源的合理利用，为相关利益主体创造更多的财富价值，增益于农业现代化发展。承包地“三权分置”的创设反映了社会经济制度与政治制度的内在要求。在三权的治理体系框架之下，农村土地的集体所有权归农民集体所有，这也是土地承包经营权的前提。农民享有的承包经营权在土地流转中又派生出经营权，农民集体所有权是根本，农户承包经营权是基础，土地经营权是关键，

[1] 参见杨立新：《物权法》，中国人民大学出版社2020年版，第144页。
[2] 参见蔡立东、姜楠：《农地三权分置的法实现》，载《中国社会科学》2017年第5期。
[3] 参见丁文：《论土地承包权与土地承包经营权的分离》，载《中国法学》2015年第3期。
[4] 参见高圣平：《承包地三权分置的法律表达》，载《中国法学》2018年第4期。
[5] 参见高飞：《农村土地“三权分置”的法理阐释与制度意蕴》，载《法学研究》2016年第3期。
[6] 参见朱广新：《土地承包权与经营权分离的政策意蕴与法制完善》，载《法学》2015年第11期。
[7] 参见孙宪忠：《推进农地三权分置经营模式的立法研究》，载《中国社会科学》2016年第7期。
[8] 参见朱继胜：《论“三权分置”下的土地承包权》，载《河北法学》2016年第3期。
[9] 参见高圣平：《农地三权分置视野下土地承包权的重构》，载《法学家》2017年第7期。

这三者统一于农村的基本经营制度。①

二、土地经营权的界定

所谓土地经营权系指土地承包经营权人或者集体经济组织为他人所设定的在一定期间内对于承包经营权人所承包的土地以农业生产为目的而进行的占有、使用和收益的排他性的民事权利。② 土地经营权，是建立在农村土地承包经营的三权分置制度之上产生的权利，即在农村土地集体所有权的基础上，设立土地承包经营权；再在土地承包经营权之上设立土地经营权，构成三权分置的农村土地权利结构。其中，土地所有权归属于农村集体经济组织所有，土地承包经营权归属于承包该土地的农民家庭享有。由于土地承包经营权缺乏流转性，因而在土地承包经营权之上，再设立一个土地经营权，属于土地承包经营权人享有的、可以进行较大范围流转并且能够保持土地承包经营权不变的用益物权。③ 土地经营权是在承包地流转过程中，土地承包经营权人在保留自己土地承包经营权的前提下，将土地承包经营权之上的土地经营性权利依法流转给土地经营主体，经营主体依据流转所取得权利的统称。土地经营权是一种新生的派生权利，其“母权”是土地承包经营权。需要注意的是，仅在发生承包地流转关系之时，才有生成“土地经营权”这一新型权利的必要。若不发生承包地流转关系，则“承包土地的经营权”属于农户，权利表现形式仍然是土地承包经营权，土地经营权隐而不彰。④ 土地经营权具有非身份性、可处分性、可继承性、有期限性等特征。⑤ 并不是所有的承包地流转关系均产生土地经营权。以互换、转让方式流转承包地不会派生出土地经营权，因此就不发生“三权分置”的问题；以出租、转包、入股方式流转承包地的结果是使经营主体取得土地经营权⑥；

---

① 参见韩长斌、张红宇：《农村土地“三权分置”政策解读》，载土流网 2017 年 11 月 2 日，https://www.tuliu.com/read-65912。

② 参见李永军主编：《民法学教程》，中国政法大学出版社 2021 年版，第 301 页。

③ 参见杨立新、李怡雯：《中国民法典新规则要点》，法律出版社 2020 年版，第 226 页。

④ 参见高圣平：《承包土地的经营权抵押规则之构建——兼评重庆城乡统筹综合配套改革试点模式》，载《法商研究》2016 年第 1 期；耿卓：《农地三权分置改革中土地经营权的法理反思与制度回应》，载《法学家》2017 年第 5 期。

⑤ 李永军主编：《民法学教程》，中国政法大学出版社 2021 年版，第 302 页。

⑥ 高圣平：《论承包地流转的法律表达——以我国农村土地承包法的修改为中心》，载《政治与法律》2018 年第 8 期。

以抵押方式在抵押权实现时会发生三权分置的问题。[①] 新修订的《农村土地承包法》将原有的"土地承包经营权的流转"部分拆分为"土地承包经营权的保护和互换、转让"与"土地经营权的出租(转包)、入股或者其他方式向他人流转土地经营权的方式"两个部分。《民法典》第334条规定,土地承包经营权人依照法律规定,有权将土地承包经营权互换、转让。《民法典》第339条规定,"土地承包经营权人可以自主决定依法采取出租、入股或者其他方式向他人流转土地经营权"。可见,《民法典》在立法过程中延续了此分类标准。[②]

三、土地承包经营权与土地经营权的区别

土地承包经营权与土地经营权的权利来源不同,土地承包经营权的权源是承包地所有权;土地经营权的权源是土地承包经营权或者承包地所有权。

土地承包经营权与土地经营权的权利主体不同,土地承包经营权的权利主体仅限于本集体经济组织成员(具有身份属性);土地经营权的权利主体为市场主体(没有身份属性)。

土地承包经营权与土地经营权的承包方式不同,土地承包经营权以家庭方式承包;土地经营权可以通过家庭承包方式承包,也可以通过招标、拍卖、公开协商等方式承包。

土地承包经营权与土地经营权的权利设定依据不同,土地承包经营权产生于"土地承包经营权合同"(《民法典》第333条)或"承包合同"(《农村土地承包法》第22条);土地经营权产生于"土地经营权流转合同"(由土地承包经营权人设定土地经营权)或"承包合同"(由集体经济组织直接设定土地经营权)。

土地承包经营权与土地经营权的设定程序不同,土地承包经营权的设定程序为:(1)本集体经济组织成员的村民会议选举产生承包工作小组;(2)承包工作小组依照法律、法规的规定拟订并公布承包方案;(3)依法召开本集体经济组

---

① 参见陶钟太朗、杨遂全:《农村土地经营权认知与物权塑造——从既有法制到未来立法》,载《南京农业大学学报(社会科学版)》2015年第2期;潘俊:《农村土地承包权和经营权分离的实现路径》,载《南京农业大学学报(社会科学版)》2015年第4期;李国强:《论农地流转中"三权分置"的法律关系》,载《法律科学(西北政法大学学报)》2015年第6期;朱广新:《土地承包权与经营权分离的政策意蕴与法制完善》,载《法学》2015年第11期。

② 参见高圣平、王天雁、吴昭军:《〈中华人民共和国农村土地承包法〉条文理解与适用》,人民法院出版社2019年版,第204~208页。

织成员的村民会议,讨论通过承包方案;(4)公开组织实施承包方案;(5)签订承包合同(《农村土地承包法》第20条)。土地经营权的设定程序较为多样,土地承包经营权人可以自主决定依法采取出租、入股或者其他方式向他人流转土地经营权(《民法典》第339条)。不宜采取家庭承包方式的荒山、荒沟、荒丘、荒滩等农村土地,通过招标、拍卖、公开协商等方式承包(《农村土地承包法》第48条)。通过招标、拍卖、公开协商等方式承包农村土地,经依法登记取得权属证书的,可以依法采取出租、入股、抵押或者其他方式流转土地经营权(《民法典》第342条)。

土地承包经营权与土地经营权的处分限制不同,土地承包经营权具有福利性和保障性,处分较受限制;土地经营权是一种市场化的权利,法律对其处分不作强行性限制。

土地承包经营权与土地经营权的区别归纳总结详见表1。

表1　土地承包经营权与土地经营权的区别

名称	土地承包经营权	土地经营权
权利来源不同	承包地所有权	土地承包经营权或者承包地所有权
权利主体不同	仅限于本集体经济组织成员(具有身份属性)	市场主体(没有身份属性)
承包方式不同	以家庭方式承包	可以通过家庭承包方式承包,也可以通过招标、拍卖、公开协商等方式承包
权利设定依据不同	产生于"土地承包经营权合同"(《民法典》第333条)或"承包合同"(《农村土地承包法》第22条)	产生于"土地经营权流转合同"(由土地承包经营权人设定土地经营权)或"承包合同"(由集体经济组织直接设定土地经营权)
程序不同	(1)本集体经济组织成员的村民会议选举产生承包工作小组; (2)承包工作小组依照法律、法规的规定拟订并公布承包方案; (3)依法召开本集体经济组织成员的村民会议,讨论通过承包方案; (4)公开组织实施承包方案; (5)签订承包合同(《农村土地承包法》第20条)	土地承包经营权人可以自主决定依法采取出租、入股或者其他方式向他人流转土地经营权(《民法典》第339条) 不宜采取家庭承包方式的荒山、荒沟、荒丘、荒滩等农村土地,通过招标、拍卖、公开协商等方式承包的《农村土地承包法》第48条) 通过招标、拍卖、公开协商等方式承包农村土地,经依法登记取得权属证书的,可以依法采取出租、入股、抵押或者其他方式流转土地经营权(《民法典》第342条)

续表

名称	土地承包经营权	土地经营权
处分限制不同	土地承包经营权具有福利性和保障性，处分较受限制	土地经营权是一种市场化的权利，法律对其处分不作强行性限制

四、土地经营权的性质

（一）土地经营权的定性之争

关于土地经营权的性质定位，在《农村土地承包法》修正以及《民法典》的编纂过程中，一直存在的较大的争议。主要的观点有物权说、债权说、物权化债权说以及两权说四种观点。

（1）物权说。物权说认为，肯定经营权的物权性，能够对抗承包人随意撕毁合同，为经营权人安心且稳定进行农业生产提供根本保障。[①] 对于土地经营者具有期限更长、可以针对第三人主张权利、方便流转以及设置抵押等法律制度上的优点。[②] 土地经营权应是土地承包经营权人基于处分行为设定的独立用益物权。土地经营权被赋予流转、抵押功能，目的在于实现集体土地的财产价值。[③] 从应尽可能地优化权利人的法律地位、使土地经营权成为更为有效的融资手段等方面出发，将土地经营权设计为用益物权确有必要。[④]

（2）债权说。债权说认为，土地经营权在性质上属于债权，但不同类型的土地经营权所受保护的程度存在差异，其中经登记者具有类似于物权的效力。[⑤] 经营权的本权是债权，是基于土地流转合同意定原因而产生的，因而其本权是债权，为意定本权，不是物权。[⑥] 将土地经营权定性为用益物权不符合私权生成逻辑，会导致土地所有权的虚置及土地承包经营权的虚化。应将土地经营权纳入债权范畴，既符合土地经营权的生成逻辑，防止土地集体所有权的虚置及土

① 参见谭启平主编：《中国民法学》，法律出版社2021年版，第338页。

② 参见孙宪忠：《推进农地三权分置经营模式的立法研究》，载《中国社会科学》2016年第7期。

③ 参见蔡立东、姜楠：《农地三权分置的法实现》，载《中国社会科学》2017年第5期。

④ 参见崔建远：《民法分则物权编立法研究》，载《中国法学》2017年第2期。

⑤ 参见高圣平：《土地经营权制度与民法典物权编编纂——评〈民法典物权编（草案二次审议稿）〉》，载《现代法学》2019年第5期。

⑥ 参见吴兴国：《承包权与经营权分离框架下债权性流转经营权人权益保护研究》，载《江淮论坛》2014年第5期。

地承包经营权的虚化,具有节约制度变更成本的优势,也可稳定土地经营权人的经营预期,达致中央提出的实现现代农业适度规模经营的目的。①

(3)物权化债权说。物权化债权说认为在"三权分置"法律构架中,"土地经营权"作为土地经营者依法取得的实际经营他人承包集体土地的权利,并非与土地所有权、土地承包权一样具有物权属性,而是对他人承包土地的债权型利用权。因此,民法意义上的"三权分置"实质是一种"物权—物权—债权"的土地权利构造。②

(4)两权说。两权说认为土地经营权是通过土地承包经营权流转,并从其中分离出来的一个特殊权利。这个权利是由承包方与经营者经签订土地承包经营权流转合同产生的,其权利义务由双方根据合同约定;其权利性质因土地流转形式不同而不同,其中转让、互换产生承包权利让渡,具有物权性质,而转包、出租不产生承包权利让渡的法律效果,具有债权性质。③

(二)《民法典》中土地经营权的解释路径

《民法典》并没有对土地经营权的性质作出直接的规定,《民法典》第 341 条规定:"流转期限为五年以上的土地经营权,自流转合同生效时设立。当事人可以向登记机构申请土地经营权登记;未经登记,不得对抗善意第三人。"此外,《农村土地承包法》第 41 条规定:"土地经营权流转期限为五年以上的,当事人可以向登记机构申请土地经营权登记。未经登记,不得对抗善意第三人。"土地经营权究竟属于何种性质的权利,立法上并没有给出明确的答案。对于这一问题,有学者指出,在"原承包法"修改过程中,"鉴于对土地经营权性质见仁见智,这次修改农村土地承包法,以解决实践需要为出发点,只原则界定了土地经营权权利,淡化了土地经营权性质"④。学界对《民法典》第 341 条规定的看法不一,从文义解释角度理解,以 5 年为时间节点,流转期限为 5 年以下的,认定为

---

① 参见单平基:《"三权分置"中土地经营权债权定性的证成》,载《法学》2018 年第 10 期。

② 参见温世扬、吴昊:《集体土地"三权分置"的法律意蕴与制度供给》,载《华东政法大学学报》2017 年第 3 期。

③ 参见孙中华:《关于农村土地"三权分置"有关政策法律性问题的思考》,载《农业部管理干部学院学报》2015 年第 1 期。

④ 参见刘振伟:《巩固和完善农村基本经营制度》,载《农村经营管理》2019 年第 1 期。转引自房绍坤:《〈农村土地承包法修正案〉的缺陷及其改进》,载《法学论坛》2019 年第 5 期。

债权,即便登记也只是起到债权物权化的效果[①];流转期限为5年以上的经过登记可以为物权。[②] 但是,同一类型的土地经营权就会因存续期限的长短而表现为不同的权利属性和类型,或是物权,或是债权,这并非最佳的方案。[③] 这种条文设计存在诸多矛盾,难以自圆其说。[④] 土地经营权的性质必须具有统一性,同一种概念不能指称两种不同性质的事务,这是逻辑上所不允许的,也违背了法律规范的清晰性和明确性的要求。[⑤] 最高人民法院民法典贯彻实施工作领导小组主编的《中华人民共和国民法典物权编理解与适用》一书中认为,尽管学界对土地经营权的性质未能达成一致,但在现行法律框架下,土地经营权已被归入《民法典·物权编》中的用益物权分编之中。显而易见,土地经营权具有物权属性。[⑥]《中华人民共和国农村土地承包法条文理解与适用》一书中认为,"三权分置"的关键在于构建一种具有相当稳定性、效力更强、相对独立的土地经营权。从目前的经济现实来看,将土地经营权定性为物权化的债权实为妥适选择。一则可以避免定性为物权所带来的对当事人之间法律关系的强行控制,赋予当事人一定的选择自由;二则可以防止单纯定性为债权所带来的经营预期不稳定、土地经营权难以担保融资等问题。当事人可以基于自主意愿创新承包地的流转方式,并可参酌具体情势选择是否办理登记,借由登记使得土地经营权这一债权具有了相对独立性和稳定性,获得类似于物权的保护,土地经营权人自可借以担保融资。[⑦]

物权说和债权物权化说虽都是有力学说,但是如何抉择还没有定论,有学者认为物权化债权说虽有诸多优势,但仍有进一步思考的余地,认为将物权认为是债权物权化,物权性质会被债权牵动,带来不必要的误会和误用。同时债权物权化,是在债权之上赋予若干物权效力,呈现一种债权与物权两个端点之

---

① 参见李永军主编:《中国民法学》,中国民主法制出版社2022年版,第248页。

② 参见崔建远:《中国民法典释评·物权编》,中国人民大学出版社2020年版,第139~140页。

③ 参见崔建远:《物权编对四种他物权制度的完善和发展》,载《中国法学》2020年第4期。

④ 参见陈小君:《土地改革之"三权分置"入法及其实现障碍的解除——评〈农村土地承包法修正案〉》,载《学术月刊》2019年第1期。

⑤ 参见李永军主编:《民法学教程》,中国政法大学出版社2021年版,第302页。

⑥ 参见最高人民法院民法典贯彻实施工作领导小组主编:《中华人民共和国民法典物权编理解与适用》(下),人民法院出版社2020年版,第649页。

⑦ 参见高圣平、王天雁、吴昭军:《〈中华人民共和国农村土地承包法〉条文理解与适用》,人民法院出版社2019年版,第204~208页。

间的中间状态。若将端点上的典型事物(物权)称为中间状态(债权物权化),会引发典型事物与中间状态相混淆的不利效果。[①] 若土地经营权认定为物权,则不需受20年最长租赁期限限制,方便土地经营权流转,增强交易安全,能够增强土地经营权的融资功能,但将土地经营权定性为用益物权的核心理论难点在于物权的排他性,即一物之上不可存在两个以上所有权,也不可存在两个以上种类一致、效力相同的用益物权或者担保物权。[②] 学者也借鉴域外地上权制度解释物权说的合理性,即地上权之上再设立一个次级地上权,但是争议仍然存在。可见,在土地经营权的性质定位上学界还未达成共识,土地经营权的准确定位有待于实践总结、学界论证与法律明晰。

五、土地经营权的设定

土地经营权可以由土地承包经营权人设定也可以由集体经济组织设定。

(一)由土地承包经营权人设定土地经营权

《民法典》第339条和第342条规定了土地承包经营权人设定土地经营权的情况,也即土地经营权派生于土地承包经营权的情形。《民法典》第339条规定,土地承包经营权人可以自主决定依法采取出租、入股或者其他方式向他人流转土地经营权。《民法典》第342条规定,通过招标、拍卖、公开协商等方式承包农村土地,经依法登记取得权属证书的,可以依法采取出租、入股、抵押或者其他方式流转土地经营权。需要明确的是,以出租方式设定土地经营权,不再是原本意义上的"出租",这里仅指通过有偿的方式予以设定,严格地讲双方应当签订的是土地经营权设定合同,而非租赁合同。[③]《农村土地承包法》第40条规定,土地经营权流转,当事人双方应当签订书面流转合同。土地经营权流转合同一般包括以下条款:(1)双方当事人的姓名、住所;(2)流转土地的名称、坐落、面积、质量等级;(3)流转期限和起止日期;(4)流转土地的用途;(5)双方当事人的权利和义务;(6)流转价款及支付方式;(7)土地被依法征收、征用、占用时有关补偿费的归属;(8)违约责任。承包方将土地交由他人代耕不超过一年

① 参见于飞:《从农村土地承包法到民法典物权编:"三权分置"法律表达的完善》,载《法学杂志》2020年第2期。

② 参见孙宪忠:《中国物权法总论》,法律出版社2014年版,第259页。

③ 参见李永军主编:《民法学教程》,中国政法大学出版社2021年版,第303页。

的,可以不签订书面合同。《民法典》第339条和《农村土地承包法》第36条分别规定为“出租、入股或者其他方式”“出租(转包)、入股或者其他方式”[①]。《农村土地承包法》第36条规定“出租(转包)”的立法理由是,“从法律本质而言,转包的性质就是出租,但根据农村土地承包经营的实践,习惯上将集体组织内部成员之间的承包地租赁关系称为转包,因此,本次农村土地承包法修改将原来规定的出租、转包两种流转方式合并成一种方式出租(转包)”[②]。《农村土地承包法》第10条规定,国家保护承包方依法、自愿、有偿流转土地经营权,保护土地经营权人的合法权益,任何组织和个人不得侵犯。

(二)由集体经济组织直接设定土地经营权

《农村土地承包法》第48条和第53条规定了由集体经济组织设定土地经营权的情况,也即土地经营权派生于土地所有权的情形。《农村土地承包法》第48条规定,不宜采取家庭承包方式的荒山、荒沟、荒丘、荒滩等农村土地,通过招标、拍卖、公开协商等方式承包的,适用本章规定。《农村土地承包法》第53条规定,通过招标、拍卖、公开协商等方式承包农村土地,经依法登记取得权属证书的,可以依法采取出租、入股、抵押或者其他方式流转土地经营权。

1. 通过其他方式设立农村土地经营权的界定

原《物权法》和《农村土地承包法》中的“土地承包经营权”是以土地所有权—土地承包经营权的“两权分立”模式为其理论基础构造的体系。因此,在承包地“三权分置”改革与土地经营权入法之前,土地承包经营权的创设取得包括在集体经济组织与其成员之间采用的家庭承包方式和以招标、拍卖、公开协商等方式。以其他方式设定农村土地承包经营权,其土地承包经营权成立方式大多采用招标、拍卖、公开协商等开放性市场模式,按照效益最大化的配置模式,遵从“价高条件优者得”的理念,在不改变土地性质的前提之下,实现土地的出租、入股、抵押、互换、转让,能够将土地向经营者手中汇拢,保障土地的规模经营与效率经营,发挥出最佳的效果。[③] 家庭承包在初始取得阶段承包方必须是本集体经济组织内的农户。以招标、拍卖、公开协商等方式,设立农村土地承包

① 王利明主编:《民法》(上册),中国人民大学出版社2020年版,第397页。

② 黄薇主编:《中华人民共和国农村土地承包法释义》,法律出版社2019年版,第151页。

③ 参见崔建远:《“四荒”拍卖与土地使用权——兼论我国农用权的目标模式》,载《法学研究》1995年第6期。

经营权,承包方的主体可以是本集体经济组织外的单位和个人。

在承包地“三权分置”的改革成果被纳入《农村土地承包法》(2018 年修正)和《民法典》的背景之下,土地承包经营权的主体是本集体经济组织的承包农户,不论土地经营权如何流转,土地承包经营权都属于农民家庭。原《物权法》和《农村土地承包法》上所谓“以招标、拍卖、公开协商等方式取得的土地承包经营权”,与“承包”所蕴含的成员属性并不相符,而与土地经营权的功能和意义相同,这种意义上的“土地承包经营权”已经属于市场化的权利,脱逸出了主体的身份属性。将土地承包经营权纯化为具有身份属性的财产权利,只有依家庭承包方式取得的承包地权利才被称为土地承包经营权。在此情况下,以其他方式承包农村土地,承包方取得的实为土地经营权。[①] 因此,《民法典》将其修改为土地经营权。[②]

有些农业用地并不是本集体经济组织成员人人有份的,如菜地、养殖水面等,由于数量有限,只能由少数农户来承包;有的土地数量虽多,但部分集体经济组织成员不愿意承包。对于不宜采取家庭承包方式的农村土地,法律允许以招标、拍卖、公开协商等方式进行承包。[③]《民法典》第 342 条将《农村土地承包法》第 53 条的规定上升到民事基本法的层面,规定:“通过招标、拍卖、公开协商等方式承包农村土地,经依法登记取得权属证书的,可以依法采取出租、入股、抵押或者其他方式流转土地经营权。”

相较于原《物权法》第 133 条规定的“荒地等农村土地”[④],《民法典》第 342 条规定的“农村土地”放宽了客体的范围,不但以“四荒”土地为客体的土地经营权可以通过招标、拍卖、公开协商等方式设立,允许农民集体经济组织成员以外的人取得;而且以耕地、草场、林地为客体的土地经营权也可以通过招标、拍卖、公开协商等方式设立,允许农民集体经济组织成员以外的人取得。[⑤]

所谓通过招标方式设立土地经营权,是指招标方通过发布招标通知、招标

---

① 参见高圣平、王天雁、吴昭军:《〈中华人民共和国农村土地承包法〉条文理解与适用》,人民法院出版社 2019 年版,第 14 页。

② 参见王利明主编:《民法》(上册),中国人民大学出版社 2020 年版,第 378 页。

③ 参见王利明、杨立新、王轶、程啸:《民法学》,法律出版社 2011 年版,第 298 页。

④ 《物权法》第 133 条规定:通过招标、拍卖、公开协商等方式承包荒地等农村土地,依照农村土地承包法等法律和国务院的有关规定,其土地承包经营权可以转让、入股、抵押或者以其他方式流转。

⑤ 参见崔建远:《中国民法典释评 · 物权编》,中国人民大学出版社 2020 年版,第 144 页。

公告、招标邀请等方式列明招标条件与招标信息，由有意向的承包者作为投标方参加招标竞争，最后招标方通过审查筛选，从中择优选定中标者并与其签订土地承包合同，设定土地经营权。招标投标是优化资源配置、促进效率的一种交易模式，应当遵循公开、公平、公正和诚实信用的基本原则。

所谓通过拍卖方式设立土地经营权，是指农村集体经济组织委托拍卖公司以公开竞价的方式，竞买人提出标价，通过公开竞争，拍卖人表示接受某项定价而拍定，将特定物或者财产权利转让给最高应价者的竞买方式。拍卖的最大特点就是公开性与竞争性。

所谓公开协商方式，包括与谁协商公开、协商的内容公开、协商协定的结果公开。以此接受集体经济组织成员的监督，避免暗箱操作。①

所谓“等方式”，如成立抵押合同的方式、通过直接召开集体经济组织成员大会或代表大会表决发包、承包以及委托专业的机构媒介设立土地经营权。

2. 通过其他方式设立土地承包经营权的特征

(1)承包方主体具有多元性

通过其他方式设定土地承包经营权的承包人并不局限于农村集体经济组织内部成员，本集体经济组织之外的自然人、法人与非法人组织都可以作为承包方。根据《农村土地承包法》第51条之规定，“以其他方式承包农村土地，在同等条件下，本集体经济组织成员有权优先承包”。所谓的“同等条件”是指本集体经济组织内部成员和外部竞包者同时参与经营权的竞争，在两者农业技术力量、资金状况、信誉状况、承包费用等条件相当的情况下，本集体经济组织内成员优先取得该土地的经营权。②

(2)设立方式具有多样性

采用招标、拍卖的方式设定土地承包经营权的，应当遵守《招标投标法》和《拍卖法》的相关规定并结合土地承包经营权自身的特点进行规范操作。③ 公开协商的公开内容包括承包的方式、程序、过程和结果，尤其强调的是对本集体经济组织成员的公开，以避免少数人操纵下的私自承包④，防止集体财产流失，

① 参见胡康生主编：《中华人民共和国物权法释义》，法律出版社2007年版，第303～304页。
② 参见胡康生主编：《中华人民共和国农村土地承包法释义》，法律出版社2002年版，第115页。
③ 参见江平主编：《中国物权法教程》，知识产权出版社2007年版，第312页。
④ 参见王宗非主编：《农村土地承包法释义与适用》，人民法院出版社2002年版，第120页。

维护农民的合法利益。①

(3)应遵循相应的程序

发包方将农村土地发包给本集体经济组织以外的自然人、法人与非法人组织承包应当遵循相应的程序。《农村土地承包法》第52条规定:"发包方将农村土地发包给本集体经济组织以外的单位或者个人承包,应当事先经本集体经济组织成员的村民会议三分之二以上成员或者三分之二以上村民代表的同意,并报乡(镇)人民政府批准。由本集体经济组织以外的单位或者个人承包的,应当对承包方的资信情况和经营能力进行审查后,再签订承包合同。"

3. 由集体经济组织直接设定土地承包经营权需要符合的条件

(1)不宜采取家庭承包方式的荒山、荒沟、荒丘、荒滩等农村土地,集体经济组织才能通过招标、拍卖、公开协商等方式向外承包。

(2)荒山、荒沟、荒丘、荒滩等可以直接通过招标、拍卖、公开协商等方式实行承包经营,也可以将土地经营权折股分给本集体经济组织成员后,再实行承包经营或者股份合作经营。承包荒山、荒沟、荒丘、荒滩的,应当遵守有关法律、行政法规的规定,防止水土流失,保护生态环境。

(3)发包方将农村土地发包给本集体经济组织以外的单位或者个人承包,应当事先经本集体经济组织成员的村民会议2/3以上成员或者2/3以上村民代表的同意,并报乡(镇)人民政府批准。由本集体经济组织以外的单位或者个人承包的,应当对承包方的资信情况和经营能力进行审查后,再签订承包合同。

(4)以其他方式承包农村土地,在同等条件下,本集体经济组织成员有权优先承包。

六、土地经营权的流转

1. 土地经营权流转的概念

土地经营权流转,当事人双方应当签订书面流转合同。土地经营权流转合同属于双务、有偿、要式合同。当事人双方互负对待给付义务。受让人自合同生效之日起取得土地经营权。土地经营权的设立采用的是债权意思主义,土地

① 参见王利明、杨立新、王轶、程啸:《民法学》,法律出版社2011年版,第306页。

经营权自流转合同生效时设立。

2. 土地经营权流转的原则

土地经营权流转应当遵循基本性原则,以确保土地经营权的有序流转。《农村土地承包法》第38条规定:"土地经营权流转应当遵循以下原则:(一)依法、自愿、有偿,任何组织和个人不得强迫或者阻碍土地经营权流转;(二)不得改变土地所有权的性质和土地的农业用途,不得破坏农业综合生产能力和农业生态环境;(三)流转期限不得超过承包期的剩余期限;(四)受让方须有农业经营能力或者资质;(五)在同等条件下,本集体经济组织成员享有优先权。"

3. 土地经营权流转合同

土地经营权流转合同一般包括以下条款:(1)双方当事人的姓名、住所;(2)流转土地的名称、坐落、面积、质量等级;(3)流转期限和起止日期;(4)流转土地的用途;(5)双方当事人的权利和义务;(6)流转价款及支付方式;(7)土地被依法征收、征用、占用时有关补偿费的归属;(8)违约责任。承包方将土地交由他人代耕不超过一年的,可以不签订书面合同(《农村土地承包法》第40条)。

4. 土地经营权流转的方式

通过招标、拍卖、公开协商等方式承包农村土地,经依法登记取得权属证书的,可以依法采取出租、入股、抵押或者其他方式流转土地经营权(《民法典》第342条)。土地经营权流转的价款,应当由当事人双方协商确定。流转的收益归承包方所有,任何组织和个人不得擅自截留、扣缴(《农村土地承包法》第39条)。

七、土地经营权的效力

(一)承包方的权利

1. 承包方的流转权

土地承包经营权人可以自主决定依法采取出租、入股或者其他方式向他人流转土地经营权(《民法典》第339条)。"其他方式"应指与"出租、入股"效果相同的方式。《关于完善农村土地所有权承包权经营权分置办法的意见》指出:"鼓励采用土地股份合作、土地托管、代耕代种等多种经营方式,探索更多放活土地经营权的有效途径。"《农村土地承包法》第44条规定:"承包方流转土地经营权的，其与发包方的承包关系不变。”流转土地经营权后，虽然土地不再由原承包方耕种，但土地承包经营权的主体并没有发生变化，仍然是原承包方。[①]

2. 承包方的单方解除权

依法成立的土地经营权流转合同具有法律效力，当时人均应履行约定义务，但在土地经营权流转期间，受让方存在严重违约行为，承包方可以单方解除土地经营权流转合同。[②] 严重违约行为包括：擅自改变土地的农业用途；弃耕抛荒连续两年以上；给土地造成严重损害或者严重破坏土地生态环境；其他严重违约行为（《农村土地承包法》第 42 条）。

3. 未超承包期的土地经营权可以被承继

可通过继承取得未超过承包期的土地经营权。《农村土地承包法》第 32 条规定，“承包人应得的承包收益，依照继承法的规定继承。林地承包的承包人死亡，其继承人可以在承包期内继续承包”。《农村土地承包法》第 54 条规定，“依照本章规定通过招标、拍卖、公开协商等方式取得土地经营权的，该承包人死亡，其应得的承包收益，依照继承法的规定继承；在承包期内，其继承人可以继续承包”。

（二）受让方的权利

1. 土地经营权人有权在合同约定的期限内占有农村土地，自主开展农业生产经营并取得收益（《民法典》第 340 条）。

2. 经承包方同意，受让方可以依法投资改良土壤，建设农业生产附属、配套设施，并按照合同约定对其投资部分获得合理补偿（《农村土地承包法》第 43 条）。

3. 经承包方书面同意，并向本集体经济组织备案，受让方可以再流转土地经营权（《农村土地承包法》第 46 条）。

4. 承包方可以用承包地的土地经营权向金融机构融资担保，并向发包方备案。受让方通过流转取得的土地经营权，经承包方书面同意并向发包方备案，可以向金融机构融资担保。担保物权自融资担保合同生效时设立。当事人可以向登记机构申请登记；未经登记，不得对抗善意第三人。实现担保物权时，担

---

① 参见崔建远：《中国民法典释评 · 物权编》，中国人民大学出版社 2020 年版，第 136 页。

② 参见杨立新：《物权法》，中国人民大学出版社 2020 年版，第 155 页。

保物权人有权就土地经营权优先受偿。土地经营权融资担保办法由国务院有关部门规定(《农村土地承包法》第47条)。

八、土地经营权的消灭

土地经营权消灭的原因主要包括:(1)土地经营权流转合同约定的期限届满导致土地经营权消灭。(2)因土地经营权流转合同约定的合同终止情形出现土地经营权消灭。(3)存在《民法典》第563条规定的合同法定解除事由,导致土地经营权流转合同解除,土地经营权消灭。(4)在土地经营权转让期间,土地经营权人严重违约行为,承包方单方解除土地经营权流转合同,土地经营权消灭(《农村土地承包法》第42条)。(5)其他导致土地经营权消灭的情形。

第五节　土地承包经营权的消灭

一、土地承包经营权的消灭事由

1. 土地承包经营权的期限届满

《民法典》第332条规定:"耕地的承包期为三十年。草地的承包期为三十年至五十年。林地的承包期为三十年至七十年。前款规定的承包期限届满,由土地承包经营权人依照农村土地承包的法律规定继续承包。"如果土地承包经营权人不愿意继续承包,则土地承包经营权自土地承包经营权合同中规定的期限届满时归于消灭。

2. 土地承包经营权的提前交回

承包期内,承包方可以自愿将承包地交回发包方。承包方自愿交回承包地的,可以获得合理补偿,但是应当提前半年以书面形式通知发包方(《农村土地承包法》第30条)。农村集体土地承包方交回承包地,不符合《农村土地承包法》第30条规定的限制程序的,不得认定其为自愿交回。[①] 承包方迁入小城镇落户的,承包期内不当然丧失承包经营权,也即承包方全家迁入小城镇落户的,

① 参见蒋勇、陈枝辉主编:《中国民事诉讼裁判规则(土地卷)》,法律出版社2019年版,第78页。

应按其意愿保留其土地承包经营权或允许其依法进行土地经营权流转。[①] 国家保护进城农户的土地承包经营权。不得以退出土地承包经营权作为农户进城落户的条件。承包期内,承包农户进城落户的,引导支持其按照自愿有偿原则依法在本集体经济组织内转让土地承包经营权或者将承包地交回发包方,也鼓励其流转土地经营权(《农村土地承包法》第 27 条)。

3. 土地承包经营权的提前收回

土地承包经营权的提前收回,是指在土地承包经营合同约定的承包期限届满之前,发包人在发生特定事由时将承包地提前收回,使土地承包经营权归于消灭的行为。承包经营耕地的单位或者个人连续两年弃耕抛荒的,经原批准机关批准,由县级以上人民政府无偿收回用地单位的土地使用权(《土地管理法》第 38 条)。[②]

法律明确列举发包方在某些情形下不得收回承包地,对发包方的收回权进行限制,以加强对承包方的保护。具体包括:第一,承包期内,妇女结婚,在新居住地未取得承包地的,发包方不得收回其原承包地(《农村土地承包法》第 31 条)。第二,妇女离婚或者丧偶,仍在原居住地生活或者不在原居住地生活但在新居住地未取得承包地的,发包方不得收回其原承包地(《农村土地承包法》第 31 条)。第三,承包期内,发包人不得单方面解除承包合同,不得假借少数服从多数强迫承包方放弃或者变更土地承包经营权;不得以划分"口粮田"和"责任田"等为由收回承包地搞招标承包;不得将承包地收回抵顶欠款。发包人在违反规定收回承包地、将承包地收回抵顶欠款时,应当承担停止侵害、排除妨碍、消除危险、返还财产、恢复原状、赔偿损失等民事责任(《农村土地承包法》第 57 条)。第四,在承包期内,无论承包方发生什么样的变化,只要作为承包方的家庭还存在,发包方都不得收回承包地。例如,承包方家庭中的一人或者数人死亡的,子女升学、参军或者在城市就业的,承包方在农村从事各种非农产业的,等等,只要作为承包方的农户家庭没有消亡,发包方都不得收回其承包地。但因家庭成员全部死亡而导致承包方消亡的,发包方应当收回承包地,另行

---

① 参见蒋勇、陈枝辉主编:《中国民事诉讼裁判规则(土地卷)》,法律出版社 2019 年版,第 45 页。
② 参见马俊驹、辜明安主编:《民法》,武汉大学出版社 2012 年版,第 301 页。

发包。[1]

4. 国家对承包地的征收

国家基于公共利益的需要，可以依据法律规定的权限与程序征收集体所有的土地。承包地被征收，被征收的土地所有权消灭。土地承包经营权因其母权不复存在而归于消灭。《民法典》第 338 条规定，承包地被征收的，土地承包经营权人有权依据《民法典》第 243 条的规定获得相应补偿。

5. 承包地灭失或者使用价值丧失

在承包经营权存续期间，土地因自然灾害或者人为因素而毁损灭失，例如，靠近河流的耕地随着水流的冲刷而坍塌，土地因地下采矿被掏空而坍塌等，土地承包经营权因失去客体而归于消灭。

承包方签订承包合同，是为了在所承包的土地上进行使用、收益，如果由于自然原因的变化，该承包地上的使用价值丧失，土地承包经营权也随之消灭。如有的牧民承包了草地进行放牧，但随着沙漠的推进，所承包的草地变成沙漠，此时草地承包经营权即随之消灭。[2]

6. 承包人死亡且无继承人或继承人放弃继承

土地承包经营权的存续必须以土地承包经营权人的存在为前提条件，在承包人死亡无继承人继续承包的情况下，土地承包经营权因无主体而归于消灭。继承人放弃继承也会使土地承包经营权消灭。但是由于土地承包经营权与集体组织成员身份不可分，故该权利放弃应以当事人明示为准，不能以当事人行为去推断其放弃。[3]

二、土地承包经营权消灭的程序

已经登记的土地承包经营权发生下列情形之一的，承包方应当持不动产权属证书、证实灭失的材料等，申请注销登记：(1)承包经营的土地灭失的；(2)承包经营的土地被依法转为建设用地的；(3)承包经营权人丧失承包经营资格或者放弃承包经营权的；(4)法律、行政法规规定的其他情形(《不动产登记暂行

① 参见石宏主编：《〈中华人民共和国民法典〉释解与适用·物权编》，人民法院出版社 2020 年版，第 265 页。

② 参见梅夏英、高圣平：《物权法教程》，中国人民大学出版社 2010 年版，第 209～211 页。

③ 参见蒋勇、陈枝辉主编：《中国民事诉讼裁判规则(土地卷)》，法律出版社 2019 年版，第 77 页。

条例实施细则》第51条)。

三、土地承包经营权消灭的法律效果

土地承包经营权消灭,主要产生如下法律效果:

第一,土地承包经营权人在土地承包经营权消灭时,应将土地返还于所有权人。

第二,土地上的出产物以及农用工作物,均为土地承包经营权人为对土地进行农业利用而花费的劳力或资金的体现,应由土地承包经营权人在土地承包经营权消灭时一并收回。[①] 当然也可以留给发包人,但有权请求作价补偿。承包人对其在承包地上投入而提高土地生产能力的,有权请求相应的补偿。[②]

① 参见杨震主编:《物权法》,中国人民大学出版社2009年版,第191~192页。

② 参见崔建远:《物权法》,中国人民大学出版社2021年版,第300页。

第九章

建设用地使用权

第一节 建设用地使用权概述

一、建设用地使用权的概念

建设用地使用权是建设用地使用权人为了利用土地建造建筑物、构筑物及其附属设施而依法对国家所有的土地享有占有、使用和收益的权利。建设用地使用权可以在土地的地表、地上或者地下分别设立(《民法典》第 344 条、第 345 条)。集体所有的土地作为建设用地的,应当依照土地管理的法律规定办理(《民法典》第 361 条)。设立建设用地使用权,应当符合节约资源、保护生态环境的要求,遵守法律、行政法规关于土地用途的规定,不得损害已经设立的用益物权(《民法典》第 346 条)。《民法典》新增了设立建设用地使用权应当遵循绿色原则的要求,体现了《民法典》的生态文明的理念。设立建设用地使用权,应当遵守的要求是:第一,符合节约资源、保护生态环境的要求。第二,应当遵守法律、行政法规关于土地用途的规定,按照批准的土地用途使用土地。第三,不得损害已设立的用益物权。①

中华人民共和国成立后,土地实行公有制,国有土地使用权基本以行政划拨方式取得。1990 年颁布的《城镇国有土地使用权出让和转让暂行条例》正式规定了国有土地使用权出让制度,解决了国有土地所有权单一与土地权益多元

---

① 参见杨立新、李怡雯:《中国民法典新规则要点》,法律出版社 2020 年版,第 229 页。

化的矛盾。[1] 我国实行土地公有制，因此，土地只能由国家所有或者是集体所有，但是，国家和集体是一种社会组织，无法直接利用土地并获取收益，只能将土地交由他人利用。在市场经济条件下，既可以通过土地租赁的债权化模式进行，也可以通过设定用益物权的模式进行。物权化利用具有对世性、排他性、稳定性等制度优势。此外，建设用地使用权虽然是一种基于所有权而产生的用益物权，但是在我国实践中，其实际上是一种类似于所有权的权利，权利人不仅可以对土地直接占有、使用，还对其享有充分的处分权能，有权将其权利转让、出租或者抵押。这就有效克服了我国土地所有权不能流转与市场经济发展之间的矛盾。[2]

广义的建设用地使用权包括集体土地建设用地使用权与国有土地建设用地使用权。狭义的建设用地使用权仅指国有土地建设用地使用权。有的学者认为现行法规定的建设用地使用权仅为狭义的国有土地建设用地使用权，其客体是国有土地。[3] 有的学者采广义的建设用地使用权，认为建设用地使用权的客体原则上为国有土地，也可以为集体所有的土地。[4] 虽然从我国现行法律的规定来看，建设用地使用权主要是指国有土地使用权，但从市场经济的发展来看，法律不应仅规定国有土地使用权，也应当规定集体土地使用权。实际上，我国的《土地管理法》和《城市房地产管理法》等已规定了集体土地使用权制度。因此，建设用地使用权的客体既可以是国有土地，也可以是集体土地。[5] 现实生活中已经出现了在集体土地上兴办中外合资经营企业、中外合作经营企业、外商独资企业、股份合作制企业等项目的现象。在此背景之下，继续用国有土地使用权作为建筑物所有权的权源形式显然不足以涵盖集体土地使用权作为建筑物的正当根据的情形。因此不考虑建设用地使用权处于乡村还是城市，也无论它是归国家所有还是归集体所有，只要竖立其上的权利系以建造并保有建筑

---

① 参见刘云生、李开国、孙鹏：《物权法教程》，中国人民大学出版社 2009 年版，第 136 页。

② 参见王利明主编：《民法》（上册），中国人民大学出版社 2020 年版，第 408～409 页。

③ 参见马俊驹、辜明安主编：《民法》，武汉大学出版社 2012 年版，第 305 页。

④ 参见王利明、尹飞、程啸：《中国物权法教程》，人民法院出版社 2007 年版，第 316 页；江平主编：《中国物权法教程》，知识产权出版社 2007 年版，第 327 页；崔建远：《物权法》，中国人民大学出版社 2021 年版，第 307 页。

⑤ 参见马俊驹、余延满：《民法原论》，法律出版社 2010 年版，第 372 页。

物的所有权为目的,就称为建设用地使用权。[1]

在《民法典》编纂过程中,曾有不少学者或者单位提出立法建议,认为社会经济形势以及国家土地政策已经发生重大改变,特别是党的十八届三中全会明确提出要建立城乡统一的建设用地市场,应当将《民法典》中建设用地使用权的客体扩大至国有土地和集体土地,以体现国有和集体土地"同等入市、同价同权"的理念,充分保障农民土地利益。但考虑到土地城乡二元结构问题较为复杂,农村土地改革正在逐步深化,由特别法进行具体规定在立法技术上更为稳妥。因此,《民法典》仍然延续了原《物权法》的框架,即在第 344 条将建设用地使用权的客体限制为国有土地,但同时在第 361 条通过条款转介的方式将集体建设用地使用权交由《土地管理法》及其配套法规规定,为农村土地制度的下一步改革和发展留出了空间。[2] 随着将来城乡差异逐渐消除,集体土地的建设用地使用权和国有土地建设用地使用权分立的合理性也会消灭,但是,在现阶段既然选择了分立且使用不同的法律依据,就应该有各自不同的概念用语才符合体系化的要求。[3] 因此,我国《民法典》所规定的建设用地使用权仅为狭义的国有土地建设用地使用权,而未将集体土地建设用地使用权一并规定是有道理的。[4]

二、建设用地使用权的特征

(一)建设用地的主体具有广泛性

建设用地使用权的主体没有特定身份的限制,依法批准的自然人、法人和非法人组织都可以依法取得建设用地使用权,成为建设用地使用权的主体。而且,依法取得建设用地使用权的主体,在其使用权年限之内可以进行转让、出租、抵押或者其他经济活动,购买者购得建筑物、构筑物与附属设施的同时购得了建设用地的使用权。建设用地使用权的主体不受特定目的和特定身份的限

---

① 参见崔建远:《中国民法典释评·物权编》,中国人民大学出版社 2020 年版,第 152 页。

② 参见最高人民法院民法典贯彻实施工作领导小组主编:《中华人民共和国民法典物权编理解与适用》(下),人民法院出版社 2020 年版,第 723 ~ 724 页。

③ 参见孙毅、申建平:《建设用地使用权·宅基地使用权》,中国法制出版社 2007 年版,第 78 页。

④ 参见马俊驹、辜明安主编:《民法》,武汉大学出版社 2012 年版,第 305 页。

制。因此,建设用地使用权的主体具有广泛性。①

（二）建设用地使用权可以在土地的地表、地下或者地上分别设立

随着现代社会土地资源的稀缺和建筑技术的发达,脱离地表独立开发地下、地上空间成为可能,故空间权制度日益成为各国物权法立法、修法的热点。人口向大都市集聚,形成都市密集化,土地的立体利用已经从地表脱离,被横向地、水平地切割为地下和空中断层,并使其具有了固有的价值。但在2007年《物权法》制定以前,相关法律规范尚属空白。鉴于此,原《物权法》以第136条、第138条引入了“建设用地使用权分层设立”制度,其目的即在于构建我国建设用途的空间使用权制度。2020年5月28日通过的《民法典》以第345条、第348条完整保留了建设用地使用权分层设立制度。②

《民法典》第345条规定,“建设用地使用权可以在土地的地表、地上或者地下分别设立”。第346条规定,“设立建设用地使用权,应当符合节约资源、保护生态环境的要求,遵守法律、行政法规关于土地用途的规定,不得损害已经设立的用益物权”。建设用地使用权是以国有土地为客体,其范围不限于土地地表,地表的地上空间和地下空间也可以设定建设用地使用权。以地上为客体的建设用地使用权,是指以距地面一定高度的空间为客体的建设用地使用权。以地下为客体的建设用地使用权是指以距地面一定深度的空间为客体的建设用地使用权。地表、地上和地下建设用地使用权形成空间立体状态。以地上空间、地下空间为客体的建设用地使用权,称作区分建设用地使用权,或分层建设用地使用权,或径称为空间权。③

（三）建设用地使用权的目的是建造并保有建筑物、构筑物及其附属设施

建设用地使用权的目的是建造并保有建筑物、构筑物及其附属设施。所谓的“建筑物”是指土地上或地面下,具有顶盖、墙垣、梁柱,能够在其中进行生产生活活动的建造物,如住房、厂房、办公楼等。所谓的“构筑物”是指一般不直接在内进行生产和生活的建造物,如道路、桥梁、堤坝等。所谓的“附属设施”是指附属于建筑物、构筑物,与建筑物、构筑物密不可分,有助于建筑物、构筑物发挥

① 参见马俊驹、辜明安主编:《民法》,武汉大学出版社2012年版,第305页。

② 参见张鹏:《民法典视野下建设用地使用权分层设立制度的实施路径》,载《法学家》2020年第6期。

③ 参见崔建远:《中国民法典释评·物权编》,中国人民大学出版社2020年版,第155~160页。

效用的各种配套设施,如水暖、输电线路、输水管道等。

(四)建设用地使用权为有期限物权

建设用地使用权是有期限限定的用益物权,基于建筑物与构筑物的存续期间较长,因此也要求建设用地使用权的期限具有长期性。我国《城镇国有上地使用权出让和转让暂行条例》《城市房地产管理法》《民法典》分别确立了土地使用权续期规则。《城市房地产管理法》第 3 条规定:"国家依法实行国有土地有偿、有限期使用制度。但是,国家在本法规定的范围内划拨国有土地使用权的除外。"《城镇国有土地使用权出让和转让暂行条例》第 12 条规定:土地使用权出让最高年限按下列用途确定:(1)居住用地 70 年;(2)工业用地 50 年;(3)教育、科技、文化、卫生、体育用地 50 年;(4)商业、旅游、娱乐用地 40 年;(5)综合或者其他用地 50 年。以划拨方式取得建设用地使用权的,除法律、行政法规另有规定外,没有使用期限的限制。但应当指出,没有期限限制并不意味着这种权利是永续存在的,例如,一旦划拨的条件不复存在,划拨的建设用地使用权则可能因国家收回而消灭。

建设用地使用权到期之后,可以续期。建设用地使用权续期分为两种:一是住宅建设用地使用权期限届满的,自动续期,不存在期限届满而消灭的问题。二是非住宅建设用地使用权期限届满需要续期的,须申请续期。① 住宅建设用地使用权期限届满的,采取自动续期模式,即权利期限届满后不需要当事人向政府部门申请批准,就可以自动延长。续期费用的缴纳或者减免,依照法律、行政法规的规定办理。非住宅建设用地使用权期限届满后的续期,依照法律规定办理。该土地上的房屋以及其他不动产的归属,有约定的,按照约定;没有约定或者约定不明确的,依照法律、行政法规的规定办理(《民法典》第 359 条)。这里所称法律、行政法规的规定主要是指《城市房地产管理法》第 22 条及《土地管理法》第 58 条第 1 款第 2 项的规定,根据这两条规定,续期采取申请报批模式,即权利人应当至迟于期限届满前 1 年报请原出让土地的管理部门批准,政府原则上应批准续期申请,除非因公共利益需要收回土地。未在法定期限内申请或申请未经批准的,建设用地使用权消灭,由有关部门报经原批准用地的人民政

① 参见杨立新、李怡雯:《中国民法典新规则要点》,法律出版社 2020 年版,第 231 页。

府或者有批准权的人民政府批准，收回土地。[①]

三、住宅建设用地使用权到期后的续期问题

住宅建设用地使用权的期限性与房屋所有权的永久性之间存在的矛盾是续期问题产生的根源。住宅建设用地使用权到期后如何续期是我国土地公有制背景下必然要面对的问题。深圳、温州、青岛等地住宅建设用地使用权到期事件的发生，使得住宅建设用地使用权到期后如何续期的问题引发了社会各界的密切关注，一方面现行法律规定语焉不详，另一方面各地实践做法不一且不少地方该问题处于搁置状态。[②] 原《物权法》第 149 条专门规定了住宅建设用地使用权的自动续期规则，但回避了续期期限、续期是否收取以及如何收取相关费用等问题。[③]《民法典》第 359 条对住宅建设用地使用权到期后的续期问题，仅增加了“续期费用的缴纳或者减免，依照法律、行政法规的规定办理”。住宅建设用地使用权可以在期满后自动续期，但法律并未对续期的期间以及次数作出规定，这在解释学上存在极大争议。[④] 住宅建设用地使用权自动续期并未内在的包含有偿续期的问题，原《物权法》和《民法典》对续期收费问题都采取了回避的态度，[⑤]学界主要分为无偿续期和有偿续期两大阵营。所谓无偿续期即指无须缴纳任何费用，直接自动无条件地延续住宅建设用地使用权，而有偿续期则强调必须缴纳相关费用，或是土地出让金、或是土地使用费、或是土地持有税，方得延续住宅建设用地使用权。无偿续期分为“免费续期说”和“免费续期 70 年说”，有偿续期是多数学者的主张，主要包括“按年收土地出让金说”“费改税说”“区分收税（费）说”。[⑥] 地方人大、中央有关部门和单位就《民法典·物权编》提交的建议也不同，有的认为要统筹考虑社会公平、产权保护、房产税征收

---

① 参见最高人民法院民法典贯彻实施工作领导小组主编：《中华人民共和国民法典物权编理解与适用》（下），人民法院出版社 2020 年版，第 822 页。

② 参见张素华、汪文张：《住宅建设用地使用权到期后自动续期的规范设计——兼评民法典第 358 条》，载《甘肃政法大学学报》2020 年第 5 期。

③ 参见王利明：《住宅建设用地使用权自动续期规则》，载《清华法学》2017 年第 2 期。

④ 参见张英豪：《住宅建设用地使用权自动续期规则的重构》，载《学习与实践》2018 年第 6 期。

⑤ 参见最高人民法院民法典贯彻实施工作领导小组主编：《中华人民共和国民法典物权编理解与适用》（下），人民法院出版社 2020 年版，第 821 页。

⑥ 参见康浩：《住宅建设用地使用权续期规则设计：基于基本概念的考察》，载《财经法学》2018 年第 5 期。

等因素,根据试点情况作出原则性规定,完善续期规则。有的认为自动续期应当不缴纳土地出让金,但应向国家缴纳税费。有的认为70年使用期的住宅建设用地到期免费续期,70年以下的住宅建设用地到期应当适当补交土地出让金。有的认为住宅建设用地使用权期限届满后,如果住宅没有超过当地平均住房面积,应当自动廉价续期或者无偿续期。超过当地平均住房面积标准的,对于超过部分,应按照市场价格实行有偿续期。[①] 据立法文件记载,《民法典》对于续期问题,仅根据原《物权法》第149条和《城市房地产管理法》第22条规定作出了一个原则性规定,待国务院正式提出修改有关法律的议案后,再进一步做好衔接。[②]《民法典》第359条第1款明确规定,自动续期应当交费,但"续期费用的缴纳或者减免,依照法律、行政法规的规定办理"。这一规定,结束了自动续期是否交费的争议,也明确了不实行征税制度。据此,《民法典》通过后,立法机关应当尽快制定相应的法律、行政法规,以明确规定住宅建设用地使用权期限届满后自动续期的费用缴纳或减免问题。[③]

四、建设用地使用权与地上权的关系

地上权起源于罗马,是指"使人充分享有某一建筑物或其中一部分的,可以转让并可以转移给继承人的物权"[④]。在罗马时期,奉行"地上物属于土地"(superficies solo cedit)的原则,地上物作为土地的添附和土地混为一体,对于在他人土地上建造的房屋,其所有权一律归属土地所有人。创设地上权是为了使地上物与土地保持分离的状态。地上权产生之初,是为了土地所有人之外的人能合法占有和保有既存的地上物。后来,地上权扩展到利用他人土地建造尚不存在的地上物。在这个过程中,地上权的客体逐渐从地上物转变为土地。

大陆法系许多国家继受了罗马法的地上权制度。在德国法中,地上权定义为,因设定权利而享有利益的人,享有在土地上或者地下设置建筑物的可转让

① 参见《民法典立法背景与观点全集》编写组编:《民法典立法背景与观点全集》,法律出版社2020年版,第102页。

② 参见《民法典立法背景与观点全集》编写组编:《民法典立法背景与观点全集》,法律出版社2020年版,第24页。

③ 参见房绍坤:《民法典用益物权规范的修正与创设》,载《法商研究》2020年第4期。

④ 参见[意]彼德罗·彭梵得:《罗马法教科书》,黄风译,中国政法大学出版社1992年版,第268页。

或者可继承的权利。其土地的用途限于设置建筑物，不限于住房，包括符合建筑规章之各种形式的建筑物，但不包括种植的竹木。[①] 日本法中地上权定义为，地上权人，因在他人土地上拥有工作物或者竹木，而享有使用土地的权利。[②] 这种权利属于用益物权，可以转让、继承、抵押，并不以支付地租为要件，经登记可以对抗第三人。

在地上权的发展过程中，经历了两次重大的观念转变，第一次是地上物和土地分离，添附理论受到了极大的削弱，地上权人成为地上物的所有权人；第二次是地上物和地上权的分离，地上物是地上权组成部分的观念动摇，最终导致房屋等重要地上物的所有权和地上权脱离而独立出来，地上物实现了独立财产化。相应地，地上权客体的观念从“地上物”发展到“土地和地上物”，最后发展为“土地”。[③]

在传统大陆法系民法中，使用他人土地建造建筑物、构筑物的权利被称为地上权。中华人民共和国成立以后的很长一段时间内，实行国家和集体土地的无偿利用制度，而且利用关系多因国家行政划拨而产生，并未出现类似于传统民法地上权的权利。在20世纪80年代中后期，随着土地有偿利用制度的确立和土地市场的逐渐发育，迫切地需要从法律上规范和保护土地利用者的权利。就利用国家或集体土地建造建筑物、构筑物的情形而言，虽然其在权利义务关系上与传统民法中的地上权极其相似，但我国一直没有使用地上权的概念，而长期使用土地使用权概念。[④] 自罗马法以来的传统民法中与建设用地使用权相对应的概念是地上权，地上权与建设用地使用权有共通之处。但是，建设用地使用权无论是从用语选择上还是具体内容上都与地上权有非常明显的区别。

第一，产生的基础不同。地上权与我国现行法中的建设用地使用权产生的社会基础不同，地上权产生的社会基础是为了克服“地上物属于土地”原则；而建设用地使用权产生的社会基础是解决国有土地使用权如何进入市场的问题。

---

① 参见［德］鲍尔、［德］施蒂尔纳：《德国物权法》（上册），张双根译，法律出版社2004年版，第651页。

② 参见刘士国、牟宪魁：《日本民法典》，杨瑞贺译，中国法制出版社2018年版，第50页。

③ 参见孙毅、申建平：《建设用地使用权·宅基地使用权》，中国法制出版社2007年版，第47～53页。

④ 参见谭启平主编：《中国民法学》，法律出版社2021年版，第339页。

第二，客体的性质不同。地上权是存在于他人土地上的权利，包括私有土地，而且地上权通常都设立在私人土地之上；而建设用地使用权是设立在国有土地之上的权利。

第三，设立目的不同，地上权设定的目的，各国和地区存在差异：一是将地上权的设立目的限于建造建筑物，例如德国；二是将地上权的设定目的界定为建造建筑物和种植竹木，例如日本。我国法上的建设用地使用权不包括种植竹木的权利，其目的具有特定性，权利人只能在土地上建造建筑物、构筑物及其附属设施。但是，为了美化生活环境，提升居住质量，住宅建设用地使用人可在小区规划绿地上种植竹木等，仍属于建设用地使用权的范畴。①

第四，取得方式不同。地上权的创设方式一般是通过地上权设立合同而设立，即地上权人通过与土地所有权人签订合同的方式设立地上权，是否有偿不影响地上权的设立；而建设用地使用权主要是通过出让和划拨两种方式取得。

第五，制度功能不同。在土地私有制国家，土地所有权可以入市流通，因此地上权代表土地进行流通的效能甚微；而在土地公有制国家，土地所有权不能入市流通，建设用地使用权是建筑物、构筑物与附属设施的土地承载，能够充分发挥流通的功能。

第六，流通的限制不同。地上权的流转通常不受限制；而以划拨方式取得的建设用地使用权的流转受到严格的限制，只有以出让方式取得的建设用地使用权才能较为自由地流转。

第七，存续的期间不同。地上权的存续期间可以由当事人约定；而以出让方式取得的建设用地使用权，都有法定的存续期间，以划拨方式取得的建设用地使用权作为例外，通常没有存续期间的规定。②

第八，地上权的目的及功能并未区分建筑物的用途，无论是建造农户的住宅，还是建造市民的住房，抑或是建造写字楼等，只要是利用他人所有的土地，就都由地上权制度解决。而《民法典》等法律区分在他人土地上建造农户住宅和其他建筑物、构筑物及其附属设施的不同情形，由建设用地使用权与宅基地使用权两项制度分工负责。由此看来，如果一定作类比，那么，从权利的目的及

---

① 参见江平主编：《物权法》，法律出版社2009年版，第235页。

② 参见杨震主编：《物权法》，中国人民大学出版社2009年版，第197页。

功能的角度观察，可以说建设用地使用权和宅基地使用权合起来相当于地上权。[①]

第二节　建设用地使用权的取得

一、建设用地使用权取得概述

权利的取得，乃权利归属于主体，可分为原始取得与继受取得。原始取得，指非基于他人既存的权利，而独立取得新权利而言（权利的绝对发生），继受取得，指就他人既存的权利取得其权利而言（权利的相对发生）。[②]

建设用地使用权的原始取得也称建设用地使用权最初取得，是指不以原建设用地使用权人的权利和意志为依据，而直接根据法律的规定取得建设用地使用权。第一类是依据法律的直接规定而取得的法定建设用地使用权，例如在我国对土地和建筑物之间的物权利用关系所采用的分离主义立法模式之下，在建筑物所有权与建设用地使用权异其主体时，由建筑物所有权人对其建筑物占用范围内的土地取得法定建设用地使用权。[③] 第二类是不基于前手的权利而获得已有的建设用地使用权，例如基于登记公信力而从无权利人处基于善意取得而获得建设用地使用权（《民法典》第 311 条第 3 款）。[④]

建设用地使用权的继受取得又称建设用地使用权的传来取得，是指以原建设用地使用权人的该项权利作为取得的前提条件，从原建设用地使用权人取得已有的建设用地使用权。继受取得建设用地使用权又可分为创设继受取得建设用地使用权和移转继受取得建设用地使用权。所谓创设继受取得建设用地使用权，是指将土地所有权的部分权能分离和独立出来，形成建设用地使用权这种新权利的现象，其典型表现是建设用地使用权的出让取得与划拨取得。所

---

① 参见崔建远：《物权法》，中国人民大学出版社 2021 年版，第 314 页。

② 参见王泽鉴：《民法总则》，北京大学出版社 2009 年版，第 222 页。

③ 参见孙宪忠：《论物权法》，法律出版社 2001 年版，第 411 页。

④ 参见孙毅、申建平：《建设用地使用权 · 宅基地使用权》，中国法制出版社 2007 年版，第 168 ~ 169 页。

谓移转继受取得建设用地使用权,是指基于他人既存的建设用地使用权通过移转的方式而取得,也就是建设用地使用权从一个权利人手中转移至另一人手中。[①] 例如,基于转让、互易、赠与而继受取得建设用地使用权。继受取得以转让取得建设用地使用权为常态。[②]

二、通过行政划拨取得建设用地使用权

(一)建设用地使用权划拨的概念与性质

1. 建设用地使用权划拨的概念

土地使用权划拨,是指县级以上人民政府依法批准,在土地使用者缴纳补偿、安置等费用后将该幅土地交付其使用,或者将土地使用权无偿交付给土地使用者使用的行为(《城市房地产管理法》第 23 条第 1 款)。

2. 建设用地使用权划拨的性质

在法律性质上,理论上有民事行为说和行政行为说两种观点,持行政行为说的学者认为,依无偿划拨取得的建设用地使用权与依有偿出让取得的建设用地使用权是两种不同的权利。建设用地使用权划拨实质上是国家赋予社会成员行使其占有、使用土地的权能,而不是将建设用地使用权作为一项财产权利让与他人。因此,事实上不存在土地所有权与使用权的分离,二者合二为一,土地使用权者取得权利是无偿的、不定期的。但这种权利由于不是属于使用者的一项独立的财产权利,因此不能进入流通领域,不得作为民事法律行为的标的进行流转、出租、抵押。[③] 持民事行为说的学者反对该观点,认为行政行为也可以作为民事权利的取得方法,划拨与出让只是建设用地使用权取得的方式不同,并不影响建设用地使用权统一的民事财产权性质。当然,由于土地使用权的取得方式不同,在权利的形式上也应有所不同,以求公平实现。[④]

(二)建设用地使用权划拨的特点

建设用地使用权划拨具有以下四方面的特点。

---

① 参见江平主编:《物权法》,法律出版社 2009 年版,第 235 ~ 236 页。

② 参见崔建远:《物权法》,中国人民大学出版社 2021 年版,第 314 页。

③ 参见吕来明:《走向市场的土地——地产法新论》,贵州人民出版社 1995 年版,第 177 页。

④ 参见杨立新:《物权法》,中国人民大学出版社 2020 年版,第 164 ~ 165 页。

1. 公益目的性

由于划拨取得建设用地使用权无须向作为所有权人的国家支付相应的对价，因此，划拨设立的建设用地使用权，必须以公益为目的。严格限制以划拨方式设立建设用地使用权(《民法典》第347条第3款)。以划拨方式取得的土地使用权，因企业改制、土地使用权转让或者改变土地用途等不再符合划拨用地目录的，应当实行有偿使用。下列建设用地的土地使用权，确属必需的，可以由县级以上人民政府依法批准划拨：(1)国家机关用地和军事用地；(2)城市基础设施用地和公益事业用地；(3)国家重点扶持的能源、交通、水利等项目用地；(4)法律、行政法规规定的其他用地(《城市房地产管理法》第24条和《土地管理法》第54条)。

2. 无偿性

以划拨方式取得建设用地使用权的用益物权人，无需向国家支付土地出让金。但建设用地使用权人仍需支付补偿费和安置费，此种费用的性质在法律上并非合同的对价，也远远低于出让金，故不能以此否定划拨的无偿性。

3. 流通限制性

这是由划拨的公益性和无偿性决定的，划拨取得建设用地使用权的用益物权人在转让其权利时，应当受到严格的限制，否则会造成国家公益目的落空，而且导致用益物权人取得不当利益。[①]

4. 无期限性

以划拨方式取得土地使用权的，除法律、行政法规另有规定外，没有使用期限的限制(《城市房地产管理法》第23条第2款)。以划拨方式设立的建设用地使用权的无期限性是由其公益性决定的。

三、通过出让取得建设用地使用权

(一)建设用地使用权出让的概念

建设用地使用权出让是指国家以土地所有者的身份将土地使用权在一定年限内让与土地使用者，并由土地使用者向国家支付土地使用权出让金的行为。土地使用权出让应当签订出让合同(《城镇国有土地使用权出让和转让暂

---

① 参见江平主编：《中国物权法教程》，知识产权出版社2007年版，第335～336页。

行条例》第 8 条)。土地使用权出让合同,是指市、县人民政府土地管理部门作为出让方将土地使用权在一定年限内让与受让方,受让方支付土地使用权出让金的协议(《最高人民法院关于审理涉及国有土地使用权合同纠纷案件适用法律问题的解释》第 1 条)。通过招标、拍卖、协议等出让方式设立建设用地使用权的,当事人应当采用书面形式订立建设用地使用权出让合同。建设用地使用权出让合同一般包括下列条款:(1)当事人的名称和住所;(2)土地界址、面积等;(3)建筑物、构筑物及其附属设施占用的空间;(4)土地用途、规划条件;(5)建设用地使用权期限;(6)出让金等费用及其支付方式;(7)解决争议的方法(《民法典》第 348 条)。

(二)建设用地使用权出让合同的性质

关于建设用地使用权出让合同的性质定位,理论上存在争议。主要有"行政行为说"[①]与"民事行为说"[②]两种观点。行政法学者认为,建设用地使用权出让合同在性质上属于行政合同。主张从建设用地的出让金分析,它并不是建设用地使用权的商品价格,出让方并非单纯追求收取最高的建设用地使用权出让金,而是要考虑如何实现行政管理目的,确定出让金成为一种管理手段。从发生争议时的解决措施分析,出让方可以直接依据法律采取单方措施,例如收回建设用地使用权等。因此,认为建设用地使用权出让属于一种行政行为,建设用地使用权出让合同是行政合同。但民法学者普遍认为建设用地使用权出让合同属于民事合同。首先,国家在出让合同中的地位是民事主体。基于政治国家与市民社会的两分,主体在不同领域,具有不同的身份。当国家在政治国家层面参与政治、社会管理活动时,是主权者或者是管理者;但当国家进入市民社会领域参与民事活动时,则是一个普通的民事主体。建设用地使用出让合同的本质,是土地所有人与土地使用者的交易行为,国家系在市民社会领域充当民事主体。其次,建设用地使用权的主要内容是当事人双方的合同权利义务。在建设用地使用权出让中,各级政府的土地管理部门确实享有一些特权,如基于

① 参见南路明、肖志岳:《中华人民共和国地产法律制度》,中国法制出版社 1991 年版,第 33 页;翁岳生主编:《行政法》,中国法制出版社 2002 年版,第 776 页。

② 参见王家福、黄明川:《土地法的理论与实践》,人民日报出版社 1991 年版,第 220 ~ 221 页;梅夏英、高圣平:《物权法教程》中国人民大学出版社 2010 年版,第 221 页;杨立新:《物权法》,中国人民大学出版社 2020 年版,第 163 ~ 164 页。

社会公用利益的需要提前收回、监管土地使用等,但这些特权并不是行政权力。作为所有权人,国家当然有权监管土地的使用情况。这是所有权性质的反映,是国家行使所有权的表现。而且,土地出让金并不是一种管理手段,而是在土地所有权上设定建设用地使用权的对价。从法律的规定来看,出让金的数额并不是完全由出让方确定的,而是通过招标、拍卖或双方协商的方式确定的。[①] 最后,法律已经明确将建设用地使用权规定为一项用益物权,显然该权利属于民事权利,因此建设用地使用权出让合同也当然属于民事合同。该合同在本质上与以有体物为标的的买卖合同并无不同,无非其标的建设用地使用权作为一种用益物权,属于无体物,因此该合同属于准买卖合同,出让合同的生效并不直接发生物权变动的效力,而只是在办理登记之后,受让人才真正取得建设用地使用权,该合同在性质上仍属于债权合同。[②] 因此,建设用地使用权出让合同属于民事合同而非行政合同。

从合同目的以及合同调整的法律关系来看,国有建设用地使用权出让合同不符合行政合同的认定标准。在签订和履行土地使用权出让合同的过程中,作为土地出让方的土地管理部门具有土地所有者和土地管理者双重身份,这也是导致合同性质发生混淆的重要原因。合同的签订目的是确立土地用益物权,规范土地出让方和受让方之间的权利义务关系。从合同签订所遵循的原则、合同的内容、合同的责任承担以及争议解决方式来看,土地使用权出让合同调整的是民事法律关系,当属于民事合同。将土地使用权出让合同认定为民事合同,适用民事诉讼程序,有利于增强土地使用权的稳定性,有利于平衡土地所有者与土地使用者之间的权利义务关系,符合社会主义市场经济的要求,能够获得更好的社会效益。

(三)建设用地使用权设立采登记生效主义

《民法典》第349条规定,“设立建设用地使用权的,应当向登记机构申请建设用地使用权登记。建设用地使用权自登记时设立。登记机构应当向建设用地使用权人发放权属证书”。建设用地使用权的设立,我国采用的是登记生效主义,即登记是建设用地使用权设立的必要要件。建设用地使用权出让合同的

---

① 参见王利明主编:《民法》(上册),中国人民大学出版社2020年版,第410页。

② 参见尹飞:《物权法·用益物权》,中国法制出版社2005年版,第185~187页。

生效，并不直接发生设定建设用地使用权这一用益物权的效力，而是仅发生债的效力，即出让人有权请求受让人交付土地出让金，受让人则有权请求出让人交付土地并办理建设用地使用权登记。建设用地使用权自完成登记之日起算。① 《不动产登记暂行条例实施细则》第 34 条规定，申请国有建设用地使用权首次登记，应当提交下列材料：(1) 土地权属来源材料；(2) 权籍调查表、宗地图以及宗地界址点坐标；(3) 土地出让价款、土地租金、相关税费等缴纳凭证；(4) 其他必要材料。前款规定的土地权属来源材料，根据权利取得方式的不同，包括国有建设用地划拨决定书、国有建设用地使用权出让合同、国有建设用地使用权租赁合同以及国有建设用地使用权作价出资（入股）、授权经营批准文件。申请在地上或者地下单独设立国有建设用地使用权登记的，按照本条规定办理（《不动产登记暂行条例实施细则》第 34 条）。

（四）建设用地使用权的出让方式

根据《民法典》第 347 条第 2 款的规定，建设用地使用权的出让方式包括招标、拍卖、协议等公开竞价的方式。2007 年国土资源部发布《招标拍卖挂牌出让国有建设用地使用权规定》还增设了挂牌取得的方式。在建设用地使用权出让的方式中，协议出让属于协商方式，而招标、拍卖、挂牌则属于公开竞价的方式。

1. 建设用地使用权的出让方式之一：协议出让

协议出让建设用地使用权，是指国家以协议方式将建设用地使用权在一定年限内出让给土地使用者，由土地使用者向国家支付土地使用权出让金的行为（《协议出让国有土地使用权规定》第 2 条第 2 款）。由于协议出让的方式是出让方与特定受让方之间一对一的协商，因此存在不公开、不透明、缺乏竞争，极易导致"暗箱操作"、滋生腐败、损害国家利益、造成国有资产流失，所以通过协议出让方式取得建设用地使用权受到严格的限制。② 根据《民法典》第 347 条第 2 款的规定，工业、商业、旅游、娱乐和商品住宅等经营性用地以及同一土地有两个以上意向用地者的，应当采取招标、拍卖等公开竞价的方式出让。

2. 建设用地使用权的出让方式之二：招标、拍卖、挂牌

招标出让建设用地使用权，是指市、县人民政府土地行政主管部门发布招

① 参见江平主编：《中国物权法教程》，知识产权出版社 2007 年版，第 334 ~ 335 页。

② 参见王利明、杨立新、王轶、程啸：《民法学》，法律出版社 2011 年版，第 357 页。

标公告,邀请特定或者不特定的自然人、法人和其他组织参加建设用地使用权投标,根据投标结果确定建设用地使用权人的行为。

拍卖出让建设用地使用权,是指出让人发布拍卖公告,由竞买人在指定时间、地点进行公开竞价,根据出价结果确定建设用地使用权人的行为。

挂牌出让建设用地使用权,是指出让人发布挂牌公告,按公告规定的期限将拟出让宗地的交易条件在指定的土地交易场所挂牌公布,接受竞买人的报价申请并更新挂牌价格,根据挂牌期限截止时的出价结果或者现场竞价结果确定建设用地使用权人的行为(《招标拍卖挂牌出让国有建设用地使用权规定》第2条)。

第三节　建设用地使用权的流转

一、建设用地使用权的转让

建设用地使用权的转让,是指权利人将建设用地使用权以合同方式再行转移的行为。建设用地使用权人有权将建设用地使用权转让、互换、出资、赠与或者抵押,但是法律另有规定的除外(《民法典》第353条)。建设用地使用权转让、互换、出资、赠与或者抵押的,当事人应当采用书面形式订立相应的合同。使用期限由当事人约定,但是不得超过建设用地使用权的剩余期限(《民法典》第354条)。

需要注意的是,出于土地管理和防止炒卖土地使用权的目的,法律规定了限制建设用地使用权人转移其权利的情形。《城市房地产管理法》第38条规定,下列房地产,不得转让:(1)以出让方式取得土地使用权的,不符合《城市房地产管理法》第39条规定的条件的;(2)司法机关和行政机关依法裁定、决定查封或者以其他形式限制房地产权利的;(3)依法收回土地使用权的;(4)共有房地产,未经其他共有人书面同意的;(5)权属有争议的;(6)未依法登记领取权属证书的;(7)法律、行政法规规定禁止转让的其他情形。

《城市房地产管理法》第39条规定,以出让方式取得土地使用权的,转让房地产时,应当符合下列条件:(1)按照出让合同约定已经支付全部土地使用权出让金,并取得土地使用权证书;(2)按照出让合同约定进行投资开发,属于房屋建设工程的,完成开发投资总额的25%以上,属于成片开发土地的,形成工业用地或者其他建设用地条件。转让房地产时房屋已经建成的,还应当持有房屋所有权证书。《最高人民法院关于审理涉及国有土地使用权合同纠纷案件适用法律问题的解释》第8条规定,土地使用权人作为转让方与受让方订立土地使用权转让合同后,当事人一方以双方之间未办理土地使用权变更登记手续为由,请求确认合同无效的,不予支持。第9条规定,“土地使用权人作为转让方就同一出让土地使用权订立数个转让合同,在转让合同有效的情况下,受让方均要求履行合同的,按照以下情形分别处理:(一)已经办理土地使用权变更登记手续的受让方,请求转让方履行交付土地等合同义务的,应予支持;(二)均未办理土地使用权变更登记手续,已先行合法占有投资开发土地的受让方请求转让方履行土地使用权变更登记等合同义务的,应予支持;(三)均未办理土地使用权变更登记手续,又未合法占有投资开发土地,先行支付土地转让款的受让方请求转让方履行交付土地和办理土地使用权变更登记等合同义务的,应予支持;(四)合同均未履行,依法成立在先的合同受让方请求履行合同的,应予支持。未能取得土地使用权的受让方请求解除合同、赔偿损失的,依照民法典的有关规定处理”。

以划拨方式取得土地使用权的,转让房地产时,应当按照国务院规定,报有批准权的人民政府审批。有批准权的人民政府准予转让的,应当由受让方办理土地使用权出让手续,并依照国家有关规定缴纳土地使用权出让金。以划拨方式取得土地使用权的,转让房地产报批时,有批准权的人民政府按照国务院规定决定可以不办理土地使用权出让手续的,转让方应当按照国务院规定将转让房地产所获收益中的土地收益上缴国家或者作其他处理(《城市房地产管理法》第40条)。

二、建设用地使用权的登记

建设用地使用权的登记包括设立登记、变更登记和注销登记三种。建设用地使用权必须进行设立登记方发生设立的效力。《民法典》第349条规定,“设立建设用地使用权的,应当向登记机构申请建设用地使用权登记。建设用地使用权自登记时设立。登记机构应当向建设用地使用权人发放权属证书”。对于变更登记,第355条规定,“建设用地使用权转让、互换、出资或者赠与的,应当向登记机构申请变更登记”。但是需要注意,建设用地使用权转让合同不以登记作为生效要件,在签订建设用地转让合同后,当事人一方不得以双方之间未办理建设用地使用权变更登记手续为由,请求确认合同无效。① 而对于注销登记,则由《民法典》第360条规定,“建设用地使用权消灭的,出让人应当及时办理注销登记。登记机构应当收回权属证书”。建设用地使用权可因转让、互换、出资或者赠与等原因发生变更。依据我国的法律、法规规定,每一次的建设用地使用权变更均需办理变更登记手续,否则不发生物权变动的法律后果,不产生对抗效力。

三、房地一体处分原则

(一)土地与地上物的关系

土地与其地上附着物之间的关系,经历了从土地吸收地上物到两者法律地位分离的历史嬗变。

1. 罗马法上的“地上物添附于土地”理论

“地上物添附于土地”是罗马法中的古老规则,其理论依据基础是添附制度,土地吸收地上物,一切附加和进入土地的物必然作为添附归属于土地所有人所有。即地上建筑物是依附于土地的,附着于土地之物即属该土地。② 盖尤斯在《论行省告示》第25卷中提到,我们将在租借地上建造的房屋称为“在他人土地上建造的房屋”,根据市民法和自然法,其所有权属于土地所有人。③ 优士丁尼的《法学阶梯》规定,如果某人在他人的土地上用自己的材料建造家屋,家屋成为土地所有人的。但在这种情况下,材料之所有人丧失其所有权,因为他被认为已同意作了转让,当然,这要以他知道自己是在他人之土地上为建筑为条件。④ 在罗马后期大量利用他人土地建筑房屋的场合,土地添附理论严重地损害了土

---

① 参见杨震主编:《物权法》,中国人民大学出版社2009年版,第203页。

② 参见梅夏英、高圣平:《物权法教程》,中国人民大学出版社2010年版,第229页。

③ 参见[意]桑德罗·斯奇巴尼:《物与物权》,范怀俊译,中国政法大学出版社1999年版,第327页。

④ 参见[古罗马]优士丁尼:《法学阶梯》,徐国栋译,中国政法大学出版社2005年版,第127页。张企泰译本译为“如果用自己的材料在他人的土地上建筑房屋,建筑物归属于土地所有人;在这种情况下,材料所有人失去了他的所有权。因为如果知道自己在他人土地上营造即被假定为自愿让与其材料”。

地使用者的利益,并随着城邦的成长和建筑业的发展而表现出严重的弊端,产生了违反经济原则的后果。为了更好地保护土地使用者的利益,罗马法后期承认了地上权与永佃权。罗马法的地上权制度出现在共和国末期。① 但直到拜占庭时期才真正在私法中落足。② 罗马法上的地上权定义为使人充分享有某一建筑物或者其中一部分的,可以转让并可以转移给继承人的权利。③

2. 德国法上土地与建筑物的统一性与例外

《德国民法典》第 94 条规定,"(1)定着于土地和地面的物,特别是建筑物,以及土地的出产物(只要它与地面连在一起),属于土地的重要组成部分。种子在播种时,植物在栽种时,分别成为土地的重要成分。(2)为建造建筑物而添加的物,属于建筑物的重要成分"④。该条排除了对建筑物所有权进行平面分割。认为定着于土地之物以及与土地所有权结合形成的权利,都不是独立的不动产,而只是土地的重要组成部分。⑤ 这就意味着,只有那些买得起土地,并能建造(或取得)房屋的人,才能居住于"自己的家"中。这一状态自社会根源来看,不能令人满意。

《德国地上权条例》第 12 条,因行使地上权而建造或已经存在的建筑物,为地上权的重要组成部分而不是土地所有权的组成部分。这样就彻底跳出了添附理论的束缚。但是地上物又被束缚在地上权之中,在法律上,地上物和地上权一起承担责任,被称为一体主义即地上权和地上物一体处理。

一体主义有效地防止了地上物失去权源,但是,也在一定程度上妨碍了地上物所有权的行使,尤其是住宅的建筑物区分所有的出现。住宅上所有权广泛分散,一体主义妨碍了住宅所有权人对空间享有所有权,并且阻碍了交易。为了解决此类问题,1951 年 3 月 15 日德国制定了《住宅所有权与长期居住权法》,创设了住宅所有权(Wohnungseigentum)这一法律制度,旨在满足居住人对一栋建筑物,在财产法上进行分配,以享有真正所有权之权利的需求。住宅所有权,

① 参见周枏:《罗马法原论》,商务印书馆 1994 年版,第 421 页。

② 参见[英]巴里·尼古拉斯:《罗马法概论》,黄风译,中国政法大学出版社 2000 年版,第 221 页。

③ 参见[意]彼德罗·彭梵得:《罗马法教科书》,黄风译,中国政法大学出版社 1992 年版,第 268 页。

④ 《德国民法典》,陈卫佐译,法律出版社 2015 年版,第 32 页。

⑤ 参见梅夏英、高圣平:《物权法教程》,中国人民大学出版社 2010 年版,第 229 页。

为真正的所有权(《德国民法典》第 903 条[①]),当权利受到侵害时可以产生《德国民法典》第 823 条、第 985 条、第 1004 条上的请求权。住宅作为所有权的客体可以自由出卖、自由让与。德国的一体主义在住宅等建筑物领域已经被突破。[②]

住宅所有权与地上权均突破了《德国民法典》第 94 条所确定的原则(附着于土地之物构成土地之一部分)而作出的例外规定,旨在使经济弱小的社会阶层,也能取得住宅上的所有权,通过住宅所有权的形式,法律创设了在一个独立住宅上所能享有的真正所有权;而地上权(Erbbaurecht),则赋予其权利人在他人土地上建造房屋的可能性。[③]

3. 日本法上的分别主义

日本民法类似于日耳曼法,将不动产中的土地与建筑物区别开来,各自作为不同的不动产区别对待。[④] 认为地上权系为使用他人土地之权,而非于他人有附着物所有权之权。在理论上地上权就是针对土地的权利,而不再是针对地上物的权利。这样就切断了地上物所有权、土地所有权与地上权一直以来纠缠不清的关系,地上物获得了第二次解放。分别主义除了指地上物与土地分开之外,还包括和土地权利分开。日本最初严格恪守土地与定着物之分别主义,认为地上权转移时,与之分离的地上物不得随同移转。之后,考虑到地上物有效利用的需要,自大正 10 年(1921 年),判例也改变立场,认为地上权转移时,地上物等的所有权原则上也应同时转移。[⑤]

(二)我国的分别主义与一体处分原则

我国法律采分别主义,认为土地与地上的附着物属于两个不同的物,土地及其权利和地上物所有权分属各自独立的不同财产。但是,采用分别主义并非

① 《德国民法典》第 903 条:物之所有权人于不抵触法律,或第三人之权利之限度内,得自由处理其物,并排除他人一切之干涉。动物之所有人在行使其权限时,应注意动物保护之特别规定。引自台湾大学法律学院编译:《德国民法典》,北京大学出版社 2016 年版,第 795 页。

② 参见孙毅、申建平:《建设用地使用权 · 宅基地使用权》,中国法制出版社 2007 年版,第 105 ~ 106 页。

③ 参见[德]鲍尔、施蒂尔纳:《德国物权法》,张双根译,法律出版社 2004 年版,第 631 ~ 632 页。

④ 参见杨立新:《物权法》,中国人民大学出版社 2020 年版,第 169 页。

⑤ 参见江平主编:《中国物权法教程》,知识产权出版社 2007 年版,第 351 页。

意味着地上物与土地之间没有联系。土地与地上附着物之间有着密切的联系，就物理上看，土地与附着物连为一体，从交易惯例上看，二者常常一并计算其价值，而从立法目的来看，建设用地使用权之设，旨在他人土地上建造并保有附着物。[①] 在土地私有制的国家，土地所有权和地上物可以分别转让他人。但是，地上物所有权单独转让的，受让人获得地上物所占土地的地上权。我国土地属于公有，土地所有权只能属于国家或者集体所有，不能流转，因此不会产生土地所有权与地上物所有权分别转让的问题，只会存在建设用地使用权和地上物所有权能否分开流转的问题。由于地上物和建设用地使用权如果发生分离，地上物的存在于法律上就成了妨害建设用地使用权行使的侵权状态，此种妨害必须排除。为了保障地上物的存在有其合法的权源，我国法律遵循了地上物和建设用地使用权必须“一体处分”的原则。[②]

《城镇国有土地使用权出让和转让暂行条例》第 23 条规定，“土地使用权转让时，其地上建筑物、其他附着物所有权随之转让”。第 24 条规定，“地上建筑物、其他附着物的所有人或者共有人，享有该建筑物、附着物使用范围内的土地使用权。土地使用者转让地上建筑物、其他附着物所有权时，其使用范围内的土地使用权随之转让，但地上建筑物、其他附着物作为动产转让的除外”。《城市房地产管理法》第 32 条规定，“房地产转让、抵押时，房屋的所有权和该房屋占用范围内的土地使用权同时转让、抵押”。《民法典》第 356 条规定，“建设用地使用权转让、互换、出资或者赠与的，附着于该土地上的建筑物、构筑物及其附属设施一并处分”。第 357 条规定，“建筑物、构筑物及其附属设施转让、互换、出资或者赠与的，该建筑物、构筑物及其附属设施占用范围内的建设用地使用权一并处分”。第 417 条规定，“建设用地使用权抵押后，该土地上新增的建筑物不属于抵押财产。该建设用地使用权实现抵押权时，应当将该土地上新增的建筑物与建设用地使用权一并处分。但是，新增建筑物所得的价款，抵押权人无权优先受偿”。这就明确了我国采用建设用地使用权与建筑物所有权分别主义下的一体处分原则，也就是通常所称的“房随地走”与“地随房走”原则。采用分别主义与一体处分原则主要有以下优势：首先，一体处分能够维护交易

① 参见王利明主编：《民法》（上册），中国人民大学出版社 2020 年版，第 416 页。

② 参见孙毅、申建平：《建设用地使用权·宅基地使用权》，中国法制出版社 2007 年版，第 109 页。

的安全，能够使建设用地使用权与建筑物所有权的主体保持一致，防止建筑物所有权和建设用地使用权主体的分离产生权利行使上的纠纷。其次，一并处分能够防止在建设用地使用权和房屋所有权主体分离的情况下，由于权利主体的不一致而产生权利行使上的冲突，节约冲突解决的协商、谈判成本，能够有效发挥土地的使用价值。最后，一体处分能够保证权利人享有房屋所有权以及建设用地使用权的完整性，有利于加强地上物所有权的保护，鼓励财产进入交易领域。①

第四节　建设用地使用权的效力

一、建设用地使用权人的权利

(一)对土地的占有、使用和收益的权利

建设用地使用权属用益物权，建设用地使用权人进行建筑物、构筑物及其附属设施建设的前置性条件是必须占有他人的土地。换言之，建设用地使用权人为实现其权利，自然以占有土地为前提。同时，建设用地使用权人对土地的占有不以在土地上存在建筑物、构筑物及其附属设施为必要，即使建筑物、构筑物及其附属设施不存在或者消灭的，也不意味着建设用地使用权人对土地失去占有。②

建设用地使用权就是为保存建筑物、构筑物及其附属设施而使用土地的权利，因此，使用土地是建设用地使用权人的最主要权利。建设用地使用权人对土地的使用权，应当在划拨或者约定所限定的范围内进行。建设用地使用权人为实现其土地利用权，可以从事一些附属行为，如种植树木以美化环境，但是不能纯粹利用建设用地使用权来种植树木。

建设用地使用权人有权获取土地之上的收益，并通过从事建设来满足自己的各种需要。收益主要表现在两个方面：一是通过出租或者自己使用等方式获

① 参见王利明：《物权法研究》(第4版)，中国人民大学出版社2016年版，第916～917页。

② 参见梁慧星：《中国物权法研究》(下册)，法律出版社1998年版，第654页。

取收益;二是依法将建设用地使用权作为交易对象出让、转让等获取收益。①

(二)处分权

建设用地使用权作为一项用益物权,权利人不能直接对建设用地进行处分,但是可以对权利本身加以处分。《民法典》第353条规定,"建设用地使用权人有权将建设用地使用权转让、互换、出资、赠与或者抵押,但是法律另有规定的除外"。建设用地使用权的处分应当采取书面的形式,而且法律要求登记的应当予以登记,不登记不发生物权变动的效力。建设用地使用权是以保存建筑物、构筑物及其附属设施为目的的,建设用地使用权转让、互换、出资或者赠与的,附着于该土地上的建筑物、构筑物及其附属设施一并处分。建筑物、构筑物及其附属设施转让、互换、出资或者赠与的,该建筑物、构筑物及其附属设施占用范围内的建设用地使用权一并处分。但是,在设立建设用地使用权时如果当事人对建设用地使用权的流转作了限制,则建设用地使用权人不得超出该限制而流转其使用地使用权。

但是,《城镇国有土地使用权出让和转让暂行条例》第45条规定,通过土地划拨取得建设用地使用权,符合下列条件的,经市、县人民政府土地管理部门和房产管理部门批准,其划拨土地使用权和地上建筑物、其他附着物所有权可以转让、出租、抵押:(1)土地使用者为公司、企业、其他经济组织和个人;(2)领有国有土地使用证;(3)具有地上建筑物、其他附着物合法的产权证明;(4)依照本条例第二章的规定签订土地使用权出让合同,向当地市、县人民政府补交土地使用权出让金或者以转让、出租、抵押所获收益抵交土地使用权出让金。在其他情况下,通过划拨土地取得的建设用地使用权不得转让、出租、抵押。②

(三)取得建筑物、构筑物及其附属设施的权利

《民法典》第352条规定,"建设用地使用权人建造的建筑物、构筑物及其附属设施的所有权属于建设用地使用权人,但是有相反证据证明的除外"。建设用地使用权是建设用地上建筑物、构筑物及其附属设施的所有权的正当权源,建筑物、构筑物及其附属设施的所有权归属于它们所位于基地的建设用地使用权人。需要注意的是,《民法典》第352条但书规定,"但是有相反证据证明的除

① 参见屈茂辉主编:《中国民法》,法律出版社2009年版,第390页。

② 参见魏振瀛主编:《民法》,北京大学出版社、高等教育出版社2017年版,第307~308页。

外”。有学者认为,该但书所指情形应为土地租赁权可以作为建筑物、构筑物及其附属设施的所有权的正当根据。主要理由如下:首先,1999 年 7 月 27 日《国土资源部关于规范国有土地租赁若干意见》第 4 条规定:“国有土地租赁可以根据具体情况实行短期租赁和长期租赁。对短期使用或用于修建临时建筑物的土地,应实行短期租赁,短期租赁年限一般不超过 5 年;对需要进行地上建筑物、构筑物建设后长期使用的土地,应实行长期租赁,具体租赁期限由租赁合同约定,但最长租赁期限不得超过法律规定的同类用途土地出让最高年期。”这就表明了建筑物所有权得以国有土地租赁权为其正当来源。其次,日本等国家或地区,以土地租赁权作为建筑物、构筑物及其附属设施的所有权权源的情形不在少数,其中一个重要原因是租金相对于地上权的代价而言较低。代价低却能够保有建筑物、构筑物及其附属设施的所有权。①

(四)基于建设用地使用权的物权请求权

建设用地使用权属用益物权,因此,建设用地使用权人利用建设用地的圆满状态受到妨碍时,即可根据妨害的不同形态分别行使基于建设用地使用权的物权请求权。具体而言,在建设用地使用权人丧失对建设用地使用权的占有时,可以对侵夺的人行使返还请求权;在建设用地使用权的圆满状态受到妨害时,可以行使排除妨碍请求权;在建设用地使用权的圆满状态受到妨害之虞,可以行使妨害防止请求权。②

(五)续期请求权

建设用地使用权续期请求权是指当建设用地使用权存续期限届满时,建设用地使用权人请求延展期限的权利。《民法典》第 359 条规定:“住宅建设用地使用权期限届满的,自动续期。续期费用的缴纳或者减免,依照法律、行政法规的规定办理。非住宅建设用地使用权期限届满后的续期,依照法律规定办理。该土地上的房屋以及其他不动产的归属,有约定的,按照约定;没有约定或者约定不明确的,依照法律、行政法规的规定办理。”

住宅建设用地使用权的存续期限届满时,自动续期,无须请求续期,也无须到不动产登记机构办理续期手续。《民法典》第 359 条第 1 款后段规定,“续期

---

① 参见崔建远:《确定建筑物所有权的依据》,载《甘肃政法学院学报》2007 年第 6 期。

② 参见梁慧星、陈华彬:《物权法》,法律出版社 2007 年版,第 243 页。

费用的缴纳或者减免,依照法律、行政法规的规定办理”。其意为:(1)缴纳续期费用是建设用地使用权人的义务;(2)续期费用的收取归属于地方政府,地方政府可以行使该项权利,也可以不行使,即有权“减免”续期费用;(3)具体情况由法律、行政法规另行规定。[①]

非住宅建设用地使用权出让合同约定的使用期限届满,权利人需要继续使用土地的,应至迟于期限届满前一年申请续期。[②] 非住宅建设用地使用权续期,办理建设用地使用权变更登记,需要缴纳续期费用,包括土地使用权出让金及办理手续的费用等。《城市房地产管理法》第22条规定,土地使用权出让合同约定的使用年限届满,土地使用者需要继续使用土地的,应当至迟于届满前一年申请续期,除根据社会公共利益需要收回该幅土地的,应当予以批准。经批准准予续期的,应当重新签订土地使用权出让合同,依照规定支付土地使用权出让金。土地使用权出让合同约定的使用年限届满,土地使用者未申请续期或者虽申请续期但依照前款规定未获批准的,土地使用权由国家无偿收回。

二、建设用地使用权人的义务

(一)合理利用土地,不得改变土地用途的义务

依《民法典》第350条的规定,建设用地使用权人应当合理利用土地,不得改变土地用途;需要改变土地用途的,应当依法经有关行政主管部门批准。所谓的合理利用土地是指建设用地使用权人在取得建设用地使用权后,根据法律的规定和合同的约定,依土地的用途,合理开发、利用、经营土地。建设用地使用权人在利用土地建造建筑物、构筑物及其附属设施时,要受到一定的约束,必须合理利用土地,要根据法律、行政法规规定的以及合同约定的范围和方式利用土地,在行使权利时不得滥用权利,损害他人的利益;同时建设用地使用权人行使权利时,必须注意对生态环境的保护。[③]

《土地管理法》第56条规定:“建设单位使用国有土地的,应当按照土地使用权出让等有偿使用合同的约定或者土地使用权划拨批准文件的规定使用土

① 参见崔建远:《中国民法典释评·物权编》,中国人民大学出版社2020年版,第196~222页。

② 参见江平主编:《物权法》,法律出版社2009年版,第241页。

③ 参见杨震主编:《物权法》,中国人民大学出版社2009年版,第202页。

地;确需改变该幅土地建设用途的,应当经有关人民政府自然资源主管部门同意,报原批准用地的人民政府批准。其中,在城市规划区内改变土地用途的,在报批前,应当先经有关城市规划行政主管部门同意。"

(二)支付相关费用的义务

根据建设用地使用权不同的取得方式,建设用地使用权人支付的费用也不同。以划拨方式取得建设用地使用权的,虽然原则上是无偿的,但是有的情况下,权利人仍需支付补偿费、安置费等相关费用;以出让方式取得建设用地使用权的,权利人应当支付土地出让金、土地使用税、土地增值税等相关费用。《民法典》第 351 条规定,"建设用地使用权人应当依照法律规定以及合同约定支付出让金等费用"。因不可抗力导致建设用地使用权人对土地的占有、使用受到妨碍时,建设用地使用权人不得向土地所有人请求免除或减少出让金。①

(三)返还土地的义务

在建设用地使用权消灭时,建设用地使用权人应当将建设用地交还给土地所有人。建设用地使用权消灭后,权利人应当及时申请办理注销登记,并由登记机关收回权利证书。出让人请求建设用地使用权人返还建设用地的请求权基础为所有权返还请求权。

第五节　建设用地使用权的消灭

一、建设用地使用权消灭的事由

1. 土地消灭

《城市房地产管理法》第 21 条规定,"土地使用权因土地灭失而终止"。建设用地因地震、洪水、海啸等自然灾害灭失的,建设用地使用权的标的已经不复存在,建设用地使用权也随之灭失。如果土地部分灭失,则建设用地使用权也仅是部分灭失,未灭失部分建设用地使用权仍然存在。②

---

① 参见梁慧星、陈华彬:《物权法》,法律出版社 2007 年版,第 244 页。
② 参见江平主编:《物权法》,法律出版社 2009 年版,第 243 页。

2. 建设用地使用权期限届满未续期

建设用地使用权是定限物权，受存续期限的限制。《城市房地产管理法》(2019年修正)第22条规定，“土地使用权出让合同约定的使用年限届满，土地使用者需要继续使用土地的，应当至迟于届满前一年申请续期，除根据社会公共利益需要收回该幅土地的，应当予以批准。经批准准予续期的，应当重新签订土地使用权出让合同，依照规定支付土地使用权出让金。土地使用权出让合同约定的使用年限届满，土地使用者未申请续期或者虽申请续期但依照前款规定未获批准的，土地使用权由国家无偿收回”。但需要注意的是住宅建设用地使用权是我国特有的一种用益物权，于期限届满时，并不当然发生权利消灭的后果。《民法典》第359条规定：“住宅建设用地使用权期限届满的，自动续期。续期费用的缴纳或者减免，依照法律、行政法规的规定办理。非住宅建设用地使用权期限届满后的续期，依照法律规定办理。……”住宅型建设用地使用权事关人民的基本生存问题，力求体现保护私人住宅所有权的精神，住宅建设用地使用权到期依法自动续期，换言之，住宅建设用地使用权到期只要住宅尚未灭失，无须权利人办理续期手续，建设用地使用权继续存续。[①] 非住宅建设用地如果权利人按时提出续期申请并办理相关手续，其建设用地使用权继续存在，否则，其权利期限一旦届满，用益物权应当自行归于消灭，以恢复所有权的圆满状态，建设用地使用权于期满时消灭。

3. 征收

国家确因公共利益的需要，可以征收自然人、法人和非法人组织的房屋或者不动产，基于我国的房地一体主义，房屋及其他不动产被征收，建设用地使用权也随之消灭。《土地管理法》第58条规定，有下列情形之一的，由有关人民政府自然资源主管部门报经原批准用地的人民政府或者有批准权的人民政府批准，可以收回国有土地使用权：(1)为实施城市规划进行旧城区改建以及其他公共利益需要，确需使用土地的；(2)土地出让等有偿使用合同约定的使用期限届满，土地使用者未申请续期或者申请续期未获批准的；(3)因单位撤销、迁移等原因，停止使用原划拨的国有土地的；(4)公路、铁路、机场、矿场等经核准报废的。依照前款第1项的规定收回国有土地使用权的，对土地使用权人应当给予

① 参见马俊驹、辜明安主编：《民法》，武汉大学出版社2012年版，第309页。

适当补偿。《民法典》第 358 条规定，建设用地使用权期限届满前，因公共利益需要提前收回该土地的，应当依据本法第 243 条的规定对该土地上的房屋以及其他不动产给予补偿，并退还相应的出让金。

4. 无偿收回

在建设用地使用权人闲置土地或者违反合同规定的开发条件时，有关行政机关可以提前无偿收回建设用地使用权，从而导致该权利归于消灭。具体包括以下几种类型：第一，违反《城镇国有土地使用权出让和转让暂行条例》第 17 条的规定，土地使用者未按土地使用权出让合同的规定和城市规划的要求，开发、利用、经营土地的。第二，违反《城市房地产管理法》第 26 条的规定，以出让方式取得土地使用权进行房地产开发，满 2 年未动工开发的。第三，违反《基本农田保护条例》第 18 条的规定，经国务院批准的重点建设项目占用的基本农田，连续 2 年未使用的。

二、建设用地使用权消灭的法律效果

1. 及时办理注销登记，收回建设用地使用权证书

《民法典》第 360 条规定，"建设用地使用权消灭的，出让人应当及时办理注销登记。登记机构应当收回权属证书"。

2. 返还土地

在建设用地使用权消灭之后，建设用地使用权人便无权再占有土地，应当将土地返还给土地所有权人。当然，建设用地使用权人返还土地时，可依法取回其地上物。①

3. 补偿请求权

《民法典》第 358 条规定，"建设用地使用权期限届满前，因公共利益需要提前收回该土地的，应当依据本法第二百四十三条的规定对该土地上的房屋以及其他不动产给予补偿，并退还相应的出让金"。无偿收回划拨土地使用权时，对其地上建筑物、其他附着物，市、县人民政府应当根据实际情况给予适当补偿。

---

① 参见江平主编：《物权法》，法律出版社 2009 年版，第 243 页。

第六节　集体经营性建设用地入市

一、集体经营性建设用地入市制度的缘起

集体建设用地使用权是在农民集体所有的土地上设立的,以营造、保有建筑物、其他构筑物及附属设施为目的的土地使用权。按照是否具有公益性质,集体建设用地使用权可以区分为农村集体经营性建设用地和农村集体公益性建设用地。在符合规划和用途管制的前提下,允许农村集体经营性建设用地出让、租赁、入股,实行与国有土地同等入市、同权同价。[①]

集体经营性建设用地入市是针对高度垄断建设用地一级市场的征地供给模式的改革方案,主张农村集体经营性建设用地可以像国有建设用地一样直接进入土地一级市场进行市场化的有偿使用,作为集体土地所有者的农民集体可以像城镇国有土地所有者出让或出租国有建设用地使用权一样,直接以土地所有人的身份向市场中的用地者出租或出让一定年限的集体经营性建设用地使用权,或者以土地使用权入股,而不再需要先行征收为国有土地。[②]

长期以来,我国法律在原则上是禁止集体经营性建设用地直接进入土地一级市场的。1998 年,《土地管理法》第 43 条第 1 款规定:“任何单位和个人进行建设,需要使用土地的,必须依法申请使用国有土地”。集体经营性建设用地必须先行征收为国有土地,然后才能用于城市建设。《土地管理法》(2004 年修改)第 43 条第 1 款规定,任何单位和个人进行建设,需要使用土地的,必须依法申请使用国有土地;但是,兴办乡镇企业和村民建设住宅经依法批准使用本集体经济组织农民集体所有的土地的,或者乡(镇)村公共设施和公益事业建设经依法批准使用农民集体所有的土地的除外。但 2019 年的《土地管理法》已将该条删除。一方面由于社会经济的快速发展与城市化的不断推进,传统的征地供给模式程序烦琐、周期较长、征地引发矛盾层出不穷等弊端逐渐显现;另一方

① 参见谭启平主编:《中国民法学》,法律出版社 2021 年版,第 345 页。

② 参见宋志红:《中国农村土地制度改革研究:思路、难点与制度建设》,中国人民大学出版社 2017 年版,第 198 ~ 199 页。

面，随着土地需求量增加，农村集体建设同地的资产价值逐渐凸显，农民有实现其土地资产价值的强烈诉求，希望获取农地转建设用地的土地增值收益。两种需求纵横交错，直指传统的集体土地征地供给模式，这种模式受到越来越多的批判，集体经营性建设用地入市的呼声日益高涨。

二、集体经营性建设用地入市的实践与改革

尽管在法律上对集体建设用地的使用有着限制，但是在实践中存在大量的集体经营性建设用地隐形市场。地方政府意识到这一问题后，开启了集体经营性建设用地流转的改革探索。广东、上海、浙江、江苏、安徽、湖北、河南、四川等地都开启了集体经营性建设用地流转的探索实践。①

2008 年 10 月 12 日中国共产党第十七届中央委员会第三次全体会议通过的《中共中央关于推进农村改革发展若干重大问题的决定》指出："在土地利用规划确定的城镇建设用地范围外，经批准占用农村集体土地建设非公益性项目，允许农民依法通过多种方式参与开发经营并保障农民合法权益。逐步建立城乡统一的建设用地市场，对依法取得的农村集体经营性建设用地，必须通过统一有形的土地市场、以公开规范的方式转让土地使用权，在符合规划的前提下与国有土地享有平等权益。"

2013 年 11 月 12 日中国共产党第十八届中央委员会第三次全体会议通过的《中共中央关于全面深化改革若干重大问题的决定》指出：建立城乡统一的建设用地市场。在符合规划和用途管制前提下，允许农村集体经营性建设用地出让、租赁、入股，实行与国有土地同等入市、同权同价。缩小征地范围，规范征地程序，完善对被征地农民合理、规范、多元保障机制。扩大国有土地有偿使用范围，减少非公益性用地划拨。建立兼顾国家、集体、个人的土地增值收益分配机制，合理提高个人收益。完善土地租赁、转让、抵押二级市场。

2014 年 12 月 2 日，中央全面深化改革领导小组第七次会议审议了《关于农村土地征收、集体经营性建设用地入市、宅基地制度改革试点工作的意见》指出：针对农村集体经营性建设用地权能不完整，不能同等入市、同权同价和交易

---

① 参见宋志红：《集体建设用地使用权流转法律制度研究》，中国人民大学出版社 2009 年版，第 25 ~ 51 页。

规则亟待健全等问题,要完善农村集体经营性建设用地产权制度,赋予农村集体经营性建设用地出让、租赁、入股权能;明确农村集体经营性建设用地入市范围和途径;建立健全市场交易规则和服务监管制度。建立兼顾国家、集体、个人的土地增值收益分配机制,合理提高个人收益。针对土地增值收益分配机制不健全,兼顾国家、集体、个人之间利益不够等问题,要建立健全土地增值收益在国家与集体之间、集体经济组织内部的分配办法和相关制度安排。

2015 年 1 月,中共中央办公厅和国务院办公厅联合印发了《关于农村土地征收、集体经营性建设用地入市、宅基地制度改革试点工作的意见》,这标志着,我国农村土地制度改革即将进入试点阶段。2015 年 2 月 27 日,第十二届全国人大常委会第十三次会议审议通过《关于授权国务院在北京市大兴区等三十三个试点县(市、区)行政区域暂时调整实施有关法律规定的决定》,授权在试点地区暂时调整实施《土地管理法》《城市房地产管理法》有关法律规定,授权期限截至 2017 年 12 月 31 日。

2018 年 12 月 23 日在第十三届全国人民代表大会常务委员会第七次会议上,《国务院关于农村土地征收、集体经营性建设用地入市、宅基地制度改革试点情况的总结报告》指出:"赋予集体建设用地与国有建设用地同等权能,将集体经营性建设用地纳入国有建设用地市场进行公开交易,充分发挥了市场在土地资源配置中的决定性作用,实现了城乡土地平等入市、公平竞争。集体经营性建设用地入市培植了市场信心,激发了农村土地资源活力,社会和市场对于入市集体土地的接受程度逐步提高。江苏武进以出让方式取得集体经营性建设用地资产成功上市,首次在最高层级资本市场上得到认可。"

2019 年 4 月 15 日,中共中央、国务院在《关于建立健全城乡融合发展体制机制和政策体系的意见》中明确提出,要建立集体经营性建设用地入市制度,按照国家统一部署,在符合国土空间规划、用途管制和依法取得前提下,允许农村集体经营性建设用地入市,允许就地入市或异地调整入市;允许村集体在农民自愿前提下,依法把有偿收回的闲置宅基地、废弃的集体公益性建设用地转变为集体经营性建设用地入市。

2020 年 3 月 30 日,中共中央、国务院在《关于构建更加完善的要素市场化配置体制机制的意见》中明确提出,建立健全城乡统一的建设用地市场,制定出台农村集体经营性建设用地入市指导意见,建立公平合理的集体经营性建设用地入市增值收益分配制度。

2021 年 3 月 11 日,十三届全国人大四次会议表决通过了关于《国民经济和社会发展第十四个五年规划和 2035 年远景目标纲要》的决议,对土地要素市场化改革作出进一步部署,要求“建立健全城乡统一的建设用地市场”,“积极探索实施农村集体经营性建设用地入市制度”。

三、集体经营性建设用地入市的设立与规制

集体建设用地使用权是集体经营性建设用地使用权的上位概念。[①] 集体建设用地使用权作为一项用益物权,在《民法典》起草过程中地方人大、中央有关部门和单位就《民法典·物权编》提交建议,建议增加一款规定,即“国家建立城乡统一的建设用地市场。符合土地利用总体规划的集体经营性建设用地,集体土地所有权人可以采取出让、租赁、作价出资(入股)等方式由单位或者个人使用”[②]。正式颁布的《民法典》对其未作实质性规范,而是采引致式立法,交由《土地管理法》等法律规定调整。《民法典·物权编》第 361 条延续原《物权法》之引致性规定,未对集体建设用地使用权进行实质性制度构建。仅将原《物权法》第 151 条之“应当依照土地管理法等法律规定办理”修改为《民法典》第 361 条之“应当依照土地管理的法律规定办理”,“土地管理的法律规定”主要应指《土地管理法》。现行《土地管理法》关于建设用地使用权规范集中在第四章“耕地保护”和第五章“建设用地”内,具体表现为两类规范:一是既有的管理规范,即严控农地用途转变和非农业建设“占补平衡”规则;二是新增的权利构造条款,其第 63 条首次于法律层面明确了集体经营性建设用地的入市条件和程序。[③] 集体建设用地使用权内容的修改是《土地管理法》修正的亮点:一是删除了原《土地管理法》第 43 条的规定;二是增加了集体经营性建设用地使用权的规定(《土地管理法》第 63 条)。依据修订后的《土地管理法》第 63 条,集体土地所有权人可以工商业建设为目的,以出让、租赁的方式为他人设定集体经营

① 房绍坤:《农村集体经营性建设用地入市的几个法律问题》,载《烟台大学学报(哲学社会科学版)》2015 年第 3 期。

② 《民法典立法背景与观点全集》编写组主编:《民法典立法背景与观点全集》,法律出版社 2020 年版,第 103 页。

③ 参见陈小君:《集体建设用地使用权物权规则之省察反思》,载《现代法学》2021 年第 6 期。

性建设用地使用权,以出让方式获得的集体建设用地使用权的权利人,可以将集体建设用地使用权进行再次转让、出资、互换、赠与和抵押。①

《土地管理法》第63条规定,土地利用总体规划、城乡规划确定为工业、商业等经营性用途,并经依法登记的集体经营性建设用地,土地所有权人可以通过出让、出租等方式交由单位或者个人使用,并应当签订书面合同,载明土地界址、面积、动工期限、使用期限、土地用途、规划条件和双方其他权利义务。集体经营性建设用地出让、出租等,应当经本集体经济组织成员的村民会议2/3以上成员或者2/3以上村民代表的同意。通过出让等方式取得的集体经营性建设用地使用权可以转让、互换、出资、赠与或者抵押,但法律、行政法规另有规定或者土地所有权人、土地使用权人签订的书面合同另有约定的除外。集体经营性建设用地的出租,集体建设用地使用权的出让及其最高年限、转让、互换、出资、赠与、抵押等,参照同类用途的国有建设用地执行。具体办法由国务院制定。《民法典》明确指引集体经营性建设用地应适用《土地管理法》的规定。《土地管理法》明确了集体经营性建设用地入市制度,第63条第3款明确了只有以出让方式才能设立集体经营性建设用地使用权,第4款再次对集体经营性建设用地出租和集体经营性建设用地出让作了区分表述,从而明确了出租方式的债权设定属性。② 第4款也明确集体经营性建设用地入市参照适用同类用途的国有建设用地的规定。从功能角度,此处的转介使得《土地管理法》得以介入《民法典》,也为公法管控预留了适当的空间。③

综上所述,集体经营性建设用地入市须符合相应的条件:(1)符合规划:需符合土地利用与城乡规划。(2)符合规定用途:用于工业、商业等经营性用途。(3)权属清晰:集体经营性建设用地必须经过依法登记,保证权属明晰。(4)要式合同:必须签订书面合同。(5)必须经过集体决定:必须符合表决比例,即需经本集体经济组织成员的村民会议2/3以上成员或者2/3以上村民代表的同意。

集体经营性建设用地使用权的设立方式为出让、出租等方式。签订书面合

① 参见姜楠:《集体建设用地使用权制度的困局与突破》,载《法治研究》2021年第5期。
② 参见肖鹏:《民法典视野下土地经营权性质的再探讨》,载《法治研究》2021年第5期。
③ 参见夏沁:《论私法自治中物上之债对物权法定适用的缓和》,载《清华法学》2021年第6期。

同的内容为土地界址、面积、动工期限、使用期限、土地用途、规划条件和双方其他权利义务。我国《民法典》对建设用地使用权采登记生效主义，未经登记，建设用地使用权不能设立。只有完成建设用地使用权登记，才能发生建设用地使用权的设立效果。从土地管理实践来看，“集体建设用地使用权”被视为“建设用地使用权”的下位概念。① 集体经营性建设用地使用权属于建设用地使用权范畴，因此，集体经营性建设用地使用权也应采登记生效主义。②

就集体经营性建设用地使用权的限制，《民法典》第350条规定，建设用地使用权人应当合理利用土地，不得改变土地用途；需要改变土地用途的，应当依法经有关行政主管部门批准。《土地管理法》第64条规定，集体建设用地的使用者应当严格按照土地利用总体规划、城乡规划确定的用途使用土地。“集体经营性建设用地”乃“集体建设用地”的下位概念，③因此，集体经营性建设用地使用权也应受到集体建设用地使用权限制条件的限制。

《土地管理法》取消了多年来集体建设用地不能直接进入市场流转的二元体制，为城乡一体化发展扫除了制度性的障碍，改变了土地市场供应格局，有利于实现土地制度对公平、效率价值的追求。对于农民来说，集体经营性建设用地入市，有利于增加农民收入，保障农民权益。对于政府来说，改变了地方政府单一地通过土地财政增收的方式。政府不再是唯一的土地供给者，可以起到倒逼政府财政转型的作用。④

---

① 参见宋志红：《集体建设用地使用权设立的难点问题探讨兼析民法典和土地管理法有关规则的理解与适用》，载《中外法学》2020年第4期。

② 参见王利明主编：《民法》（上册），中国人民大学出版社2020年版，第422页。

③ 参见温世扬：《集体经营性建设用地“同等入市”的法制革新》，载《中国法学》2015年第4期。

④ 参见黄俊辉：《中国农村集体土地法律制度变迁与完善图景》，载《江西社会科学》2021年第9期。

第十章

宅基地使用权

第一节　宅基地使用权概述

一、宅基地使用权的概念

宅基地使用权是指农村集体经济组织成员(农村村民)依法享有的,在集体所有的土地上建造并保有住宅及其附属设施的用益物权。由于我国幅员辽阔,各地区在宅基地问题上存在很大的差异,试图对宅基地使用权作整齐划一、详尽细致的规定不切合实际,因此《民法典》对"宅基地使用权"的规定比较简略。法典采用了引致性条文,《民法典》第363条规定:"宅基地使用权的取得、行使和转让,适用土地管理的法律和国家有关规定。"本条所谓"适用土地管理的法律和国家有关规定",包括《土地管理法》《村庄和集镇规划建设管理条例》《不动产登记暂行条例》《不动产登记暂行条例实施细则》《确定土地所有权和使用权的若干规定》等法律、法规、规章的相应规定。[①]

宅基地使用权是我国特有的一项用益物权制度,旨在解决农民的住房用地问题。宅基地使用权在内容上的福利性、权利主体的身份性、取得的无偿性和流转的禁止性等特性,决定了宅基地使用权是一种较为特殊的用益物权。[②] 在我国,农村土体归集体所有,即使是本集体的成员也不得擅自使用集体所有的土地,为了给农民在集体所有的土地上建造住房及其附属设施提供依据,我国

---

① 参见崔建远:《中国民法典释评·物权编》,中国人民大学出版社2020年版,第238页。

② 参见周江洪、陆青、章程主编:《民法判例百选》,法律出版社2020年版,第198页。

设置了宅基地使用权制度。宅基地使用权是农村集体经济组织成员在集体所有的土地上享有的建造并保有住宅及其附属设施的土地权利,宅基地使用权的范围一般包括建筑物的基地以及附属设施的空白基地,也包括自然的辅助用房、庭院、历来不用于耕种的生活用地以及生活用地中的生产场地。宅基地使用权的范围及于地上和地下。[①] 土地承包经营权与宅基地使用权是我国农民的两项重要的用益物权,土地承包经营权主要解决的是农民的基本生活问题,宅基地使用权解决的是农民的基本居住问题。两项用益物权制度具有鲜明的社会保障色彩,是维护农业、农村稳定的重要制度。[②]

二、宅基地使用权的特征

(一)宅基地使用权的主体具有特定性

宅基地使用权具有社会福利和社会保障功能,因此宅基地使用权的主体具有特殊性,就宅基地使用权的初始取得而言,其权利人仅限于本集体经济组织成员。由于土地的有限性,宅基地是一种有限的、稀缺的资源。《土地管理法》第 62 条规定,农村村民一户只能拥有一处宅基地,其宅基地的面积不得超过省、自治区、直辖市规定的标准。人均土地少、不能保障一户拥有一处宅基地的地区,县级人民政府在充分尊重农村村民意愿的基础上,可以采取措施,按照省、自治区、直辖市规定的标准保障农村村民实现户有所居。

(二)宅基地使用权的客体具有特定性

《民法典》第 362 条规定:"宅基地使用权人依法对集体所有的土地享有占有和使用的权利,有权依法利用该土地建造住宅及其附属设施。"《土地管理法》第 9 条第 2 款规定:"农村和城市郊区的土地,除由法律规定属于国家所有的以外,属于农民集体所有;宅基地和自留地、自留山,属于农民集体所有。"宅基地使用权的客体限于"集体所有的土地",因此也就表明在国有土地上不得设立宅基地使用权。此外,宅基地使用权的客体仅以土地为限,但是在解释上不限于"地面",其应包括地面、地面之上空和地下。亦即,宅基地使用权人可以在集体

---

① 参见黄萍主编:《民法学分论》,中国政法大学出版社 2011 年版,第 216 页。

② 参见梁慧星、陈华彬:《物权法》,法律出版社 2007 年版,第 247 页。

所有土地的地面、地面之上空和地下建设附属设施并保有所有权。[①]

（三）宅基地使用权的用途具有限定性

宅基地使用权人有权依法利用土地建造住宅及其附属设施。1992 年 5 月 28 日，国家土地管理局政策法规司《关于对农村居民"建住宅"含义理解问题的答复》认为"建住宅"，应当理解为农村居民所建住房以及与住房的居住生活有关的其他建筑物和设施。所谓的住宅，是指农村村民生活居住用房。所谓的附属设施，是指与住房和居住生活有关的能够辅助住宅发挥效能的建筑物、构筑物等设施，包括储粮房、储草房、车库、厕所、牛棚、羊圈、猪圈、沼气池等。这里将土地利用的用途作出了限定，体现了用途管制的基本思想，但是《民法典》第 362 条将宅基地使用权的权能仅表述为"占有和使用的权利"，不同于《民法典》上用益物权的"占有、使用和收益"，限制了权利主体实现其权利的其他可能性。试点政策中，利用宅基地开展农家乐、民宿、乡村旅游等，实际上已经脱逸出了宅基地使用权的用途与管理目标。[②]

（四）宅基地使用权的初始取得具有无偿性

为了维护农民的利益，减轻农民的负担，农村宅基地使用权由集体成员无偿使用，无须支付对价。对此，在法律制定过程中曾产生过争议，一种观点认为，基于维护农民利益、减轻农民负担和保障农民居住的政策考量，集体经济组织成员应当无偿取得宅基地使用权。另一种观点认为，现在农村已经存在宅基地分配不均、批少占多等问题，无偿取得宅基地，既无法满足群众改善居住条件的需求，也影响了集体经济组织的收益，宅基地应当有偿使用。还有一种观点认为，完全有偿使用，多数农民难以承受，建议对保障基本居住的宅基地部分，继续采用无偿取得制度。对超标多占的宅基地，可以采取累进制计算使用费。[③]我国立法采取了宅基地使用权无偿取得的观点，认为宅基地使用权是农民最基本的居住保障，集体经济组织成员应当无偿取得，这种无偿取得宅基地使用权的制度，实质上具有按农村村民身份而分配宅基地的性质。[④]

---

① 参见江平主编：《中国物权法教程》，知识产权出版社 2007 年版，第 354 页。

② 参见王利明主编：《民法》（上册），中国人民大学出版社 2020 年版，第 425 页。

③ 参见胡康生主编：《中华人民共和国物权法释义》，法律出版社 2007 年版，第 338 页。

④ 参见梁慧星、陈华彬：《物权法》，法律出版社 2007 年版，第 248 页。

(五)宅基地使用权的无期限性

我国现行法律法规并未限制宅基地使用权的期限,所以宅基地使用权是无期限的用益物权,具有永久性,宅基地使用权不会因期限届满而消灭。宅基地上的建筑物或者是附属物灭失时,不影响宅基地使用权的效力,权利人仍有权在宅基地上重新建造房屋。宅基地使用权以户为单位设立,但是户主或者是某个家庭成员的死亡并不会影响宅基地的存续。① 并且,《民法典》第364条规定:"宅基地因自然灾害等原因灭失的,宅基地使用权消灭。对失去宅基地的村民,应当依法重新分配宅基地。"

第二节　宅基地制度的历史发展与称谓确定

一、宅基地制度的历史演进

宅基地制度经历了从"农民所有、农民利用"到"集体所有、农民利用"的发展进程,随着改革的发展与实践的探索,宅基地三权分置将是宅基地制度发展的新阶段。

第一阶段,农民享有所有权阶段。中华人民共和国成立初期,在中国共产党的领导之下,开展了轰轰烈烈的土地改革(1949年至1952年),废除了延续千年的封建土地所有制,将没收大地主的土地和房屋分给无地无房的农民,实现了"耕者有其地、居者有其屋"的改革目标。1949年《中国人民政治协商会议共同纲领》就明确规定了"有步骤地将封建半封建的土地所有制改变为农民的土地所有制",1956年6月28日中央人民政府颁布施行的《土地改革法》对土地改革的成果予以确认。1954年9月第一届全国人民代表大会第一次会议正式通过的《中华人民共和国宪法》也明确了对农民所有制的规定。有学者认为,在这个阶段宅基地的使用权仅为对宅基地所有权之使用权能的实现而已,不存在宅基地使用权独立物权概念,因此,更谈不上所谓的宅基地制度。此阶段宅基地的立法内容主要表现为以下几个方面:第一,宅基地受法律保护;第二,农民

① 参见梅夏英、高圣平:《物权法教程》,中国人民大学出版社2010年版,第238页。

享有宅基地的所有权；第三，宅基地可以买卖、出租和继承。[①]

第二阶段，农民享有使用权阶段。较早的使用“宅基地”一词是在1962年通过的《农村人民公社工作条例（修正草案）》（1962年9月27日党的八届十中全会通过并颁布实施）。1963年下发的《关于对社员宅基地问题作一些补充规定的通知》首次在规范性文本中使用“宅基地使用权”一词，并对宅基地相关问题作出详细规定，自此确立了我国宅基地所有权与宅基地使用权“两权分立”的基本格局。[②] 1975年《宪法》对宅基地使用权制度加以确认，1978年《宪法》同样对“所有权归集体、使用权归个人”的农村宅基地使用权制度予以规定。随后，“宅基地”一词被法律文件、高院答复广泛使用，使之逐渐成为一个习惯性表达，逐步制度化，赋予法律含义。集体对宅基地享有所有权、农民对宅基地享有使用权阶段，宅基地使用权制度由此产生。宅基地使用权制度是具有浓郁地域特征的法律术语，是我国的特有概念。[③] 此阶段宅基地使用权制度主要包含如下内容：第一，农村宅基地所有权归集体，宅基地使用权以及宅基地上的房屋及其附属设施归农户所有；第二，宅基地归农村集体所有，不得进行买卖；第三，农户的房屋被征用时，需给予补偿和安置；第四，农户对宅基地的使用没有期限的限制，并且也无须支付使用费。[④]

第三阶段，宅基地“三权分置”的探索阶段。集体所有、农民利用模式的宅基地制度，一直延续至今，尽管期间曾存在一些改革举措，但是基本属性并没有发生本质性的变化。近年来，围绕宅基地试点工作的开展，宅基地所有权、资格权、使用权“三权分置”有序进行，宅基地制度改革有序推进。[⑤] 2018年1月2日《中共中央、国务院关于实施乡村振兴战略的意见》提出要深化农村土地制度改革。探索宅基地所有权、资格权、使用权“三权分置”，落实宅基地集体所有权，保障宅基地农户资格权和农民房屋财产权，适度放活宅基地和农民房屋使用权。中央率先以制度政策的形式提出宅基地“三权分置”以破解农房对外流

---

① 参见曹泮天：《宅基地使用权制度流转法律问题研究》，法律出版社2012年版，第9页。

② 参见温世扬、梅维佳：《宅基地“三权分置”的法律意蕴与制度实现》，载《法学》2018年第9期。

③ 参见王利明主编：《物权法名家讲坛》，中国人民大学出版社2008年版，第325页。

④ 参见王崇敏：《宅基地使用权制度现代化构建》，法律出版社2016年版，第12～16页。

⑤ 参见最高人民法院民法典贯彻实施工作领导小组主编：《中华人民共和国民法典物权编理解与适用》（下），人民法院出版社2020年版，第837页。

转的维度,突破农房向农村集体外流转的束缚,引起法学界、经济学界、社会学界与实务界的广泛关注。

二、宅基地使用权的称谓确定

就宅基地使用权的性质而言,《民法典》第 362 条延续了原《物权法》第 152 条的规定,宅基地使用权人依法对集体所有的土地享有占有和使用的权利。回顾宅基地的立法过程,就宅基地使用权的性质确定存在争论,学界主要有如下几种学说:地上权说、基地使用权说、独立用益物权说、自物权说、占有权说、人役权说等。①

地上权说认为,宅基地使用权本质上属于地上权,因此,应将其纳入地上权制度的调整之中,从而没有必要在法律上设立单独的宅基地使用权制度。② 地上权是在他人的土地之上建造建筑物或者其他工作物的权利。③ 地上权即是因建筑物或其他工作物而利用国家或集体所有的土地的权利。④ 有学者认为应重新构建我国的地上权,以现行的国有土地使用权,农村土地使用权,农村宅基地使用权,国家或集体山岭、荒地、草原、滩涂造林权为基础,创设统一的地上权。⑤

基地使用权说认为,基地使用权,是指为在他人所有的土地上建造并所有建筑物或其他附着物而使用他人土地的权利。包括目前的国有土地使用权和与其内容相关的集体所有土地的使用权,诸如乡镇企业建设用地使用权和农村宅基地使用权。⑥ 基地使用权,是一个基本与传统民法中的地上权相对应的法律概念。地上权人设定地上权的目的,是将他人土地作为自己所有建筑物或其他附着物的基地来使用,即只有将他人土地作为基地,才能实现地上权的目的。因此,"基地使用权"可以准确体现地上权的内涵和特征,可以作为"地上权"通

---

① 参见孙毅、申建平:《建设用地使用权 · 宅基地使用权》,中国法制出版社 2007 年版,第 280 ~ 299 页。

② 参见崔建远:《我国物权法应选取的结构原则》,载《法制与社会发展》1995 年第 3 期。

③ 参见梁慧星主编:《中国物权法研究》(下册),法律出版社 1998 年版,第 645 ~ 646 页。

④ 参见钱明星:《物权法原理》,北京大学出版社 1994 年版,第 293 页。

⑤ 参见杨立新、尹艳:《我国他物权制度的重新构造》,载《中国社会科学》1995 年第 3 期。

⑥ 参见梁慧星主编:《中国物权法研究》(下册),法律出版社 1998 年版,第 647 页。

俗而恰当的替代语。①

自物权说认为，大陆法系传统的"所有权——用益物权"模式的权利基础是土地所有权的私有。"用益物权是以个人所有为基础的概念，缺失这一基础，即不能成立用益物权。"②我国的土地使用权是建立在土地公有的基础之上的，不存在土地私有，其在性质上相当于大陆法系其他国家的所有权，其本身不是所有权派生或分离的结果。换言之，在我国由于个人不能拥有土地所有权，土地所有权只能作为抽象的存在，因而在土地所有权的基础上设定的宅基地使用权或者土地使用权，对于民事主体而言就相当于自物权。③

占有权说认为，以所有权为主体，担保物权和用益物权为自物权和他物权的传统物权理论重财产的归属而轻财产的利用。因此，应当抛弃传统的物权理论，构建所有权与占有权的"二元结构"，所有权表归属，占有权表利用，而且所有权与占有权是平等的，权利人可以相互对抗。有学者认为，"现代中国物权制度中应有独立的财产利用制度。财产利用制度与财产归属制度相互依存、相互作用、平等共处，这是物权制度二元结构的基本定义所在"④。

人役权说认为，无论从制度的功能，还是权利内容的特点方面，人役权制度均与我国宅基地使用权制度相似，可以借鉴人役权理论的合理成分完善我国宅基地使用权制度。⑤

独立用益物权说认为，宅基地使用权目的是对他人所有的土地为用益，具有用益物权的性质，是一种独立的用益物权。王利明教授领导完成的《中国物权法草案建议稿》将宅基地使用权定义为农村集体经济组织成员依法享有的在农村集体所有的土地上建设住宅的权利。⑥ 宅基地使用权是我国特有的一项用益物权，是用于农村村民为建造自有房屋对集体土地享有的占有和使用

① 参见梁慧星主编：《中国民法典草案物权编建议稿附理由》，法律出版社 2004 年版，第 209 ~ 210 页。

② 高富平：《土地使用权和用益物权——我国不动产物权体系研究》，法律出版社 2001 年版，第 59 页。

③ 参见高富平：《物权法的十个基本问题——物权法草案修改意见》，载《法学》2005 年第 8 期。

④ 孟勤国：《物权二元结构论——中国物权制度的理论重构》，人民法院出版社 2009 年版，第 69 页。

⑤ 参见解玉娟：《农村宅基地使用权性质探析》，载《河南省政法管理干部学院学报》2008 年第 3 期。

⑥ 参见王利明等：《中国民法典物权编学者建议稿及立法理由》，法律出版社 2005 年版，第 272 页。

的权利。[1] 原《物权法》和《民法典》采纳了宅基地使用权独立用益物权说的观点，将宅基地使用权认定为是一项独立用益物权。

第三节　宅基地使用权的取得与变动

一、宅基地使用权的取得

宅基地使用权的取得，是指宅基地使用权人通过法律规定的方式获得宅基地并在其上建造住宅及其附属设施的权利。宅基地使用权的取得有创设取得（审批取得）与继受取得（附随取得）两种方式。

（一）宅基地使用权的原始取得

宅基地的原始取得也叫宅基地使用权的审批取得，是由集体经济组织成员提出申请，经过土地管理部门审批而取得宅基地使用权。农村村民宅基地使用权的取得表现为一种以身份为基础的无偿分配的过程。这是基于我国农村集体经济组织的成立史以及村民与农村集体经济组织的历史关系形成的。[2]

1. 宅基地使用权取得的原则

第一，身份限定原则。宅基地使用权是一种带有福利性质的用益物权，主要目的是保障农村集体经济组织成员的基本居住需求，居住保障功能是宅基地使用权的首要功能。因此，宅基地使用权的主体具有身份上的要求，只有农村集体经济组织成员才能享有宅基地使用权[3]，即宅基地使用权的申请人必须是集体经济组织的成员，城镇居民以及集体经济组织之外的农户不能申请。换言之，宅基地使用权应在本集体内部分配，本集体以外的农户以及城镇居民一般无权分得宅基地。而且“户”的存在是宅基地使用权存续的条件，农户中只要有成员存在，宅基地使用权就当然存续，户员的迁出或者死亡可能导致宅基地的面积被核减，但宅基地使用权不会灭失。[4]

---

① 参见王利明：《物权法研究》，中国人民大学出版社 2002 年版，第 427 页。

② 参见梁慧星、陈华彬：《物权法》，法律出版社 2007 年版，第 249 页。

③ 参见周江洪、陆青、章程主编：《民法判例百选》，法律出版社 2020 年版，第 198 页。

④ 参见陈律、吴孙有：《宅基地使用权继承问题研究》，载《人民司法》2012 年第 19 期。

第二,"一户一宅"原则。为了节约土地资源,避免造成土地资源的浪费,我国法律规定每户只能拥有一处宅基地,且占有的宅基地的面积不得超标。《土地管理法》第62条第1款规定,"农村村民一户只能拥有一处宅基地,其宅基地的面积不得超过省、自治区、直辖市规定的标准"。我们认为,村民一户只能拥有一处宅基地是仅就申请而言的,法律上不应当禁止通过继承等方式取得两处以上的宅基地使用权。① 虽然政策文件规定每户只能对一处宅基地登记发证②,但从规范层面分析,立法与政策并没有严格禁止"一户多宅"。《民法典》中宅基地使用权不以登记作为其生效和对抗要件,即使一户拥有多处宅基地使用权未经登记发证,也应当尊重其事实物权。③

在土地资源稀缺的地区,受建设用地指标的限制,很难拿出足够的土地用于农房建设,"一户一宅"的农村住房保障难以为继。《土地管理法》第62条第2款规定,"人均土地少、不能保障一户拥有一处宅基地的地区,县级人民政府在充分尊重农村村民意愿的基础上,可以采取措施,按照省、自治区、直辖市规定的标准保障农村村民实现户有所居"。也就是说,"一户一宅"不再是"一户拥有一处宅基地",而是"一户拥有一处住宅",以多种形式贯彻"一户一宅"政策,公平地实现宅基地的住房保障功能。④

第三,节约土地原则。基于我国人多地少的国情,为贯彻合理利用土地的基本国策,切实加强耕地保护,维护国家粮食安全,促进经济社会可持续发展,在宅基地使用权审批上,必须坚持节约土地的原则。节约土地主要体现在两个方面:一是尽量使用原有的宅基地和村内空闲地,严格限制占用农用地;二是宅基地的面积不得超过省、自治区、直辖市规定的标准。⑤《土地管理法》第62条第3款规定,"农村村民建住宅,应当符合乡(镇)土地利用总体规划、村庄规划,不得占用永久基本农田,并尽量使用原有的宅基地和村内空闲地。编制乡(镇)土地利用总体规划、村庄规划应当统筹并合理安排宅基地用地,改善农村村民

---

① 参见江平主编:《中国物权法教程》,知识产权出版社2007年版,第354页。

② 参见2008年《国土资源部关于进一步加快宅基地使用权登记发证工作的通知》。

③ 参见吴昭军:《宅基地使用权继承的理论障碍与廓清——以重释"一户一宅"为切入点》,载《农业经济问题》2021年第5期。

④ 参见王利明主编:《民法》(上册),中国人民大学出版社2020年版,第429~430页。

⑤ 参见房绍坤:《物权法用益物权编》,中国人民大学出版社2007年版,第232页。

居住环境和条件”。

2. 宅基地使用权申请的条件

目前,农户申请宅基地使用权应具备的条件由各地根据实际情况自行制定,并没有全国统一的标准。根据各省制定的农村宅基地管理办法,一般来说,农村村民有下列情形之一的,可以申请宅基地:(1)因子女结婚等原因确需分户,缺少宅基地的;(2)外来人口落户,成为本集体成员,没有宅基地的;(3)因发生或者防御自然灾害、实施村庄和集镇规划以及进行乡村公共设施和公益事业建设,需要搬迁的。农村村民有下列情形之一的,通常不予批准使用宅基地:(1)非本集体的农村村民;(2)已拥有一处达到规定标准面积的宅基地;(3)农村村民转让住房后,再申请宅基地的。①

3. 宅基地使用权取得的程序

《民法典》本身并未就宅基地的取得作出具体的规定,《民法典》第 363 条规定,“宅基地使用权的取得、行使和转让,适用土地管理的法律和国家有关规定”。宅基地使用权的审批程序大致包括:

(1)农户申请。想要取得宅基地建房的村民,以“户”的名义向所在的村民小组、村民委员会或者集体经济组织提出申请。需要注意的是,户只是因血缘、婚姻等关系联络而共同居住一处生活的自然团体,不能作为单独的民事主体来对待,因此,“户”只是为了申请和管理的方便而由国家和集体认可的单位。②

(2)讨论与批准。当接到申请后,村民小组、村民委员会或者其他农村集体经济组织应当将申请提交村民会议或者村民代表大会讨论。

(3)宅基地使用权的审批部门在审查时,应着重审查申请人是否符合申请条件、拟用地是否符合村镇规划、申请用地的面积是否超过规定的标准。《土地管理法》第 62 条第 4 款规定,“农村村民住宅用地,由乡(镇)人民政府审核批准;其中,涉及占用农用地的,依照本法第四十四条的规定办理审批手续”。

需要注意的是,宅基地的授予是农村集体经济组织行使自己土地所有权的一种形式。而乡(镇)人民政府本身并非土地所有权人,而是作为土地使用和流转秩序的管理者而出现的。政府审核批准的目的在于监管集体经济组织合理

---

① 参见温世扬:《物权法要义》,法律出版社 2007 年版,第 205 页。

② 王利明主编:《民法》(上册),中国人民大学出版社 2020 年版,第 429 页。

利用土地、避免随意将农用地转为建设用地。因此,此种审批严格来讲应当是一种核准,只要不违反相关规划和计划,就不应驳回其请求。审批机关不能越权干预集体经济组织对申请的审核,也不能对集体经济组织没有通过的宅基地进行审批。①

（二）宅基地使用权的继受取得

宅基地使用权的继受取得也叫宅基地使用权的附随取得,虽然宅基地的流转受到严格的限制,不得单独流转,但是在符合一定条件的前提下,农村房屋是可以流转的,在房屋所有权发生流转的情况下,根据“地随房走”这一原则,宅基地使用权也随之转移。②

宅基地的所有权属于集体所有,我国虽然不允许宅基地使用权的单独流转,但是农民对自己的房屋享有所有权,有权将自己的房屋进行流转。由于宅基地土地和房屋是不可分的,根据“地随房走”的原则,宅基地使用权随着房屋的所有权一并流转。因房屋转让,受让人在取得房屋所有权的同时取得该房屋的宅基地使用权。因此,符合条件的本集体经济组织成员可以通过转让房屋一并取得宅基地使用权。《土地管理法》第 62 条第 5 款规定,“农村村民出卖、出租、赠与住宅后,再申请宅基地的,不予批准”。

在我国,宅基地使用权能否继承不仅具体规范缺失且立法态度模糊;同时,因宅基地使用权纠纷的复杂性,司法实践中也存在同案不同判甚至裁判法理相悖的现象;学界对宅基地使用权纠纷中所涉继承问题如何处理亦存有重大分歧。总体而言,承认私有房屋为继承的标的,有利于保护继承人的利益,统一司法裁判。尽管宅基地使用权不能作为遗产继承,但房屋作为遗产显然可以被继承。在我国的“房地合一”模式下,为了充分保护房屋财产权,房屋的继承人即便不具有农村集体经济组织成员身份或已经拥有一处宅基地,其也将因享有房屋财产权而必须享有使用该房屋坐落的宅基地的权利。③ 宅基地上建筑物可因出租、赠与、继承、遗赠方式转移他人,但宅基地使用权随之转移不代表其本身可以继承。宅基地使用权本身不得单独被转移,包括单独继承。宅基地上已建

① 参见王利明、尹飞、程啸:《中国物权法教程》,人民法院出版社 2007 年版,第 385 页。

② 参见杨震主编:《物权法》,中国人民大学出版社 2009 年版,第 213 ~ 214 页。

③ 参见周江洪、陆青、章程主编:《民法判例百选》,法律出版社 2020 年版,第 199 页。

成房屋，无论继承人户口是否迁出，是否有其他宅基地，其对房屋及所依附宅基地享有一体继承权。非本农民集体成员的城镇居民，因继承房屋占用农村宅基地的，可依规登记发证，权利受侵犯时，可提行政诉讼。《土地管理法》第 62 条规定的“农村村民一户只能拥有一处宅基地”，并不能用来作为对申请继承房屋土地使用权的限制。[①] 因房屋所有人死亡，其继承人在继承房屋所有权时，附随取得该房屋的宅基地使用权。[②] 根据《国土资源部、中央农村工作领导小组办公室、财政部、农业部关于农村集体土地确权登记发证的若干意见》第 6 条的规定，已拥有一处宅基地的本农民集体成员、非本农民集体成员的农村或城镇居民，因继承房屋占用农村宅基地的，可按规定登记发证，在《集体土地使用证》记事栏应注记“该权利人为本农民集体原成员住宅的合法继承人”。2020 年 9 月 9 日自然资源部就邵志清代表提出的《关于完善不动产登记的若干建议》，作出的《对十三届全国人大三次会议第 3226 号建议的答复》，关于农村宅基地使用权登记问题，农民的宅基地使用权可以依法由城镇户籍的子女继承并办理不动产登记。根据原《继承法》规定，被继承人的房屋作为其遗产由继承人继承，按照房地一体原则，继承人继承取得房屋所有权和宅基地使用权，农村宅基地不能被单独继承。《不动产登记操作规范（试行）》明确规定，非本农村集体经济组织成员（含城镇居民），因继承房屋占用宅基地的，可按相关规定办理确权登记，在不动产登记簿及证书附记栏注记“该权利人为本农民集体经济组织原成员住宅的合法继承人”。

二、宅基地使用权的流转

宅基地使用权的流转，是指宅基地使用权人依法将宅基地使用权转移给他人。流转是宅基地使用权制度的重要组成部分。现行法律没有规定宅基地使用权单独转让、抵押、继承或出租的情形。原《担保法》第 37 条第 2 项仅规定了耕地、宅基地、自留地、自留山等集体所有的土地使用权，不得抵押财产的类型。宅基地上的房屋出卖、赠与、继承时宅基地使用权随之移转，且农村村民出卖、

---

① 参见蒋勇、陈枝辉主编：《中国民事诉讼裁判规则（土地卷）》，法律出版社 2019 年版，第 135 页。

② 参见梅夏英、高圣平：《物权法教程》，中国人民大学出版社 2010 年版，第 242 页。

出租、赠与住宅后,再申请宅基地的,不予批准。① 从法规与政策分析,宅基地使用权的处分权能受到限制和禁止。禁止宅基地使用权抵押、流转的主要法规与政策包括:1995 年 9 月 11 日国家土地管理局发布实施的《农村集体土地使用权抵押登记的若干规定》、1997 年 1 月 3 日国家土地管理局发布实施的《关于土地使用权抵押登记有关问题的通知》、1999 年 5 月 6 日国务院办公厅发布的《关于加强土地转让管理严禁炒卖土地的通知》、2004 年 10 月 21 日《国务院关于深化改革严格土地管理的决定》、2007 年 12 月 30 日《国务院办公厅关于严格执行有关农村集体建设用地法律和政策的通知》等。从上述法规与政策看,关于宅基地使用权的转让和抵押的问题,相应的法规与政策采取了原则上禁止的态度。

宅基地使用权流转的限制性与农村土地的福利保障性是紧密相关的。宅基地使用权是身披私权外衣的社会保障替代品。② 宅基地使用权具有特殊性,承载着身份、福利、保障等特殊功能,关涉着广大农民群众的切身利益。但严格限制甚至禁止宅基地使用权的流转会面临如下困境:第一,宅基地使用权不能转让就意味着它不具备真正的物权属性,不能在市场上体现其应有的价值。任何财产权只有在流转中才能实现其价值。因此,禁止宅基地使用权的流转不利于保护农民利益,也不利于有效利用不动产。第二,严格限制宅基地使用权的流转,特别是禁止城镇居民在农村购买房屋,客观上维护了城乡二元制的结构。但允许城市居民在农村买房,有利于推进小城镇建设,形成城乡互动和城乡一体化。③ 第三,导致了大部分的宅基地交易活动游离于法律制度框架之外。对于宅基地的对外流转行为虽有法律法规的明令禁止,但是无法采用有效的方式予以制止,宅基地的"隐形交易"时有发生,双方交易主体的交易权利以及交易的安全性无法得到保障,一旦因宅基地对外交易产生纠纷,不仅给法院在纠纷的处理上造成司法困境,而且严重影响着法治的权威性与庄重性。

关于宅基地使用权的流转问题备受争论,学界对宅基地使用权能不能流转、如何流转、在什么范围内流转观点不一。针对本集体经济组织内部成员是否允许宅基地使用权的转让问题,基于我国当前现实情况,为解决宅基地总量

---

① 参见崔建远:《中国民法典释评 · 物权编》,中国人民大学出版社 2020 年版,第 244 页。

② 参见朱庆育:《民法总论》,北京大学出版社 2013 年版,第 256 页。

③ 参见王利明:《物权法研究》(第 4 版),中国人民大学出版社 2016 年版,第 959 页。

不足和少数人拥有多处宅基地的问题,允许本集体经济组织内部转让宅基地使用权,这与《土地管理法》有关规定的精神一致。宅基地使用权在集体经济组织成员之间流转符合"房随地走"原则,可以提高集体经济组织内部的宅基地利用率,不会损害集体经济组织的利益。因此,有条件地允许宅基地使用权转让是符合我国宅基地使用权的现状的,而且不为法律所禁止。① 当然,对于流转的范围限制在本村集体经济组织范围内、本乡范围内、本县范围内还存在争论,在此不做过多赘述。② 对于能否向集体经济组织以外流转,学界形成两种观点,即限制流转说与允许流转说。

1. 禁止流转说

限制流转说认为,宅基地使用权具有社会福利功能,承担着社会保障的作用,宅基地使用权和地上房屋是农民的基本生活保障,如果允许放开转让,可能导致农村土地也被随之转移,导致农民流离失所,不利于土地资源的保护。③ 此外,我国农村社会保障体系尚未全面建立,宅基地使用权是农民基本生产、生活的保障。有学者强调,允许宅基地流转是强势群体的利益诉求,因农民抵御风险的能力较弱,将赖以生存的栖息之所流转之后容易造成无家可归的流民群体,给社会造成不安因素。④ 另有学者进一步指出,放开宅基地使用权转让会有两个不利后果,一是农村耕地的大量流失,以至于从根本上动摇了农业这个国民经济的基础;二是农村廉价土地冲击城市土地市场,造成国家土地收益损失。⑤

2. 允许流转说

允许流转说认为,宅基地使用权的转让在法律上不应当存在限制,应当允许宅基地使用权人自由转让。随着城市化的发展,很多农民进入城市,也有不少城镇居民下乡购房,已经出现宅基地使用权向外流转的情况,特别是在城市

① 参见最高人民法院物权法研究小组编著:《中华人民共和国物权法条文理解与适用》,人民法院出版社 2007 年版,第 461 ~462 页。转引自最高人民法院民法典贯彻实施工作领导小组主编:《中华人民共和国民法典物权编理解与适用》(下),人民法院出版社 2020 年版,第 847 页。

② 参见韩俊主编:《中国农村土地问题调查》,上海远东出版社 2009 年版,第 96 ~97 页。

③ 参见胡康生主编:《中华人民共和国物权法释义》,法律出版社 2007 年版,第 338 页。

④ 参见孟勤国:《物权法开禁农村宅基地交易之辩》,载《法学评论》2005 年第 4 期。

⑤ 参见王卫国:《中国土地权利研究》,中国政法大学出版社 1997 年版,第 182 页。

附近或者比较发达的地区。宅基地的房屋属于农户各人所有，应允许转让。[①] 有学者认为，宅基地使用权应当与国有土地使用权一样可以自由地流转，包括向农村集体组织以外的主体流转。[②] 房屋是农民合法的私有财产，原则上可以自由处分；城镇居民原则上也可以自由购买他人合法的财产。如果不允许他们之间的买卖，属于违反“原则”而确立“例外”，应当有充分的理由，但目前立法机关并没有给出能令人信服的理由。[③] 有学者主张，应当依法确立农村建设用地使用权流转制度，肯定农村建设用地使用权，包括农村宅基地使用权通过转让、出租、入股等方式流转的合法性，赋予其法律效力。[④] 另有学者主张，应当向农民开放其宅基地商业化利用途径和规则，禁止农户宅基地使用权抵押、出资以及其他商业化利用将严重限制农村经济发展和农村城市化进程，也不符合市场经济的基本原则。[⑤] 还有学者认为，宅基地使用权禁止流转制度无疑成了宅基地发挥其土地价值的巨大障碍，实践中已形成错综复杂的宅基地使用权的“隐形市场”，这严重影响了社会的稳定。宅基地使用权流转能够充分利用闲置的宅基地，发挥宅基地使用权的物权效力，有效规制隐形市场的扩张，可以加快农村城市化进程。[⑥] 我国目前实行的是社会主义市场经济，经济体制的改革要求由市场配置资源，要求资源主体自主支配其财产。在农村农民享有的财产权本来就不多，财产的匮乏使农民创造财富的机会减少，如果再对唯一的可资利用的财产作出禁止或限定，就使农民丧失了融通资金的基本手段。[⑦] 在农民集体内符合宅基地使用权分配条件的农户间流转，无法形成有效的市场，无法体现房屋的实际价值，会损害出卖人的利益。[⑧]

---

① 参见胡康生主编：《中华人民共和国物权法释义》，法律出版社 2007 年版，第 338 页。

② 参见梁慧星编著：《中国物权法草案建议稿》，社会科学文献出版社 2000 年版，第 48 页。

③ 参见韩世远：《宅基地的立法问题——兼析物权法草案第十三章“宅基地使用权”》，载《政治与法律》2005 年第 5 期。

④ 参见陈小君等：《农村土地法律制度研究田野调查解读》，中国政法大学出版社 2004 年版，第 661 页。

⑤ 参见高富平：《土地使用权和用益物权——我国不动产物权体系研究》，法律出版社 2001 年版，第 450 页。

⑥ 参见申建平：《宅基地使用权流转模式的选择》，载《政法论丛》2011 年第 3 期。

⑦ 参见李满枝：《物权法下宅基地使用权的转让》，载《广西政法管理干部学院学报》2006 年第 1 期。

⑧ 参见最高人民法院民法典贯彻实施工作领导小组主编：《中华人民共和国民法典物权编理解与适用》（下），人民法院出版社 2020 年版，第 846 页。

由于城市化进程的加快，大量农村人口向城市集聚已成为常态。但宅基地使用权受到对外流转机制限制的制约，资源闲置现象普遍存在。据统计，部分地区宅基地的闲置率高达30%。[①] 显然，宅基地使用权禁止流转制度无疑成了宅基地发挥其土地价值的巨大障碍[②]，限制宅基地使用权流转的法律模式已不能适应实践发展的需求。盘活利用农村闲置宅基地不仅有利于调动农村沉睡资本，而且有利于防止“游离状态”与“隐形交易”对法治理念的破坏。应当辩证地分析宅基地使用权的流转，既要综合评估宅基地使用权流转可能会带来的社会风险，又要看到宅基地使用权适度放活的必要性与可行性，以公平、稳定、效率为价值导向，综合权衡兼顾财产功能与保障功能，平衡稳定价值与效率价值之间的博弈。在探索过程中，既要重视制度的路径延续性，又要重视制度的动态发展性、创造性与前瞻性。宅基地制度改革既是土地现代化制度改革的重要标志，又是将来路径走向规制的探索。实践为理念创新提供了不竭的动力。宅基地制度改革也将经历由实践探索总结到中央政策文件再到试点经验的萃取升级为相关法律制度的构建过程。

三、宅基地“三权分置”

（一）概述

2018年2月4日新华社发布了《中共中央、国务院关于实施乡村振兴战略的意见》（以下简称2018年中央一号文件）提出要深化农村土地制度改革。探索宅基地所有权、资格权、使用权“三权分置”，落实宅基地集体所有权，保障宅基地农户资格权和农民房屋财产权，适度放活宅基地和农民房屋使用权。2018年中央一号文件率先以制度政策的形式提出宅基地“三权分置”。在政策文件中，将宅基地“三权分置”中的“三权”表述为“所有权、资格权与使用权”。宅基地“三权分置”从严格意义上并不是一个法律概念或术语。中共中央、国务院提出的关于宅基地“三权分置”的政策性规定，在一定的程度上对现有的法学理论以及法学体系构造提出了挑战。但政策话语不能直接嵌入法律体系当中，必定

---

① 参见李凤章、李卓丽：《宅基地使用权身份化困境之破解——以物权与成员权的分离为视角》，载《法学杂志》2018年第3期。

② 参见申建平：《宅基地使用权流转模式的选择》，载《政法论丛》2011年第3期。

会面临着法律制度的建构。政策上的权利必须上升为法律上的权利才能为实践活动提供法律护航的社会功效。[①] 在政策文件中，将宅基地“三权分置”中的“三权”表述为“所有权、资格权与使用权”。关于“三权”的具体涵义，理论界与实践试点并没有形成统一的共识。关于权利如何配置主要有三种学说。学说一：资格权与使用权是对原有宅基地使用权进行细分的结果，其要义是集体所有权保持不变，宅基地使用权分离为“农户资格权”和“使用权”。[②] 学说二：新设两种权利（资格权与使用权），对于原有的宅基地使用权弃之不用。学说三：维系保持原有的“宅基地使用权”，重新设置一项新的权利。[③] 这些构想的逻辑基础都是创设或者是重构权利概念与权利体系，分析权利的逻辑起点。“三权”的界定是宅基地三权分置体系搭建的先决条件，权利的配置不仅直接影响着各方利益主体的资源调配与权益保障，而且推动着体系制度的构建与制度配置的供给。[④] 随着政策的不断演进与社会实践的需求，宅基地“三权分置”政策入法，以及法律确权、法律体系构建都是亟待解决的重要问题。

（二）宅基地“资格权”的法理反思

2018年中央一号文件将宅基地“三权分置”中的三权表述为“宅基地所有+宅基地使用权+资格权”。在实行宅基地“三权分置”时，由于农户并不丧失其宅基地使用权，只是将其宅基地使用权中一定期限内的部分权能让渡出去，期限届满后其宅基地使用权仍恢复至圆满状态，因此既不需要也不适宜为农户享有的宅基地权利另赋名称，宜继续使用“宅基地使用权”这一法定名称。[⑤] 政策中将第三项权利规定为“资格权”，但政策用语不能直接转换为法律术语，正如孙宪忠教授所言：“贯彻中央文件必须首先贯彻其精神，不能拘束于个别词句。中央文件只是指明了改革的方向，但是法律上的操作措施必须稳妥

① 参见丁关良：《宅基地之新的权利体系构建研究——以宅基地“三权分置”改革为视野》，载《贵州社会科学》2021年第7期。

② 参见温世扬、梅维佳：《宅基地“三权分置”的法律意蕴与制度实现》，载《法学》2018年第9期。

③ 参见席志国：《民法典编纂视域中宅基地“三权分置”探究》，载《行政管理改革》2018年第4期；程秀建：《宅基地资格权的权属定位与法律制度供给》，载《政治与法律》2018年第8期。

④ 参见乔剑峰：《宅基地“三权分置”的法理意蕴与制度考量》，黑龙江大学2020年硕士学位论文，第1~2页。

⑤ 参见宋志红：《宅基地“三权分置”的法律内涵和制度设计》，载《法学评论》2018年第4期。

可靠,必须考虑到现行法律制度本身的和谐统一等方面的规则。”[①]宅基地“三权分置”政策的落实需要以既有的制度资源为基础,将政策语言转换为法律语言,并将其转化为更现实有效的制度。我国的现有法律中未明确宅基地资格权的涵义与性质,学界有承包权说、成员权说、财产权说、宅基地使用权说、复合性权利说和剩余权说等观点。宅基地资格权与承包地承包权同质化说,认为宅基地“三权分置”与承包地“三权分置”在本质上是一致的,完全套用承包地“三权分置”的方法与经验解决宅基地“三权分置”的问题,将资格权与承包权作了同质化的处理。[②] 成员权说,认为资格权的内容完全可以被成员权所涵摄,将资格权定义为成员权[③],资格权只是成员权的一种方式的表达。财产权说,认为宅基地“三权分置”的构建应该以宅基地使用权制度为基础,不宜将农户资格权阐释为一项成员权,而应将其定性为一项身份性的财产权,特指创设次级使用权之后的宅基地使用权。[④] 宅基地使用权说,认为资格权与现行法律规定的宅基地使用权并无差异。[⑤] 复合性权利说,认为宅基地农户资格权应包括宅基地分配资格权和宅基地使用权两种权利,是一种兼具身份权和财产权的复合性权利。农户行使并实际取得宅基地使用权后,宅基地资格权就等同于既有实定法中的宅基地使用权。[⑥] 剩余权说,认为在已经取得宅基地支配的前提之下,剩余权是已经分置出使用权之后宅基地使用权的剩余权利。[⑦]

学术界关于宅基地“三权分置”中“资格权”的构建并没有达成共识,而且对“资格权”的内涵界定差异较大,利用“资格权”来实现宅基地“三权分置”的改革构想不仅不能起到实质性进展而且在落实过程中困难重重。有很多学者开始对“资格权”的构建提出质疑,有学者认为“资格权”不是一项实体财产权,只是一种宅基地使用权分配的资格,此种分配资格属于成员权的组成部分,是

① 孙宪忠:《推进农地三权分置经营模式的立法研究》,载《中国社会科学》2016 年第 7 期。

② 参见董祚继:《“三权分置”——农村宅基地制度的重大创新》,载《中国土地》2018 年第 3 期。

③ 参见程秀建:《宅基地资格权的权属定位与法律制度供给》,载《政治与法律》2018 年第 8 期;姜楠:《宅基地“三权”分置的法构造及其实现路径》,载《南京农业大学学报(社会科学版)》2019 年第 3 期。

④ 参见刘国栋:《农村宅基地“三权分置”政策的立法表达——以“民法典物权编”的编纂为中心》,载《西南政法大学学报》2019 年第 2 期。

⑤ 参见席志国:《民法典编纂视域中宅基地“三权分置”探究》,载《行政管理改革》2018 年第 4 期。

⑥ 参见陈耀东:《宅基地“三权分置”的法理解析与立法回应》,载《广东社会科学》2019 年第 1 期。

⑦ 参见李凤章、赵杰:《农户宅基地资格权的规范分析》,载《行政管理改革》2018 年第 4 期。

能够被土地所有权形式机制所涵摄的内容。[①] 还有学者认为为"资格权"能够被集体经济组织成员权涵盖,单独的"资格权"难以成立。[②] 另有学者认为"资格权"仅仅是一种形象的表达,并没有实际的意义,而且"资格权"这一概念也不能成立。[③] 宅基地"三权分置"下的资格权是集体经济组织成员申请取得宅基地的资格,不符合权利构造的逻辑,无法和宅基地所有权、宅基地使用权等并列进入宅基地"三权分置"的权利结构。同时,资格权对于宅基地使用权的流转并无实意,其无法承载当前宅基地改革的使命。[④] 通过房地分离和设立法定租赁权,完善的农村宅基地使用权登记制度等配套措施,以较少的成本解决宅基地使用权流转,是较为合理的方案。[⑤]

(三)宅基地"三权分置"的模式构建

关于"三权"的具体涵义,理论界与实践试点并没有形成统一的共识。学界关于宅基地"三权分置"的破解路径主要包括物权化破解之维、债权化破解之维与双轨制破解之维。

1. 物权化破解之维

所谓物权化破解之维是指流转的子权利属物权性质,关于具体构建权利的理论,学界观点不一。

(1)地上权理论

地上权理论认为当宅基地上房屋所有权让与他人时,宅基地使用权本身不必随之让与,仅需为取得房屋所有权之人设定法定或约定的地上权。如此,宅基地使用权人不至于因为转让地上房屋而失去宅基地,亦不必为保有宅基地而听任闲置房屋破败(构建模式:"宅基地所有权+宅基地使用权+地上权")。[⑥]

(2)次级宅基地使用权理论

次级宅基地使用权理论认为在"宅基地所有权——宅基地使用权"的二层

---

① 参见宋志红:《宅基地"三权分置"的法律内涵和制度设计》,载《法学评论》2018年第4期。

② 参见刘锐:《乡村振兴战略框架下的宅基地制度改革》,载《理论与改革》2018年第3期。

③ 参见申惠文:《宅基地"三权分置"改革的立法表达》,载中国民商法律网2018年11月21日,https://mp.weixin.qq.com/s/y54fZIECchJudYoSYyt7GA。

④ 参见申建平:《宅基地"资格权"的法理反思》,载《学习与探索》2019年第11期。

⑤ 参见申建平:《宅基地使用权流转模式的选择》,载《政法论丛》2011年第3期。

⑥ 参见王卫国、朱庆育:《宅基地如何进入市场?——以画家村房屋买卖案为切入点》,载《政法论坛》2014年第3期。

权利结构上再次运用权利派生理论，由宅基地使用权人创设并让渡出一个具有用益物权属性的子权利，由此而形成“宅基地所有权——宅基地使用权——次级宅基地使用权”的三层权利结构（构建模式：“宅基地所有权＋宅基地使用权＋宅基地经营权或次级宅基地使用权”）。①

（3）次级地上权理论

次级地上权理论主张，宅基地“三权分置”在法律上应表达为：集体土地所有权分置出宅基地使用权，宅基地使用权分置出次级使用权。基于权利的功能定位，次级使用权应该界定为一项物权权利（构建模式：“宅基地所有权＋宅基地使用权＋次级地上权”）。②

（4）建设用地使用权理论

建设用地使用权理论主张宅基地“三权分置”框架下的第二项权利，沿用宅基地使用权概念，流转后产生的“第三权”应称为建设用地使用权。用“所有权、宅基地使用权、建设用地使用权”表达宅基地“三权分置”改革意图（构建模式：“宅基地所有权＋宅基地使用权＋建设用地使用权”）。③

2. 债权化破解之维

所谓债权化破解之维是指流转的子权利属债权性质，采用法定租赁权理论，认为农村房屋的买受人在取得房屋所有权的同时，对于房屋的宅基地并非取得作为物权的村民的“宅基地使用权”，而是取得作为债权的“宅基地租赁权”，基于该债权房屋买受人可以占有使用宅基地，达到对宅基地“用益”的目的（构建模式为模式：“宅基地所有权＋宅基地使用权＋法定租赁权”）。④

---

① 参见宋志红：《宅基地“三权分置”：从产权配置目标到立法实现》，载《中国土地科学》2019年第6期。

② 参见刘国栋：《农村宅基地“三权分置”政策的立法表达——以“民法典物权编”的编纂为中心》，载《西南政法大学学报》2019年第2期。

③ 参见刘锐：《乡村振兴战略框架下的宅基地制度改革》，载《理论与改革》2018年第3期。

④ 参见韩世远：《宅基地的立法问题——兼析物权法草案第十三章“宅基地使用权”》，载《政治与法律》2005年第5期；刘凯湘：《法定租赁权对农村宅基地制度改革的意义与构想》，载《法学论坛》2010年第1期；彭诚信、陈吉栋：《农村房屋抵押权实现的法律障碍之克服——“房地一致”原则的排除适用》，载《吉林大学社会科学学报》2014年第4期；房绍坤：《农民住房抵押之制度设计》，载《法学家》2015年第6期；高圣平：《农村宅基地制度：从管制、赋权到盘活》，载《农业经济问题》2019年第1期；陈小君：《宅基地使用权的制度困局与破解之维》，载《法学研究》2019年第3期。

3. 双轨制破解之维

所谓双轨制破解之维认为，单纯的物权化构建与单纯的债权化构建都不能满足现实的需求，必须双轨并行才能丰富制度的配给机制。农户在不退出宅基地使用权的基础上创设并让渡宅基地"子权利"的流转方式，具体包括农户出租宅基地和以权利派生方式让渡"次级宅基地使用权"两种途径（双轨制权利结构分有两种，结构一："宅基地所有权＋宅基地使用权＋宅基地租赁权"；结构二："宅基地所有权＋宅基地使用权＋宅基地经营权或次级宅基地使用权"）。[①]

（四）法定租赁权理论可行性分析

债权说与物权说本质上没有优劣之分，制度模式的选择只是利益权衡的考量。选取与现实情形最相适宜的模式、以最佳平稳的方式推进宅基地"三权分置"顺利进行才是制度革新的终极目标。宅基地"三权分置"的法理基础在于权利的派生性理论，宅基地"三权分置"不但不能违反一物一权原则以及自罗马法以降的用益物之上不得再为用益的原则[②]，还要遵从法律体系的内在逻辑。与其他学说相比较，债权说的优势是不会对现行法律体系架构进行重塑，无须对现行理论过多重构，同时债权说能够最大限度地解决动态的流转性与静态的身份性之间的平衡，能够省去构建保护身份的制度成本，而且与现行的立法精神最相契合。在"房地一致"原则中，房屋进行流转，构建物权性质的"地"的承载面临着理论与制度上的障碍，可以通过债权的手段来实现，法定租赁权能够破解"房地一致"的承载困境，构建农房流转土地债权承载的流转利用模式。通过宅基地法定租赁权制度，解决宅基地使用权转让、抵押、收回和继承等热点和难点问题，才能在宅基地使用权制度改革进程中顺势而为、乘势而上。[③]

宅基地"三权分置"法定租赁权实现的主要优势在于以下几个方面：第一，法定租赁权属于债权的范畴，顺应了现行法律体系的基本逻辑，不涉及对"物权法定"原则的抵触与突破，以实现最优模式。第二，法定租赁权的构建使得流转的房屋有其土地的承载，能够合理贯彻"房地一体"原则。第三，法定租赁权可

---

① 参见宋志红：《宅基地"三权分置"：从产权配置目标到立法实现》，载《中国土地科学》2019 年第 6 期。

② 参见席志国：《论宅基地"三权"分置的法理基础及权利配置——以乡村矛盾预防与纠纷化解为视角》，载《行政管理改革》2022 年第 3 期。

③ 参见陈小君：《宅基地使用权的制度困局与破解之维》，载《法学研究》2019 年第 3 期。

以突破最长租赁期限 20 年的限制，有利于维护社会主体稳定性的利用。第四，法定租赁权有对外的对抗效力，在法律关系存续期间，社会主体取得了农房的所有权，并且可以根据租赁权主张对农村房屋的利用与收益权能。

就宅基地“三权分置”问题，决策部门的态度是在实践中进一步探索，待形成比较成熟的经验后再进行立法规范。[①]

四、宅基地使用权的登记

虽然宅基地使用权的设立不以登记为其要件，但是登记有其固有的优点，权利人可以要求办理登记。《不动产登记暂行条例实施细则》第 40 条规定，“依法取得宅基地使用权，可以单独申请宅基地使用权登记。依法利用宅基地建造住房及其附属设施的，可以申请宅基地使用权及房屋所有权登记”。第 41 条规定，“申请宅基地使用权及房屋所有权首次登记的，应当根据不同情况，提交下列材料：（一）申请人身份证和户口簿；（二）不动产权属证书或者有批准权的人民政府批准用地的文件等权属来源材料；（三）房屋符合规划或者建设的相关材料；（四）权籍调查表、宗地图、房屋平面图以及宗地界址点坐标等有关不动产界址、面积等材料；（五）其他必要材料”。就宅基地使用权进行登记，明确宅基地使用权的归属，是保护宅基地使用权人合法权益、规范推进农村土地制度改革的重要基础。宅基地“三权分置”政策的试点展开也以明晰的宅基地权利归属为前提。[②]

五、《民法典》为宅基地制度改革留有空间

2013 年 11 月 12 日中国共产党第十八届中央委员会第三次全体会议通过的《中共中央关于全面深化改革若干重大问题的决定》规定，“保障农户宅基地用益物权，改革完善农村宅基地制度，选择若干试点，慎重稳妥推进农民住房财产权抵押、担保、转让，探索农民增加财产性收入渠道”。

2015 年 8 月 10 日国务院发布实施了《国务院关于开展农村承包土地的经

---

① 参见《国务院关于农村土地征收、集体经营性建设用地入市、宅基地制度改革试点情况的总结报告——2018 年 12 月 23 日在第十三届全国人民代表大会常务委员会第七次会议上》，载《全国人民代表大会常委会公报》。转引自王利明主编：《民法》（上册），中国人民大学出版社 2020 年版，第 431 页。

② 参见王利明主编：《民法》（上册），中国人民大学出版社 2020 年版，第 432 页。

营权和农民住房财产权抵押贷款试点的指导意见》规定,“农民住房财产权设立抵押的,需将宅基地使用权与住房所有权一并抵押。按照党中央、国务院确定的宅基地制度改革试点工作部署,探索建立宅基地使用权有偿转让机制”。

2015 年 12 月 28 日全国人大常委会实施了《全国人民代表大会常务委员会关于授权国务院在北京市大兴区等 232 个试点县(市、区)、天津市蓟县等 59 个试点县(市、区)行政区域分别暂时调整实施有关法律规定的决定》规定,“为了落实农村土地的用益物权,赋予农民更多财产权利,深化农村金融改革创新,有效盘活农村资源、资金、资产,为稳步推进农村土地制度改革提供经验和模式,第十二届全国人民代表大会常务委员会第十八次会议决定:授权国务院在北京市大兴区等 232 个试点县(市、区)行政区域,暂时调整实施《中华人民共和国物权法》《中华人民共和国担保法》关于集体所有的耕地使用权不得抵押的规定;在天津市蓟县等 59 个试点县(市、区)行政区域暂时调整实施《中华人民共和国物权法》《中华人民共和国担保法》关于集体所有的宅基地使用权不得抵押的规定”。

2016 年 3 月 15 日《中国人民银行、中国银行业监督管理委员会、中国保险监督管理委员会等关于印发〈农民住房财产权抵押贷款试点暂行办法〉的通知》,第 2 条规定,“本办法所称农民住房财产权抵押贷款,是指在不改变宅基地所有权性质的前提下,以农民住房所有权及所占宅基地使用权作为抵押、由银行业金融机构(以下称贷款人)向符合条件的农民住房所有人(以下称借款人)发放的、在约定期限内还本付息的贷款”。

这些规定都为宅基地使用权的抵押和转让提供了政策性基础,《民法典》第 363 条规定,“宅基地使用权的取得、行使和转让,适用土地管理的法律和国家有关规定”。该规定在维持现行规定的同时,为今后宅基地制度的改革和有关法律的修订留有制度空间。

第四节　宅基地使用权的效力

一、宅基地使用权人的权利

1. 占有、使用宅基地的权利

《民法典》第362条规定，"宅基地使用权人依法对集体所有的土地享有占有和使用的权利，有权依法利用该土地建造住宅及其附属设施"。占有宅基地是实际使用房屋建造住宅的前提。宅基地使用权人享有对宅基地的使用权，但该使用权受到一定的限制，一般应以建设住宅并居住为目的。也有学者认为权利人可利用宅基地及地上房屋从事小规模、家庭式、无污染、不扰民的生产经营活动。[①] 但是，由宅基地使用权制度的目的及其功能决定，宅基地不得用于兴建企业或公司的厂房，不得用于投资公司，不得用做较大规模的养殖业的基地。[②]

2. 对宅基地使用权有限的处分权

虽然宅基地使用权的流转受到严格的限制，宅基地使用权不得单独流转，但是，宅基地使用权人有权依法对房屋所有权进行处分，倘若房屋流转，根据地随房走的规则，宅基地使用权也随之一并流转。但此种流转限制在集体经济组织内部成员之间。此外，由于房屋可以被继承，所以宅基地使用权也可以附随房屋所有权被他人继承，此种情形则不局限于本集体经济组织成员内部。[③]

宅基地制度改革的方向是进一步扩大权能，赋予农民更多财产权利。《中共中央关于推进农村改革发展若干重大问题的决定》指出要"依法保障农户宅基地用益物权"，试点政策也围绕着落实宅基地使用权的财产属性、发挥财产功能、保障农户财产保值增值、实现财产收益而展开。各村庄也积极开展以房屋出租、房屋出售、商铺出售、农房抵押、宅基地招标交易、宅基地私下流转等方式实现宅基地的用益物权，通过农房抵押、有偿退出、流转等制度设计，增加了农

① 参见王卫国、王广华主编：《中国土地权利的法制建设》，中国政法大学出版社2002年版，第145页。

② 参见崔建远：《中国民法典释评·物权编》，中国人民大学出版社2020年版，第241～242页。

③ 参见杨震主编：《物权法》，中国人民大学出版社2009年版，第215页。

民财产性收益。[1]

3. 征收时的补偿请求权

《民法典》第 327 条规定,因不动产或者动产被征收、征用致使用益物权消灭或者影响用益物权行使的,用益物权人有权依据本法第 243 条、第 245 条的规定获得相应补偿。宅基地使用权被征收的,宅基地使用权人有权请求补偿。

4. 宅基地灭失后的重新分配权

《民法典》第 364 条规定,"宅基地因自然灾害等原因灭失的,宅基地使用权消灭。对失去宅基地的村民,应当依法重新分配宅基地"。宅基地使用权人在宅基地因自然灾害等原因灭失时,享有重新分配宅基地的权利。

二、宅基地使用权人的义务

1. 按照批准的用途使用宅基地

宅基地使用权人在取得宅基地使用权后,只能用于建造住宅及其附属设施,不得擅自改变土地的用途,如利用宅基地建设厂房、旅馆、酒店等。但是考虑我国农村的实际情况,农村村民如果利用自家住房附带地从事小规模、家庭式的生产经营活动,则不属于改变宅基地的用途。

2. 按照批准的面积建造住宅及其附属设施

《土地管理法》第 62 条第 1 款规定,"农村村民一户只能拥有一处宅基地,其宅基地的面积不得超过省、自治区、直辖市规定的标准"。宅基地使用权人必须按照标准面积建造住宅及其附属设施,不得采用任何不法手段多占土地作为其宅基地。1995 年 5 月 1 日实施的国家土地管理局关于印发《确定土地所有权和使用权的若干规定》的通知第 51 条规定,"按照本规定第四十五条至第四十九条的规定确定农村居民宅基地集体土地建设用地使用权时,其面积超过当地政府规定标准的,可在土地登记卡和土地证书内注明超过标准面积的数量。以后分户建房或现有房屋拆迁、改建、翻建或政府依法实施规划重新建设时,按当地政府规定的面积标准重新确定使用权,其超过部分退还集体"。

3. 宅基地使用权流转后不能再次申请

《土地管理法》第 62 条第 5 款规定,"农村村民出卖、出租、赠与住宅后,再申请宅基地的,不予批准"。

---

① 参见王利明主编:《民法》(上册),中国人民大学出版社 2020 年版,第 433 页。

第五节 宅基地使用权的消灭

一、宅基地使用权消灭的事由

1. 国家征收

《民法典》第 243 条第 1 款规定,"为了公共利益的需要,依照法律规定的权限和程序可以征收集体所有的土地和组织、个人的房屋以及其他不动产"。国家为了公共利益的需要,征收宅基地的,该宅基地使用权消灭。宅基地使用权的无期限性意味着宅基地实际上已经演变为近乎农民的私产。宅基地使用权取得的无偿性是基于集体土地所有权产生的历史背景这一深层原因,但并不能成为征收不予补偿的理由。房屋作为农民唯一可以享有所有权的不动产,其重要性不言而喻。① 因此在国家征收中要对宅基地使用权与农房给予合理补偿。

2. 集体收回

《土地管理法》第 66 条规定,有下列情形之一的,农村集体经济组织报经原批准用地的人民政府批准,可以收回土地使用权:(1)为乡(镇)村公共设施和公益事业建设,需要使用土地的;(2)不按照批准的用途使用土地的;(3)因撤销、迁移等原因而停止使用土地的。此外,依据其他法律的有关规定,宅基地使用权人长期闲置宅基地的、违法使用宅基地的、违背"一户一宅"占用宅基地的、因"五保户"死亡而腾出宅基地等,土地所有人均有权收回宅基地。②

3. 混同

《民法典》第 1160 条规定,"无人继承又无人受遗赠的遗产,归国家所有,用于公益事业;死者生前是集体所有制组织成员的,归所在集体所有制组织所有"。当集体所有制组织成员死亡,其遗产无人继承又无人受遗赠的,归所在集体所有制组织所有。在此种情况下,宅基地使用权因与土地所有权混同而消灭。

---

① 参见申建平:《对农村集体土地征收补偿范围的反思》,载《比较法研究》2013 年第 2 期。

② 参见杨震主编:《物权法》,中国人民大学出版社 2009 年版,第 217 页。

4. 抛弃

宅基地使用权是一项独立的民事权利，因此，宅基地使用权人完全有权抛弃宅基地使用权，抛弃后，宅基地使用权消灭。[①]

5. 宅基地灭失

宅基地是宅基地使用权的载体，如果宅基地发生灭失，宅基地使用权即丧失了存在的基础，应归于消灭。

二、宅基地使用权消灭的法律效果

1. 返还宅基地

宅基地使用权人在宅基地使用权消灭时，应将宅基地返还给土地所有权人。

2. 取得补偿费

农村集体经济组织为了乡（镇）、村公共设施和公益事业建设而需要收回宅基地，或者是国家因公共利益的需要征收土地而导致原有宅基地使用权灭失的，集体或者国家应当依照法律规定对宅基地使用权人予以补偿。如果宅基地使用人不按照批准的用途而非法使用宅基地、长期闲置宅基地而导致土地所有权人收回宅基地的，则不存在获得补偿的问题。[②]

3. 重新分配宅基地

为保障农民的基本居住条件，在宅基地消灭后，没有宅基地的农户有权重新申请宅基地使用权。并非任何事由导致宅基地使用权消灭的，都可重新分配宅基地。可重新分得宅基地的事由主要包括：(1)因自然灾害使宅基地灭失的；(2)宅基地使用权被征收的；(3)宅基地使用权因为土地规划被收回的。宅基地使用权基于其他原因消灭的，农户一般无权重新申请宅基地。[③]

4. 办理注销登记

《民法典》第365条规定，“已经登记的宅基地使用权转让或者消灭的，应当及时办理变更登记或者注销登记”。

---

① 参见孙毅、申建平：《建设用地使用权·宅基地使用权》，中国法制出版社2007年版，第319页。

② 参见刘保玉：《物权法学》，中国法制出版社2007年版，第276页。

③ 参见江平主编：《物权法》，法律出版社2009年版，第249～250页。

第十一章

居　住　权

第一节　居住权概述

一、居住权的概念

1. 居住权的概念

居住权，是指自然人为了满足生活居住的需要，按照合同或遗嘱，在他人所有的住宅上享有的占有、使用的用益物权。居住权是《民法典·物权编》新增的一种用益物权。《民法典》第366条至第371条用6个条文对居住权进行了规定。

2. 居住权的源起

居住权是源于罗马法的一项古老制度。罗马共和国末期，无夫权婚姻和奴隶解放的情况日益增多，每当家长亡故，那些没有继承权或丧失劳动能力人的生存就成了问题。因此，丈夫或家主会把一部分家产的用益权、使用权、居住权遗赠给妻子或被解放的奴隶，此即人役权。居住权被家长用作处分其遗产的一种手段。罗马人经常以遗嘱将某项遗产的使用权遗赠给他需要照顾的人，使其生活获得保障，而保留"虚有权"给其继承人。在受照顾的人死亡后，居住权即消灭，继承人再恢复其完全的所有权。① 初期的居住权主要适用于婚姻家庭和继承领域，用于保障婚姻家庭关系的稳定及其成员的生存。

大陆法系主要国家对罗马法居住权制度均有所继受。《法国民法典》《德国

---

① 参见周枏：《罗马法原论》，商务印书馆1994年版，第368～369页。

民法典》《意大利民法典》《瑞士民法典》等民法典都对居住权制度作出了规定。但各国立法规定的居住权制度实际上有较大差异，对居住权的人身性、非流转性限制也有不同程度的突破。

关于我国是否应当引入居住权制度，我国在制定物权法时，理论界就存在很大争议。2002 年至 2005 年物权法草案三次征求意见稿中均就居住权作了规定，但原《物权法》最终删除该规定。主要理由是居住权适用范围较窄，大多发生在亲属朋友之间，一旦发生纠纷，可以通过有关法律规定的救济渠道加以解决。① 在民法典编纂过程中，居住权是否入典再次引起学界关注。为贯彻党的十九大提出的加快建立多主体供给、多渠道保障住房制度的要求，立法机关认为，有必要创设居住权制度②，最终《民法典·物权编》将居住权确定为一项用益物权。这一制度有助于为以房养老和公租房提供法律保障，对实现“人民群众住有所居”的目标具有现实意义。从《民法典》第 366 条至第 371 条这 6 个条文规定来看，我国居住权制度基本沿袭了传统的对于需要照顾的特定弱势主体提供居住利益使其获得供养的保障功能。与此同时，允许当事人在另有约定的情况下可以有偿设立，居住权人原则上不得出租其享有居住权的住宅，但如果居住权人与房屋所有权人达成合意，则居住权人可以出租该住宅。

二、居住权的特征

《民法典》第 366 条规定：“居住权人有权按照合同约定，对他人的住宅享有占有、使用的用益物权，以满足生活居住的需要。”依据该条，居住权具有如下特征。

1. 居住权具有人身专属性

居住权是为了满足无住房之人的生活居住需要而设立的，是为了解决特定人的赡养、扶养等需要，在传统民法中，居住权所涉及的当事人之间一般具有亲属或者朋友关系，相互之间具有特定身份，因而具有人身附属性，其主体一般都是具有特定身份的弱势群体。

---

① 参见全国人大法律委员会：《全国人大法律委员会关于〈中华人民共和国物权法（草案）修改情况的汇报〉》，2006 年 10 月 27 日。

② 参见沈春耀：《关于提请审议〈民法典各分编（草案）〉议案的说明》，2018 年 8 月 27 日在第十三届全国人大常委会第五次会议第一次全体会议上。

2. 居住权具有不可转让性

居住权属于人役权,因而它不具有可转让性。地役权是为了某特定不动产的利益而设立的用益物权,人役权是为特定人的利益而利用他人所有之物的权利,即以他人的物供自己使用和收益的权利。[①] 罗马法学家认为,人役权具有不可转让性。这是因为人役权是为特定人的利益设定的,若允许人役权人将其权利转让,则有悖于人役权的本质。[②] 作为人役权的居住权是居住他人房屋的权利,这种为特定人生活居住需要而设立的居住权只能由特定人享有,不能随意转让。如果具有让与性则与居住权的性质和目的相悖。《民法典》第 369 条规定:"居住权不得转让、继承。设立居住权的住宅不得出租,但是当事人另有约定的除外。"因此,在没有特别约定的情况下,居住权不具有流转的可能。

3. 居住权原则上具有无偿性

从居住权的历史源流看,居住权是建立在赡养、抚养等感情和道德基础之上的、旨在满足老年人等弱势群体居住需要的权利类型,与其他主要作为市场交易对象而存在的物权种类不同,在一定限度内具有福利性。[③] 立法者考虑到居住权是老年人、妇女及未成年人等特殊弱势群体居住他人住房而享有的权利,具有保护弱者居住利益的功能。[④] 因而,居住权的设立不能适用市场交易等价有偿的原则,作为弱势群体的居住权人在获得居住权时往往是基于所有权人的帮扶或馈赠。因此居住权原则上应无偿设立。

在立法过程中,有学者主张应承认投资性居住权。[⑤] 考虑到当今社会生活形态已经发生了重大变化。居住权不仅应当满足婚姻家庭关系中无房可住者的居住需求,同时还应当承担为房屋多元化利用提供有效途径,实现财产所有权和财产利用权的最优化配置的重要功能。[⑥] 因此,《民法典》第 368 条规定,居

---

① 参见周枏:《罗马法原论》,商务印书馆 1994 年版,第 368 页。

② 参见关涛:《大陆法系民法中的人役权——兼论民法典中的用益物权体系》,载《法学论坛》2003 年第 6 期。

③ 参见常鹏翱:《物权法典型判例研究》,人民法院出版社 2007 年版,第 24 页。

④ 参见单平基:《〈民法典〉草案之居住权规范的检讨和完善》,载《当代法学》2019 年第 1 期。

⑤ 参见申卫星:《视野拓展与功能转换:我国设立居住权必要性的多重视角》,载《中国法学》2005 年第 5 期。

⑥ 参见最高人民法院民法典贯彻实施工作领导小组主编:《中华人民共和国民法典物权编理解与适用》(下),人民法院出版社 2020 年版,第 877 页。

住权无偿设立,但是当事人另有约定的除外。可见,从尊重意思自治的角度考虑,立法者也给当事人通过另行约定设立投资性居住权保留了空间。

4. 居住权具有期限性

居住权是在他人所有的房屋上设立的用益物权,他物权都是有期限限制的。因此,居住权是有期限物权。期限届满权利即消灭。居住权基于当事人的意思设立,权利期限首先应当依据当事人的意思确定,合同中通常约定居住权人享有的期限。如果当事人没有约定或约定不明的,则为权利人终身,即一般至居住权人死亡。

第二节 大陆法系居住权制度的演进

一、法国的居住权制度

《法国民法典》继受了罗马法居住权制度,但受到自由资本主义以及人文主义思潮的影响,为了适应法国社会的发展,《法国民法典》对罗马法的居住权制度进行了一定程度的修改和完善。[①]

在居住权的设立方面,居住权可以依法律或人的意志设立。[②] 除法律规定和遗嘱外,居住权可以通过合同方式设立。对于居住权的具体内容,当事人可以依据合意进行约定,在无约定或者约定不明时适用法律的规定。受契约自由精神的影响,居住权具有较强灵活性。此外,居住权人须事先提供保证并对财产作成现状说明书和盘点清册时,方可享有居住权。[③] 居住权人应以善良家父的标准享受其权利。[④] 一方面是为了更好地平衡所有权与居住权的关系,防止居住权人滥用权利;另一方面也是对房屋的一种保护措施,保证房屋的完整性。

居住权的消灭主要包含以下几种情形[⑤]:(1)居住权的期限届满。当事人

① 《法国民法典》,罗结珍译,法律出版社2005年版,第502~505页。
② 《法国民法典》第579条。
③ 《法国民法典》第626条。
④ 《法国民法典》第627条。
⑤ 《法国民法典》第617~624条。

可以根据其自由意志约定居住权的存在期限，在无特别约定时，居住权人自然死亡或民事上死亡时居住权消灭。(2)混同，即住房的居住权人与所有权人两个主体资格归属于同一人时，居住权因混同而消灭。(3)居住权经过30年时间未行使即消灭。(4)居住权的客体灭失。作为主物的房屋灭失，对从物以及相关附属设施的居住权也随之消灭。(5)因滥用居住权而消灭，居住权的享有人未正常维修不动产并因此引起不动产的严重损坏，法官可认定为权利滥用，宣告居住权因此消灭。

居住权的具体内容如下：(1)居住权既不得让与，也不得出租。① (2)享有居住权的主体除了其本人外，还涵盖与其同住的家人。任何与居住权人家庭无关的外人，均不得占用设置居住权的场所，居住权仅以权利人家庭居住所需为限。② (3)居住权人对房屋承担日常保养和修复义务，大型修缮属于所有权人的义务，但如大型修缮是因居住权设立后缺少维护保养而引起，不在此限，仍由居住权人负担。③ 除大型修缮外的其他所有修缮都在居住权人维修范围内。④

二、意大利的居住权制度

1942年《意大利民法典》的居住权制度与《法国民法典》有相同之处：(1)《意大利民法典》第1022条规定除居住权人本人外，其家庭成员可以在生活所需的限度中共同享用房屋。⑤ (2)居住权不得转让、不得出租。(3)居住权人负有编制财产清单和提供担保的义务，与《法国民法典》规定的财产现状说明书及事先保证大致相同，都是为了保护所有权人的利益。

《意大利民法典》居住权制度在继受《法国民法典》的同时也有发展，具体体现如下：其一，明确居住权人家庭的范围，包含在居住权设立之后出生的子女。居住权设立后收养、认领以及领养的养子女或私生子女，也都属于家庭的范围。此外，家庭的范围还包括因提供相关服务而与居住权人或居住权人的家

① 《法国民法典》第631条。

② 《法国民法典》第632条。

③ 《法国民法典》第605条。

④ 《法国民法典》第606条：所谓大型修缮是指，房屋的大墙壁、拱顶的重大修缮，以及对屋梁与屋顶的全面翻修、翻建。堤坝、护墙与围墙的全部翻修，亦属于大修。其他所有修缮，均属于维修。

⑤ 《意大利民法典》，费安玲、丁玫、张宓译，中国政法大学出版社2004年版，第251页。

庭同住的人员。[①] 其二,对居住权人所住房屋的修缮费及税费的承担问题作出了明确规定。若对居住房屋整体享有居住权,居住权人需履行日常维护费和其他房屋税费;若居住权人仅对房屋的部分享有权利,则需依据所享比重负担上述费用。[②] 如果所有权人拒绝或无正当理由迟延进行本应由其承担的修缮工作,居住权人有权自行修缮,所垫付的修缮费可在居住权消灭时向所有权人追偿,为确保所有权人归还,居住权人还可以留置该不动产。其三,居住权的设立方式,除法定和意定两种方式外,居住权还可以通过时效取得。[③] 其四,居住权的消灭情形,基本与法国法相同,但在居住权人怠于行使其权利时,居住权经过20年不行使而消灭,与法国法规定的30年不同。[④]

三、德国的居住权制度

德国的居住权分为民法典中的居住权和单行法中的居住权两种。《德国民法典》中的居住权秉承了罗马法及《法国民法典》中的居住权制度,又被称为传统居住权或保障性居住权。但不同于传统的用益权、使用权和居住权的分类方法,《德国民法典》对人役权的规定分为用益权和限制的人役权,在限制的人役权部分对居住权进行了规定。《德国民法典》第1093条是对居住权的具体规定,所有权人可以将建筑物的整体或一部分设定为限制的人役权,此种居住权不可以转让或继承。居住权人有权接纳其家庭以及其他基于某种关系或提供必要服务的相关人员共同居住在住宅内。若居住权被限缩为建筑物的一部分,对于可供居住人共同使用的部分,各居住权人可以共用。[⑤]

德国民法更多地体现了物权法定的原则,在居住权制度上留给当事人的意思自治空间很小。随着德国资本主义的发展,市民的经济水平及居住需求也发生了改变,传统居住权具有较强的人身专属性,无法流通的弊端逐渐显现。为

---

① 《意大利民法典》第1023条。转引自《意大利民法典》,费安玲、丁玫、张宓译,中国政法大学出版社2004年版,第251页。

② 《意大利民法典》第1008条。转引自《意大利民法典》,费安玲、丁玫、张宓译,中国政法大学出版社2004年版,第248页。

③ 《意大利民法典》第978条。转引自《意大利民法典》,费安玲、丁玫、张宓译,中国政法大学出版社2004年版,第241页。

④ 《意大利民法典》第1014条。转引自《意大利民法典》,费安玲、丁玫、张宓译,中国政法大学出版社2004年版,第249页。

⑤ 参见《德国民法典》,陈卫佐译,法律出版社2006版,第375页。

此,德国立法者对居住权制度进行了创新,《德国住宅所有权法》中的长期居住权(dingliches Dauerwohnrecht)①应运而生。长期居住权是对土地之上的建筑物中的特定住宅进行居住的特殊物权,给予房屋的长期承租人以物权性质的居住权。② 设立长期居住权,应同时具备“合意”和“登记”。不同于德国传统居住权,在权利的性质上,长期居住权不受人役权中的人身专属性束缚,可以转让和继承,并且居住权人可以将建筑物出租或以其他方式获取合理收益。③ 在权利的内容方面,所有权人与长期居住权人可约定的事项更为宽泛,对于强制拍卖土地的情形,即使抵押权或土地债权在顺位上优先于长期居住权,抵押权人或债权人申请对土地强制执行时,在征得相关权利人的同意后长期居住权仍可继续存在。④ 长期居住权人可以使用住宅共有部分,同时也需履行一定的法律义务,如对住宅各部分进行保持和维护等。⑤ 德国传统居住权和长期居住权二者并行不悖的法律制度,满足了人们对房屋利用多样化的不同需求。

不仅法国、意大利、德国,其他大陆法系国家也规定了居住权制度,如瑞士、智利、埃塞俄比亚等。上述国家民法典对居住权的规定主要包含居住权的主体、客体、产生方式、消灭、当事人的权利和义务等,多数国家都继受了罗马法的居住权制度,同时也根据本国情况进行了发展。

第三节 我国居住权的立法过程

一、我国居住权立法的理论争议

自 2002 年起,我国有关居住权的讨论就不断展开。在随后的《物权法》编撰过程中,居住权的相关规定几经修改完善,但最终由于适用范围过窄等原因

---

① 对于“dingliches Dauerwohnrecht”,有学者译为“长久居住权”,参见陈华彬:《物权法研究》,法律出版社 2009 年版,第 271 页;有学者译为“继续居住权”,参见刘得宽:《民法诸问题与新展望》,中国政法大学出版社 2002 年版,第 464 页;还有学者译为“长期居住权”,参见孙宪忠:《德国当代物权法》,法律出版社 1997 年版,第 253 页。

② 参见《德国住宅所有权法》,杜景林、卢谌译,载《国际商法论丛》2008 年第 9 期。

③ 《德国住宅所有权法》第 33 条。

④ 《德国住宅所有权法》第 39 条。

⑤ 《德国住宅所有权法》第 37 条。

未能正式纳入我国《物权法》中。直至我国《民法典》各分编的编撰工作开始，对于居住权是否入典的问题又一次引来学界的热议。

否定说认为：首先，居住权的适用范围过窄。居住权的立法功能主要是解决老年人、离婚或丧偶女性以及保姆等弱势群体的居住问题，其适用对象并不广泛。且我国男女平等，无论男女都享有继承权，不存在居住权的产生历史背景中为了保障无继承权的妇女的生存需求的问题。基于婚姻家庭关系产生的居住权问题可以通过婚姻家庭法中有关赡养、继承的相关规定解决，基于合同关系产生的居住权问题也可以通过租赁制度解决，我国现有的法律制度如附条件的房屋买卖、附义务的赠与或其他社会保障制度等足够解决有关居住权的问题，因此无必要专门为这类群体设立一项新的制度。① 其次，在立法结构上我国不宜设立居住权。自罗马法以来，许多设立居住权制度的国家都继承了罗马法的役权制度，将居住权置于人役权和地役权的二元立法体系中，居住权与用益权、使用权有着一脉相承、密不可分的关系。② 而无居住权制度的国家，如日本，虽也借鉴了大陆法系民法，但只体现了地役权制度而没有设立居住权等人役权制度。③ 因而居住权难以独立存在，只有在人役权体系中，才能完美地、系统地被构建。我国原《物权法》以及《民法典·物权编》都未设立人役权或用益权，若单独设立居住权，反而会破坏我国现有物权体系的完整性。最后，居住权的设立不利于产生经济效益。物权的功能之一就是物尽其用即充分发挥物的效用，而居住权无法流通，不可以继承和转让，虽然解决了特定人的生活居住需要，但同时也使房屋的所有权人对房屋权利的行使受到了限制。原房屋所有权人在房屋之上所设立居住权的期限很可能长达几十年，当原所有权人的继承人继承房屋后，是很难以正常市场价将房屋卖出的，这将影响所有权人对其房屋行使处分权，容易引发权利矛盾，使所有权与居住权发生冲突。居住权虽然可以解决特定情形的居住问题，但也存在不利于经济发展的弊端。

肯定说则认为：居住权在我国有一定的适用空间，现有的制度并不能完全替代居住权的功能。④ 而且，设立居住权并非必须完全移植人役权与地役权的

---

① 参见梁慧星：《关于民法典分则草案的若干问题》，载《法治研究》2019 年第 4 期。

② 参见房绍坤：《居住权立法不具有可行性》，载《中州学刊》2005 年第 4 期。

③ 参见谢在全：《民法物权法》（上册），中国政法大学出版社 1999 年版，第 421 页。

④ 参见江平：《民法典草案的创新性》，载《中国法律评论》2019 年第 1 期。

二元体系,可以单独设立居住权将其纳入用益物权体系中,使物权种类更多元、实现房屋利用多样化。肯定说具有合理性,理由如下:

第一,我国现有法律制度无法替代居住权制度。除房屋租赁以及反向抵押权外,附条件的房屋买卖或附条件的赠与、遗赠,家庭成员间的赡养、抚养义务以及相关社会保障制度等并不能完全取代居住权制度。附条件的房屋买卖或附条件的遗嘱、遗赠更多的是对财产或遗产的处理,不具有对抗第三人的效力;亲属间的赡养、抚养义务也不必然包含提供住房内容,大多体现为赡养费、抚养费,居住权并不能得到应有的保护。我国的社会保障制度通常做法是给予相关弱势群体以资金的帮助来解决其生活难题,很少能为其配置住房,很多不符合保障性住房申请条件的人的居住需求是无法得到保障的。更何况,居住权在社会保障制度较为完善的国家,在其物权体系中尚具有明确规定,我国承认居住权制度可以与相关社会保障制度实现功能互补。

第二,居住权制度是一种可以同时兼具社会需求和投资需求的物权制度。有学者首先提出了投资性居住权的概念,认为居住权的功能不应局限于保障离婚妇女、保姆等弱势群体或特定人群,还应具备投资性功能。[①] 相较于债权,物权更能保护居住权人的利益。

第三,单独移植居住权制度具有可行性。离开用益权和使用权的人役权体系,单独移植居住权制度也未尝不可,把居住权归入物权编的用益物权里完全符合我国的物权法体系,尤其在我国遵循物权法定原则的背景下,规定居住权制度有其必要性。

第四,居住权制度能更好地体现所有权人意志、为财产的利用展现了多元化的选择。所有权人不仅能行使处分权能控制其房屋的归属,还能通过居住权控制它的使用,充分地体现了所有权人的自由意志,居住权的设立实现了房屋利用最大化,符合物权法物尽其用的基本原则。[②]

二、《民法典》规定居住权制度的现实意义

2017 年,党的十九大报告指出要加快构建更加完善的住房体系,满足不同

① 参见申卫星:《我国物权立法中论争焦点问题探讨》,载《法学杂志》2006 年第 4 期。
② 参见申卫星:《我国物权立法中论争焦点问题探讨》,载《法学杂志》2006 年第 4 期。

群体的住房需求,居住权制度也是在回应这一会议精神的背景下专章规定于《民法典》当中。居住权制度不仅将党的十九大会议精神深入贯彻落实到立法工作当中,而且对我国未来的社会发展具有重要的现实意义。

1. 有助于保障社会弱势群体的居住利益

近年来随着我国商品房价格不断上涨、离婚率的逐年升高以及传统家庭赡养观念的淡化,有越来越多的老年人、离婚妇女等社会弱势群体缺乏居住权利保障。过去我国民法中仅存在家庭成员间的法定抚养、赡养义务,附条件的赠与、遗赠等债权性的保障措施,这些方式均不能全面、有效地保障上述群体的居住利益。居住权制度的规定不仅能够有效缓解上述群体的居住困境,而且能够为其提供更为稳定的物权性保障。

未来居住权制度所需解决的并不仅限于父母、离婚配偶等传统观念中的社会弱势群体的居住问题,而是可以将远方亲属、挚友、无继承权或处于第二顺位的继承人等任何无房居住的社会群体均纳入保护范围之中①,这不仅有利于鼓励人们相互扶助,而且能够促进社会的和谐稳定。

2. 为司法裁判提供法律依据

与"居住权"相关的案件在《民法典》出台前在我国司法实践中就已大量存在。通过在中国裁判文书网搜索关键词"居住权""民事案由"可以发现,自2002年起我国裁判文书中就已经使用"居住权"这一表达,与居住相关的案件也在近几年不断增多。但在当时由于法律对物权性质的居住权并没有明确规定,因此司法实践中法官对居住权的解释各有不同,缺乏统一的适用标准,在裁判案件时也多援引公序良俗原则、婚姻家庭法、合同法的规定以及相关司法解释加以解决。《民法典·物权编》居住权制度的确立,不仅为与此相关的案件提供了统一的法律依据,而且有助于减少法官在裁判时的适用争议,大大限缩了裁判者自由裁量的范围,有效地提高了司法的权威性和公信力。

3. 有助于完善我国住房保障体系

住房保障是我国住房制度和社会保障制度的重要组成部分,我国目前已经建立起以经济性适用房、政策性租赁住房以及共有产权房为主体,辅之以城镇

---

① 参见单平基:《〈民法典〉草案之居住权规范的检讨和完善》,载《当代法学》2019年第1期。

棚户区改造和老旧小区改造安置住房的多层次住房保障体系①，这在很大程度上已经缓解了部分中低收入群体的“住房难”问题。但是由于不同类型保障性住房申请条件的严格限制以及实践中存在的权力寻租等不法行为，生活中依然存在许多无法被保障体系有效覆盖到的“夹心层”群体。居住权制度的确立一方面可以解决长期提供经济适用房、职工安置房、共有产权房等产权型保障性住房带来的土地供给困局和分配公平难题，另一方面可以有效克服公租房、廉租房等租赁型保障性住房的权利变动问题，有助于租住人获得生活安定感，从而实现社会关系的长期稳定。

4. 有利于实现房屋利用形式的多元化

一直以来，我国严格实行物权法定主义，物权的种类和内容均要严格依照法律的规定。这就意味着当前对房屋的使用除基于房屋所有权的买卖和租赁外，没有其他更多的物权性使用方式，房屋仍存在巨大的潜在价值有待开发利用。居住权入典后，房屋所有权人可以通过订立附条件买卖合同的方式在出卖房屋的同时设立居住权，实现长久而又稳定的房屋居住利益。此种方式既可以适应当前老龄化社会的发展需要，为以房养老模式提供新出路，也可以丰富房屋所有权人的融资途径，推动房屋利用形式的多元化。

第四节　居住权的设立

一、居住权的设立方式

大陆法系国家的居住权分为意定居住权和法定居住权两种。即除意定居住权外，法定居住权也是权利产生的重要方式。法定居住权是指依据法律的规定直接产生的居住权。法定居住权基于法律的规定而当然享有，所有权人不得通过遗嘱或合同的方式予以剥夺。法定居住权主要适用于婚姻家庭中涉及抚养、继承、赡养关系的情形。不同于意定居住权的非强制性，法定居住权的设立

① 参见刘亚娟：《基于居住权的住房保障制度创新探析》，载《湖南师范大学社会科学学报》2021年第3期。

能够更加针对性地、有效地保障特定群体的居住利益。我国有学者建议规定法定居住权。法律可以直接规定父母作为监护人对未成年人子女的房屋享有居住权,或者未成年子女对其父母的房屋享有居住权。[①] 也有学者提出,我国应借鉴法国、意大利、瑞士等国关于配偶居住权的规定,法律应规定配偶对婚姻住房享有法定居住权。[②]

根据我国《民法典》第367条和第371条的规定,我国只承认了意定居住权,即我国居住权只能通过订立合同和遗嘱的方式设立。

1. 以合同方式设立

以合同方式设立居住权,是最常见的居住权设立方式。依据《民法典》第367条的规定,居住权合同应当采用书面形式订立,因此,居住权合同属于要式合同。书面形式有利于减少和解决纠纷。其实只要能够将双方权利义务以有形的方式表现出来,并且在当事人出现分歧时可随时调取查用即可。对于"书面形式"的规定,有学者认为,可将该条款理解为倡导性规定而非效力性强制性规定[③],即在住宅所有权人与居住权人均认可双方之间设立了居住权的情况下,即使没有采用书面形式也不影响合同效力。如果双方当事人对合同内容未作约定或约定不明,则可依照"履行治愈"规则进行判定。例如,在"王秀双与王世锐、田秀琴居住权纠纷"一案中,原、被告双方虽然仅通过口头形式对原告的居住事宜进行约定,但在房屋翻修后原告一直在被告房屋中居住,被告实际履行了双方约定,因此法官判定原告享有对被告房屋的居住权。[④]

对于居住权合同的内容,《民法典》作出了提示性规定。《民法典》第367条第2款规定:"居住权合同一般包括下列条款:(一)当事人的姓名或者名称和住所;(二)住宅的位置;(三)居住的条件和要求;(四)居住权的期限;(五)解决争议的方法。"可见,合同内容应当包括当事人基本信息、住宅的位置、居住的条件和要求、居住期限及解决争议的方法。该规定属于居住权合同一般应当包括的条款,属于倡导性规范。在订立居住权合同时,双方当事人应当尽可能清晰、详尽地列明彼此之间的权利义务、争议解决方式等内容,从而避免产生纠纷。其

① 参见钱明星:《关于在我国物权法中设置居住权的几个问题》,载《中国法学》2001年第5期。

② 参见申建平:《继承法上配偶法定居住权立法研究》,载《求是学刊》2012年第4期。

③ 参见崔建远:《中国民法典释评·物权编》,中国人民大学出版社2021年版,第255~256页。

④ 湖北省利川市人民法院民事判决书,(2020)鄂2802民初4276号。

中“当事人的姓名或名称和住所”以及“住宅的位置”是必备条款①,这也是明确权利主体与客体的关键,如果缺少则无法设立居住权。

2. 以遗嘱方式设立

《民法典》第 371 条规定:“以遗嘱方式设立居住权的,参照适用本章的有关规定。”对于这一概括性规定可以从以下几方面进行理解:

第一,此处遗嘱的性质为居住权的设立方式,应作广义理解,即包含遗嘱和遗赠两种方式。根据《民法典·继承编》的规定,权利人无论是通过遗嘱方式将遗产留给法定继承人,抑或是将财产遗赠给法定继承人以外的个人,其针对的对象都是个人合法遗留的财产。居住权作为一种物权,不属于遗产的范围,因此即便其被列明于遗嘱当中也不能产生继承的法律效果,遗嘱仅为权利的设立方式而已。②

第二,对于遗嘱的形式和效力,应当首先符合继承编的有关规定。依据该条并结合《民法典·继承编》的规定,采用遗嘱方式设立居住权,设立居住权的遗嘱不仅要合法、有效,而且需要采用书面形式。遗嘱人也需尽可能详尽地列明居住权人的权利义务、期限等相关内容,避免发生争议。需要注意的是,无论权利人采用遗嘱或遗赠哪种设立方式,其对遗产的正常分割以及立嘱人生前债务的清偿均不产生影响,居住权均能够正常设立于相应住宅客体之上。

3. 法定居住权

通过合同或遗嘱方式设立的居住权,都属于意定居住权范畴。以意定方式设立居住权,应当向登记机构申请居住权登记,这不仅反映了当事人的真实意思,在发生纠纷时还能通过公示得以解决。但居住权的设立方式如果限于意定方式,一旦双方当事人无法就居住权的内容达成合意,对住房有需要的弱势一方就无法取得居住权,在离婚和继承等司法实践中极易产生这方面的纠纷,《民法典》对此并无规定,法官无法判决有居住需求的弱势一方享有居住权,居住权制度的初衷将无法实现。③ 对此,有学者主张增设法定居住权。可参照《民法

① 参见申卫星:《从“居住有其屋”到“住有所居”——我国民法典分则创设居住权制度的立法构想》,载《现代法学》2018 年第 2 期。

② 参见房绍坤:《论民法典中的居住权》,载《现代法学》2020 年第 4 期。

③ 参见屈然:《论我国居住权的设立方式与登记效力》,载《法学杂志》2020 年第 12 期。

典》第229条,法律文书和征收决定可以成为法定居住权的设立方式。[①] 有学者建议,为了防止无法穷尽列举法定居住权的情形,同时又保障法律体系的完整性和开放性,《民法典》可参考《法国民法典》的相关规定,仅规定"居住权可由法律规定设立",不列举具体情形,涉及婚姻家庭、继承等内容的,于其他各分编予以具体规定。另有学者对法定居住权持反对意见。认为可以通过现行亲属法中的抚养和赡养义务等内容来解决,没有必要增设这一方式。[②] 其实,关于父母子女间的抚养和赡养义务,我国《民法典》第1067条仅规定抚养费和赡养费请求权,对于实践中存在的父母倾其所有为子女购置房产,子女却不尽赡养义务,不允许父母居住,父母的居住权益难以获得保障的案例已有发生。在继承关系中,我国法律规定配偶与子女、父母同为第一顺序继承人。当第一顺位同时有多人继承同一住宅时,生存配偶的居住利益难以得到保障。尤其是在当前婚姻状况渐趋复杂的情况下,再婚家庭中去世一方配偶婚前所生子女与生存配偶间因住房产生的纠纷更是难以解决。[③] 因此,我国有必要规定法定居住权。法国、意大利、瑞士等国关于配偶居住权的规定对配偶生存利益的保护较为周全,我国也应明确配偶对婚姻住房享有法定居住权,《民法典》应对生存配偶法定居住权的成立要件、必要限度、权利丧失情形等方面作出详细规定。[④] 我国可以借鉴《法国民法典》第764条对生存配偶住房保护的相关规定,对《民法典》第1153条进行补充:遗产分割时,如果除被继承人所有或原为夫妻双方共有的房屋外,生存配偶无处居住,则生存配偶对该住房享有法定居住权。

居住权可以基于人民法院的生效法律文书设立。在司法实践中,涉及离婚关系的诉讼,法官会根据具体案件情况判决一方享有居住权。《民法典·婚姻家庭编》第1090条规定,离婚时,如果一方生活困难,有负担能力的一方应对生活困难的一方给予适当帮助,具体办法由双方协议;协议不成的,由人民法院判决。可见,对于具体的帮助形式并未明确规定。其实,一方以个人财产中的住房对生活困难者进行帮助的形式,可以是房屋的居住权。在现实生活中,离婚

---

① 参见黄薇主编:《中华人民共和国民法典物权编解读》,中国法制出版社2020年版,第554页。

② 参见申卫星:《视野拓展与功能转换:我国设立居住权必要性的多重视角》,载《中国法学》2005年第5期。

③ 参见单平基:《〈民法典〉草案之居住权规范的检讨和完善》,载《当代法学》2019年第1期。

④ 参见申建平:《继承法上配偶法定居住权立法研究》,载《求是学刊》2012年第4期。

的夫妻双方通常因情感问题关系恶化，难以与对方达成设立居住权的合意，在此情况下，我们认为对《民法典》第1090条“协议不成的，由人民法院判决”应作扩大解释，法官可以根据双方实际情况判决生活困难一方享有居住权，体现对弱势群体的保护。以裁判方式设立居住权有助于解决弱势一方的居住问题。

二、居住权的设立登记

《民法典》第209条第1款规定，不动产物权的设立、变更、转让和消灭，经依法登记，发生效力；未经登记，不发生效力，但是法律另有规定的除外。可见，登记生效主义是我国不动产物权变动的基本原则。居住权是设立在房屋之上的不动产物权，作为新增的典型不动产用益物权，经登记才能设立居住权是遵循我国不动产物权变动登记要件主义的体现。因此，《民法典》第368条规定，设立居住权的，应当向登记机构申请居住权登记，居住权自登记时设立。这属于强制性规定。结合《民法典》第214条的规定，居住权设立的事项被记载于不动产登记簿时，居住权才设立。未向不动产登记机构申请居住权登记，居住权不发生物权效力。因此，当事人签订居住权合同后，一般应由当事人双方向登记机构共同申请登记。

以遗嘱、遗赠方式设立居住权的，是否需要登记以及登记产生的法律效力，对此学界争议较大，学界主要有以下三种观点：一是主张通过遗嘱方式设立居住权的，可以参照《民法典》第230条的规定，自遗嘱生效即继承开始时，居住权设立，而不以办理登记为设立条件。① 登记仅产生对抗效力。② 二是认为以遗嘱方式设立居住权的，遗嘱继承人或受遗赠人，或遗产管理人，持该遗嘱向不动产登记机构申请居住权登记，居住权设立的事项被记载于不动产登记簿时，居住权设立。③ 三是认为应当类型化居住权的登记效力，此处的遗嘱包含遗嘱和

---

① 参见房绍坤：《论民法典中的居住权》，载《现代法学》2020年第4期；高圣平：《民法典物权编的发展与展望》，载《中国人民大学学报》2020年第4期；最高人民法院民法典贯彻实施工作小组主编：《中华人民共和国民法典物权编理解与适用》（下），人民法院出版社2020年版，第897页。

② 参见高圣平：《民法典物权编的发展与展望》，载《中国人民大学学报》2020年第4期。

③ 参见崔建远：《中国民法典释评·物权编》，中国人民大学出版社2020年版，第261页；杨立新主编：《〈中华人民共和国民法典〉条文精释与实案全析》（上），中国人民大学出版社2020年版，第522页；中国审判理论研究会民事审判理论专业委员会编：《民法典物权编条文理解与司法适用》，法律出版社2020年版，第386页。

遗赠两种方式,前者应采取登记对抗主义,而后者应采取登记生效主义。[①] 我们认为第一种观点更为合理。即以遗嘱方式设定的居住权自遗嘱生效时设立,登记产生对抗效力。理由如下:

首先,《民法典》第230条处于物权编通则中的一般规定章节,居住权属于用益物权之一,理应遵循此原则性规定。所以通过遗嘱设立的居住权自继承开始时即发生效力。其次,以遗嘱方式取得居住权后,若所有权人将住宅所有权转让他人,因欠缺居住权登记,居住权人无法对抗善意受让人,居住权就无法得到保障。同时,对于受让人而言,可以结合居住权的设立期限和内容综合衡量住宅的价值,登记具有的公示和公信效力,可减少其交易的风险。因此采登记对抗主义更为合理。最后,虽然从物权原理上来说,无论登记生效主义还是登记对抗主义都不适用于因遗嘱继承这种非因法律行为所引起的物权变动。[②] 但以遗嘱方式设立居住权的情形仍可类推适用,既不违背物权设立的原则,又解决了居住权人与善意受让人间的利益冲突。对此可以参照《民法典》中土地承包经营权和地役权登记的相关规定。[③] 对此作如下解释:以遗嘱作为设立方式的居住权,自遗嘱生效时设立,但未经登记不可对抗善意第三人。另外,由于第371条的遗嘱应采广义理解,因此对于遗赠设立的情形也可参照遗嘱继承的方式适用。如果住宅所有人为法定继承人以外的人设立居住权,居住权的设立则属于遗赠。在以遗赠方式设立居住权时,如果取得房屋所有权的继承人拒绝配合办理居住权登记的,将直接影响居住权的效力。《民法典·继承编》未规定协助受遗赠人进行居住权登记的义务主体。对此,未来可以对《民法典》第1147条内容增加一项:遗产管理人有协助办理居住权登记的职责。但受遗赠人应当在知道受遗赠后60日内作出接受居住权的意思表示,否则视为放弃受遗赠。

关于居住权登记的主体,以合同设立的居住权应当由双方当事人共同申请,如果所涉住宅为二人或二人以上共有,那么应由全体共有人与居住权人一同申请。在此种情形下,无论居住权的设立是有偿还是无偿,房屋所有权人都有交付房屋并办理登记的义务,基于不动产登记的相关规定,居住权人负有协

---

① 参见屈然:《论我国居住权的设立方式与登记效力》,载《法学杂志》2020年第12期。

② 参见金俭:《中国不动产物权法:原理·规则·适用》,法律出版社2008年版,第42~47页。

③ 《民法典》第335条、第341条、第374条。

助登记的义务。[①] 以遗嘱方式设立居住权,应当由遗嘱中指明的权利人申请登记。对于遗赠的情形,由于可能存在法定继承人拒绝配合办理登记手续,进而导致受遗赠人居住利益受损的情况,因此,将来有必要明确遗产管理人或继承人协助办理居住权登记的义务。当前上海市已经出台《上海市不动产登记技术规定》,该规定对不同情况下设立居住权登记的申请人、申请文件和申请程序予以了明确,对各地制定居住权登记细则具有借鉴作用。

居住权登记的方式当前主要存在三种:第一种是双方当事人约定内容所涉必备事项设计为表格,权利人在登记时仅需要按照表格勾画填写即可;第二种是将双方当事人订立的居住权合同或设定权利的遗嘱附于不动产登记簿之后,将合同或遗嘱进行公示;第三种则是将前两种方式相结合,仅对表格所记载内容予以公示,居住权合同或遗嘱留存备案查询。[②] 我们认为第三种方式更为合理。首先,采用表格方式进行登记更为方便和快捷,而且能够对双方当事人起到提示性的作用,有利于全面记载约定内容,从而避免纠纷的发生。其次,合同和遗嘱的形式以及所涉及的内容多种多样,仅对有登记能力的事项予以公示有助于保持登记簿公示的清晰简洁,便于事后他人查询。最后,居住权合同未必总是独立的合同文本,而且可能涉及当事人的隐私,因此将合同或遗嘱留存备案查询既有利于尊重当事人意思自治,又实现了发生纠纷时查有所据的制度目的。

三、居住权人

居住权的主体是否可以是法人或非法人组织,目前学界主要存在三种不同观点:第一种观点认为居住权主体应严格限定为自然人,其他主体不可成为居住权人。[③] 第二种观点认为民事主体均享有相同的法律地位,任何主体都可以成为居住权人。[④] 第三种观点认为居住权的主体包括两类,即权利设立人和居住权人,就设立人而言,其只要享有房屋所有权即可,任何主体均可成为设立

---

① 《不动产登记暂行条例》第 14 条第 1 款规定:因买卖、设定抵押权等申请不动产登记的,应当由当事人双方共同申请。

② 参见申卫星:《〈民法典〉居住权制度的体系展开》,载《吉林大学社会科学学报》2021 年第 3 期。

③ 参见辜明安、蒋昇洋:《我国〈民法典〉设立居住权的必要性及其制度构造》,载《西南民族大学学报(人文社科版)》2020 年第 2 期。

④ 参见申卫星、杨旭:《中国民法典应如何规定居住权?》,载《比较法研究》2019 年第 6 期。

人;就居住权人而言,由于居住权的设立目的是满足他人生活需要,因此只有自然人可以成为居住权人。① 我们认为第三种观点更为合理。理由如下:

其一,我国居住权制度的设立宗旨为保障弱势群体的生活居住需求,实践中法人和其他组织虽然也存在对房屋的使用需求,但其显然不是为了生活居住需要,因此只有自然人作为居住权人才符合居住权制度目的。其二,无论在何种情形下,自然人均为该权利的行使主体。即便法人能够成为居住权人,其最终仍需指定某自然人实际占有、使用房屋,从而实现行使居住权的目的。这显然与民事主体基于自己意志自己行使所享有的权利这一法理不符,因此自然人以外的主体不能成为居住权主体。其三,有学者主张企业能够成为居住权人,企业可以通过有偿的方式取得他人住宅上的居住权,然后作为福利分给员工使用。其实,在此情形下,企业员工获得的仅是债权性权利,而非具有排他性的物权性保护,这与实践中的房屋租赁并无太大差别。

第五节　居住权的效力

一、居住权人的权利和义务

居住权在当事人之间产生的法律效力表现为居住权人的权利及义务,我国《民法典》没有关于居住权效力的规定,我国也无人役权制度,因而对居住权的效力无法通过参照用益权的相关制度得以确定。对此,可以借鉴比较法上的相关经验,参考房屋租赁等相关制度的规定综合确定居住权的效力。通常来说,居住权人的权利义务具体内容如下。

(一)居住权人的权利

居住权是为满足特定人的生活居住需要而设立的用益物,因此,居住权人对住宅享有占有、使用的权利是居住权的基本权利内容。对于居住权主体范围的问题,学者们也存在不同观点。有学者认为,居住权人的范围应限定为在家

① 参见房绍坤:《论民法典中的居住权》,载《现代法学》2020年第4期。

庭范围内确实存在居住需要的人,亲属、保姆等皆为此限。[①] 另有观点认为,居住权的主体即为居住权人,实践中应将居住权人与实际居住于权利住宅中的间接收益人加以明确区分。[②] 居住权人为与所有权人签订合同的当事人或遗嘱继承人或受遗赠人,而间接受益人包括但不限于居住权人的家属和为其提供服务的人如保姆等,这些人虽然实际居住于所涉房屋中,但并不享有居住权这一物权性的权利。区分两者的意义在于,倘若赋予同住之人与居住权人相同的地位,那么居住权终止的期限将会延长至同住之人全部死亡,这不仅有悖于居住权的人身专属性,而且会极大地加重所有权人的负担。对于共同生活人的范围,法国、意大利、德国的民法中均有规定,《意大利民法典》明确规定权利人的亲生子女、养子女、私生子女以及为权利人提供服务而共同生活的人均为家庭成员;德国法规定,居住权人可将其家庭成员以及必要的服侍和护理人员共同接纳于住宅中。我国可参照比较法的规定,在未来的司法解释中加以明确,居住权人的共同居住人应依照双方当事人自行约定,没有约定则以居住权人的家庭成员和必要的服务人员为限。家庭成员的范围应以居住权人的近亲属以及需要其抚养和赡养的人为限。根据《民法典》的规定,居住权人享有以下权利。

1. 使用住宅的权利

居住权是为满足特定人的生活居住需要而设立的用益物,因此,居住权人对住宅享有占有、使用的权利。对于居住权客体是否包含附属设施,多数学者对此持肯定观点[③],但也有不同观点认为,此处应将作为客体的住宅扩大解释,其范围除包含住宅自身外,还涵盖如庭院、花园等住宅之外附属物、公用物等。[④] 对此,应当首先明确附属设施的含义,所谓附属设施是指附设于住宅建筑物并满足居住需要的设施设备。[⑤] 如果附属设施是行使居住权所必须,即缺少此类设施居住权人的生活受到严重负面影响,则可以将其作为居住权的客体。若非属于此种情形,如车位等并不是权利人生活居住所必须,则依照双方当事人自

---

① 参见鲁晓明:《论我国居住权立法之必要性及以物权性为主的立法模式——兼及完善我国民法典物权编草案居住权制度规范的建议》,载《政治与法律》2019 年第 3 期。

② 参见曾大鹏:《居住权的司法困境、功能嬗变与立法重构》,载《法学》2019 年第 12 期。

③ 参见陈小君:《〈民法典〉物权编用益物权制度立法得失之我见》,载《当代法学》2021 年第 2 期。

④ 参见胡建:《新时期居住权立法问题探讨》,载《理论月刊》2012 年第 8 期。

⑤ 参见王荣珍:《解释论视角下的居住权客体》,载《比较法研究》2021 年第 6 期。

行约定。因此,居住权人不仅可以使用住宅的附属设施,而且有权使用住宅内的生活设施。居住权虽然以住宅的居住为目的,但居住权的目的并不仅仅限于“住”,还包括其他生活需求。因此,居住权人在满足“住”的需求时,还有权使用住宅内的各种生活设施。即使是以住宅的一部分设立居住权的,居住权人亦有权共用生活设施,如卫生间、厨房等。①

住宅的一部分是否可以设立居住权,目前大陆法系的多数国家都持肯定态度。例如,《德国民法典》第1093条、《意大利民法典》第1025条均明确规定居住权人可将建筑物的一部分作为住宅使用,我国《物权法(草案)》第184条也曾作出类似规定。② 对于如何解释此种情形与物权客体特定主义的冲突,可以参考德国法的规定。德国“建筑物的一部分”可以设立居住权,其实质上只是对居住权空间上的限制,因德国实行房地一体主义,居住权的负担范围仍为整块土地,因而符合物权客体特定主义这一理论基础。③ 一直以来,我国采房地分离主义,针对住宅的一部分设立居住权,其实质仍为施加于住宅整体之上的负担,因此权利的客体依然是完整的住宅,只是权利人行使权利的范围被限定于事先约定的特定部分。基于此,权利人在登记时需要准确描述具体的客体范围,从而减少未来可能产生的关于权利行使范围的争议。

2. 对房屋进行修缮和必要改良的权利

居住权人为了正常使用房屋、保障居住条件可以对房屋进行修缮,或为提高生活质量对房屋进行装修、安装空调等添附行为,但不得对房屋进行重大的结构性改变。

居住权人是否享有收益的权利,依据《民法典》的规定,我国的居住权立足于保障救助功能,故原则上仅以满足居住生活的需要,不享有收益权能。但如果所有权人明确表示允许居住权人对住宅进行收益,则居住权人就可以将房屋出租,获取租金。因此,必须经所有权人同意。如果权利人未经同意擅自出租,所有权人则有权解除居住权合同。

---

① 参见房绍坤:《论民法典中的居住权》,载《现代法学》2020年第4期。

② 全国人大常委会法制工作委员会民法室编著:《物权法(草案)参考》,中国民主法制出版社2005年版,第44页。

③ 参见房绍坤:《民法典用益物权规范的修正与创设》,载《法商研究》2020年第4期。

3. 排除第三人对住宅的权利主张

作为用益物权的居住权具有对抗第三人的物权效力。住宅所有权人如果将住宅进行了转让、抵押、出租等行为，权利受让人仍受住宅上的居住权权利制约，不得向居住权人主张权利，不得妨害居住权人的居住利益。①

（二）居住权人的义务

1. 妥善使用和维护住宅的义务

居住权人对他人住宅享有占有、使用的权利，相应地，居住权人就要尽到合理或遗嘱指明的使用和妥善管理住宅的善良管理人注意义务。居住权人应当按照合同的约定合理使用住宅，维持住宅的原有用途，不得将房屋用于生活消费以外的目的，不得对房屋进行重大的结构性改变。在通常情况下，权利人不得擅自改建、扩建甚至毁损房屋，如果对房屋进行改良修缮，也需要在所有权人同意的情况下进行。同时应对住宅履行通常的必要的修缮义务，如果住宅出现严重损坏或面临危险，居住权人负有及时通知所有权人的义务。如果因居住权人未尽义务导致房屋毁损、灭失的，其需要承担相应的赔偿责任。

2. 不得擅自出租住宅的义务

从大陆法系国家民法典来看，规定设定居住权的住宅不得出租是主要做法。例如，《法国民法典》第 634 条、《意大利民法典》第 1024 条、《葡萄牙民法典》第 1488 条等均明确居住权不得出租。居住权设立的目的就是保障特定人的生活居住需要，具有严格的人身属性。因此，《民法典》第 369 条规定：设立居住权的住宅不得出租，但是当事人另有约定的除外。根据该规定，只有在住宅所有人许可的情况下，居住权人才可以出租住宅，即居住权人原则上不得出租其享有居住权的住宅。立法在严守居住权不得转让的基础上，通过允许当事人约定出租住宅赋予其一定的流通性，有利于实现居住权价值的最大化利用。②

3. 不得转让、继承的义务

《民法典》第 369 条规定：居住权不得转让、继承。我国居住权制度坚持了

① 参见王利明：《民法》（上册），中国人民大学出版社 2020 年版，第 441 页。

② 参见最高人民法院民法典贯彻实施工作领导小组主编：《中华人民共和国民法典物权编理解与适用》（下），人民法院出版社 2020 年版，第 886 页。

居住权不得转让和继承的原则。居住权具有人身专属性,因此,居住权人不得将自身享有的居住权转让给第三人。如果居住权可以转让和继承,与居住权的人役权属性不符,违反了居住权设立的目的和初衷,导致所有权人几乎无法实现权利。

二、居住权的消灭事由

在比较法上,各国通常规定居住权的消灭可参照用益权的规定。例如,《法国民法典》第 617 条、第 618 条规定,当出现权利人死亡、约定期限届满、客体灭失、用益权与所有权归属于同一人以及权利人滥用权利等情形时,用益权归于消灭。意大利、德国的规定与法国法大体相同,德国法在此基础上还增加了用益权人主动抛弃权利的消灭事由。我国在制定原《物权法》的过程中,也曾在草案中作出类似规定。[①]《民法典》第 370 条规定:居住权期限届满或者居住权人死亡的,居住权消灭。通常来说,能够引起居住权消灭的法律事实主要有以下几项。

1. 住宅灭失

居住权的设立以作为权利客体的住宅存在为必要,因地震、火灾等导致房屋倒塌、烧毁的,住宅灭失居住权随之消灭。此处的"灭失"应理解为全部灭失。实践中住宅的灭失通常存在部分灭失和全部灭失两种情况。当住宅部分灭失时,如果剩余的住宅仍可保障权利人正常生活居住,那么其仅仅是权利客体的范围发生改变,居住权人对剩余住宅仍享有居住权。如果住宅全部灭失,即便居住权人无房居住,所有权人也不负有为其重新修建房屋的义务。居住权的设立通常具有恩惠性质,如果规定所有权人在住宅灭失后必须重建房屋,势必会增加所有权人的负担。如果因住宅被征收而导致居住权消灭,居住权人不必然对安置房享有居住权。有学者主张由于居住权人通常处于弱势地位,因此居住权人有权要求在新的安置房屋上恢复居住权。[②] 这一观点对房屋所有权人不公平,尤其是基于合同设立的居住权,会有违当事人真实意愿。因此,居住权客体消灭,居住权自然消灭。若双方当事人能够达成合意,则可以就新的住宅重新

---

① 参见全国人大常委会法制工作委员会民法室编著:《物权法(草案)参考》,中国民主法制出版社 2005 年版,第 45 页。

② 参见汪洋:《民法典意定居住权与居住权合同解释论》,载《比较法研究》2020 年第 6 期。

设立居住权。

2. 居住权被撤销

为了避免居住权人严重损害住宅所有权人利益的情况发生,应当在符合法律规定条件时,赋予所有权人撤销居住权的权利。对此我国《物权法(草案)》第 187 条[①]曾作出类似规定。当居住权人滥用权利,或有偿设立居住权的权利人在约定的付款期限届满后经两次催告仍未支付费时用,所有权人有权撤销居住权。其中权利的滥用既包括严重损害住宅、造成损害后不及时修缮致其毁损,也包括未经所有人同意居住权人擅自出租住宅或转让权利等情形。

3. 居住权人死亡或所附条件成就、期限届满

由于居住权具有人身专属性,当权利人死亡时居住权消灭。设定居住权的遗嘱或合同中,设立人可以对权利的消灭附加条件或期限,当条件成就或期限届满时,居住权消灭。

4. 混同

当居住权人因买卖、赠与或遗赠等原因依法获得房屋所有权时,住宅的居住权和所有权归属于同一人,此时居住权丧失存在的意义,因而消灭。需注意的是,实践中,在以房养老而设立居住权场合,所有权人在转让房屋所有权的同时为自己设立居住权,更有利于居住权制度功能的发挥,符合社会需要。

5. 居住权人抛弃居住权

抛弃,指依权利人的意思表示,使物权归于消灭的单独行为。居住权为物权,权利人可以自由放弃其居住权,居住权归于消灭。当遗嘱人在遗嘱中明确表示不得为其配偶设立居住权或继承开始后其生存配偶以书面形式明确表示放弃法定居住权的,居住权归于消灭。[②] 放弃居住权需向所有权人为之,且办理注销登记才发生效力。

---

① 《中华人民共和国物权法(草案)》第 187 条规定:“居住权人有下列情形之一的,住房所有权人有权撤销居住权:(一)故意侵害住房所有权人及其亲属的人身权或者对其财产造成重大损害的;(二)危及住房安全等严重影响住房所有权人或者他人合法权益的。”

② 参见申建平:《继承法上配偶法定居住权立法研究》,载《求是学刊》2012 年第 4 期。

第十二章
地 役 权

第一节 地役权概述

一、地役权的概念

“称不动产役权者，谓以他人不动产供自己不动产通行、汲水、采光、眺望、电信或其他以特定便宜之用为目的之权。”[①]地役权是指不动产权利人为增加其不动产的效益或便利而使用他人不动产，使对方负担一定义务的物权。地役权产生于两个不动产权利人之间，根据《民法典》第372条第2款，权利人的不动产称之为需役地，负担义务的不动产称为供役地。

二、地役权制度的产生与发展

地役权具体起源于何已无从考证，但可以确定的是地役权是唯一可以与所有权的存续时间比肩的用益物权。[②] 一般认为，自人类进入畜牧时代后，地役权便已经初具雏形。人类虽可以逐水草而居，但对于土地的利用却发生很多问题，只是局限于当时生产力低下、人智未开，未形成法律意义上的地役权。[③] 地役权制度尽管随着社会演进几经兴衰，但最终为近现代民法所接受。

人类之有法律上的地役权，起源于罗马的乡村地役。在罗马法上，地役权

① 参见谢在全：《民法物权论》（上册），中国政法大学出版社1999年版，第418页。

② 参见史尚宽：《物权法论》，中国政法大学出版社2000年版，第221页。

③ 参见谢在全：《民法物权论》（上册），中国政法大学出版社1999年版，第421页。

属于役权的一种[①],是役权的“真正原始的类型表现”[②]。役权作为罗马法上唯一的他物权,是指为一定人或土地的便利而利用他人所有物的权利。役权可分为人役权和地役权两方面,人役权主要包括用益权、使用权、居住权和奴畜使用权四种,地役权主要包括先后出现的乡村地役权和城市地役权。在古罗马时期,土地村社公有,但土地使用者为耕作便利,在使用土地时均将土地视为未分割的状态,如从他人土地上穿过的道路等归所有权人或土地使用人共有。但当共有的牧业出现后,享有畜牧权者不能对牧场享有共有权,鉴于此,地役权逐渐成为无体物,通行权等脱离土地成为独立的权利。[③] 除乡村地役外,在罗马城重建的过程中逐渐出现了城市地役权,也称建筑地役权,以此解决了相邻而居的排水、通行、禁止妨碍采光等问题。[④]

近现代大陆法系受罗马法影响,法国、德国、瑞士等国都对罗马法时期的地役权有不同程度的继受。

《法国民法典》继受了优士丁尼《法学阶梯》中有关地役权的规定,将役权和地役权视为同一个概念,自此基础上将相邻关系和罗马法上的“为人的地役权”纳入地役权规定中。[⑤]《法国民法典》不仅明确了地役权为建筑或土地便利而设立,也明确规定地役权不得为个人的利益,仅得加限制于土地且为土地的利益。[⑥] 根据法国最高院的判决,不动产取得人不得将其取得的不动产用于特定的用途,该条款因未确定需役地而被上诉法院宣告无效。[⑦] 同时法国最高院在另一项判决中认定:在土地上栽种草坪的权利并非为某块土地的便利,而是为了某些居民的利益,因此不构成地役权。[⑧]

《德国民法典》同样强调“地役权”的权利人不是作为权利人本身,只是作为收益土地的使用权人享有役权,因此德国学者也将地役权称为“物权权利”。德国学者曾举过一个例子:酿造厂 B 在 E 的土地上设立地役权,其内容为:(1)允

---

① 参见谢在全:《民法物权论》(上册),中国政法大学出版社 1999 年版,第 421 页。
② [意]彼德罗·彭梵得:《罗马法教科书》,黄风译,中国政法大学出版社 1992 年版,第 252 页。
③ 参见[意]朱塞佩·格罗索:《罗马法史》,黄风译,中国政法大学出版社 1994 年版,第 114 页。
④ 参见周枏:《罗马法原论》,商务印书馆 1994 年版,第 361 页。
⑤ 参见尹田:《法国物权法》,法律出版社 1998 年版,第 401 页。
⑥ 参见尹田:《法国物权法》,法律出版社 1998 年版,第 415 页。
⑦ 参见《法国民法典》,罗结珍译,法律出版社 2005 年版,第 545 页。
⑧ 参见《法国民法典》,罗结珍译,法律出版社 2005 年版,第 545 页。

许在该土地上的小餐馆里出售 B 的啤酒;(2)不允许出售其他酿造厂的啤酒。该地役权是否合法?联邦最高法院判决(BGHZ29,244)认为,设立地役权只能涉及被视为行使所有权或者行使土地使用权的实际行为,不包括视为一般法律行为的行为自由和处分自由的行为。因此只有(1)可以进行登记,而(2)不可以进行登记。[①] 但德国在地役权之外还增加了限制的人役权,这是一种介于地役权与用益权之间的权利,它以对土地特定方面的使用为内容,同时将享有的权利与特定人相联系,该权利在设定上除了要求须为某特定人的利益,而非为需役地的利益外,其他方面与地役权无太大差异。[②]

《日本民法典》在制定过程中大量借鉴了《德国民法典》和《法国民法典》的内容,在用益物权部分仅采用地役权的概念,且在对该概念的理解上完全继受了罗马法,即地役权的设立是为了需役地的利益而非需役地权利人的利益。[③]

在我国,无论是 2007 年的《物权法》还是 2020 年的《民法典》,均有地役权的规定,且与德国一样将地役权限制在"与需役地利益相关"的范围内设立。"与需役地利益相关"强调的是设定地役权必须是为了需役地的效益,而非为某个人而设立,如果为了特定的人而设立地役权将极大限制供役地人的行为自由和处分自由。因此在设定地役权时必须严格遵循《民法典》第 372 条的规定,即为提高自己不动产的效益而设立,凡是与这一目的不相一致的用益物权均不能在地役权中设立。[④]

三、地役权的特征

地役权属于用益物权的一种,同样是以不动产作为客体的他物权。相较于其他用益物权,地役权具有如下特征。

1. 地役权是存在于他人不动产上的权利

根据《民法典》372 条的规定,只能在他人不动产上设立地役权,不能在自己的不动产上设立,因为不动产的所有权人或使用权人可以依法从事各种方式

---

① 参见[德]弗雷德曼·沃尔夫:《物权法》,吴越、李大雪译,法律出版社 2002 年版,第 469 页。

② 参见朱广新:《地役权概念的体系性解读》,载《法治研究》2007 年第 4 期。

③ 参见[日]近江幸治:《民法讲义Ⅱ·物权法》,王茵译,北京大学出版社 2006 年版,第 207 页;[日]田山辉明:《物权法》,陆庆胜译,法律出版社 2001 年版,第 206 页。

④ 参见李永军:《论我国民法典上用益物权的内涵与外延》,载《清华法学》2020 年第 3 期。

的使用,没有设立地役权的必要。

地役权的客体只能是不动产,土地作为重要的不动产之一,当然是地役权的客体,当土地作为地役权的客体时,不限于地表,也可以是地上或地下空间。[①]然而,土地之外的不动产如建筑物等能否成为地役权的客体?这一问题在《民法典》设立居住权后显得更为重要。在原《物权法》出台后,对于地役权的客体能否包含建筑物在理论上存在争议。有观点认为地役权的客体包括土地,可以是一块土地的特定部分,也可以包括建筑物、构筑物及其附属设施。[②]反对观点认为地役权的客体仅为"土地",不包括其他不动产。[③] 主要理由在于原《物权法》将不动产划分为"需役地""供役地"两类,就很难将建筑物纳入其中,基于此很多学者建议将"地役权"修改为"不动产役权"。[④] 但《民法典》并未采纳此观点,而是沿用了地役权这一概念,但在《民法典》设立了居住权的大背景下,将建筑物排除在地役权的客体之外是不合理的,必须通过扩张解释的方法扩大地役权的客体范围,这才符合《民法典》对地役权的进行修改的立法意图。[⑤]

有观点认为,建设用地使用权等其他用益物权的权利人可以允许他人在自己的权利上设立地役权,从而使自己的权利成为供役地。[⑥] 但用益物权属于抽象的东西,而地役权以供役地的物质使用为目的[⑦],对供役地的利用是直接的,包括通行、修建管道等,都属于对不动产本身的利用,而非对其上的权利进行利用。[⑧]

---

① 参见崔建远:《土地上的权利群研究》,法律出版社 2004 年版,第 234 ~ 238 页;梁慧星主编:《中国物权法研究》(下册),法律出版社 1998 年版,第 759 页;王利明、尹飞、程啸:《中国物权法教程》,人民法院出版社 2007 年版,第 440 页。

② 参见朱岩、高圣平、陈鑫:《中国物权法评注》,北京大学出版社 2007 年版,第 505 页。

③ 参见杨立新:《物权法》,中国人民大学出版社 2013 年版,第 173 页;刘家安:《物权法论》,中国政法大学出版社 2009 年版,第 171 页。

④ 参见常鹏翱:《回归传统:我国地役权规范的完善之道》,载《清华法学》2018 年第 5 期;房绍坤:《民法典物权编用益物权的立法建议》,载《清华法学》2018 年第 2 期;陈国军:《论我国役权制度的完善——以民法典编纂为视角》,载《政治与法律》2016 年第 12 期;陈华彬:《从地役权到不动产役权——以我国不动产役权的构建为视角》,载《法学评论》2016 年第 3 期。

⑤ 参见房绍坤:《民法典用益物权规范的修正与创设》,载《法商研究》2020 年第 4 期。

⑥ 参见王利明、尹飞、程啸:《中国物权法教程》,人民法院出版社 2007 年版,第 401 页。

⑦ 参见王利明、尹飞、程啸:《中国物权法教程》,人民法院出版社 2007 年版,第 419 页。

⑧ 参见崔建远:《物权:规范与学说——以中国物权法的解释论为中心》(下册),清华大学出版社 2011 年版,第 614 页。

2. 地役权是为增强自己不动产效益或便利的权利

地役权设立的目的在于通过对供役地的利用而增强需役地的效益或便利，境外学者多称作为自己不动产便宜之用[①]，若无法达到该目的则无须设立地役权。具体而言，增强自己不动产效益或便利的方式主要有以下几方面：首先，以供役地供使用，如通行地役权、汲水地役权和排水地役权等，权利人可以通过使用供役地的方式为通行、汲水或排水等便利；其次，避免相邻关系的任意规范的适用，如相邻关系要求不得设置管、槽等装置导致雨水倾泻至他人房屋上，但却可以通过设置地役权的方式避免这一义务；最后，禁止供役地权利人为某些特定行为。[②]

3. 地役权具有从属性

地役权的从属性，是指地役权与需役地、供役地不可分，依附于需役地的所有权或使用权而存在。具体表现在两个方面：一方面，地役权不得与需役地分离单独转让。如前所述，地役权是为了自己不动产便利而设立的，因此其必须同需役地所有权或使用权一并移转，需役地所有权人或使用权人不得转让所有权或使用权而保留地役权，否则地役权因违反从属性而无效。[③] 同样也不得将所有权或使用权与地役权分别转移给两个民事主体。根据《民法典》第 380 条，地役权不得单独转让。土地承包经营权、建设用地使用权等转让的，地役权一并转让，但是合同另有约定的除外。另一方面，地役权不得与需役地分离单独作为其他权利的客体。若在需役地上设定其他权利，该需役地的权利人同样享有地役权。如需役地上设立建设用地使用权后，权利人同样享有地役权。根据《民法典》第 381 条的规定，地役权不得单独抵押。土地经营权、建设用地使用权等抵押的，在实现抵押权时，地役权一并转让。

4. 地役权具有不可分性

地役权的不可分性，是指地役权为不可分的权利，需存在于需役地和供役地的全部，不可以被分为两个以上的权利，也不可以仅消灭一部分而另一部分单独存在，旨在确保地役权的设立目的，使之得为需役地的全部而利用供役地

① 参见[日]三潴信三：《物权法提要》，孙芳译，中国政法大学出版社 2005 年版，第 130 页。

② 参见魏振瀛：《民法学》(第 7 版)，北京大学出版社 2021 年版，第 312 ~ 313 页。

③ 参见王泽鉴：《民法物权——用益物权·占有》，中国政法大学出版社 2001 年版，第 81 页。

的全部。[1] 具体可分为如下几方面:首先,发生的不可分性。若需役地的所有权或使用权为多人共有,则各共有人不得仅为自己应有部分设定地役权,供役地共有同理。其次,消灭的不可分性。需役地的共有权利人不得使已存在的地役权一部分消灭,同理供役地负担的地役权及于供役地的全部,而非某个共有人。[2] 最后,享有或负担的不可分性。地役权是为需役地的便利而存在,若不能利用供役地的全部,则无法实现设立地役权的目的。[3]《民法典》第382条,需役地以及需役地上的土地承包经营权、建设用地使用权等部分转让时,转让部分涉及地役权的,受让人同时享有地役权。但若需役地权利的行使只涉及一部分,则分割后地役权仅存在于该部分。如甲公司对A土地享有建设用地使用权,甲公司将其建设用地使用权分别转让给两个不同的主体,若A地存在地役权,则被分割后的A1和A2同样享有地役权,但若该地役权仅对A1土地有意义,则地役权仅存在于A1土地上。根据《民法典》第383条,供役地以及供役地上的土地承包经营权、建设用地使用权等部分转让时,转让部分涉及地役权的,地役权对受让人具有法律约束力。如乙公司享有建设用地使用权的B土地上负有其他土地的地役权,乙公司将建设用地使用权部分转让给丙公司时,丙公司受让的B1土地上同样受到地役权的约束。

5. 地役权具有非独占性

地役权的非独占性在消极地役权场合表现最为明显。[4] 设立地役权后,供役地的所有权人或使用权人在地役权行使的范围内,负有不作为或容忍的义务,在不妨碍地役权实现的前提下,供役地所有权人或使用权人的权利仍然存在。因此,在供役地设立消极地役权后,自可在不妨碍目的的范围内再次设立其他积极地权,如在设立通行地役权后,可以同时在供役地设立汲水权。此外还可以与供役地权利人共同利用,如共同使用通行地役权的道路。

---

① 参见王泽鉴:《民法物权——用益物权·占有》,中国政法大学出版社2001年版,第82页。

② 参见谢在全:《民法物权论》(上册),中国政法大学出版社1999年版,第427页。

③ 参见史尚宽:《物权法论》,中国政法大学出版社2000年版,第228~229页。

④ 参见崔建远:《物权:规范与学说——以中国物权法的解释论为中心》(下册),清华大学出版社2011年版,第624页。

四、地役权与相邻关系

相邻不动产权利人(包括所有权人和使用权人)在使用不动产的过程中,双方为了获得便利或为对方提供便利而接受限制,因此产生的权利义务关系称为相邻关系。

相邻关系与地役权在很多方面存在相似之处。首先,产生原因相同。二者的产生均源自解决相邻不动产权利人在利用不动产过程中出现的冲突。其次,权利内容有重合。在涉及采光、通风、通过等关系时,二者存在共通之处。最后,二者皆属于物权范畴,权利人均可以采取物权救济措施。

虽然二者存在一定相似之处,但仍存在较大差异,自罗马法以来,大陆法系各国均将相邻关系与地役权作严格区分,二者的区分主要体现在以下几方面。

1. 法律性质和产生的依据不同

相邻关系不是一项独立的民事权利,它源于所有权效力的扩张或者限制①,属于所有权的当然内容。《民法典》第 289 条规定,"法律、法规对处理相邻关系有规定的,依照其规定;法律、法规没有规定的,可以按照当地习惯"。可见相邻关系原则上基于法律规定而产生,例外的情况下也可以基于习惯而产生。而地役权恰恰相反,《民法典》第 372 条第 1 款规定,"地役权人有权按照合同约定,利用他人的不动产,以提高自己的不动产的效益"。可见地役权作为一项独立的民事权利,属于用益物权的一种,基于不动产权利人之间合同而产生。

2. 对抗效力不同

相邻关系基于土地的需要而自然产生,永久固定或附属于不动产之上,伴随不动产权利的产生、转让或消灭,不因权利人的意志而转移,同时相邻关系也不可能作为一项独立的物权而对抗第三人,因此相邻关系无须办理登记。而地役权产生于当事人的约定,它的产生、变更或消灭依赖于当事人的约定,它可以直接依据当事人之间的合同而设立,但根据《民法典》第 374 条规定,当事人要求登记的,可以向登记机构申请地役权登记;未经登记,不得对抗善意第三人。所以地役权人若不进行登记,供役地权利人可能设立另一个地役权,也可能善意第三人受让土地后导致权利人无法实现权利,因此地役权人为保护自己的合

① 参见史尚宽:《物权法论》,中国政法大学出版社 2000 年版,第 88 页。

法权益应当及时对地役权进行登记,未经登记不得对抗善意第三人。但供役地的转让并不因其上负有对地役权人的义务而受限制。如某土地上负有供他人通行的义务,该义务不影响土地使用权人对其使用权的处分,但若地役权未经过登记,则支付合理对价的善意第三人受让后可以拒绝承担容忍他人通行的义务。

3. 调节限度不同

相邻关系作为所有权的扩张,是“法律上当然而生的最小限度的利用之调节”,只针对相邻不动产的使用给予最低限度的调节,能够通过法定的权利义务关系解决相邻不动产权利人之间在日常生活和生产中发生的细小纠纷,如一方为另一方提供的通风、通行、采光、铺设管线等便利,大大降低了纠纷解决的社会成本。相邻关系的种类和内容在《民法典》中有明文规定,当事人不得自行随意创设。而地役权作为基于当事人约定而产生的他物权,更多体现了私法自治的精神,允许当事人根据其自由意志对权利内容进行约定,一方对另一方的不动产进行何种方式的利用、利用到多大的程度均取决于双方的约定,法律上不作限制,从而将对不动产的利用发挥到最大。总之,相比于相邻关系,地役权赋予了当事人更多的自治空间,其调节利用的可能性更大。①

4. 有无对价和存续期间不同

相邻关系是由法律规定的,只针对不动产给予最低限度的调节,一般情况下只要未造成对方损失,无须向对方支付对价。而地役权是通过给供役地负担一定的义务从而增加了需役地的效益或便利,它的设立可以有偿,也可以无偿,完全取决于当事人的约定。

相邻关系具有永久性和短暂性双重特点。② 永久性是指相邻关系存在于不动产存续期间的全部,短暂性则指相邻关系可以一次行使便实现,如相邻垃圾的处理。地役权的存续期间一般由当事人约定。

5. 救济方式不同

当权益受到损害时二者的救济请求权存在较大差异。相邻关系受到侵害后,权利人不能直接根据相邻关系提起诉讼,而是提起行使所有权受到妨碍之诉;当地役权受到损害后,受害人可以直接提起地役权受损害之诉。

---

① 参见麻锦亮等编:《中华人民共和国物权法辅导读本》,中国法制出版社 2007 年版,第 286 页。

② 参见王利明主编:《民法》(上册),中国人民大学出版社 2020 年版,第 445 页。

综上,地役权与相邻关系如何衔接?如前所述,相邻关系的目的在于对于当事人之间不动产利用上最小限度的调节,仍然没有超出所有权的范畴;而地役权不是最小限度的调节,是为了更多收益使对方负有更多义务,因此地役权的存在依赖于当事人之间的约定,属于一种独立的物权,它的存在可以看作对相邻关系的一种补充。在很多方面相邻关系与地役权的功能是相同的,如法律规定了相邻通行关系,当事人也可以约定通行地役权。但是二者在当事人享有权利的范围上存在不同,行使权利时对义务人造成的损害程度不同,地役权人享有的利益更多,给义务人造成的损害更大。① “如果说相邻关系制度相当于吃饱,地役权制度则相当于吃好。”②此可谓对二者关系最生动的比喻。

第二节 地役权的取得

一、基于民事法律行为的取得

1. 地役权设立合同

地役权通常通过地役权合同设立。《民法典》第 373 条规定:“设立地役权,当事人应当采用书面形式订立地役权合同。地役权合同一般包括下列条款:(一)当事人的姓名或者名称和住所;(二)供役地和需役地的位置;(三)利用目的和方法;(四)地役权期限;(五)费用及其支付方式;(六)解决争议的方法。”地役权设立合同具有如下特征:首先,地役权设立合同是双务合同,即当事人之间互负权利义务,供役地权利人配合地役权人利用供役地和收益,需役地权利人按照约定合理利用供役地,并履行合同约定的其他权利义务。其次,地役权设立合同为要式合同,必须采用书面形式。最后,地役权设立合同既可以是有偿合同,也可以是无偿合同,实践中多为有偿合同。

根据《民法典》第 374 条规定,地役权自地役权合同生效时设立。当事人要求登记的,可以向登记机构申请地役权登记;未经登记,不得对抗善意第三人。

① 参见崔建远:《土地上的权利群研究》,法律出版社 2004 年版,第 225 页。

② 崔建远:《物权:规范与学说——以中国物权法的解释论为中心》(下册),清华大学出版社 2011 年版,第 626 页。

地役权是否登记取决于当事人自己的意愿,不登记不影响地役权的设立和实现,但是未经登记不得对抗善意第三人。此处的善意第三人是指支付了合理对价但不知供役地上负有相关义务的善意第三人。如相邻两处不动产的权利人约定设立了地役权,权利人未对地役权进行登记不影响地役权人行使权利,若未登记的情况下供役地权利人将其对不动产的权利以合理的价格转让给不知情的第三人,则地役权人不能向该善意第三人主张行使地役权。

地役权的期限由当事人自行约定,但是不得超过土地承包经营权、建设用地使用权等基础性权利的剩余期限。这同样是地役权从属性的表现形式之一,若当事人约定的期限超出其他用益物权的剩余期限,则超出部分无效。

从另一个方面来看,地役权的设立采用约定的方式也意味着,若原土地上已经设立其他用益物权,再设立地役权则应得到原用益物权人的同意,在保护原权利人的同时,避免了土地权利的滥用。

2. 基于其他物权移转而取得

地役权具有从属性和不可分性,不能单独进行转让,即《民法典》第 380 条前半句的规定,“地役权不得单独转让”。这里的单独转让是指脱离土地承包经营权、建设用地使用权单独将地役权转移。同时该条后半句规定,“土地承包经营权、建设用地使用权等转让的,地役权一并转让,但是合同另有约定的除外”。在理解该条时应当注意,对于第 380 条而言,当事人能够约定排除的仅为后半段,而不能约定排除“地役权不得单独转让”这一规定,即当事人在转让土地承包经营权、建设用地使用权时,可以约定不移转地役权,但不得约定仅转让地役权。

二、非基于民事法律行为的取得

法律行为以外的方式取得地役权主要是通过继承的方式。权利人去世后其权利由其继承人继承,鉴于地役权的从属性和不可分性,地役权当然随其他用益物权同样由继承人继承。因继承取得的地役权,自继承开始后生效,但非经登记不得对抗善意第三人。

有观点认为地役权作为一种财产权,应当借鉴其他国家或地区的做法承认时效取得。[①] 但我国原《物权法》和《民法典》对此均未规定。

---

① 参见陈华彬:《物权法论》,中国政法大学出版社 2018 年版,第 500 页。

第三节　地役权的内容

一、地役权人的权利

1. 使用供役地的权利

地役权设立的目的是通过使用供役地从而增加需役地的效益或便利。因此，地役权人必须使用供役地方可实现其目的。地役权人可以根据当事人约定的使用目的、方式、范围等行使其权利。根据《民法典》第375条规定，供役地权利人应当按照合同约定，允许地役权人利用其不动产，不得妨害地役权人行使权利。但地役权的内容多种多样，其利用方式、范围、方法也往往不一，有的是地役权人为一定行为，有的是供役地权利人不为一定行为；有的是地役权人单独利用，有的是地役权人与其他地役权人或供役地权利人共同利用。但应注意的是，地役权人在利用供役地时，应当按照法律规定或当事人的约定行使权利。一方面地役权的成立、内容等必须符合物权法定等原则，不得违反法律强制性规定和公序良俗。另一方面也必须符合当事人的约定。亦即，地役权为物权法定原则下，当事人通过合同确定的权利人所享有的权利。此外，在自己土地便利的同时应尽可能保护供役地权利人的利益，如果地役权人超出约定的范围使用供役地，供役地权利人有权行使物权请求权，造成损害的还可以请求损害赔偿。

2. 从事附属行为的权利

附属行为是指权利人为达到利用供役地的目的，而不得不实施的行为。如在供役地上取水，则可能需要在供役地上通行，义务人必须允许此种附属行为。需要注意的是该附属行为不仅单纯表现为行为，也包括建设必要的附属设施，如铺设管道、修路等。在供役地修建附属设施时，可以由地役权人修建，也可以由供役地人修建，并由双方协商确定出资比例和管理方式。值得注意的是，该附属行为要限定在一定范围内，不能成为地役权的主要内容，毕竟从事建设是建设用地使用权的主要功能，而非地役权的主要目的。在修建附属工程时应尽量减少对供役地的损害。[1] 在判断附属工程的合理性时，具体可通过目的从属性和手段必要性两个方面判断。目的从属性指对供役地的使用是否以实现地役权为目的，手段必要性则表现为不实施该行为则无法实现地役权。

3. 地役权人享有优先权

地役权具有非独占性，其权利人可与供役地权利人共同使用供役地，且存在同一供役地上设立多个地役权的情况，当各个权利人之间发生冲突时应当按照如下原则进行处理：

第一，地役权人与供役地权利人发生冲突时，应按照双方约定进行处理，无约定的情况下则应推定地役权人具有优先性。[2]

第二，地役权与供役地上在先设立的用益物权并存时，需要根据不同情况分别处理：(1)所有权人为供役人时，先于地役权设立且已登记的用益物权效力优先于地役权的效力；(2)先设立的用益物权未经登记的，若所有权人经过用益物权人同意后设定的地役权，用益物权人对地役权人负有容忍义务，反之地役权则不能对抗在先设立的用益物权，但地役权人为善意的除外；(3)用益物权人为供役人时，地役权的效力优先于用益物权。

第三，地役权成立在先，用益物权成立在后，地役权的效力优先于用益物权。

第四，多个地役权同时存在于同一土地上时，先设立且已经办理登记的地役权优先于后设立的，先设立但未办理登记的地役权不能对抗后设立但已办理登记的地役权。至于均没有办理登记的地役权之间的优先效力则需要考虑成立时间、当事人是否善意等证据情况综合判断。[3]

4. 物权请求权

在地役权遭到妨碍或者侵害的场合，权利人可以行使排除妨碍等物权请求权。

---

① 参见梅夏英、高圣平：《物权法教程》，中国人民大学出版社 2007 年版，第 294 页。

② 参见谢在全：《民法物权论》(上册)，中国政法大学出版社 1999 年版，第 439 页。

③ 参见崔建远：《物权：规范与学说——以中国物权法的解释论为中心》(下册)，清华大学出版社 2011 年版，第 640 页。

二、地役权人的义务

1. 按照约定利用供役地的义务

地役权的设立为双方当事人意思表示一致的结果，因此地役权人必须严格遵守合同约定的目的对供役地进行利用，不得擅自改变权利的范围。如合同约定的内容为通行地役权，则地役权人不可在供役地上汲水。此外也必须严格按照约定的方式进行利用。如通行地役权约定以修桥的方式通过，则不可以修路的方式通过。若超出约定的范围进行利用，则可能构成权利的滥用。①

2. 合理使用供役地的义务

地役权人使用供役地是地役权的当然内容，但依据法律规定和诚信原则，地役权人不得滥用此权利。因此权利人在使用供役地时必须符合地役权的需要，采用对供役地损害最小的方式进行，既可以实现地役权，也不会对供役地造成过大损害。《民法典》第 376 条规定，地役权人应当按照合同约定的利用目的和方法利用供役地，尽量减少对供役地权利人物权的限制。所谓“尽量减少限制”是指地役权人应该尽可能减轻对不动产的损害，如通行地役权的权利人在修路时应当取最短的道路。若地役权人在利用过程中对供役地造成了损害，应当恢复原状或赔偿损失。

3. 支付费用的义务

地役权的设立可以是无偿的，也可以是有偿的。有偿设立的地役权，地役权人必须按照约定的数额、期限和方式支付费用。

4. 维护附属设施并容忍供役地权利人使用附属设施的义务

地役权人必须对供役地设置的附属设施进行修缮，如电线、管道等，以免供役地权利人因此受到损害。此外，还应当允许供役地权利人在一定范围内使用附属设施。

5. 恢复原状的义务

地役权消灭后，应当拆除相关附属设施，恢复土地原状，如果附属设施对供役地权利人有利用价值，可以协商保留。地役权期限的设定在法律上没有规定，完

---

① 参见王利明：《物权法研究》（第 4 版），中国人民大学出版社 2016 年版，第 1004 页。

全由当事人约定。地役权因期限届满而消灭的,地役权人应当恢复原状。[①]

三、供役地权利人的权利

1. 对附属设施的共同使用权

供役地权利人在不违反合同约定,不妨碍地役权人行使权利的基础上,可以共同使用地役权人修建的附属设施。虽然法律对此没有明确规定,但此项权利有利于实现物尽其用,充分发挥物的价值。[②] 当然供役地权利人利用该附属设施的,应当和地役权人分担建设、修护等费用。当事人另有约定的除外。

2. 请求支付价款的权利

若在设立地役权时双方约定了有偿使用,则供役地权利人有权依据约定的方式在约定的期限向地役权人请求支付约定的费用。若地役权人未依约履行义务,供役地权利人有权依法解除合同,并有权请求地役权人承担相应的违约责任。合同解除后地役权随之消灭。

3. 地役权变更请求权

地役权设立后,供役地可能因政策的变化、自然条件的改变、权利的转移等原因需要调整地役权的内容,为最大限度发挥不动产的效益,在不影响地役权设立的前提下,允许供役地权利人对地役权的内容予以调整。此外学者通常认为,若供役地权利人为了更有效的使用土地,在不影响地役权设定目的、不影响地役权人权利实现的前提下,可以变更地役权人利用供役地的场所和方法,地役权人不得拒绝。[③] 依据诚实信用原则,如果为了供役地权利人的利益,且变更地役权行使的方式和场合对地役权人不产生任何影响,地役权人应当同意。

四、供役地权利人的义务

1. 允许地役权人利用土地

根据合同约定为地役权人提供便利是供役地权利人的义务,供役地权利人必须允许地役权人按照约定的方式和范围利用供役地,这是设立地役权目的的

---

① 参见王利明:《物权法研究》(第 4 版),中国人民大学出版社 2016 年版,第 1005 页。
② 参见王利明主编:《民法》(上),中国人民大学出版社 2020 年版,第 449 页。
③ 参见王利明:《物权法研究》(第 4 版),中国人民大学出版社 2016 年版,第 1006 页。

基本保障。该义务主要包含容忍义务和积极义务两方面，在绝大多数情况下负担的都是容忍义务，如允许他人在自己土地上通行、放弃部分自己的权利等。①

2. 分担附属设施维护费用

若供役地权利人在取得地役权人同意或在不影响地役权人行使权利的前提下使用了地役权人修建的附属设施，则供役地权利人应当在其收益范围内分担维护和修缮的费用。当事人对附属设施维修和保养费用另有约定的，依照其约定。②

第四节　地役权的消灭

一、地役权消灭的事由

1. 供役地或需役地灭失

地役权的存在以需役地和供役地的存在为前提，任何一块土地的灭失都将导致地役权失去存在的基础。但土地部分灭失的，地役权不当然消灭，只有事实上地役权不能行使的情况下方可认定地役权消灭。这里的土地灭失主要指土地被征收，国家基于公共利益征收土地，原土地上的权利与负担随之消灭。

2. 存续期间届满或约定解除事由出现

地役权的设立是当事人协商的结果，约定有存续期间的地役权，在期限届满时地役权自动消灭，另有约定除外。此外若当事人约定特定事由出现时地役权自动消灭，应当依照其约定，这体现了对当事人意思自治的尊重。

3. 地役权目的不能实现

地役权的设立均有其特定的目的，随着时间及自然资源存量等客观情况的变化，会导致地役权的目的无法实现，此时地役权的存在已经不具备任何价值，应归于消灭。

4. 依法解除合同

《民法典》第 384 条规定，“地役权人有下列情形之一的，供役地权利人有权

---

① 参见梁慧星主编：《民法学原理：物权法原理》，国家行政学院出版社 1998 年版，第 540 页。

② 参见王利明主编：《民法》（上册），中国人民大学出版社 2020 年版，第 448 ~ 450 页。

解除地役权合同,地役权消灭:(一)违反法律规定或者合同约定,滥用地役权;(二)有偿利用供役地,约定的付款期限届满后在合理期限内经两次催告未支付费用”。可见在发生法定事由的情况下,当事人可以行使法定解除权。该解除权属于单方解除权,无须取得对方同意。该解除权的行使不仅及于合同的效力,同时具有物权效力,合同解除后地役权随之消灭。但该解除权仅面向未来,供役地权利人已经获得的价款无须返还。①

5. 混同

需役地的权利人取得地役权后又取得供役地的,地役权因混同而消灭。但值得注意的是,若供役地或需役地是第三人权利的客体,此时供役地或需役地上存在他人的利益,地役权不因混同而消灭。同时基于地役权的不可分性,共有人中部分共有人发生混同的,地役权也不因此而消灭。

6. 抛弃

对于无偿设立的地役权,无论其是否有期限,作为一种财产性的权利,在法律无明确禁止的情况下当然可以抛弃。但对于有偿且约定存续期限的地役权,地役权人必须在支付供役地权利人剩余期限的价款后,方可抛弃地役权。对于有偿但未约定期限的地役权,地役权人抛弃地役权应当在合理期限通知供役地权利人。

二、地役权消灭的效果

1. 注销登记

地役权作为一种独立的用益物权,其设立、变更采用的是“登记对抗主义”。《民法典》第 385 条规定,“已经登记的地役权变更、转让或者消灭的,应当及时办理变更登记或者注销登记”。因此对于已经办理登记的地役权在灭失后应当及时办理注销登记,但对于设立时未办理登记的地役权则无须办理注销登记。

2. 恢复原状

地役权消灭后,地役权人未占有供役地且未建造附属设施的,自然恢复原状;地役权人占有供役地的,应返还供役地并恢复原状;地役权人建造了附属设施的,地役权人应当将其在供役地上修建的附属设施或工作物取回,恢复供役地原状,但当事人之间另有约定的除外。

---

① 参见王利明主编:《民法》(上册),中国人民大学出版社 2020 年版,第 451 页。

第十三章

担保物权概述

第一节　担保物权的历史沿革和立法体例

一、历史沿革

所谓担保，是指在债务人不能履行债务时，根据事先的约定由债务人以外的第三人代替债务人履行债务，或者将债务人、第三人的特定物（包括金钱）或者特定权利变价，由债权人优先受偿的制度。前者称为人的担保，后者称为物的担保（金钱担保）和权利的担保。

从整个担保制度的发展演变来看，大致经历了这样一个过程。一方面是从人的担保向物的担保的发展；另一方面在物的担保中又经历了从移转占有的担保向不移转占有的担保的发展。从人的担保向物的担保的发展，是人类社会逐渐从熟人社会向陌生人社会转变的必然结果。因为人的担保，以对提供担保人的信任为前提，实际上也就是一种信用移转。但是随着人类社会的发展，人的流动范围越来越大，很多时候人们都在与陌生人打交道。这时候，人的担保局限性逐渐显露，于是物的担保开始出现。

在物的担保中，首先出现的是质押。在罗马法中，质押的拉丁文表述是"pignus"，这个词源自"pugnus"（拳头），因为质押的物要被亲手交付，也就是说要移转占有。[①] 这符合人类社会的早期状况，在没有一个设计精巧的物的担保

① 参见［意］桑德罗·斯奇巴尼选编：《物与物权》，范怀俊译，中国政法大学出版社 1999 年版，第 166 页。

的法律制度的情况下,权利人实际控制义务人的物是最安全的。而抵押制度实际上是在补充质押制度的基础上发展起来的,因为在有些情况下移转物的占有不太容易施行。于是在罗马法的租赁关系中出现了抵押制度的雏形,土地或者是房屋的出租人和承租人一般达成这样的协议,即承租人将其带进被出租的土地或房屋中的动产作为租金的担保,但是这些物品仍然由承租人占有和使用,当承租人不履行交租义务时,出租人有权通过对担保物的处置来确保自己权利的实现。上述安排在罗马法中被称为"协议质押"(pignus conventum),意思是只有具体的协议,并没有实际的占有移转。"hypotheca"系古典法晚期的法学家传播的希腊概念,①后来为了与质押进行区分,罗马人用"hypotheca"来表述不移转占有的担保,这就是抵押的由来。② 同时,正因为抵押不移转物的占有,那么在实践中一个物可能被抵押几次,而抵押权人可能并不知晓。因此,在公元 472 年罗马人开始设立抵押登记制度,这使得抵押制度逐渐完善,并得到进一步的发展。尽管抵押制度是在质押制度的基础上逐步发展出来的,但是在随后的发展中,移转物的占有的质押有逐渐缩小的趋势,而不移转物的占有的抵押则逐渐扩大。例如,在罗马法中有不动产质押,但是我国《民法典》不承认不动产质押;原先动产只能质押,而在现代民法中动产也可以抵押。上述发展趋势符合担保物权的特性。如果说一个物的价值可以分为使用价值和交换价值,那么用益物权的核心是物的使用价值,而担保物权的核心则是物的交换价值。除非在不得已的情况下,不通过移转物的占有无法公示担保物权的存在,才适用质押制度,如果有其他方式,最主要是登记制度,能够公示担保物权存在,那么就应该适用抵押制度。这对双方当事人均有利,一方面是物的使用价值得到最大的发挥,另一方面权利人的权利也通过法律制度设计得到充分保障。

留置权的出现相对晚近一些。罗马法中并没有留置权的概念,与现代民法中留置权类似的是恶意抗辩(exceptio doi)制度。根据罗马法,在双务合同中,债权人对债务人也负有债务,在不履行自己债务却请求对方履行债务的情况下,被视作违反诚信,对债务人的拒绝履行予以认可。这种恶意抗辩制度后来

① 参见向东:《罗马法中的 pignus 和 hypotheca》,载《广西大学学报(哲学社会科学版)》2014 年第 6 期。

② 参见[意]桑德罗·斯奇巴尼选编:《物与物权》,范怀俊译,中国政法大学出版社 1999 年版,第 166 页。

发展成两个方面，一个是在双务合同关系中的同时履行抗辩权，另一个是作为债的担保制度的留置权。真正意义上的留置权制度是在11世纪晚期西欧商业复兴以后才出现的。[①]

担保物权制度在现代社会的发展表现在以下几个方面：

首先是担保范围的扩大。这种范围的扩大又表现为两个方面，一是担保物权所担保的债权范围的扩大。原先担保物权所担保的债权只能是现实存在的债权，但是在现代民法中为将来债权提供担保的最高额抵押制度已经出现。二是能够作为担保物权客体的权利的范围扩大，原先只是用物的所有权提供担保，但是在现代民法中，用益物权、知识产权中的财产权、现有的以及将有的应收账款等均可以成为担保物权的客体。

其次是担保方式的多样化。这种多样化也表现为多个方面，一是集合抵押方式的出现，典型形式就是财团抵押和浮动抵押；二是让与担保、融资租赁、保理、所有权保留等非典型担保的出现。

二、立法体例

在大陆法系国家，关于担保在民法典体系中的位置一直存在两种不同的立法例：一种是法国式；另一种是德国式。

法国式的特点在于，不分人的担保和物的担保，凡是为了确保债权的实现而设定的各种担保方式均放在一起集中规定。在《法国民法典》中，保证、定金、质押、抵押均被规定在第三编“取得财产的各种方式”中。意大利、西班牙、葡萄牙等国均遵循了这种立法例。引人瞩目的是，原先借鉴德国法的俄罗斯和荷兰也开始发生转变。1992年生效的《荷兰民法典》将有关抵押、质押和留置的内容规定在第三编“财产法总则”中，随后才是第五编“物权”。1995年生效的《俄罗斯联邦民法典》则将人的担保和物的担保统一规定在第三编“债法总则”中。

德国式的特点在于，严格区分物的担保和人的担保，前者被规定在民法典的物权编，后者则被规定在债权编。借鉴德国式立法的有瑞士、日本以及我国。

---

① 参见[日]近江幸治：《担保物权法》，祝娅等译，法律出版社2000年版，第17页；[美]哈罗德·J.伯尔曼：《法律与革命——西方法律传统的形成》(第1卷)，高鸿钧等译，法律出版社2008年版，第342～343页。

严格地讲,日本以及我国借鉴的是瑞士的立法体例。尽管德国的学说理论均承认担保物权的概念,但是《德国民法典》并没有采纳这个概念,因为以变价求偿为目的的土地债务和定期金债务并不以担保债权为前提。① 同时《德国民法典》并没有将留置规定为担保物权的一种,而是将其规定在债编的第一章"债务关系的内容"中。

上述两种立法例的关键区别在于对担保权性质的不同认识。关于人的担保产生债权一般没有争议,但是关于物的担保的性质则有不同看法。第一种观点认为物的担保产生物权。理由是:首先,担保权是对担保物的支配权,不是对人的请求权;其次,担保权的优先受偿性是基于物权的排他效力而产生的。② 采这种观点的立法例均要区分人的担保和物的担保,并将物的担保规定在物权编中。第二种观点认为,物的担保产生的是债权,因为"担保物权不是物权,只不过是担保债权的实现,根据法律,或根据当事人的合意和公示,对一定的债权赋予优先清偿权的权能,并非是物权"。"担保物权就不是直接且排他性地支配物这一意义上的物权,不过是作为债权平等的例外,特定的债权人享有优先受偿权,因此,还是将其考虑为享有优先清偿权的债权更为妥当。"③采这种观点的立法例将人的担保和物的担保集中在一起,或者规定在债编总则中,或者是作为优先受偿权规定在物权编和债权编之外。

我国关于担保物权的定位有些反复,1931 年生效的《中华民国民法》借鉴《日本民法典》的体例将物的担保界定为物权。中华人民共和国成立后于 1986 年生效的《民法通则》却将整个担保集合规定在"债权"的第 89 条。2007 年生效的《物权法》将物的担保规定在第四编"担保物权"中。《民法典》延续了此种编纂体例。

---

① 参见孙宪忠:《德国当代物权法》,法律出版社 1997 年版,第 257 页。

② 参见谢在全:《民法物权论》(下册),中国政法大学出版社 1999 年版,第 529 ~ 530 页;陈本寒:《担保物权比较研究》,武汉大学出版社 2003 年版,第 111 ~ 115 页。

③ [日]加贺山茂:《担保物权法的定位》,于敏译,载梁慧星主编:《民商法论丛》(第 15 卷),法律出版社 2000 年版,第 476 ~ 482 页。

第二节　我国担保物权制度的发展与变革

一、《民法典》担保制度的体系

在《民法典》的体系安排上，担保法没有独立成编。《民法典》担保制度由典型担保制度和非典型担保制度构成。其中，1995年《担保法》和2007年《物权法》中的典型担保制度，依其不同的性质，分别定位于《民法典》的不同分编之中。保证合同作为一种有名合同，置于《民法典·合同编》的典型合同分编之中；原《担保法》所规定的定金置于合同编通则分编中的违约责任章之中；原《担保法》和原《物权法》中的抵押、质押和留置等三种物上担保形式，维系着物权编担保物权分编的体系结构。《民法典》扩大了担保合同的范围，明确融资租赁、保理、所有权保留等非典型担保合同的担保功能，将上述交易形态纳入担保合同范畴。实现了担保物权的功能化，为金融实践中的担保创新预留了足够的空间。

二、担保物权制度的修改和重大变化

《民法典·物权编》对担保物权部分的修改，总的立法精神是要进一步优化营商环境，进一步增强我国在吸引投资方面的优势。[①]《民法典》对担保制度的修改，主要集中在动产担保制度部分。具体在以下几方面作出了相应的制度安排。

1. 担保物权的功能化

在比较法视野下，担保物权立法有功能主义和形式主义两种模式。《民法典》就动产担保交易制度采取了功能主义和形式主义相结合的立法方法。《民法典》第388条第1款“担保合同包括抵押合同、质押合同和其他具有担保功能的合同”的规定，将非典型担保纳入其中。这里，“其他具有担保功能的合同”不

① 参见黄薇：《〈民法典物权编草案〉（二审稿）对若干重点问题的回应》，载《中州学刊》2019年第7期。

仅涵盖了《民法典》上已经典型化为其他交易形态的非典型担保制度,如合同编典型合同分编“买卖合同”章规定的所有权保留,典型合同分编“融资租赁合同”章、典型合同分编“保理合同”章,将融资租赁、保理、所有权保留等交易形态纳入了担保合同范畴,实现了担保物权的功能化。[①]《民法典担保制度解释》第1条规定:“因抵押、质押、留置、保证等担保发生的纠纷,适用本解释。所有权保留买卖、融资租赁、保理等涉及担保功能发生的纠纷,适用本解释的有关规定。”在《民法典》基础上,《民法典担保制度解释》确定由担保制度统一规范各类具有担保功能的合同安排,使动产和权利担保物权从常见的动产抵押、动产质押、权利质押等形态,扩大到保理、融资租赁以及所有权保留等非典型担保。

2. 建立统一的动产和权利担保登记系统

在非移转占有型动产和权利担保渐趋主流的背景下,登记公示也就成了消灭“隐形担保”、平衡担保人与潜在交易相对人利益的主要技术工具。《民法典》为了“发挥融资担保功能”“考虑到统一登记的具体规则宜由国务院规定”,于是从一审稿开始就删除了《物权法》《担保法》有关动产抵押和权利质押具体登记机构的规定,[②]从而为建立统一的动产和权利担保登记制度“留下了空间”。2020年12月22日,国务院印发《关于实施动产和权利担保统一登记的决定》,要求自2021年1月1日起,在全国范围内实施动产和权利担保统一登记。该决定就纳入动产和权利担保统一登记范围的七大担保类型、中国人民银行征信中心承担登记服务机构职责等作了原则性的规定。2020年12月31日,中国人民银行征信中心发布了关于自2021年1月1日起提供全国动产和权利担保统一登记服务的公告,将《动产融资统一登记公示系统操作规则》《动产融资统一登记公示系统用户服务协议》《动产融资统一登记公示系统操作指引》等在动产融资统一登记公示系统上予以公布,由此我国动产和权利担保统一登记制度正式落地。2021年12月29日,中国人民银行正式发布《动产和权利担保统一登记办法》,并于2022年2月1日起正式施行,《应收账款质押登记办法》同时

---

① 参见高圣平:《民法典担保制度及其配套司法解释理解与适用》,中国法制出版社2021年版,第1页。

② 参见沈春耀:《关于提请审议〈民法典各分编(草案)〉议案的说明》,2018年8月27日在第十三届全国人民代表大会常务委员会第五次会议第一次全体会议上。

废止。《动产和权利担保统一登记办法》将融资租赁、保理、所有权保留等非典型担保形式纳入统一登记范围,与《民法典》的规定相呼应,赋予了非典型担保登记对抗的效力,提高了商事融资交易的安全性。

3. 确立统一的担保物权优先顺位规则

我国原《物权法》中的担保物权设计理念是各自为营,缺乏跨类型的权利冲突制度设计,这是严重不符合商业实践逻辑的。实践中很有可能一套机器设备上同时存在着所有权保留、融资租赁、动产抵押,其中有的登记了,有的没有登记,甚至债务人还有可能又将机器设备出质并交付给了第三人。当债务人陷入资不抵债时,前述这些相互竞争的权利如何排序?① 进言之,同一标的物上存在多个竞存权利并不鲜见,如何确定这些竞存权利之间的优先顺位即成问题。《民法典》在拓展担保合同范围的基础上,为非典型担保分别规定了登记要求,使得所有权保留、融资租赁和保理等非典型担保可以通过登记公示突破合同相对性,对善意第三人产生对抗效力,即非典型担保可以基于合同确定具体的担保权内容,通过登记公示可以形成担保物权的效果。

动产和权利担保的登记时间是可以准确确定并且轻易证明的事实。如此,动产和权利担保登记为确定竞存权利之间的优先顺位提供了客观基础,同一标的物上竞存担保权之间的优先顺位,采行"先登记者优先"规则。《民法典》第414条以及第415条明确了以公示时间先后确定清偿顺序的规则,尤其是第414条进一步明确:"其他可以登记的担保物权,清偿顺序参照适用前款规定。"使"先登记者优先"规则适用不局限于《民法典》上规定的典型担保物权,所有权保留、融资租赁和保理等可以登记的非典型担保均统一适用,确立了统一的担保顺位规则,也在一定程度上减少未经公示的非典型担保给市场交易造成的不确定影响。

4. 扩张"正常经营活动中的买受人"规则的适用范围

我国统一的动产和权利担保登记系统已经建立,各种动产的担保交易都要在这个系统中公示,并适用统一的优先顺位规则。那么,这是否意味着在担保人的正常经营活动中,交易相对人都有义务事先查询登记簿以探知标的物上是否存在担保负担。为维护基本的交易秩序,对正常经营活动中的买受人提供更

① 参见龙俊:《民法典中的动产和权利担保体系》,载《法学研究》2020年第6期。

好的保护,《民法典》第 404 条将原仅适用于浮动抵押担保的“正常经营活动中的买受人”规则普遍适用于动产抵押交易的一般规范。“正常经营活动中的买受人”的制度设计与动产担保登记系统的属性相辅相成,让所有的东西都可以进入登记系统,从而可能成为金融担保品以盘活资产;另外,却并不要求所有的人在所有的交易中都去查询这个登记簿,在正常经营活动中的买受人被豁免了查询义务。如此,则避免了日常的非担保交易受到担保交易的侵蚀,为普通人的日常生活构筑了一道坚实的防线。①

5.扩充担保财产的范围,允许担保财产概括性描述

“担保标的物由土地到建筑物、由不动产到动产、有形资产到无形资产、现有资产到将来取得资产、单一物到集合物、固定资产到流动资产,均可自担保物权法发展历程中找到轨迹。”②在“物尽其用”的政策目标之下,但凡具有交换价值的财产均应作为担保财产。③ 基于此,《民法典》除了将“海域使用权”“现有的以及将有的应收账款”等信贷实践中已经典型化的担保交易形式予以明文化以外,采取兜底性的规定,只要是“法律、行政法规未禁止抵押的其他财产”均可以进入抵押融资领域。

《民法典》除了明确规定“将有的应收账款”“将有的生产设备、原材料、半成品、产品”可以作为担保财产之外,还允许担保合同对担保财产只作概括性的描述,将原《物权法》规定的抵押合同条款“抵押财产的名称、数量、质量、状况、所在地、所有权归属或者使用权归属”、质押合同条款“质押财产的名称、数量、质量、状况”修改为“抵(质)押财产单独名称、数量等情况”④这些规定为统一动产和权利登记制度中担保财产的描述提供了前提。担保物权的效力主要体现在,在担保物权可得实行之时,物权人就“特定的物”进行变价并优先受偿。由此可见,标的物仅须在担保物权实行之时达到特定性要求即可,而在担保物权设立之时,标的物无须特定,仅须达到可得特定的标准。未来财产也就因此可

---

① 参见龙俊:《民法典中的动产和权利担保体系》,载《法学研究》2020 年第 6 期。

② 谢在全:《担保物权制度的成长与蜕变》,载《法学家》2019 年第 1 期。

③ 参见高圣平:《民法典担保物权制度修正研究——以〈民法典各分编(草案)〉为分析对象》,载《江西社会科学》2018 年第 10 期。

④ 沈春耀:《关于提请审议〈民法典各分编(草案)〉议案的说明》,2018 年 8 月 27 日在第十三届全国人民代表大会常务委员会第五次会议第一次全体会议上。

以进入融资担保领域。[①]

第三节　担保物权的特征和分类

一、担保物权概念

《民法典》第386条规定："担保物权人在债务人不履行到期债务或者发生当事人约定的实现担保物权的情形，依法享有就担保财产优先受偿的权利，但是法律另有规定的除外。"由此可见，担保物权，是指以确保债务的清偿为目的，在债务人或第三人的特定物或权利上设定的，当债务人不履行债务时，权利人将该特定物或者权利变价并优先受偿的限制物权。

二、特征

担保物权除了具有物权的共同特征以外，还具有如下特征。

（一）价值性

担保物权关心的是物的交换价值，而用益物权关心的是物的使用价值，这导致了两者在如下方面存在差异：

1. 担保物权是以支配标的物的交换价值为内容，因此原则上对标的物无须为有形的支配（质权例外）。而用益物权是以支配标的物的用益价值为内容，不实际控制标的物将无法实现其目的。

2. 担保物权人只有在担保的债权届期未受清偿时，方能实行其担保物权，故其目的实现时间系属将来者。而用益物权一旦设定，即能实现其用益目的，故其实现时间系属现在。

3. 当标的物灭失时，用益物权即归消灭，因为已经无法对原物进行使用。而担保物权是以支配标的物的交换价值为内容，尽管标的物已灭失，但其交换价值仍存在时，担保物权即移存于该交换价值上，并不消灭。

---

① 参见高圣平：《民法典担保制度及其配套司法解释理解与适用》，中国法制出版社2021年版，第7页。

（二）从属性

担保物权是以担保债权的清偿为目的的权利，因此其必然从属于债权而存在。这种从属性表现在以下三个方面：

1. 成立上的从属性。担保物权的成立以被担保的债权的有效成立为前提，被担保的债权不成立，或者虽然成立但是不生效的，担保物权自无成立的必要。《民法典》第 388 条第 1 款规定，担保合同是主债权债务合同的从合同。主债权债务合同无效的，担保合同无效，但是法律另有规定的除外。

2. 移转上的从属性。担保物权是以担保债权的清偿为目的，因此债权移转，担保物权原则上也应随之移转。同时担保物权也不得与担保的债权相分离而单独转让。对此《民法典》第 407 条有明确的规定，“抵押权不得与债权分离而单独转让或者作为其他债权的担保。债权转让的，担保该债权的抵押权一并转让，但是法律另有规定或者当事人另有约定的除外”。在解释上，质权和留置权自可类推适用这一规则。但是在移转的从属性上也存在例外，即在最高额抵押的情况下，在最高额抵押担保的债权确定前，部分债权转让的，最高额抵押权不得转让，除非有当事人特别的约定。

3. 消灭上的从属性。既然担保物权的目的在于确保债权的清偿，那么当被担保的债权消灭时，原则上担保物权也随之消灭。我国《民法典》第 393 条有明确的规定。在国外的学说理论上，关于消灭上的从属性也存在例外。例如，当债权人和债务人发生混同时，债权消灭，如果此时担保物权消灭有可能对债权人带来损害，担保物权应视为不消灭。

（三）不可分性

担保物权的不可分性，是指在担保的债权未受全部清偿前，担保物权人可以就担保物的全部行使权利。这种不可分性包括两个方面：一是即使担保的债权被分割为数个债权、一部分清偿或者因为其他事由而部分消灭，担保物权仍然就各部分债权或者剩余债权而存在；二是即使担保物被分割或者一部分灭失，各部分或者剩下的担保物仍然为担保全部债权而存在。《民法典担保制度解释》第 38 条规定了担保物权的不可分性。《民法典担保制度解释》第 39 条第 1 款规定：“主债权被分割或者部分转让，各债权人主张就其享有的债权份额行使担保物权的，人民法院应予支持，但是法律另有规定或者当事人另有约定的除外。”依据该规定不论主债权被分割或部分转让，也不论主债务被分割或部分移转，都不影响担保物权的行使。

（四）物上代位性

由于担保物权不是以对标的物本身之利用为目的的权利，担保物权的本质是设立在担保物的交换价值上的权利。因此当因担保物灭失、毁损或者被征收等，而获得赔偿金、保险金或者补偿金时，担保物权的效力可及于担保物的变形物或代替物。担保权人得就其行使权利，这就是担保物权的物上代位性。《民法典》第 390 条规定：“担保期间，担保财产毁损、灭失或者被征收等，担保物权人可以就获得的保险金、赔偿金或者补偿金等优先受偿。被担保债权的履行期限未届满的，也可以提存该保险金、赔偿金或者补偿金等。”

（五）补充性

担保物权只有在被担保的债权已届清偿期而未获清偿时，担保物权人才能行使其担保物权，这就是担保物权的补充性。担保物权相对于被担保的债权而言具有补充性，但是当人的担保和物的担保并存时，被担保的债权已届清偿期而未获清偿，此时权利人究竟应该如何行使自己的权利呢？关于这一点，我国的立法存在变化。原《担保法》第 28 条第 1 款规定：“同一债权既有保证又有物的担保的，保证人对物的担保以外的债权承担保证责任。”根据这条规定，在人的担保和物的担保并存时，权利人应该先行使物的担保，不足时再实行人的担保。上述规定在物的担保由债务人自己提供的情况下是合理的，因为保证人只能是债务人以外的第三人，此时先行使物的担保有利于简化诉讼程序。但是在物的担保是由债务人以外的第三人提供的情况下，仍然坚持物的担保应该在人的担保之前被行使则有可能对物的担保人造成损害。因此《最高人民法院关于适用〈中华人民共和国担保法〉若干问题的解释》（已失效）第 38 条规定：“同一债权既有保证又有第三人提供物的担保的，债权人可以请求保证人或者物的担保人承担担保责任。当事人对保证担保的范围或者物的担保的范围没有约定或者约定不明的，承担了担保责任的担保人，可以向债务人追偿，也可以要求其他担保人清偿其应当分担的份额。”这条规定合理地限定了原《担保法》第 28 条的适用范围，当物的担保是由第三人提供时，权利人并不是只有先行使物的担保，然后才能行使人的担保。此后原《物权法》第 176 条对此作了新的规定：“被担保的债权既有物的担保又有人的担保的，债务人不履行到期债务或者发生当事人约定的实现担保物权的情形，债权人应当按照约定实现债权；没有约定或者约定不明确，债务人自己提供物的担保的，债权人应当先就该物的担保实现债权；第三人提供物的担保的，债权人可以就物的担保实现债权，也可以要求保证人承担保证责任。提供担保的第三人承担担保责任后，有权向债务人追偿。”《民法典》第392条延续了这一规定。

三、担保物权的分类

根据不同的标准，担保物权可以作如下分类。

（一）法定担保物权和意定担保物权

以发生原因为标准，担保物权可以分为法定担保物权和意定担保物权。前者在一定条件下，根据法律的规定当然发生，担保的方式、适用范围、成立条件、担保的范围等均由法律直接规定，如留置权和建设工程价款优先受偿权。[①] 后者基于当事人的意思表示而发生，如一般的抵押权和质押权。非典型担保中的所有权保留、融资租赁、让与担保等也属于意定担保。

（二）占有型担保物权和非占有型担保物权

以设定担保物权是否移转担保物的占有为标准，担保物权可以分为占有型的担保物权和非占有型的担保物权。占有型担保物权是指以标的财产移转于债权人占有为其成立和存续要件，如留置权和质押权。其主要适用于动产及一些财产权利。非占有型担保物权是并不以标的财产移转于债权人占有为其成立和存续要件的担保物权，以抵押权为代表。不仅适用于不动产也适用于动产。

（三）留置性担保物权与优先受偿性担保物权

根据效力的不同将担保物权分为留置性担保物权与优先受偿性担保物权。留置性担保物权是指债权人占有债务人价值较高的财物，间接给债务人以心理上的压迫，从而促使其清偿债务的担保物权，以留置权为典型。在债务未受全部清偿前，担保物权人有权留置标的物，以迫使债务人清偿债务。优先受偿性

① 建设工程价款优先受偿权的有关规定参见《民法典》第807条。

担保物权是将担保标的物的使用价值归债务人保有,债权人仅掌握其交换价值,将来可以就此而优先受偿的担保物权,以抵押权为代表。而质权则兼具留置性与优先性。留置性担保物权虽然更可靠,但使担保物利用价值进入冬眠状态,于社会经济不利,优先受偿性担保物权在近代担保制度中已居于"王座"地位。①

(四)不动产担保物权、动产担保物权与权利担保物权

这是根据担保财产的物理性质对担保物权所作的分类。不动产担保物权是指以不动产为标的而成立的担保物权,如不动产抵押权。动产担保物权是指以动产为标的而成立的担保物权,如动产抵押权和动产质权。权利担保物权是指以权利为标的而成立的担保物权,如权利质权等。不动产担保物权原则上以登记为其成立要件。动产担保物权以登记或交付为其公示方法,登记为动产抵押权的对抗要件,交付为动产质权的成立要件。动产权利纳入质押担保范畴,以交付权利凭证或登记为其成立要件。

(五)典型担保物权与非典型的担保物权

根据是否由法律明文规定,担保物权可以分为典型担保物权和非典型担保物权。典型担保物权是法律规定的直接以担保债权为目的的担保物权,如抵押权、质押权和留置权。非典型担保物权则非法律上规定用以担保债权的权利,但因其内在具有担保债权实现的功能,社会交易中将其用于债权担保的制度,如所有权保留、融资租赁、保理、让与担保等。

第四节　担保物权的法律效力

担保物权一旦依法设立即具有如下法律效力。

一、担保物权的一般效力

1.优先受偿效力

这是担保物权的核心效力,也是担保物权的目的所在。所谓优先受偿性,

---

① 参见王利明主编:《民法》(上册),中国人民大学出版社2020年版,第457页。

是指在被担保的债权届期未获清偿时,担保物权人将担保物变价,并以该价金优先于其他债权人受偿。尽管债务人的财产是对债权人的总的担保,但是在债权人有多个时,基于债权的平等性,如果债务人的财产不足以清偿所有债权,那么多个债权人只能按照各自债权的比例受偿。担保物权的设立目的就在于使自己的债权具有优先受偿性。

2. 留置效力

所谓留置效力,是指担保权利人可以通过直接占有担保物的方式,间接地强制债务人履行债务。这种效力不是担保物权共有的效力,质押权和留置权的设定和存续以权利人对担保物的实际控制为前提,因此这两种担保物权具有显著的留置效力。抵押权不以实际控制担保物为前提,因此其不具有留置效力。但是在债务届期而未获偿时,抵押权人可以申请法院扣押担保物,从而间接地强制债务人履行债务。

3. 收益效力

所谓收益效力,是指担保物权人就担保物为使用和收益,并将获得的收益直接用于冲抵债权。这种效力并不是担保物权共有的效力。理论上担保物权人不得使用担保物,因为担保物权的核心在于担保物的交换价值,而不是使用价值。在传统民法理论上,质权人和留置权人均不得使用担保物,但是他们可以收取担保物的孳息以冲抵债权。抵押权人只有在债权届期未获清偿,法院已经依法扣押担保物的情况下才可以收取孳息以清偿债权。

二、流押条款的效力

流押(质)条款,是指当事人在合同中约定,一旦债务人到期不履行债务,抵押财产就归债权人所有的条款。由于其极易成为债权人借债务人窘迫需要而压榨债务人的工具,我国一直禁止流押。我国原《担保法》第 40 条和第 66 条、原《物权法》第 186 条和第 211 条都规定当事人在合同中不得约定债务履行期限届满前债权人未受清偿时,担保财产的所有权直接归债权人所有。《民法典》第 401 条规定:“抵押权人在债务履行期限届满前,与抵押人约定债务人不履行到期债务时抵押财产归债权人所有的,只能依法就抵押财产优先受偿。”本条并未直接规定流押条款的效力,从条文表述看,流押条款仍然是无效的,因为如果流押条款是有效的,抵押权人就可直接根据约定享有抵押财产的所有权,而不是只能依法就抵押财产优先受偿。但本条在一定程度上改变了对流押条款的态度。因为本条并未沿袭原《物权法》第186条关于禁止流押的表述,而是规定"依法就抵押财产优先受偿"。从解释论上说,应当认为无效的流押条款已经转化为有效的清算型担保。[①]《民法典》对抵押权人强制性地课以清算义务,即将担保财产价值与担保债权之间进行清算。

依据《民法典》第401条和第428条,当事人订立流押条款,发生实现担保物权的情形时,担保财产不能直接归债权人所有,而是应当依据《民法典》第410条、第413条、第436条、第438条规定的实现担保物权的方式就担保财产优先受偿。[②]

第五节　担保物权的担保范围

担保物权的担保范围,是指在债权到期未受清偿,担保财产拍卖或者变卖的价金可以用来清偿的债权范围。《民法典》第389条确定了法定担保范围,当事人在担保合同中未就担保范围作出特别约定时,适用法定的担保范围,在当事人之间就担保范围已作约定的情况下,排除法定担保范围的适用。

《民法典》第389条规定:"担保物权的担保范围包括主债权及其利息、违约金、损害赔偿金、保管担保财产和实现担保物权的费用。当事人另有约定的,按照其约定。"根据该条的规定,基于抵押权担保的债权本身的范围,原则上遵循当事人的意思自治,只有在当事人没有约定的情况下才适用法定的担保范围。从比较法上观察,我国的法定担保范围比其他国家规定的要宽。

一、主债权

主债权,又称原债权,是指债权人和债务人之间因一定法律关系而产生的,在担保物权设定之初经特定化而成为担保物权所担保实现的债权。主债权担

---

① 最高人民法院民法典贯彻实施工作领导小组主编:《中华人民共和国民法典物权编理解与适用》(下),人民法院出版社2020年版,第1071页。

② 参见黄薇主编:《中华人民共和国民法典解读·物权编》,中国法制出版社2020年版,第702页。

保物权担保的主要对象,只要该债权在担保时是确定的或者是能够确定的,其当然在担保的范围之内。

二、利息

利息是原本债权所生的孳息。该利息包括约定利息和法定利息,也包括债权到期前的利息和债权到期后的迟延利息。迟延利息,就其性质而言,是债务人不履行金钱债务的损害赔偿金,属于违约责任的一种方式。迟延利息与《民法典》第389条规定"违约金、损害赔偿金"相同,自应属于担保的范围。

三、违约金

《民法典》第389条关于担保范围中的违约金应该这样理解,即违约金既包括约定违约金,也包括法定违约金;既包括赔偿性违约金,也包括惩罚性违约金。两者都属于担保物权的担保范围。

四、损害赔偿金

损害赔偿是指合同一方当事人未履行或没有充分履行合同时给另一方当事人造成了一定的损失,向另一方当事人支付的赔偿损失的费用。损害赔偿金与违约金均属于违约责任的形式,其区别主要在于违约金为事先约定的,而损害赔偿金是事后根据实际损失确定的。损害赔偿金是一种"法定性债务",是因原本债权未受清偿而发生的债权,与原本债权具有同一性。因此,损害赔偿金属于担保物权的担保范围。

五、保管担保财产的费用

质权人和留置权人有妥善保管担保财产的义务,同时有权向担保人请求保管费用,因此,担保财产保管费用当然地被纳入被担保债权之中。保管费用的开支应以必要为原则,即为担保财产保全完好功能无损所必需的保管费用的支出方为合理。

六、实现担保物权的费用

实现担保物权的费用,是担保物权人因行使担保物权所支付的一切费用,主要包括担保财产保管、修缮费用,担保财产的估计费用,担保财产拍卖、变卖所需的费用,交通费用和诉讼费用等。实现担保物权的费用完全是因债务人不履行债务而发生的,自应由债务人负担,应属担保范围。根据《民法典》第 410 条的规定,在债权届期未受清偿时,抵押权人可以与抵押人协议以抵押财产折价或者以拍卖、变卖该抵押财产所得的价款优先受偿。担保物权人如果依诉讼程序实行担保物权,在实行抵押权的过程中会产生一系列的费用,如拍卖、变卖的费用,诉讼费、仲裁费以及执行费用等。法院因强制执行而支出的全部费用,应当由担保财产优先受偿,不得由债权人承担。担保物权人以诉讼外的方法变价担保财产而实现支出的费用,因直接产生于担保物权的行使,应由担保财产的变价款优先受偿。①

七、保全抵押权的费用

根据《民法典》第 408 条的规定,抵押人的行为足以使抵押财产价值减少的,抵押权人有权要求抵押人停止其行为、恢复抵押财产的价值,或者提供相应的担保。如果抵押人不愿意或者是不能够采取上述行为时,抵押权人可以采取措施保全抵押物的价值,由此产生的费用属于抵押权担保的范围。而且根据传统民法理论,该保全行为对所有的债权人均有利,因此该项费用不仅应该纳入抵押权担保的范围,而且应当优先于债务人的一切债权受偿。②

---

① 参见邹海林、常敏:《债权担保的理论与实务》,社会科学文献出版社 2005 年版,第 148 页。

② 参见郑玉波:《民法总则》,台北,三民书局 1979 年版,第 239 页。

第十四章

抵押权

第一节　抵押权概述

一、抵押权的概念与意义

（一）抵押权的概念

抵押权为罗马法以来近现代和当代各国民法上最重要的担保物权，被称为“担保之王”。[①] 根据《民法典》第 394 条的规定，抵押权是指债权人对于债务人或第三人提供的，不转移占有而作为债务履行担保的财产，在债务人不履行债务或者发生当事人约定的实现抵押权的价值时，可就该财产折价或者就拍卖、变卖的价款优先受偿的权利。抵押权的目的在于担保债的履行，而不在于对物的使用和收益。抵押法律关系的当事人为抵押人和抵押权人，客体为抵押财产。抵押人指为担保债务的履行而提供抵押财产的债务人或者第三人，抵押权人是指接受抵押担保的债权人，抵押财产是指抵押人提供用于担保债务履行的特定的物。

（二）抵押权的意义

抵押权在形成与发展过程中逐渐被赋予了债权保全与融资两个主要功能。设计优良的抵押物处分制度，对促进市场经济的繁荣，具有重大的现实意义。抵押权作为一种担保物权，是实践中最理想，被广泛使用的担保形式，因为它的

① 参见梁慧星、陈华彬：《物权法》，法律出版社 2020 年版，第 273 页。

担保效力最可靠，而且能充分发挥担保财产的作用，既然抵押物不转移其占有，那么它既可以发挥其交换价值，也可以由所有人继续使用发挥它的使用价值，取得的收益亦可以清偿债务，这样就使债权人的权益得到最充分的保障。基于抵押权这种区别于其他担保物权的优势，使抵押权在市场经济中对促进市场经济正常、良性运转起着促进和保护作用，随着市场经济不断有序的深入和发展，抵押权受到越来越多的人青睐，成为最常见、最常用的担保形式。

二、抵押权的特征

(一)抵押权是担保物权

抵押权是担保物权针对财产的交换价值而设定的一种物权，它本质上是价值权，其目的在于以担保财产的交换价值确保债权得以清偿，是为担保债权的清偿而设定的，它只能存在于债权人以外的债务人或者为债务人履行债务作担保的第三人特定财产上。故从抵押权的性质和目的的角度来看，抵押权是担保物权。

(二)抵押权属约定担保物权而非法定担保物权

根据《民法典》的有关规定，抵押权系由当事人的抵押合意而设定。当事人可以自由地就抵押财产、抵押期限、抵押担保范围以及当事人认为需要约定的其他事项进行约定，并在抵押合同或者主债权合同中的抵押条款中予以明确。

(三)抵押权是不转移标的物占有的物权

抵押权的发生不以占有抵押财产为要件，这是抵押权区别于质权、留置权等其他担保物权的标志。不需要移转占有的原因是抵押权为价值权而非用益权。[①] 例如，债务人甲将自己所有的房屋抵押给乙，在抵押期间，甲可以将房屋出租给丙并收取租金。抵押人对抵押财产仍享有占有、使用、收益、处分的权利。

(四)抵押权人有优先受偿的权利

优先受偿，即抵押权人在债务人不履行债务时，有权依照法律以抵押物折价或者从抵押物的变卖价金中优先得到清偿。这是抵押权与保证的区别。次序在先的抵押权人比次序在后的抵押权人优先受偿。

---

① 参见谢在全：《民法物权论》(下册)，中国政法大学出版社 2011 年版，第 353 页。

(五)抵押权具有从属性

抵押权的从属性是指根据抵押权与其担保的主债权之间的关系,抵押权具有不能独立存在的属性。抵押权必须依赖于主债权的存在而存在。抵押权的从属性,源于抵押权辅助债权实现的功能。只有当抵押权所担保的债权到期之后,抵押权才相应地到期,抵押权人才能行使抵押权,除非当事人约定了不同的实现抵押权的条件。①

三、抵押权的种类

抵押权的种类,根据不同的标准可以进行不同的划分,根据我国《民法典》的相关规定,抵押权主要有以下几种。

(一)一般抵押权与最高额抵押权

这是《民法典》上所采取的分类标准,根据抵押权所担保的债权在抵押权设立之时是否特定为标准所作的分类。

1. 一般抵押权

《民法典·物权编》第四分编担保物权第十七章"抵押权"第一节"一般抵押权"中涵盖了以各种不同类型的抵押财产之上所设立的一般抵押权,指的是担保特定债权清偿的抵押权。

2. 最高额抵押

最高额抵押是指抵押人与抵押权人协议,在最高债权额度内,以抵押物对一定时间内连续发生的债权作担保的抵押形式。最高额抵押担保的债权额不确定,但设有最高额限制,最高额限制并非债权的实际最高额。最高额抵押权与主债权债务关系并不具有一一对应关系,满足了当事人之间为担保长期继续交易或融资所生债权的担保需求,节约了交易成本。②

(二)不动产抵押权、权利抵押权和动产抵押权

这是学说上通常采取的分类,根据抵押财产的类别所作的分类。

1. 不动产抵押

不动产抵押,是指以不动产为抵押标的物而设立的抵押。不动产抵押是最

---

① 参见王利明、尹飞、程啸:《中国物权法教程》,人民法院出版社 2007 年版,第 442 页。

② 王利明主编:《民法》(上册),中国人民大学出版社 2022 年版,第 372 页。

普遍的抵押形式，由于不动产的特殊性，抵押人不转移对其的占有即可达到担保之目的，因此在实践中受到社会的普遍欢迎。在我国，土地属于国有或集体所有，属重要的生产资料，其所有权上不得设定抵押负担，因此，不动产抵押仅仅在地上定着物（建筑物、林木等）上设定。①

2. 动产抵押

动产抵押，是指以动产为抵押标的物而设立的抵押。《民法典》明确规定生产设备、原材料、半成品、产品、交通运输工具和其他动产可以设定抵押权。

3. 权利抵押

权利抵押，是指以特定的财产权利作为抵押标的物的抵押。对于何种权利可以成为抵押的标的物，一般法律都会作出明确的规定，我国的土地所有权虽然不能用于抵押，但是土地所有权之上的用益物权可供抵押。

第二节　抵押权的设立

抵押权依抵押行为而设立。抵押行为是抵押当事人以意思表示设定抵押权的双方民事法律行为，具体表现形式是抵押合同。抵押当事人是抵押法律关系的主体，即抵押法律关系中享有权利和承担义务的抵押权人和抵押人。

一、抵押当事人

（一）抵押权人

1. 抵押权人的概念

抵押权人是取得和享有抵押权的人。抵押权人可以是自然人，也可以是法人或非法人组织。

2. 抵押权人的权利

抵押权人的权利主要有以下几项。

（1）抵押物的保全

《民法典》第408条赋予抵押权人保全抵押物的权利。因为抵押权设定后，

① 王利明主编：《民法》（上册），中国人民大学出版社2022年版，第473页。

抵押人对抵押财产仍有占有、使用、收益和处分的权利，抵押人正当利用抵押财产并不构成对抵押权的侵害。[①] 抵押人的行为足以使抵押财产价值减少的，抵押权人有权要求抵押人停止其行为。抵押财产价值减少的，抵押权人有权要求恢复抵押财产的价值，或者提供与减少的价值相应的担保。抵押人不恢复抵押财产的价值也不提供担保的，抵押权人有权要求债务人提前清偿债务。抵押人对抵押财产价值减少无过错的，抵押权人有权在抵押人因损害而得到的赔偿范围内要求提供担保。抵押物未减少的部分，仍作为债权的担保。

(2)抵押权的处分

抵押权的处分，是指抵押权人对抵押权支配力的维持、消灭或者减弱所为的具有法律效力的行为，包括抵押财产本身的处分和抵押权顺位的处分。[②]

第一，抵押人对其所有的抵押财产享有占有、使用、收益、处分的权利，抵押期间抵押人可以转让抵押财产，而不需要经过其他人的同意。如果抵押权人与抵押人在设立抵押权时约定抵押人在抵押期间不得转让抵押财产，那么抵押人不能转让抵押财产，但是该约定不得对抗善意受让人。

第二，抵押权不得与债权分离而单独转让或者作为其他债权的担保。《民法典》第 407 条已明确规定，"抵押权不得与债权分离而单独转让或者作为其他债权的担保。债权转让的，担保该债权的抵押权一并转让，但是法律另有规定或者当事人另有约定的除外"。即抵押权人不得将抵押权单独让与他人而自己保留债权。由于抵押权具有附随性，被担保的债权转让的，抵押权应当随被担保债权的转让而移转于受让人。

第三，在判断同一财产上的多个担保物权的清偿顺序时，应当适用《民法典》第 414 条、第 415 条以及第 456 条的规定。根据《民法典》第 414 条的规定，同一财产向两个以上债权人抵押的，按照以下原则清偿：首先，抵押权已登记的，按照登记的时间先后确定清偿顺序，未经登记的，不得对抗善意第三人。其次，抵押权已登记的先于未登记的受偿，办理抵押登记的，抵押权人可以对抗第三人。最后，抵押权未登记的，按照债权比例清偿。根据《民法典》第 409 条，债

---

① 参见刘保玉：《物权法学》，中国法制出版社 2022 年版，第 371 页。

② 参见朱庆育：《中国民法典评注 · 条文选注》（第 1 册），中国民主法制出版社 2021 年版，第 357 页。

务人以自己的财产设定抵押，抵押权人放弃该抵押权、抵押权顺位或者变更抵押权的，其他担保人在抵押权人丧失优先受偿权益的范围内免除担保责任，但其他担保人承诺仍然提供担保的除外。

(3)优先受偿权

在债务人不履行债务时，抵押权人就抵押财产处分所获得的价金优先于没有设立抵押权的债权人优先受偿。只有抵押权人的债权全部获得清偿以后有余额的，其他债权人才能够受偿，若无余额则其他债权人即无法受偿。变价方式主要有拍卖、变卖、折价，变价优先受偿权的行使期限需在主债权诉讼时效内。抵押权人可以与抵押人协议决定实现抵押权的方法，该协议损害其他债权人利益的，根据《民法典》第410条，其他债权人可以请求人民法院撤销该协议。抵押权人与抵押人未就抵押权实现方式达成协议的，抵押权人可以请求人民法院拍卖、变卖抵押财产。抵押财产折价或者变卖的，应当参照市场价格。

在抵押物灭失、毁损或者被征用的情况下，抵押权人可以就该抵押物的保险金、赔偿金或者补偿金优先受偿。如果抵押物灭失、毁损或者被征用，抵押权所担保的债权未届清偿期的，抵押权人可以请求法院对保险金、赔偿金或者补偿金等采取保全措施。

(4)孳息收取权

债务人不履行到期债务或者发生当事人约定的实现抵押权的情形，致使抵押财产被人民法院依法扣押的，自扣押之日起抵押权人有权收取该抵押财产的天然孳息或者法定孳息，但抵押权人未通知理应清偿法定孳息的义务人的除外。孳息应先充抵收取孳息的费用。

(二)抵押人

1. 抵押人的概念

抵押人是指以自己的财产为自己或他人的债务设定抵押权的人。抵押人可以为债务人本人，也可以是债务人以外的第三人。第三人充当抵押人时，又称为物上保证人。

2. 抵押人的权利

(1)处分抵押财产的权利

《民法典》第406条第1款规定："抵押期间，抵押人可以转让抵押财产。当事人另有约定的，按照其约定。抵押财产转让的，抵押权不受影响。"所谓"抵押财产转让的,抵押权不受影响”,是指抵押权不因抵押财产的转让而受损害。① 原则上转让抵押财产是不需要事先得到抵押权人的同意的,除非当事人之间另有约定。抵押权人于债务人不履行到期债务或者发生当事人约定的实现抵押权的情形之时,仍可追及至抵押财产之所在而行使抵押权,依《民法典》第 410 条的规定就抵押财产优先受偿。《民法典》第 406 条第 2 款规定:“抵押人转让抵押财产的,应当及时通知抵押权人。抵押权人能够证明抵押财产转让可能损害抵押权的,可以请求抵押人将转让所得的价款向抵押权人提前清偿债务或者提存。转让的价款超过债权数额的部分归抵押人所有,不足部分由债务人清偿。”该条说明《民法典》在承认抵押权追及效力的同时,也承认抵押权人的价金物上代位,但价金物上代位仅适用于“抵押权人能够证明抵押财产转让可能损害抵押权的”情形。②

(2)出租抵押财产的权利

《民法典》第 405 条规定:“抵押权设立前,抵押财产已出租并转移占有的,原租赁关系不受该抵押权的影响。”即抵押权实现后,租赁合同在有效期内对抵押物的受让人继续有效。抵押人将已抵押的财产出租时,如果抵押人未书面告知承租人该财产已抵押的,抵押人对出租抵押物造成承租人的损失承担赔偿责任;如果抵押人已书面告知承租人该财产已抵押的,抵押权实现造成承租人的损失,由承租人自己承担。如果是先租后抵的情形,抵押财产出租须转移占有才能对抗抵押权。《民法典》的上述规定强调了先租后抵,对抗抵押权人的条件之一为“转移占有”,有利于一定程度上避免虚假租约的情况。

(3)抵押人的出抵权

抵押人的出抵权即在同一财产设定数个抵押权,抵押人只能以抵押财产价值高出抵押担保债权价值的部分再行抵押,按照法律规定的抵押权的顺序清偿。因此,抵押财产的再次抵押,能充分发挥财产的担保价值,又不妨碍抵押财产使用价值的利用,还可以最大限度地利用抵押财产的交换价值,以利于资金的融通。近现代各国抵押权立法大多允许抵押人就同一抵押财产设定数个抵押权。

---

① 参见郑玉波:《民法总则》,中国政法大学出版社 2003 年版,第 326 页。

② 参见王利明主编:《民法》(上册),中国人民大学出版社 2022 年版,第 488 页。

在我国,对于一物之上存在数个抵押权的,采取顺位升进主义。抵押财产的再次抵押有余额抵押和重复抵押之分。余额抵押是指抵押人在抵押物的价值大于所担保的债权的情况下就其价值余额部分再设定另一抵押权,即余值再抵,又称为再次抵押或复合抵押。重复抵押是指债务人以同一抵押物分别向数个债权人为抵押行为,致使该抵押物上有多个抵押权负担的抵押形式。余额抵押与重复抵押为同一物上抵押权竞合的一般表现。《民法典》删除了关于禁止重复抵押的规定,因重复抵押并不影响先顺位抵押权人对抵押权的行使,完全没有必要禁止。根据意思自治的原则,新债权人愿意接受重复抵押就意味着要承担依照法定顺序受偿的义务。

(4)在抵押财产上设定用益物权的权利

抵押人得在抵押物上设定用益物权。该用益物权的设立,须不会使抵押权因此而受到影响,即不因此而降低抵押物的价值。否则,抵押权人可申请人民法院除去此项权利。若该项用益物权成立于抵押权之前,则依物权的优先效力,成立在先的用益物权不受成立在后的抵押权的限制。

(5)抵押人的收益权

抵押人的收益权是指在抵押合同的存续期间,抵押人以抵押财产获取利益的权利。在抵押权存续期间,由于抵押财产的所有权仍然归属于抵押人,且由抵押人占有,抵押物的收益权应当归抵押人享有。抵押人就抵押财产有收取天然孳息和法定孳息的权利。但抵押物被人民法院扣押的,自扣押之日起,抵押权人有权收取由抵押物分离的自然孳息以及就抵押物可以收取的法定孳息。抵押权人未将扣押抵押物的事实通知应当清偿法定孳息的义务人的,抵押权的效力不及于该孳息。自扣押之日起抵押权人收取的自然孳息,按照收取孳息的费用、主债权的利息、主债权的顺序清偿。

二、抵押财产

(一)抵押财产的条件

抵押财产是指抵押人用于抵押担保的财产。《民法典》第395条是关于抵押财产范围的规定。根据本条规定,财产抵押必须符合三个条件:第一,债务人或者第三人对抵押财产有处分权。第二，是本条规定的可以抵押的财产。[①] 第三，是适合由抵押人占有、使用且符合社会公共利益的财产。有些国家仅允许以不动产为抵押物，如法国、德国、日本等。我国《民法典》根据现实经济条件和信用担保时间，规定“法律、行政法规未禁止抵押的其他财产”均可抵押，只要是符合上述三个条件的财产，均可以设定抵押。

债务人或者第三人对抵押财产的处分权具体体现在：(1)债务人或第三人是抵押财产的所有权人。(2)债务人或第三人对抵押财产享有用益物权，法律规定该用益物权可以抵押。(3)债务人或第三人根据法律、行政法规的规定，或者经过政府主管部门批准，可以将其占有、使用的财产抵押。

(二)抵押财产的范围

根据《民法典》第 395 条第 1 款的规定，可以设定抵押权的财产有以下几种。

1. 建筑物和其他土地附着物

建筑物包括住宅、体育馆等，但并非所有的建筑物都可以抵押，只有抵押人有权处分的建筑物才可以抵押。其他土地附着物，指附着于土地之上的除房屋以外的不动产，包括桥梁、隧道、大坝、道路等构筑物，以及林木、庄稼等。

关于以违法建筑物设立抵押的问题。以违法的建筑物抵押的，抵押合同原则上应属无效。根据《民法典担保制度解释》第 49 条规定：“以违法的建筑物抵押的，抵押合同无效，但是一审法庭辩论终结前已经办理合法手续的除外。抵押合同无效的法律后果，依照本解释第十七条的有关规定处理。当事人以建设用地使用权依法设立抵押，抵押人以土地上存在违法的建筑物为由主张抵押合同无效的，人民法院不予支持。”在一审法庭辩论终结前已经办理合法手续的，可以例外认定抵押合同有效。当事人以建设用地使用权依法设立抵押，抵押人以土地上存在违法的建筑物为由主张抵押合同无效的，人民法院不予支持。实践中存在这样的情形，土地使用权合法，但土地上的建筑物存在违法情况，以建设用地使用权设立抵押，抵押人或利害关系人以房地一体原则为由主张抵押合同无效。《民法典担保制度解释》第 49 条第 2 款特别明确，对此主张，人民法院不予支持。

---

① 参见黄薇主编：《中华人民共和国民法典物权编释义》，法律出版社 2020 年版，第 475 页。

关于划拨土地上的建筑物抵押问题。根据《民法典担保制度解释》第50条第1款规定:“抵押人以划拨建设用地上的建筑物抵押,当事人以该建设用地使用权不能抵押或者未办理批准手续为由主张抵押合同无效或者不生效的,人民法院不予支持。抵押权依法实现时,拍卖、变卖建筑物所得的价款,应当优先用于补缴建设用地使用权出让金。”第2款规定:“当事人以划拨方式取得的建设用地使用权抵押,抵押人以未办理批准手续为由主张抵押合同无效或者不生效的,人民法院不予支持。已经依法办理抵押登记,抵押权人主张行使抵押权的,人民法院应予支持。抵押权依法实现时所得的价款,参照前款有关规定处理。”机关法人以及以公益为目的的非营利性学校、幼儿园、医疗机构、养老机构等以划拨建设用地使用权抵押的,仍应按照《民法典担保制度解释》第5条、第6条的规定办理。

2. 建设用地使用权

建设用地使用权是权利主体依法对国家所有的土地享有的占有、使用和收益的权利。我国城市土地的所有者是国家,其他任何组织或者个人对其占用的城市的土地没有所有权,只有使用权。《民法典》第397条第1款规定:“以建筑物抵押的,该建筑物占用范围内的建设用地使用权一并抵押。以建设用地使用权抵押的,该土地上的建筑物一并抵押。”《民法典》第398条规定:“乡镇、村企业的建设用地使用权不得单独抵押。以乡镇、村企业的厂房等建筑物抵押的,其占用范围内的建设用地使用权一并抵押。”取得建设用地使用权主要有以下几种方式:第一,通过无偿划拨取得;第二,通过出让取得;第三,通过有偿转让取得。建设用地使用权是否可以设定抵押,取决于法律是否赋予权利人处分的权利。[①] 但是需要注意,如果是通过无偿划拨取得的建设用地使用权要设定抵押,根据《城市房地产管理法》第51条,没有否定划拨土地使用权可用于抵押,但在实现抵押权时,必须先缴纳相当于应缴纳的土地出让金的款项,抵押权人才能就剩下的价款优先受偿,并办理划拨土地使用权抵押登记。

3. 海域使用权

海域属于国家,国家是海域所有权的唯一主体。海域使用权是一种用益物权。《民法典》第328条规定:“依法取得的海域使用权受法律保护。”我国海域

---

① 参见黄薇主编:《中华人民共和国民法典物权编释义》,中国法制出版社2020年版,第375页。

辽阔,海洋资源丰富,开发潜力巨大,充分发挥海域使用权的使用价值及交换价值有利于大力发展海洋经济,进一步提高海洋经济的质量和效益。

4. 生产设备、原材料、半成品、产品

《民法典》第 396 条规定了浮动抵押,“企业、个体工商户、农业生产经营者可以将现有的以及将有的生产设备、原材料、半成品、产品抵押,债务人不履行到期债务或者发生当事人约定的实现抵押权的情形,债权人有权就抵押财产确定时的动产优先受偿”。《民法典》对动产浮动抵押的客体作了限制,即只能是“现有的以及将有的生产设备、原材料、半成品、产品”,而对于一般的动产抵押,没有对其客体作出限制,即只要不是法律禁止抵押的动产都可以作为抵押财产。

5. 正在建造的建筑物、船舶、航空器

以正在建造的建筑物、船舶、航空器作为贷款的担保,对于解决建设者融资难、保证在建工程顺利完工具有重要作用,《民法典》规定了在建的建筑物、船舶、航空器可以抵押。

6. 交通运输工具

交通运输工具包括飞机、船舶、火车、各种机动车辆等。

7. 法律、行政法规未禁止抵押的其他财产

这是兜底条款,以适应不断变化的经济生活需要。

《民法典》第 399 条规定,下列财产不得抵押:(1)土地所有权;(2)宅基地、自留地、自留山等集体所有土地的使用权,但法律规定可以抵押的除外;(3)学校、幼儿园、医院机构等为公益目的成立的非营利法人的教育设施、医疗卫生设施和其他社会公益设施;(4)所有权、使用权不明或者有争议的财产;(5)依法被查封、扣押、监管的财产;(6)法律、行政法规规定不得抵押的其他财产。对抵押财产的范围采取正面列举和反面排除的方法,颇具中国特色。①

三、抵押权的效力范围

(一)概述

抵押权的效力,包括抵押权所担保债权的范围、抵押权效力所及的标的物

---

① 参见王利明主编:《民法》(上册),中国人民大学出版社 2022 年版,第 276 页。

的范围、抵押人的权利、抵押权人的权利、抵押权的实现、第三人的求偿权和代位权。关于抵押权的担保范围,前文已述。抵押权效力所及的标的物的范围,不仅关系到抵押权的实现程序,还会影响到后顺位的抵押权人和一般债权人的利益。抵押权的效力范围主要包括抵押权的担保范围和抵押标的物的范围。

我国《民法典》规定,抵押权效力的范围由当事人协商确定,而抵押担保的范围包括主债权及其利息、违约金、损害赔偿金、保管担保财产和实现担保物权的费用等。《民法典》第389条规定:"担保物权的担保范围包括主债权及其利息、违约金、损害赔偿金、保管担保财产和实现担保物权的费用。当事人另有约定的,按照其约定。"第394条规定:"为担保债务的履行,债务人或者第三人不转移财产的占有,将该财产抵押给债权人的,债务人不履行到期债务或者发生当事人约定的实现抵押权的情形,债权人有权就该财产优先受偿。前款规定的债务人或者第三人为抵押人,债权人为抵押权人,提供担保的财产为抵押财产。"

(二)抵押物的范围

关于抵押物的范围各国规定不一。有些国家仅允许以不动产为抵押物,如法国、德国、日本等。在我国,不动产和动产均可成为抵押财产。《民法典》规定的抵押物范围如下。

1. 抵押财产

抵押财产是抵押权设定时当事人约定作为主债务担保的特定财产。《民法典》第399条采取"反向"方式作出了规定,下列财产不得抵押:土地所有权;宅基地、自留地、自留山等集体所有土地的使用权,但法律规定可以抵押的除外;学校、幼儿园、医疗机构等为公益为目的成立的非营利法人的教育设施、医疗卫生设施和其他社会公益设施;所有权、使用权不明或者有争议的财产;依法被查封、扣押、监管的财产;法律、行政法规规定不得抵押的其他财产。因此,主债务人不履行债务,债权人欲行使抵押权时,抵押权的效力当然及于抵押财产,债权人可以就抵押财产的变价款优先受偿。

2. 从物、从权利

《民法典担保制度解释》第40条规定:"从物产生于抵押权依法设立前,抵押权人主张抵押权的效力及于从物的,人民法院应予支持,但是当事人另有约定的除外。从物产生于抵押权依法设立后,抵押权人主张抵押权的效力及于从物的，人民法院不予支持，但是在抵押权实现时可以一并处分。”除法律、法规有禁止性规定的，或抵押当事人对房屋附属物、从物、从权利的移转有特别约定的，以折价、变卖、拍卖方式实现抵押担保债权时，附属物、从物、从权利随抵押物一并转移。抵押权的效力通常及于抵押权设定时已经存在的房屋从物，而一般不及于抵押人以后取得的从物。抵押房屋与从物分别为两个以上的人分别所有的，抵押权的效力不及于抵押物的从物。

但是，这一规则并非强行性的，有以下例外：其一，当事人约定抵押权的效力不能及于从物的，抵押物的效力不能及于从物；其二，在抵押权实现之前，他人已就从物取得权利的，其权利不受抵押权的影响，不能因抵押权的实现而使他人的权利消灭。

3. 孳息

《民法典》第 412 条第 1 款规定：“债务人不履行到期债务或者发生当事人约定的实现抵押权的情形，致使抵押财产被人民法院依法扣押的，自扣押之日起，抵押权人有权收取该抵押财产的天然孳息或者法定孳息，但是抵押权人未通知应当清偿法定孳息义务人的除外。”发生法定事由后，抵押权人可以抵押物孳息清偿孳息收取费用、主债权利息和主债权。确立了抵押权的效力何时及于抵押财产的孳息规则。

通说认为，抵押权效力及于抵押物扣押后之孳息。例如，我国《民法典》的规定，符合抵押权效力及于抵押物扣押后孳息之通说。债务人不清偿债务，或发生法定事由，如抵押权人不处分抵押物，抵押人继续占有、使用抵押物将导致抵押物价值减少，包括抵押物在此期间之孳息，在此期间之孳息应作为抵押物价值减少之补偿。债务人可请求法院扣押抵押物，使孳息与抵押人财产分离。在此期间之孳息可充抵孳息收取费用、主债权利息和主债权。

抵押财产被依法扣押前，抵押权的效力不及于抵押财产的天然孳息，被扣押后，效力则及于天然孳息。对于抵押财产的法定孳息的归属，《民法典》第 412 条第 2 款规定：“前款规定的孳息应当先充抵收取孳息的费用。”如果抵押权人未将扣押抵押物的事实通知应当清偿法定孳息的义务人的，抵押权的效力不及于该孳息。如果抵押人的财产不足以清偿全部到期债务，则孳息应当先充抵收取孳息的费用。

4. 代位物

《民法典》第 390 条规定："担保期间，担保财产毁损、灭失或者被征收等，担保物权人可以就获得的保险金、赔偿金或者补偿金等优先受偿。被担保债权的履行期限未届满的，也可以提存该保险金、赔偿金或者补偿金等。"《民法典担保制度解释》第 42 条第 1 款规定："抵押权依法设立后，抵押财产毁损、灭失或者被征收等，抵押权人请求按照原抵押权的顺位就保险金、赔偿金或者补偿金等优先受偿的，人民法院应予支持。"抵押财产毁损、灭失，其价值若转化成其他形态，则为抵押财产的变形物，抵押物与其代位物的意义相同，基于抵押物的物上代位性，抵押权的效力及于代位物。可以充当抵押财产的代位物包括：

(1)担保财产因第三人的侵权行为或者其他原因毁损、灭失时，担保人所获得的损害赔偿金。但是，如果担保财产是由于债权人的原因导致担保财产毁损、灭失的，质权人、留置权人负有妥善保管质押财产的义务；因保管不善致使质押或者留置财产毁损、灭失的，应当承担赔偿责任，质权人、留置权人向出质人或者债务人支付的损害赔偿金不能作为担保财产的代位物。

(2)保险金。担保人对担保财产保险的，因保险事故发生而致使担保财产毁损、灭失时，担保人可以请求保险人支付保险金。该保险金可以作为代位物。

(3)补偿金。这里的补偿金主要指担保财产被国家征收时，担保人从国家得到的补偿金。《民法典》第 243 条规定，征收组织、个人的房屋及其他不动产，应当依法给予征收补偿，维护被征收人的合法权益；征收个人住宅的，还应当保障被征收人的居住条件。例如，城市居民将自己的房屋向银行做了抵押贷款，如果房屋被国家征收的，其所得的补偿金应当作为抵押物的代位物。

5. 增建物

《民法典》第 417 条规定："建设用地使用权抵押后，该土地上新增的建筑物不属于抵押财产。该建设用地使用权实现抵押权时，应当将该土地上新增的建筑物与建设用地使用权一并处分。但是，新增建筑物所得的价款，抵押权人无权优先受偿。"新增建筑物是指土地使用权取得后，在裸地上加盖的建筑物。本来土地使用权的取得就是为了加盖厂房或者其他设施，凡是在土地上新增建筑物的，就意味着该土地已被使用。只要建筑物不属于违章建筑，就应受到法律的保护，不应划为抵押财产。《民法典担保制度解释》对此作了进一步说明，第51条第1款规定："当事人仅以建设用地使用权抵押，债权人主张抵押权的效力及于土地上已有的建筑物以及正在建造的建筑物已完成部分的，人民法院应予支持。债权人主张抵押权的效力及于正在建造的建筑物的续建部分以及新增建筑物的，人民法院不予支持。"但是考虑到新增的房屋会降低建设用地的价值，甚至无人受让，影响抵押权人的合法权益。为避免此种后果，必须将新增的房屋连同被抵押的建设用地使用权一同拍卖，只是对新增房屋的变价无权优先受偿。[①]《民法典担保制度解释》第51条第2款规定："当事人以正在建造的建筑物抵押，抵押权的效力范围限于已办理抵押登记的部分。当事人按照担保合同的约定，主张抵押权的效力及于续建部分、新增建筑物以及规划中尚未建造的建筑物的，人民法院不予支持。"

建设用地使用权抵押后，如果抵押权人在实现抵押权时不能将新增的建筑物一并处分，可能出现建设用地使用权与房屋分别属于不同所有权人的现象[②]，但是也有可能抵押人将建设用地使用权与建筑物分别抵押给不同的人，对此，《民法典担保制度解释》第51条第3款规定："抵押人将建设用地使用权、土地上的建筑物或者正在建造的建筑物分别抵押给不同债权人的，人民法院应当根据抵押登记的时间先后确定清偿顺序。"

如果增建物是违法建筑的，抵押合同无效，但有例外情况，对此《民法典担保制度解释》第49条第1款规定："以违法的建筑物抵押的，抵押合同无效，但是一审法庭辩论终结前已经办理合法手续的除外。抵押合同无效的法律后果，依照本解释第十七条的有关规定处理。"抵押人不得以建筑物违法为由逃避抵押权的行使，《民法典担保制度解释》第49条第2款规定："当事人以建设用地使用权依法设立抵押，抵押人以土地上存在违法的建筑物为由主张抵押合同无效的，人民法院不予支持。"此时，抵押合同仍然有效。

6. 添附物

《民法典担保制度解释》第41条第1款规定："抵押权依法设立后，抵押财

① 参见崔建远：《物权：规范与学说——以中国物权法的解释论为中心》（下册），法律出版社2021年版，第430页。

② 参见崔建远：《物权法》，中国人民大学出版社2020年版，第462页。

产被添附,添附物归第三人所有,抵押权人主张抵押权效力及于补偿金的,人民法院应予支持。”即抵押财产因附合、混合或者加工归第三人所有的,抵押权的效力及于补偿金。第41条第2款规定:“抵押权依法设立后,抵押财产被添附,抵押人对添附物享有所有权,抵押权人主张抵押权的效力及于添附物的,人民法院应予支持,但是添附导致抵押财产价值增加的,抵押权的效力不及于增加的价值部分。”即抵押人对添附物享有所有权的,抵押权的效力及于添附物但不及于增加的价值部分。第41条第3款规定:“抵押权依法设立后,抵押人与第三人因添附成为添附物的共有人,抵押权人主张抵押权的效力及于抵押人对共有物享有的份额的,人民法院应予支持。”即抵押人为添附物共有人的,抵押权的效力及于抵押人对共有物享有的份额。

(三)抵押财产的转让

抵押存续期间,抵押财产转让的制度设计,既要考虑发挥物尽其用的效用,又要维护抵押权人和抵押财产买受人的合法权益。构建妥当的抵押财产转让制度,必须考虑两大基本问题:其一,如何在抵押权人、抵押人与受让人之间实现利益平衡。在尊重抵押人处分权的同时,尽量使抵押物转让对抵押权人的利益不构成威胁,且不过度损害抵押物受让人的利益,以缓和各方当事人间的利益冲突。其二,如何达到物尽其用的价值目标,使抵押物当前使用价值和将来交换价值的利用达到完美结合。追及效力虽然能为抵押权人提供保障,追及效力的存在会对抵押物的流通性构成障碍,传统立法为平衡第三取得者的利益,不得不限制追及效力的行使。抵押物转让的意义不在于转让本身,而在于抵押物的转让有助于抵押物效用的发挥,通过流转实现抵押物的保值和增值,促进个人利益增加的同时促进社会利益的提升。

《民法典担保制度解释》第43条第1款规定:“当事人约定禁止或者限制转让抵押财产但是未将约定登记,抵押人违反约定转让抵押财产,抵押权人请求确认转让合同无效的,人民法院不予支持;抵押财产已经交付或者登记,抵押权人请求确认转让不发生物权效力的,人民法院不予支持,但是抵押权人有证据证明受让人知道的除外;抵押权人请求抵押人承担违约责任的,人民法院依法予以支持。”与《民法典》第406条规定的精神一致。抵押期间,抵押人可以转让抵押财产,不需要经过其他人的同意。

根据《民法典》及《民法典担保制度解释》的规定,抵押人无须提前征得债权人的同意即可转让抵押财产，取得转让价款。这大大提高了抵押财产的流动性，有利于提升社会经济活力。抵押权不受影响，抵押财产仍旧为债权人的债权提供担保功能。为了平衡债权人利益，在特殊情况下，抵押权人可以要求就转让价款提前获得清偿或提存，但需要证明抵押财产转让可能有损抵押权。根据《民法典》第406条的规定，抵押关系存续期间，抵押财产的转让规则是：第一，抵押期间，抵押人转让抵押财产的，不加以禁止。第二，如果当事人对此另有约定的，按照其约定。《民法典担保制度解释》第43条分两款区分当事人之间关于禁止或者限制转让抵押财产的约定是否登记，规定了两种不同的法律效果。一是如禁止或者限制转让抵押财产的约定未登记，则仅在抵押人与抵押权人之间发生效力。抵押人违反约定转让抵押财产的，抵押财产转让合同的效力并不因此发生影响，抵押权人无权请求确认转让合同无效，仅得请求抵押人承担违约责任。基于有效的抵押财产转让合同，完成了抵押财产的公示手续的，发生物权变动的效力，受让人取得抵押财产的所有权。但是，如抵押权人有证据证明受让人知道禁止或者限制转让抵押财产的约定，即使抵押财产已经交付或者登记，受让人也不能取得抵押财产的所有权。二是如禁止或者限制转让抵押财产的约定已登记，则不仅在抵押人与抵押权之间发生效力，还可以对抗第三人。抵押人与受让人共同申请抵押房屋的转移登记的，不动产登记机构应当不予办理该登记；即便已经办理了登记，因该约定具有对抗第三人的效力，抵押权人有权主张抵押财产的转让不发生物权变动效力，受让人不能取得抵押财产的所有权，只能请求抵押人承担违约责任。[①] 第三，抵押期间，抵押人将抵押财产转让的，抵押权不受影响，取得的抵押财产是设有抵押权负担的财产，抵押权随着所有权的转让而转让，使抵押财产的受让人不仅取得了所有权，还负担了抵押人的义务，受到抵押权的约束。[②] 第四，抵押人如果在转让抵押财产时未及时通知抵押权人，虽然不影响抵押权的效力，但是，如果因未及时通知造成抵押权人损害的，应当承担赔偿责任。抵押权人能够证明抵押财产转让可能损害抵押权的，可以请求抵押人将转让所得的价款向抵押权人提前清偿债务或者提

① 参见高圣平：《民法典担保制度及其配套司法解释理解与适用》（上），中国法制出版社2021年版，第641页。

② 参见崔建远：《物权法》，中国人民大学出版社2021年版，第465页。

存。转让的价款超过债权数额的部分，归抵押人所有，不足部分由债务人清偿。[1]

四、抵押合同

（一）抵押合同

不动产抵押合同的生效不能导致抵押权的设立，其只能对抵押权人产生请求抵押人依约定登记设立抵押权的权利；如抵押人拒绝履行其设立抵押权的义务，抵押权人有权诉请法院强制抵押人设立抵押权，在抵押人不主动执行法院生效判决的情况下，抵押权人得以法院的生效判决作为依据，直接请求登记机关办理抵押权登记。《民法典》第403条规定，以动产抵押的，抵押权自抵押合同生效时设立。就抵押合同是否是物权合同，学界存在不同看法，既有肯定说，也有否定说，我国通说不承认物权行为。否定说认为，抵押合同不是物权合同，抵押合同是债权行为，而抵押权的设定是物权行为。正所谓"设定抵押权之'约定'，与抵押权之'设定'（或设定抵押权），在概念上应严予区别，前者为债权契约（负担行为），后者为物权契约（物权行为，处分行为）"，[2]而在德国民法中，抵押合同生效，产生抵押登记等义务，需要履行行为，与物权行为的理念不符。

（二）抵押合同的形式

由于不动产抵押权依据登记而设立，所以无书面合同根本无法进行登记即设立抵押权，故其非书面抵押合同应属无效。而动产抵押权直接依据抵押合同而设立，当事人应采用书面形式。根据《民法典》第401条规定，当事人之间订有流押条款的，债权人依法就抵押财产优先受偿，需要满足抵押权设立的前提条件，即不动产抵押权经登记设立，动产抵押权经抵押合同生效设立，未登记的不得对抗善意第三人。

（三）未办理抵押登记情况下抵押合同的效力

《民法典担保制度解释》第46条第1款规定，"不动产抵押合同生效后未办理抵押登记手续，债权人请求抵押人办理抵押登记手续的，人民法院应予支持"。明确未办理不动产抵押登记手续，不影响合同的效力，抵押人仍有办理抵

---

① 参见黄薇主编：《中华人民共和国民法典物权编释义》，法律出版社2020年版，第513页。

② 参见王泽鉴：《民法物权》，北京大学出版社2010年版，第216页。

押登记手续的义务(区分原则的具体应用)。第46条第2款和第3款规定:“抵押财产因不可归责于抵押人自身的原因灭失或者被征收等导致不能办理抵押登记,债权人请求抵押人在约定的担保范围内承担责任的,人民法院不予支持;但是抵押人已经获得保险金、赔偿金或者补偿金等,债权人请求抵押人在其所获金额范围内承担赔偿责任的,人民法院依法予以支持。因抵押人转让抵押财产或者其他可归责于抵押人自身的原因导致不能办理抵押登记,债权人请求抵押人在约定的担保范围内承担责任的,人民法院依法予以支持,但是不得超过抵押权能够设立时抵押人应当承担的责任范围。”抵押财产因不可归责于抵押人的原因而意外灭失,为抵押权消灭的原因。抵押合同生效后,未办理抵押登记而约定的抵押财产又意外灭失的,亦同。如有获得有保险金、赔偿金、补偿金的,参照适用物上代位规则,债权人仍可在“三金”范围内要求抵押人承担赔偿责任,但不具有担保物权的优先受偿权。

《民法典》第408条规定:“抵押人的行为足以使抵押财产价值减少的,抵押权人有权请求抵押人停止其行为;抵押财产价值减少的,抵押权人有权请求恢复抵押财产的价值,或者提供与减少的价值相应的担保。抵押人不恢复抵押财产的价值,也不提供担保的,抵押权人有权请求债务人提前清偿债务。”抵押财产因可归则于抵押人的原因而灭失、毁损的,存在抵押人的责任承担的问题,抵押权人也有相应的救济权。在未办理抵押登记而未能成立抵押权的情况下,《民法典担保制度解释》第46条规定,“因抵押人转让抵押财产或者其他可归责于抵押人自身的原因导致不能办理抵押登记,债权人请求抵押人在约定的担保范围内承担责任的,人民法院依法予以支持,但是不得超过抵押权能够设立时抵押人应当承担的责任范围”。

(四)登记簿记载的效力高于抵押合同

1. 不动产登记的公信力是指登记簿记载内容的公信力,而并非指登记证书具有公信力;抵押合同更无公信力和对抗第三人的效力。

2. 抵押合同与不动产登记簿记载的内容不一致的,以登记簿的记载为准;合同有约定但登记簿未记载或合同约定内容与登记簿记载不一致的,仅有合同的效力,无物权的效力。

3. 禁止或限制抵押财产转让的约定是否登记,法律效果有很大不同。《民法典担保制度解释》第43条第1款规定:“当事人约定禁止或者限制转让抵押财产但是未将约定登记，抵押人违反约定转让抵押财产，抵押权人请求确认转让合同无效的，人民法院不予支持；抵押财产已经交付或者登记，抵押权人请求确认转让不发生物权效力的，人民法院不予支持，但是抵押权人有证据证明受让人知道的除外；抵押权人请求抵押人承担违约责任的，人民法院依法予以支持。”第2款规定：“当事人约定禁止或者限制转让抵押财产且已经将约定登记，抵押人违反约定转让抵押财产，抵押权人请求确认转让合同无效的，人民法院不予支持；抵押财产已经交付或者登记，抵押权人主张转让不发生物权效力的，人民法院应予支持，但是因受让人代替债务人清偿债务导致抵押权消灭的除外。”

五、抵押登记

（一）抵押登记的概念

抵押登记是指基于抵押权人和抵押人的申请，登记部门将抵押合同约定的有关事项在不动产登记簿及不动产权利证书等载体上加以记载，并向抵押权人颁发他项权利证明书的现象。① 抵押权由于不转移抵押财产占有，采用登记的方法才能公示。不动产抵押登记的作用在于抵押登记是抵押权设立的生效要件，即创设抵押权，动产抵押登记的作用在于公示标的物上的权利负担，确定权利之间的优先顺位。抵押登记具有重大的维护交易安全的意义，通过登记簿体现抵押物上的权利状态及其内容，便于第三人和抵押人查询知悉，避免损害，节省交易成本。抵押登记不仅能强化担保效力，还能合理地规范同一抵押物上多项抵押权以及抵押权与其他权利之间的关系，减少纠纷，提供有力证据。②

（二）抵押登记的效力

1. 登记生效模式

抵押登记生效要件主义，指抵押权的设定以登记为发生效力的要件。如果抵押权的设立以登记为生效要件，则受让人非经登记不能当然取得抵押权。抵押权具有绝对性，抵押权人对任何人都可以主张其抵押权。优点是抵押权设立

① 参见崔建远：《物权法》，中国人民大学出版社2021年版，第483页。

② 参见程啸编著：《民法典物权编一本通》，法律出版社2021年版，第529页。

的时间点十分清晰,容易被外界所知,第三人查询权利状况成本低,有利于交易安全。

2. 登记对抗模式

抵押登记对抗要件主义,指抵押权依当事人之间的合意设定,未经登记,不得对抗善意第三人。据此,抵押登记与否,不影响抵押权的成立,但会影响抵押权能否对抗善意第三人。善意第三人,指不知道也不应当知道该财产已经被抵押的事实的人。《民法典担保制度解释》第 54 条第 1 项规定:"抵押人转让抵押财产,受让人占有抵押财产后,抵押权人向受让人请求行使抵押权的,人民法院不予支持,但是抵押权人能够举证证明受让人知道或者应当知道已经订立抵押合同的除外。"登记对抗主义模式的优点是方便资金融通和交易便捷,尊重当事人之间的意思自治,使抵押关系容易设定,当事人可自由选择是否申请登记。

(三)抵押登记的部门

需要办理登记的抵押权应当分别在以下部门办理:

1. 以建设用地使用权,建筑物和其他土地附着物,海域使用权,招标、拍卖、公开协商等方式取得的土地承包经营权,正在建造的建筑物,法律、行政法规未禁止抵押的其他不动产抵押的,登记部门为国土资源行政主管部门。[①] 以建筑物、构筑物抵押的,该建筑物、构筑物占用范围内的建设用地使用权、海域使用权一并抵押,登记部门依然是不动产登记机构。

2. 对动产和权利担保在全国实行统一登记。

关于动产担保和权利担保的问题,为配合《民法典》的有关规定,从 2021 年 1 月 1 日起废止《动产抵押登记办法》,市场监管总局不再承担"管理动产抵押物登记"职责。根据《国务院关于实施动产和权利担保统一登记的决定》,从 2021 年 1 月 1 日起,对动产和权利担保在全国实行统一登记。原由市场监管总局承担的生产设备、原材料、半成品、产品抵押登记和中国人民银行承担的应收账款质押登记,以及存款单质押、融资租赁、保理等登记,改由人民银行统一承担。此前已作动产和权利担保登记的,不需要重新登记。对新登记的,由当事

① 《土地登记办法》(已失效)第 3 条,《土地管理法》第 5 条,《不动产登记暂行条例》第 5、6、7 条及《不动产登记暂行条例实施细则》第 65 条第 1 款。

人通过动产融资统一登记公示系统自主办理，并对登记内容的真实性、完整性和合法性负责；登记机构不对登记内容进行实质审查。实行统一登记，有助于金融机构全面掌握企业动产和相关权利信息，以提升给企业担保融资的意愿。

3. 未登记的动产抵押权不得对抗的“善意第三人”。

域外承认动产抵押的立法例，大多采用“动产抵押权未经登记，不得对抗第三人”的表述，如此，则未登记的动产抵押权实质上仅有合同法上的效力；而我国的立法，在未登记抵押权不得对抗的第三人的范围上增加了“善意”的限制。依据我国法律规定的精神，办理了抵押登记的动产抵押权，具有完全的物权效力；未登记的动产抵押权也是担保物权，仍具有优先于普通债权人受偿的效力，只是不具有完全的物权效力，“不得对抗善意第三人”。不过，对于未登记的动产抵押权不得对抗的“善意第三人”的范围如何界定，在理论上和实务中均有不同的认识。[①] 对于善意取得是否适用于动产抵押权这个问题，之前学界存在不同意见，肯定说认为善意取得制度是建立在占有的公示公信之上，第三人因信赖占有人为动产的所有人而与之订立动产抵押权的设定合同，自然能够善意取得该动产抵押权。[②] 否定说认为，既然抵押权不以占有为内容，且善意取得以交付为要件，因此动产抵押权不能善意取得。[③]《民法典》第 311 条第 3 款规定：“当事人善意取得其他物权的，参照适用前两款规定。”《民法典担保制度解释》第 54 条第 1 项、第 2 项规定，动产抵押权可以适用善意取得制度。依多数学者的认识和主张以及司法解释的相关规定，此规定不适用于担保物权的顺位排序规则，担保物权的位序仅依法律的规定和公示的先后；未登记的动产抵押权可以就抵押财产的变价价值优先于普通债权人而受清偿，但不得对抗抵押财产的善意购买人和承租人；在抵押人的其他债权人向人民法院申请保全或执行抵押财产，或者抵押人破产的情况下，抵押权人主张对该动产享有优先受偿权的，不应予以支持。

根据《民法典》第 403 条、《民法典担保制度解释》第 54 条的规定，未办理登

---

① 参见龙俊：《民法典中的动产和权利担保体系》，载《法学研究》2020 年第 6 期。

② 参见曹士兵主编：《担保纠纷案件裁判规则（一）：保证人主体资格与担保效力》，法律出版社 2019 年版，第 116 页。

③ 参见李建华：《受欺诈、胁迫民事法律行为效力形态的制度体系化》，载《法律科学（西北政法大学学报）》2021 年第 1 期。

记的动产抵押权不得对抗善意的动产买受人,可以对抗恶意买受人;不得对抗善意的动产承租人,可以对抗恶意承租人;不得对抗法院的财产保全裁定或执行措施(不论申请人为善意、恶意);但如果申请保全和执行的人是抵押财产的买受人的,仍应受上述规定的限制;未登记的动产抵押权在破产程序中不具有优先受偿权。在先合同设立但未登记的动产抵押权,不得对抗后来登记的动产抵押权。

4. 机动车、船舶、航空器等动产的抵押权登记机关,与其财产所有权的登记机关一样,并适用有关各类登记动产之相关的登记规则。

六、抵押权预告登记

(一)预告登记

预告登记为保全一项以将来发生预期的不动产物权变动为目的的请求权而作的提前登记。在理论上及域外立法例上,又称为预先登记、暂先登记、预登记、假登记。《民法典》第 221 条第 1 款规定:“当事人签订买卖房屋的协议或者签订其他不动产物权的协议,为保障将来实现物权,按照约定可以向登记机构申请预告登记。预告登记后,未经预告登记的权利人同意,处分该不动产的,不发生物权效力。”

(二)性质

纳入预告登记的请求权对后来发生的与该请求权内容相抵触的处分行为具有物权性的排他效力,从而能确保将来只发生该请求权所期待的法律效果。因此,进行了预告登记的买受人的债权请求权等权利,具有准物权的性质。

(三)适用领域

在我国,预告登记主要适用于正在建设中的商品房预售行为中(期房销售),是为保护承购人的权利、防止预售人(房地产开发企业)日后再行出售房屋,而设立的一项行之有效的措施。此外,预告登记还可适用于其他情形,比如现房买卖等也无妨设立预告登记,他物权也可进行预告登记。

(四)作用

不动产买卖中的预告登记,主要的作用是防止出卖人一物二卖,保护买受人的利益,买受人违约的除外。不动产抵押权的预告登记,主要是保全抵押权顺位,即能够办理正式登记时,按照预告登记的时间顺序登记抵押权的顺位。

对于不动产地抵押权预告登记的权利人是否在一定条件下享有优先受偿权的问题,我国也发生了许多买卖期房、向银行贷款、办理抵押权预告登记,之后因买房人与其他债权人之间的争议,银行主张优先受偿权,能否支持?理论上,也存在诸多争议,多数学者持否定态度,但也有一些学者持肯定态度。① 为解决这一问题,有了《民法典担保制度解释》第 52 条的针对性规定。

(五)优先受偿

《民法典担保制度解释》第 52 条第 1 款规定:"当事人办理抵押预告登记后,预告登记权利人请求就抵押财产优先受偿,经审查存在尚未办理建筑物所有权首次登记、预告登记的财产与办理建筑物所有权首次登记时的财产不一致、抵押预告登记已经失效等情形,导致不具备办理抵押登记条件的,人民法院不予支持;经审查已经办理建筑物所有权首次登记,且不存在预告登记失效等情形的,人民法院应予支持,并应当认定抵押权自预告登记之日起设立。"依据该规定,预告登记能够创设抵押权,但预告登记创设抵押权是有条件的,即当事人办理抵押预告登记后,建筑物所有权首次登记已经办理,并且预告登记的不动产与办理建筑物所有权首次登记时的财产相一致,且不存在预告登记失效等情形,预告登记权利人可以请求就抵押财产优先受偿,并应当认定抵押权自预告登记之日起设立。但如果尚未办理建筑物所有权首次登记、预告登记的不动产与办理建筑物所有权首次登记时的财产不一致或抵押预告登记已经失效,导致不具备办理抵押登记条件的,则预告登记权利人并不享有优先受偿权。

七、正常经营活动中买受人规则的适用要件

《民法典》第 404 条规定:"以动产抵押的,不得对抗正常经营活动中已经支付合理价款并取得抵押财产的买受人。"《民法典担保制度解释》第 56 条第 2 款规定:"前款所称出卖人正常经营活动,是指出卖人的经营活动属于其营业执照明确记载的经营范围,且出卖人持续销售同类商品。前款所称担保物权人,是指已经办理登记的抵押权人、所有权保留买卖的出卖人、融资租赁合同的出租人。"需要注意的是,"正常经营活动买受人"的规定只是对动产抵押权追及效力

① 参见刘保玉:《担保物权制度:理解适用与规则完善》(上、下),载《山东审判》2017 年第 3、4 期。

予以限制的特别规定，不能将其理解为“动产抵押无追及效力”。正常经营活动中买受人规则如何适用，要厘清以下几方面。

（一）正常经营活动的认定

在《民法典》颁布之前，我国原《物权法》规定的正常经营活动中的买受人的保护只局限在浮动抵押的情形。意味着如果正常经营活动中的买受人的保护规则不适用于一般的动产抵押，那么以后所有正常经营活动中的买受人在交易之前都需要查阅所购买的标的物上是否存在抵押以及该抵押的性质，这无疑会大大降低交易效率，也不符合交易习惯，增加买受人的各项成本，使买受人不再信赖权利人对财产的占有，不尽合理。① 为维护基本的交易秩序，应对正常经营活动中的买受人提供更好的保护。② 参考国外的立法例，《美国统一商法典》第 9 编、《联合国国际贸易法委员会担保交易示范法》等，都聚焦于是否为正常的经营活动，不注重担保的形式。基于上述原因，《民法典》将原《物权法》中仅适用动产浮动抵押的正常交易活动中买受人的保护规则上升为动产抵押权的一般规则，适用于一般的动产抵押以及浮动抵押的情形。③

正常经营活动，是指出卖人的正常经营活动，而非买受人的正常经营活动。④ 根据《民法典担保制度解释》第 56 条第 2 款的规定，要求出卖人的经营活动属于其营业执照明确记载的经营范围，且出卖人持续销售同类商品。与《民法典》第 312 条规定的“具有经营资格的经营者”表述基本一致，都是指“从事与交易物同种类物品买卖的商人的活动”。⑤ 交易的担保财产，应为出卖人通常销售之物，即原则上限于“库存”这一类担保物，其他类型的动产（如生产用的机器设备等）则不在此范围。强调“营业执照明确记载的经营范围”，是因为许多企业的营业执照所记载的经营范围有兜底性的概括描述，此种范围内的经营活动，不能作为纳税事项开具发票，不属于出卖人的“正常经营活动”；强调“持续销售同类商品”，是因为很多企业营业执照登记记载的经营活动很广泛，但真正

① 参见董学立：《论“正常经营活动中”的买受人规则》，载《法学论坛》2010 年第 4 期。

② 参见高圣平：《民法典担保制度及其配套司法解释理解与适用》，中国法制出版社 2021 年版，第 601 页。

③ 参见黄薇主编：《中华人民共和国民法典物权编释义》，法律出版社 2020 年版，第 504 页。

④ 参见董学立：《〈民法典〉担保物权法的进步与不足》，载《法治研究》2020 年第 4 期。

⑤ 参见董学立：《〈民法典〉担保物权法的进步与不足》，载《法治研究》2020 年第 4 期。

开展持续性经营活动的范围却较为狭窄；非持续性的销售活动，不能豁免买受人的查询义务。

（二）买受人的认定

对动产买受人的保护不能漫无边际，根据《民法典担保制度解释》第56条的规定，买受人在正常经营活动中，通过支付合理对价取得了抵押财产。换言之，出卖人出卖抵押财产是正常的经营活动，而买受人取得的标的物应当是出卖人通常销售的动产。[①] 买受人既可以是市场交易中的消费者，也可以是在存货融资中，买受出卖人在正常经营过程中出售的已设定担保的存货的人。[②]

（三）支付合理价款

如何认定买受人支付的价款是否合理，应当根据转让标的物的数量、性质以及付款方式等具体情况，参考转让时交易地市场价格、交易习惯等因素综合认定。且买受人已取得抵押财产，所有权已转让给买受人。

具备以上条件，无论该动产抵押是否登记，买受人都可以对抗抵押权人，不受抵押权人的追及。

第三节　抵押权的实现

一、抵押权实现的要件

抵押权的实现指债务履行期间届满债务人未履行债务，通过依法处理抵押财产而使债权得以清偿。抵押权的实现，根据《民法典》第410条的规定，必须具备以下要件。

（一）须抵押权有效存在

抵押权的实现是以抵押权的有效存在为前提。抵押权设定如果无效或者已被撤销，抵押权则不再存在，更不能实现。

① 参见纪海龙、张玉涛：《〈民法典物权编（草案）〉中的“正常经营买受人规则”》，载《云南社会科学》2019年第5期。

② 参见黄薇主编：《中华人民共和国民法典物权编释义》，法律出版社2020年版，第504页。

（二）须债务已届清偿期

这是因为债务履行期间，债务人是否履行债务还不能确定，因而不能处分债务人的财产，债务履行期间届满，债务人是否履行债务有了明确的结论，才能决定是否需要实现抵押权。主债务履行期由主债权人和主债务人在合同中明确约定，无约定时依法定规则予以推定。[①]

（三）须债务人未清偿债务

债务人履行债务的期限是否届满是决定债务人是否履行债务的时间标准，债务履行期限届满债权人未受清偿，债务人未按期履行义务，债权人可以行使抵押权，使债权得到清偿。另外，须债务未受清偿不是由于债权人造成的。只有在因债务人方面的原因未能清偿债务而使债权人未受清偿时，抵押权人才可以行使抵押权。如果债权人未受清偿是由于其自己的原因造成的，则抵押权人不能行使抵押权。债务人不履行债务包括全部不履行、部分不履行和不适当履行。如果债务人履行了债务，就不得行使抵押权。

二、抵押权的实现方法

抵押权的实现方式包括以抵押物折价和拍卖、变卖抵押物。具体以哪种方式实现抵押权，由当事人协商，协商包括在抵押合同中约定和事后协商。协商不成时，抵押权人应向人民法院提起诉讼，由人民法院裁决。

（一）抵押物的折价

《民法典》第 410 条第 1 款规定："债务人不履行到期债务或者发生当事人约定的实现抵押权的情形，抵押权人可以与抵押人协议以抵押财产折价或者以拍卖、变卖该抵押财产所得的价款优先受偿。协议损害其他债权人利益的，其他债权人可以请求人民法院撤销该协议。"抵押的折价，是指抵押权人以确定的价格取得抵押物所有权以受偿其债权，又称协议取得抵押财产。抵押物折价只能因债务人于债务清偿期届满而未履行债务，抵押权人实现抵押权时为之。是否以折价方式实现抵押权，应当由当事人双方协商。其本质是买卖加抵销，即

① 参见王利明主编：《民法》（上册），中国人民大学出版社 2022 年版，第 493 页。

抵押人将抵押财产卖给抵押权人,并用其价款债权与主债权作抵销。①

双方同意以折价方式实现抵押权但对抵押物价格协议不成时,应当由资产评估机构评估价格。但是,如果抵押物为国有资产的,应先由资产评估机构评估价格。这里需要注意的是如果抵押权人以明显低于市场的价格将抵押物折价归抵押权人所有,因此而损害其他债权人利益的,其他债权人有权请求人民法院撤销其折价行为。如果双方确定的抵押财产的价款高于被担保的债权时,超出部分要归抵押人所有。

(二)拍卖

抵押物的拍卖,是指于拍卖场所公开地以竞争方式出卖标的物。拍卖是实现抵押物价值的最为普通的方式,可以最大限度地体现拍卖财产的价值,从而保护抵押权人和抵押人的利益。关于拍卖,我国已有立法对其进行规范,因此说抵押权的实现以拍卖方式进行是最好的,至于在拍卖过程中及程序上的诸多问题已由《拍卖法》明确的加以规定,这对以拍卖方式实现抵押权提供了强有力的保障。根据《民法典》的规定,抵押财产的拍卖有任意拍卖和强制拍卖两种。抵押物被拍卖后,抵押人对于抵押物的所有权消灭。抵押财产的拍卖所得价款为抵押财产的变价款,抵押权人可以主张优先受偿。

(三)变卖

变卖是指以一般买卖形式实现抵押物的变价的方式,以所得价款优先偿还抵押债权。《民法典》第 410 条第 3 款规定:“抵押财产折价或者变卖的,应当参照市场价格。”无论是以拍卖的方式还是以变卖的方式实现抵押权,均应由双方对抵押物做出一个公正的结论,或者由有关机构对抵押物作出一个正确的评估,才能确定出一个合理的拍卖底价或者变卖的价格。

根据《民法典担保制度解释》第 45 条的规定,抵押人与抵押权人约定在实现抵押权时,抵押权人将担保财产自行拍卖、变卖并就所得的价款优先受偿的,该约定有效。如果因抵押人的原因导致抵押权人无法自行对担保财产进行拍卖、变卖,抵押权人有权要求抵押人承担因此增加的费用。

---

① 参见叶金强:《〈民法典〉共同担保制度的法教义学构造》,载《吉林大学社会科学学报》2021 年第 3 期。

三、抵押权的诉讼时效

《民法典》第 419 条规定："抵押权人应当在主债权诉讼时效期间行使抵押权；未行使的，人民法院不予保护。"《民法典担保制度解释》第 44 条第 1 款规定："主债权诉讼时效期间届满后，抵押权人主张行使抵押权的，人民法院不予支持；抵押人以主债权诉讼时效期间届满为由，主张不承担担保责任的，人民法院应予支持。主债权诉讼时效期间届满前，债权人仅对债务人提起诉讼，经人民法院判决或者调解后未在民事诉讼法规定的申请执行时效期间内对债务人申请强制执行，其向抵押人主张行使抵押权的，人民法院不予支持。"抵押权人应当在主债权诉讼时效期间行使抵押权，抵押权人不及时行使抵押权的，或债权人不在时效期内对债务人申请强制执行的，不仅丧失人民法院的公力保护，而且会导致抵押权的消灭。①

第四节 抵押权的消灭

抵押权消灭的原因，即引起抵押权消灭的法律事实。抵押权在性质上为担保物权，其设定一般有存续期限，为有期物权，并非如所有权那样永恒存续。抵押权得因一定的法律事实而消灭，作为一种担保物权，其既可因物权消灭的一般原因而消灭，又可因担保物权消灭的原因而消灭，又有自己独特的消灭原因。

一、抵押标的物灭失且无替代物

标的物灭失为物权消灭的一般原因。抵押权作为担保物权，因抵押标的物的灭失而消灭，而无论该标的物为事实上的灭失，还是法律上的灭失。

但抵押权是对于所抵押的标的物拍卖价金的优先受偿权，其在本质上为价值权，具有物上代位性。因此，在担保期间，当抵押标的物灭失时，如果有保险金、赔偿金或补偿金等代位物，由于价值仍存在，抵押权可存在于该保险金、赔偿金或补偿金上，抵押权并不消灭。

① 参见魏振瀛主编：《民法》，北京大学出版社、高等教育出版社 2021 年版，第 328 页。

二、主债权消灭

抵押权是为担保主债权实现而存在的从权利,相对于被担保的主债权,抵押权具有绝对的附从性,主债权消灭,抵押权亦消灭。

被担保主债权可因如下原因而消灭:(1)债务人或第三人为全部清偿;(2)债务人对抵押权人亦存在债权并符合抵销条件时,其债权相互抵销;(3)抵押权人与债务人因继承、合并等发生混同,抵押权人与债务人成为一人;(4)抵押权人在不损害第三人利益的情况下免除债务人的债务。

三、抵押权实现

抵押权的实现,即当债务人不能履行债务时,抵押权人行使其抵押权将抵押的标的物变价以满足其债权得到优先受偿的过程。抵押权的实现是债权实现的一种方式,是抵押权担保功能实现的最后环节。抵押权实现,抵押担保法律关系消灭,抵押权自然消灭。主债权已届清偿期而未清偿时,抵押权人可以就抵押财产实现担保物权,其就抵押财产担保债权受偿的目的一经实现,抵押权支配抵押财产的交换价值的任务即已完成,无论债权是否得到完全清偿,抵押权均消灭。另外,先顺位的抵押权人实行抵押权时,后顺位的抵押权无论是否实行抵押权,或抵押债权是否已经获得清偿,均归于消灭。①

第五节　特殊抵押权

一、共同抵押权

(一)共同抵押权的概念

共同抵押权,也叫作总括抵押权或聚合抵押权,是指为担保同一个债权而在数项不动产、动产或权利上设定的抵押权。这数个不动产、动产或权利可以分别属于同一个人,也可以分别属于不同人。例如,债务人甲为担保所欠乙300

① 参见谢在全:《民法物权论》(下册),中国政法大学出版社2011年版,第156页。

万元债务，提供自己所有的各值200万元的2套房屋设定抵押权。一般而言，此种为担保同一债权而于数个不动产上设定抵押权，又未限定各个不动产所负担的金额时，抵押权人可就各个不动产卖得的价金，受债权全部或一部分的清偿。①

（二）共同抵押权的作用

共同抵押是为同一债权就数个物设定的抵押。在共同抵押中，数个物并不是本身结合而视为一物，而是在担保同一债权的目的上互相结合担保债权。

1. 通过将多项财产的交换价值加以积累，以便更有效地确保债权的清偿。这种情形大多发生在抵押人所提供的一项抵押财产的交换价值无法确保债权清偿时，因此必须由同一抵押人再行提供抵押物，或者由另外的人提供抵押物，以共同担保同一债权。

2. 分散抵押物的危险。尽管单就每一个抵押物而言，其价值都足以确保债权的实现。但是，单个标的物常会发生损坏、灭失或由于市场因素导致价值的减少，因而最终可能出现无法满足担保债权受偿的情形。为分散风险，增加债权受清偿的保障力度，共同抵押权提供多个抵押物来共同担保同一债权。

（三）共同抵押权的特征

1. 共同抵押权所担保的是同一项债权。同一债权是指债权发生原因相同，其债权人和债务人均属同一，给付内容必须相同，唯有抵押物担保的债权额可以不必相同。

2. 共同抵押权的抵押物为复数。提供抵押的标的物是数项财产而非一项财产，但这数项财产并非集合物而是各自独立的财产。数个抵押物可以是一个人所有，也可以是数个所有人所有，在所不论。

3. 共同抵押权的抵押物对所担保的债权各负全部的担保责任。这一责任酷似连带债务，因此学者又将共同抵押叫作“连带抵押”或“物上连带担保”。但连带债务属于人的连带，是一种多数债务人之债，而共同抵押权则为物的连带，属于物权关系。连带债务中负连带责任的人都是债务人，而共同抵押权中负连带责任的物既可以是债务人所有的物，也可以是第三人所有的物。

---

① 参见陈荣传：《民法物权实用要义》，台北，五南图书出版股份有限公司2014年版，第146页。

（四）共同抵押权的效力

1. 如果限定了各个抵押物的负担金额时，理应按照当事人的约定，就各个抵押物的卖得价金分别就其负担金额实行清偿。例如，甲对乙有 30 万元债权，在乙的房屋上设定了负担 5 万元的抵押权，在丙的房屋上也设定了负担 25 万元的抵押权，在抵押权实行时，拍卖丙的房屋就能清偿债权，也不能只拍卖丙的房屋，应将乙抵押的房屋和丙抵押的房屋一并拍卖，甲就乙的房屋拍卖价金受偿 5 万元，就丙的房屋拍卖价金受偿 25 万元。这种限定各个抵押物负担金额的抵押，不是真正的共同抵押，各个抵押物对同一债权是分别担保的。

2. 如果未限定各个抵押物的负担金额，抵押权人原则上能够任意就设定共同抵押的某个抵押物的卖得价金受偿。抵押权人既有权同时实行数个抵押权，也有权选择行使其中的一个抵押权。例如，上例中甲可选择拍卖乙的房屋，也可以选择拍卖丙的房屋清偿全部债权。这种抵押才是真正的共同抵押，每个不动产都担保债权的全部，即是连带抵押，加强了抵押权的效力，对抵押权人有利。但如果在不动产上有后次序的抵押权人时，就会发生不公平的结果。[①] 如果共同抵押权人选定了某一不动产受偿时，该不动产的后次序的抵押权就有可能得不到受偿或不能完全受偿。《民法典》第 699 条规定："同一债务有两个以上保证人的，保证人应当按照保证合同约定的保证份额，承担保证责任；没有约定保证份额的，债权人可以请求任何一个保证人在其保证范围内承担保证责任。"

3. 抵押人承担担保责任后，有权向债务人追偿。《民法典》第 700 条规定："保证人承担保证责任后，除当事人另有约定外，有权在其承担保证责任的范围内向债务人追偿，享有债权人对债务人的权利，但是不得损害债权人的利益。"

4. 保证人明确约定或数个担保人在同一合同书上签字、盖章或者按指印的，可以认定构成连带共同担保。《民法典担保制度解释》第 13 条规定："同一债务人有两个以上第三人提供担保，担保人之间约定相互追偿及分担份额，承担了担保责任的担保人请求其他担保人按照约定分担份额，人民法院应予支持；担保人之间约定承担连带共同担保，或者约定相互追偿但是未约定分担份额的，各担保人按照比例分担向债务人不能追偿的部分。同一债务有两个以上第三人提供担保，担保人之间未对相互追偿作出约定且未约定承担连带共同担

① 参见魏振瀛主编：《民法》，北京大学出版社、高等教育出版社 2021 年版，第 329 页。

保，但是各担保人在同一份合同书上签字、盖章或者按指印，承担了担保责任的担保人请求其他担保人按照比例分担向债务人不能追偿部分的，人民法院应予支持。除前两款规定的情形外，承担了担保责任的担保人请求其他担保人分担向债务人不能追偿部分的，人民法院不予支持。”换言之，担保人之间未对承担担保责任后的责任分担问题作出约定，且不构成连带共同担保，承担了担保责任的担保人请求其他担保人分担向债务人不能追偿部分的损失的，人民法院不予支持。

二、最高额抵押

（一）最高额抵押的概念

根据《民法典》第420条的规定，最高额抵押是指为担保债务的履行，债务人或者第三人对一定期间内将要连续发生的债权提供抵押担保，债务人不履行到期债务或者发生当事人约定的实现抵押权的情形的，抵押权人有权在最高债权额限度内就该担保财产优先受偿。

最高额抵押是随着商品经济发展而产生的一项重要的抵押担保制度，一些国家的民法对此都作了规定，我国《民法典·物权编》确立了这一制度。最高额抵押与一般抵押相比具有一定的优越性。例如，甲向乙连续多次借款，如果采用一般财产抵押的办法，那么每次借款都要设定一个抵押担保，签订一次抵押合同，进行一次抵押登记，手续十分烦琐，而在借款之前设定一个最高额抵押，无论将来债权发生几次，只要签订一个抵押合同、作一次抵押登记就可以了，这样做既省时、省力、省钱，还有利于适应不同企业的融资需求，加速资金的融通，促进经济发展。从民事权利的角度来看，最高额抵押权是对债权人一定范围内的不特定的债权，预定一个最高的限额，由债务人或第三人提供抵押财产予以担保的特殊抵押权。[①]《民法典担保制度解释》第15条规定：“最高额担保中的最高债权额，是指包括主债权及其利息、违约金、损害赔偿金、保管担保财产的费用、实现债权或者实现担保物权的费用等在内的全部债权，但是当事人另有约定的除外。登记的最高债权额与当事人约定的最高债权额不一致的，人民法院应当依据登记的最高债权额确定债权人优先受偿的范围。”

---

① 参见谢在全：《民法物权论》（下册），中国政法大学出版社2011年版，第156页。

（二）最高额抵押的特征

最高额抵押具有如下特征。

1. 最高额抵押是限额抵押

设定抵押时，抵押人与抵押权人协议约定抵押财产担保的最高债权限额，无论将来实际发生的债权如何增减变动，抵押权人只能在最高债权额范围内对抵押财产享有优先受偿权。实际发生的债权超过最高限额的，以抵押权设定时约定的最高债权额为限优先受偿；实际发生的债权不及最高限额的，以实际发生的债权额为限优先受偿。

2. 最高额抵押是为将来发生的债权提供担保

最高额抵押权设定时，不以主债权的存在为前提，是典型的担保将来债权的抵押权。这里的"将来债权"，是指设定抵押时尚未发生，在抵押期间将要发生的债权。[①] 最高额抵押权设立前已经存在的债权可否转入最高额抵押担保的债权范围内？对这一问题，多数意见认为，最高额抵押权的本质特征不在于其所担保的债权为将来的债权，而在于所担保的债权为不特定债权。《民法典》第420条第2款规定："最高额抵押权设立前已经存在的债权，经当事人同意，可以转入最高额抵押担保的债权范围。"因此，只要最终实际发生的债权总额不超过双方约定的最高债权额，即使该债权发生在最高额抵押权设立前，也允许被增补到最高额抵押所担保的债权范围内。这也是意思自治原则的应有之义。

实践中，当事人要将最高额抵押权设立前已经存在的债权转入最高额抵押担保的债权范围的情形有三种：其一，最高额抵押权设立登记时；其二，最高额抵押权登记后；其三，最高额抵押权担保的债权确定后。第一种对于同一不动产上的后顺位抵押权人的利益不会发生影响。在第二种情形和第三种情形中，未办理变更登记的，不具有优先受偿效力。办理变更登记的，就增加的部分，应依据登记的先后，决定与其他抵押权人的优先顺位。

3. 最高额抵押担保的最高债权额是确定的，但实际发生额不确定

学界对此存在分歧，肯定说认为最高额抵押权所担保的，是基于当事人之间连续性交易关系而于将来可能发生的不特定债权，而且债权的数额在最高额

---

① 参见黄薇主编：《中华人民共和国民法典物权编释义》，法律出版社2020年版，第548页。

抵押权设立时也不确定，仅仅预定一个最高限额。[①] 否定说认为，不特定债权是指债权本身不确定，与担保债权的数额确定与否无关。不特定债权常常是金额不特定的或未曾发生的债权（将来债权），但并非所有金额不特定的债权或将来的债权都是不特定债权。《民法典》第 423 条规定："有下列情形之一的，抵押权人的债权确定：（一）约定的债权确定期间届满；（二）没有约定债权确定期间或者约定不明确，抵押权人或者抵押人自最高额抵押权设立之日起满二年后请求确定债权；（三）新的债权不可能发生；（四）抵押权人知道或者应当知道抵押财产被查封、扣押；（五）债务人、抵押人被宣告破产或者解散；（六）法律规定债权确定的其他情形。"作为最高额抵押权担保对象的不特定债权具有特殊含义，是指债权本身具有变动性。[②] 设定最高额抵押权时，债权尚未发生，为担保将来债权的履行，抵押人和抵押权人协议确定担保的最高数额，在此额度内对债权担保。如甲以自己的一栋房产为抵押财产，与银行乙签订一份担保最高 300 万元债权的最高额抵押合同，以担保将来可能发生的债权的履行。本书赞同这种观点，最高额抵押权所担保的不特定债权是指在一定期间和最高限额内各个债权的发生、消灭，具有变动性、代替性，这种观点更符合最高额抵押权与其担保的债权之间互动关系的实质。

4. 最高额抵押是对一定期间内连续发生的债权作担保

最高额抵押权所担保的不特定债权，必须限于在该期间内和最高额限度内（一定范围）发生的不特定债权。[③] 这里讲的一定期间，不仅指债权发生的期间，更是指抵押权担保的期间。[④] 连续发生的债权，是指所发生的债权次数不确定，且接连发生。这里讲的对一定期间内连续发生的债权作担保，是指在担保的最高债权额限度内，对某一确定期间内连续多次发生的债权作担保。假设最高债权额为 300 万元，担保期间为一年，即是说在一年之内，无论发生多少次债权，只要债权总额不超过 300 万元，这些债权都可以就抵押财产优先受偿。最高额抵押担保的对象是特定期间内连续发生的系列债权，而不是其中的某一个债权。

① 参见梁慧星、陈华彬：《物权法》，法律出版社 2020 年版，第 331 页。

② 参见王利明、尹飞、程啸：《中国物权法教程》，人民法院出版社 2007 年版，第 495 页。

③ 参见谢在全：《民法物权论》（下册），中国政法大学出版社 2011 年版，第 52 页。

④ 参见崔建远：《物权法》，中国人民大学出版社 2021 年版，第 432 页。

根据《民法典》的规定，最高额抵押是对将要发生的债权提供担保，最高额抵押权设立前已经存在的债权，能否被转入最高额抵押担保的债权范围内？对这一问题，学界有不同看法。多数意见认为，最高额抵押权的本质特征不在于其所担保的债权为将来的债权，而在于所担保的债权为不特定债权，且具有最高限额。因此，只要最终实际发生的债权总额不超过双方约定的最高债权额，即使该债权发生在最高额抵押权设立前，也应当被允许增补到最高额抵押所担保的债权范围内。而且是否将已经存在的债权转入最高额抵押担保的债权范围，是当事人自己的权利，只要双方协商同意，法律应当允许。《民法典》采纳了这一意见，第420条第2款规定："最高额抵押权设立前已经存在的债权，经当事人同意，可以转入最高额抵押担保的债权范围。"

5. 最高额抵押权的从属性已被最大限度地缓和

最高额抵押权的从属性缓和是由其所担保的债权的不特定性决定的。我国《民法典》没有明确最高额抵押所担保债权的不特定性。《民法典》第421条规定："最高额抵押担保的债权确定前，部分债权转让的，最高额抵押权不得转让，但是当事人另有约定的除外。"但从体系解释的角度来看，结合法条关于债权确定的规则，最高额抵押应当是不特定的债权。最高额抵押所担保的债权确定后，此时最高额抵押与一般抵押并无区别。因此，根据担保物权的从属性原则，债权转让的，最高额抵押权亦随之转让。但在最高额抵押担保的债权确定前，部分债权转让的，最高额抵押权并不随之转让。因此最高额抵押权并不从属于某特定债权，而是从属于整体的债权债务关系。部分债权因为转让而脱离最高额抵押权的担保范围的，对最高额抵押权并不发生影响。另外，从比较法的角度来看，也应作同样解释。正是因为最高额抵押权担保的债权不特定，所以最高额抵押权从属性的缓和并不意味着最高额抵押权独立于所担保的主债权。最高额抵押权作为保全抵押权的一种，于其实现时可使业已确定的债权优先受偿，从而显现出从属性。[①] 具体来说，表现在如下两个方面：

其一，成立上从属性的缓和。一般说来，抵押权以债权的存在为前提，即成立上的从属性。但是，最高额抵押权是否具有成立上的从属性，学界有三种不同的观点：(1)担保将来债权说，即最高额抵押是为担保将来发生的债权而设定

① 参见谢在全：《民法物权论》(下册)，中国政法大学出版社2011年版，第156页。

的抵押,因此,对将来产生的债权具有从属性。[①]（2）从属于基本合同说,即最高额抵押权是以当事人之间的基本合同的存在为前提的,因此,最高额抵押权不是从属于所担保的具体债权,而是从属于基本合同[②],或曰一定范围内的法律基础关系。（3）无从属性说,即最高额抵押权是就特定债权进行担保,它不具有成立上的从属性。尤其是在最高额抵押担保的是基于票据所生的权利时,不存在基本的法律关系。纵观上述各说,"担保将来债权说"与最高额抵押的本质不符,等于否定了最高额抵押权的存在。"从属于基本合同说"误读了最高额抵押权担保的对象,该抵押权担保的不是基本合同关系,而是后来确定的债权。本书认为"无从属性说"值得赞同。因为最高限额抵押的成立,不以所担保债权的存在为前提,且不以所担保的债权将来必定产生为要件,当事人完全可以约定,最高额抵押权设立前已经存在的债权,转入最高额抵押担保的债权范围。

其二,处分上的从属性的缓和。一般抵押权的发生、处分、消灭,都从属于被担保的债权。在承认将来特定债权亦可作为一般抵押权的担保债权的情形之下,最高额抵押权尚不能脱离债权而单独存在,为担保一定范围内的不特定而连续发生的债权而设立。最高额抵押在处分上的从属性有其特殊性,是因为最高额抵押所担保的债权是连续发生的债权,在最高额抵押权没有确定时,债权总额是不确定的,是随时发生变化的。尽管某一具体债权转让了,但将来还有发生债权的可能。最高额抵押担保的债权确定前,部分债权转让的,最高额抵押权并不随之转让,除非当事人另有约定。

6. 最高额抵押权无独立性

最高额抵押权有无独立性问题,学界有不同的看法。肯定说认为最高额抵押权有独立性,认为因为最高额抵押权可以与被担保债权分离而让与等原因,最高额抵押权有独立的价值支配权。但是我国大部分学者持否定说,认为最高额抵押权没有独立性,[③]持肯定说的学者认为最高额抵押权具有独立性,依据民事法律行为自治原则,在当事人意思表示一致的情况下可以单独转让,理由如

---

① 参见王利明主编:《民法》(下册),中国人民大学出版社 2022 年版,第 511 页。
② 参见高圣平:《担保法前沿问题与判解研究》,人民法院出版社 2021 年版,第 223 页。
③ 参见王利明、尹飞、程啸:《中国物权法教程》,人民法院出版社 2007 年版,第 498 页。

下:(1)被担保主债权的不确定性。(2)最高额抵押的决算期届至前,所担保的一系列债权中的单个债权发生消灭,不影响最高额抵押权的存在。(3)最高额抵押权所担保的债权额确定后,主债权发生转移,则最高额抵押权亦随之转移,而被担保的债权额未确定之前债权人和债务人之间的单个具体债权,可以与最高额抵押权相分离进行单独转让,此时债权称为普通债权,在最高额抵押权的决算期确定前,最高额抵押权具有独立性,对于主合同债权额的动态变化当予以容忍,即使该债权额在某一时间内超过最高额亦应如此。最高额抵押权以最高额为限对债权提供价值担保,与最高额抵押权所担保的债权变动无关。①

否定说认为最高额抵押权无独立性。当最高额抵押所担保的债权确定,最高额抵押则变为从属于一个特定债权额的担保物权,与普通的抵押相同,具有明显的从属性。最高额抵押权的实现亦是按照普通抵押权的实现程序来操作的,具有典型的从属性。最高额抵押的主合同债权部分转让后,该被转让的主合同债权不再享有抵押担保,从而成为普通债权。法律规定,超出最高额的债权不享有优先受偿权。抵押权属从权利,因而不能与主债权分离单独转让。本书赞同此观点。

7. 最高额抵押权的实现以对债权进行决算为必要

最高额抵押通常所担保的债权保持流动性,但实行之时,其优先受偿范围必须按照实际确定的担保债权而定,不按预定的最高债权限额确定。确定期间就是确定最高额抵押权所担保的债权实际数额的期间。只有在该时点存在的且不超过最高债权限额的债权,才可能依法优先受偿。

(三)最高额抵押权的效力

1. 最高额抵押权担保债权的范围

最高额抵押权担保债权的范围与一般抵押权担保债权的范围一致。《民法典担保制度解释》第 15 条规定:“最高额担保中的最高债权额,是指包括主债权及其利息、违约金、损害赔偿金、保管担保财产的费用、实现债权或者实现担保物权的费用等在内的全部债权,但是当事人另有约定的除外。登记的最高债权额与当事人约定的最高债权额不一致的,人民法院应当依据登记的最高债权额

① 参见黄薇主编:《中华人民共和国民法典物权编解读》,中国法制出版社 2020 年版,第 212 页。

确定债权人优先受偿的范围。”本条为任意性规范，当事人可以在上述范围内，自由选择并确定所担保的最高债权额。只有没有约定或约定不明确时，才推定最高债权额包括上述全部类型的债权。债权是否到期并不影响最高限额的确定，已届期但未受清偿的债权、未届期的债权，只要发生在债权确定前均应纳入其中。值得注意的是，在最高额担保约定期限内发生的债权，即使被法院认定为无效，债务人承担的赔偿责任也应计入债权余额。在最高额抵押权所担保的债权实际数额超过最高债权限额的情形下，如果抵押财产拍卖、变卖所得的价金在清偿了最高债权限额内的债权后仍有一部分余额，则最高额抵押权人在最高债权限额之外，不享有支配抵押财产交换价值的权利，因此，应将该余额交还给抵押人。

2. 最高额抵押合同条款的变更

最高额抵押担保的债权确定前，抵押权人和抵押人可以通过协议变更债权确定的期间、债权范围以及最高债权额，但变更内容不得对其他抵押权人产生不利影响，否则变更无效。

（1）债权确定期间的变更。抵押权人与抵押人一般会在最高额抵押合同中约定债权确定的期间。抵押人和抵押权人可以协议将债权确定期间缩短，或将债权确定期间延长，或将债权确定期间废止。但是变更不得对其他债权人不利。

（2）被担保债权范围的变更。当事人可以协议变更最高额抵押权担保的债权范围。例如，某汽车经销商与某汽车制造商签订一份最高额抵押合同，对一定期间内连续购进该汽车制造商生产的汽车所要支付的货款提供担保。抵押期间，双方可以协商在最高额抵押担保范围内，同时为汽车制造商的电动汽车货款提供担保。

（3）最高债权额的变更。当事人可以协议提高或降低抵押财产担保的最高债权额，如将约定的100万元最高债权额提高至200万元，或者减低至50万元。

（四）最高额抵押权的确定

最高额抵押权所担保的债权的确定是指最高额抵押权所担保的债权因一定事由的发生而变为具体、特定的债权。最高额抵押权的确定有利于确定最高额抵押权的优先受偿范围，保护利害关系人的利益。最高额抵押权的本质不在于其所担保的债权是将来的债权，而在于所担保的债权为不特定的债权，且具有最高债权额。根据《民法典》第423条的规定,最高额抵押权确定事由主要有以下情形。

1.约定的债权确定期间届满

债权确定的期间是指确定最高额抵押权所担保的债权实际数额的时间。当事人约定的债权确定期间届至,债务的清偿期未必届至。当事人可以在最高额抵押合同中约定以债务的清偿期为债权确定的期间,也可以在债务清偿期外另行约定债权确定的期间。

2.没有约定债权确定期间或者约定不明确,抵押权人或者抵押人自最高额抵押设立之日起满2年后请求确定债权

《民法典》这样规定主要基于两点考虑:一是设立最高额抵押权的目的主要是对连续性交易提供担保,连续性交易一般会持续一段时间,如果允许当事人随时要求确定最高额抵押权所担保的债权额,就意味着一方当事人特别是抵押人有可能在很短时间内就要求确定债权额,这无疑与设立最高额抵押权的目的不相符合。二是在当事人对确定债权额的期间没有约定或者约定不清楚的情况下,规定一个法定的确定债权额的期间,可以使最高额抵押权的地位因法定期间的存在而较为安稳,抵押权人不必时时顾虑抵押人行使债权确定请求权,有利于抵押关系的稳定。这里规定的“二年”是一个固定期间,不存在中止、中断的问题。

3.新的债权不可能发生

在新的债权不可能发生的情况下,最高额抵押权所担保的债权额也就确定了,包括两种情形:连续交易的终止,连续交易的结束日期就是债权额的确定时间,担保债权则丧失了再次发生的可能性,最高额抵押权即得以确定;[①]最高额抵押关系的基础法律关系消灭而导致新的债权不可能发生,在这种情况下,债权额的确定时间也不受当事人约定的或者法定确定期间的影响。

4.抵押权人知道或者应当知道抵押财产被查封、扣押

在最高额抵押权存续期间,抵押财产被法院查封、扣押的,其有可能被拍卖或变卖。抵押财产被拍卖、变卖的价格直接影响到最高额抵押权人债权利益的实现。为确保自己的利益,在抵押财产被查封、扣押时,最高额抵押权人一般都

① 参见梁慧星、陈华彬:《物权法》,法律出版社2020年版,第324页。

希望被担保的债权额尽早确定。抵押权人收到人民法院查封、扣押抵押财产的通知时或者知悉抵押财产被查封、扣押的事实时，最高额抵押权所担保的债权归于确定，担保范围不再增加。[①] 除了其他法律另有规定，最高额抵押权人仍可以就确定的担保债权额对抵押财产行使优先受偿权，优先于一般债权。

5. 债务人、抵押人被宣告破产或者解散

在最高额抵押权存续期间，债务人、抵押人有可能被宣告破产或者解散，直接后果就是债务人、抵押人依法进行清算程序，完成注销登记后终止。有必要在终止前将最高额抵押所担保的债权额确定下来。因此，抵押人被宣告破产或解散可作为最高额抵押权所担保的债权确定的事由。

6. 法律规定债权确定的其他情形

本项是兜底条款，《民法典》第 420 条规定，出现了当事人约定的实现抵押权的情形，抵押权人可以实现抵押权，而最高额抵押权人行使最高额抵押权的基础就是担保债权额的确定，所以出现当事人约定的事由就意味着担保债权额的确定。

（五）最高额抵押权确定的效力

最高额抵押权确定后具有如下效力。

1. 最高额抵押权转变为一般抵押权

在债务人到期不履行债务或者出现当事人约定的实现抵押权的情形时，抵押权人可以依照普通抵押权的规定行使其抵押权。

2. 确定被担保债权的范围

被担保债权确定时存在的主债权，无论其是否已到清偿期或者是否附有条件，均属于最高额抵押权担保的范围。但在最高额抵押权确定后所发生的任何债权均不在担保范围之内。最高额抵押权所担保的债权确定后，一旦债权到期或出现当事人约定的可以实现抵押权的情形，抵押权人可以就抵押财产优先受偿，但优先受偿的额度不得超过双方当事人约定的最高担保额。

3. 利息等从债权的处理

最高额抵押权确定时存在的被担保债权的利息、违约金、赔偿金、实现抵押权的费用，无论确定时是否已经发生，均属于被担保债权的范围。可以优先受

---

① 参见王利明主编：《民法》（上册），中国人民大学出版社 2022 年版，第 314 页。

偿的原本债权、利息、违约金、赔偿金的合计总额不得超过预定的最高额；而实现抵押权的费用不计入最高额，不受最高额的限制。

三、动产浮动抵押

（一）动产浮动抵押的概念与特点

1. 动产浮动抵押的概念

动产浮动抵押，是指企业、个体工商户、农业生产经营者作为抵押人，以其所有的动产包括现有的以及将有的生产设备、原材料、半成品、产品为标的而设立的动产抵押权。债务人不履行到期债务或者发生当事人约定的实现抵押权的情形，债权人有权就约定实现抵押权时的动产优先受偿。在英国法上，设立浮动抵押的只能是公司，自然人和合伙组织无设立浮动抵押的资格。日本1958年的《企业担保法》将设立浮动抵押的抵押人限定在有限责任公司。我国香港特别行政区的《公司条例》规定有限责任公司能设立浮动抵押，自然人不得于其个人企业或合伙组织中设立浮动抵押。自然人、合伙组织的运作不透明，容易产生欺诈抵押权人的情形。①

浮动抵押不同于一般的动产抵押。《民法典》第396条规定："企业、个体工商户、农业生产经营者可以将现有的以及将有的生产设备、原材料、半成品、产品抵押，债务人不履行到期债务或者发生当事人约定的实现抵押权的情形，债权人有权就抵押财产确定时的动产优先受偿。"《民法典担保制度解释》第53条规定："当事人在动产和权利担保合同中对担保财产进行概括描述，该描述能够合理识别担保财产的，人民法院应当认定担保成立。"如企业以现有的以及将来的生产设备、原材料、半成品、产品抵押，抵押权设定后，抵押人仍可以将抵押的原材料投入成品生产，也可以出卖抵押财产。当发生债务履行期限届满债务未受清偿、抵押人被宣告破产或者被撤销、当事人约定的实现抵押权的情形成就或者严重影响债权实现的情形时，抵押财产确定。由此可见，动产浮动抵押非常适合商事主体的经营需要，但增加了债权人对抵押财产监管的风险，安全系数有所降低。

① 参见崔建远：《物权法》，中国人民大学出版社2021年版，第332页。

2. 动产浮动抵押的特点

浮动抵押的特点如下：

(1)设定浮动抵押的只能是企业、个体工商户和农业生产经营者；浮动抵押权把抵押的范围限制在从事生产经营活动的领域，自然人和其他非生产经营组织不能设立浮动抵押。从主体上看，可谓“商事担保”的类型。

(2)浮动抵押权的客体在抵押时是不特定的。标的仅限于抵押人的流动资产，担保财产的流动性，包括流出和流入，也包括现有的和以后将有的，在抵押期间抵押的动产还会不断地发生变化，价值是浮动的。债权人在“抵押财产确定”时，有权就其价值实现抵押权。

(3)在浮动抵押期间，抵押人处分抵押的动产不必经过抵押权人的同意，抵押权人对抵押人在抵押期间处分的抵押动产没有追及的权利。

(二)动产浮动抵押的设立

1. 设立条件

(1)设定浮动抵押的只能是企业、个体工商户和农业生产经营者。我国确定浮动抵押制度的目的主要是缓解中小企业、个体工商户以及农民融资的困难，因此我国规定的浮动抵押的主体范围较为宽泛。

(2)浮动抵押把抵押的范围限制在从事生产经营活动的领域，自然人和其他非生产经营组织不能设立浮动抵押。浮动抵押的设立必须要有书面协议。根据《民法典》第400条的规定，要求当事人就浮动抵押权的设立签订书面合同。

(3)浮动抵押设立的协议是要式合同，口头协议不能设立浮动抵押。

2. 浮动抵押财产的范围

《民法典》第396条规定：“企业、个体工商户、农业生产经营者可以将现有的以及将有的生产设备、原材料、半成品、产品抵押，债务人不履行到期债务或者发生当事人约定的实现抵押权的情形，债权人有权就抵押财产确定时的动产优先受偿。”浮动抵押财产限定为生产设备、原材料、半成品、产品，除此之外的不动产、动产都不得设立浮动抵押权。

(三)浮动抵押的登记与效力

1. 浮动抵押的登记

浮动抵押自抵押合同生效时设立，未经登记的，不得对抗善意第三人，基于浮动抵押财产的浮动性,浮动抵押登记自应不同于固定抵押登记。[1] 抵押财产可进行概括性描述,无法详列抵押财产清单。在抵押财产变更时,无须办理变更登记,因为在浮动抵押财产确定之前,在其正常经营活动中,抵押人有权处分抵押财产,其以合理价格出卖的生产设备、原材料、半成品、产品则自动加入抵押财产范围,由此导致抵押财产范围、数量的变化,无须办理动产抵押权变更登记。

2. 浮动抵押的效力

浮动抵押权的效力与动产抵押权大体上相同,买受人要受到保护必须符合以下几个条件:第一,买受的财产只限于生产设备、原材料、半成品、产品;第二,受保护的主体只限于正常生产经营活动的买受人;第三,必须已经支付了合理的价款;第四,已经取得了抵押财产,即买受人已经根据法律规定取得了抵押财产。

(四)浮动抵押财产的确定

浮动抵押要实现,需要确定抵押财产。确定浮动抵押的财产,又称浮动抵押的结晶,是指浮动抵押权因抵押财产的确定而成为固定抵押权,抵押人处置抵押财产的权利终止,抵押权人有权就抵押财产变卖所得价款优先受偿。明确浮动抵押财产的确定事由,有利于厘清抵押权人与抵押物买受人之间的权利顺位,贯彻物权公信原则和善意取得制度的精神,体现了信赖原理的价值取向,保障了正常的交易安全和市场秩序。浮动抵押标的物确定前,浮动抵押权人对未特定化的标的物无控制力和支配力,因此浮动抵押权对抵押人有效,而对于包括一般债权人在内的第三人均无对抗效力。[2] 在抵押标的物确定后,浮动抵押权即转化为固定标的物的抵押权,就可以对抗在抵押标的物确定后的买受人。[3] 根据《民法典》的规定,浮动抵押财产确定的事由有:

1. 债务履行期届满,债权未实现。此时已经到了浮动抵押权实现的时间,抵押财产应当予以确定,抵押人不得再处分抵押财产。

---

① 参见王利明主编:《民法》(上册),中国人民大学出版社 2022 年版,第 509 页。

② 参见曹士兵:《担保纠纷案件裁判规则(一):保证人主体资格与担保效力》,法律出版社 2019 年版,第 217 页。

③ 参见曹士兵:《担保纠纷案件裁判规则(一):保证人主体资格与担保效力》,法律出版社 2019 年版,第 108 页。

2. 抵押人被宣告破产或被撤销。此时尽管债务履行期还没有届满,但已经具备抵押权实现的条件,抵押财产随之得到确定。

3. 当事人约定的实现抵押权的情形发生。一旦发生了当事人约定的实现抵押权的情形,抵押财产即可得到确定。

4. 严重影响债权实现的其他情形。严重影响债权实现的情形比较多,很难一一举例说明,例如,抵押人无偿转让财产或者以明显不合理的低价转让财产致使财产明显减少等。

四、价款优先权

(一)价款优先权的正当性

《民法典》第416条引入了价款优先权。该条所要解决的是浮动抵押人再融资的困境。如果债务人以其所有动产为某债权人设定了浮动抵押,那么债务人再购进任何动产,上面都会自动附着有浮动抵押。并且由于浮动抵押早在债务人购进动产前就已经登记,所以债务人不可能在标的物上再为出卖人设定任何更加优先的担保物权,于是债务人的再融资渠道被全部堵死,没有人再愿意为其提供赊销或者贷款。为了避免上述情形的发生,《民法典》引入了超级优先权规则。①

价款优先权源于《美国统一商法典》第9－103条等所称的"价款债权担保"(purchase money security interest,PMSI),可对抗同一物上在先设立的担保权,是约定担保物权突破法定优先受偿次序规则最重要的特例,故有"超级优先权"(super priority)之美称,在学理上也被称作"价款担保权"或"购买价金担保权"。在我国过去的立法实践中,无论是原《担保法》还是原《物权法》,都未就价款担保权作出规定。现代动产购买价金担保权于19世纪下半叶在美国发展成型。购买价金担保权的产生原因是为了应对在先浮动担保极强的优先效力给担保人和其他潜在债权人造成的影响。根据《美国统一商法典》关于"后得财产"的规定,债务人可以将尚未取得未来有可能取得的财产作为抵押物。如果债务人订立了包含后得财产条款的担保协议,在先的担保权基于其对担保人财产独占性的优先权,使后债权人设定的担保权居于弱势,从而导致担保人后续

---

① 参见龙俊:《民法典中的动产和权利担保体系》,载《法学研究》2020年第6期。

融资困难。因此,立法者设立购买价金担保权制度,是为了破除在先担保权人的垄断地位。在联合国国际贸易法委员会《担保交易示范法》中也规定了"购置款担保权",是指在有形资产或知识产权上或被许可人在知识产权许可下的权利上的担保权。

1. 价款优先权的价值取向

(1)有助于抵押人进行持续性融资

在现实交易中,在抵押人购买动产时,经常需要向出卖人或金融机构融资,并就该主债权提供担保,通常是在该动产上设定抵押。与此同时,作为交易常态,抵押人可能先前已经设定过浮动抵押,该动产可能会被纳入抵押财产当中,进而成为其他债权担保的一部分。此时,若不对价款抵押权提供一定的优先保障,将可能导致出卖人或金融机构花费大量的成本去查询动产上的抵押状况,或因动产上已存在其他抵押特别是浮动抵押而不予放贷。影响金融机构的放贷信心,阻碍抵押人融资,妨碍交易的达成。而允许金融机构在交易动产上就价款设定抵押权,并保证其价款债权优先于动产上的其他抵押权受偿,可以节约调查成本,有利于抵押人持续融资进而盘活交易,可以提升动产出卖人或金融机构的投资信心。

(2)维护交易秩序,达到利益平衡

对于价款抵押权,承认其存在并完善其公示要件,及时向在先权利人以及其他可能的潜在交易对象表示其抵押状况,从而更好地维护市场秩序和交易安全。同时,完善价款抵押权的效力规则,赋予适格价款抵押权效力,在相关交易主体之间,可以达到利益均衡的状态:动产抵押人可以获得融资,特别是经营过程中的持续性融资,有助于其生产经营;其他抵押权人,由于价款债权使权利人抵押财产增值,并且不影响其已设定抵押的抵押财产价值,其担保利益并未受损;价款抵押权人解除了其价款债权无担保或其抵押权可能被其他在先抵押权(特别是浮动抵押)而吞噬的后顾之忧。

(3)有助于所有权保留制度更好地发挥作用

在动产交易中,买卖双方可以约定价款支付完毕之前,所有权由出卖人保留。但由于在我国所有权保留没有任何公示方式,其结果就是一项没有任何公示方式的担保权成为效力最强的担保权,有害于交易安全。而价款抵押权允许价款抵押权人就价款设定担保,并取得一定的优先效力,但前提是必须在标的物交付后10日内办理抵押登记,对价款抵押权进行公示,完善了所有权保留制度,保证了《民法典》内不同制度之间的体系顺畅和逻辑自洽。

2. 价款优先权的概念

《民法典》第416条规定:“动产抵押担保的主债权是抵押物的价款,标的物交付后十日内办理抵押登记的,该抵押权人优先于抵押物买受人的其他担保物权人受偿,但是留置权人除外。”该条针对的是存在动产浮动抵押的情形下,一个特定动产上如存在多个担保物权时,权利该如何实现或者说权利实现的顺序问题。《民法典担保制度解释》第57条第1款规定:“担保人在设立动产浮动抵押并办理抵押登记后又购入或者以融资租赁方式承租新的动产,下列权利人为担保价款债权或者租金的实现而订立担保合同,并在该动产交付后十日内办理登记,主张其权利优先于在先设立的浮动抵押权的,人民法院应予支持:(一)在该动产上设立抵押权或者保留所有权的出卖人;(二)为价款支付提供融资而在该动产上设立抵押权的债权人;(三)以融资租赁方式出租该动产的出租人。”明确了《民法典》第416条对于所有权保留买卖交易和融资租赁交易的适用。

价款优先权,是指为了担保债务人买入动产时对出卖人或者贷款人支付价款的债务的履行,在买入的该动产上为出卖人或者贷款人设定的,经依法登记取得法律规定的优先受偿权的抵押权。超级优先权人可以优先于债务人在该动产上的除留置权人以外的其他担保物权人受偿。[①] 在买受人的购置物上成立的购置款抵押权所担保的债权,既包括动产出卖人的货款债权,也包括为买受人购买该物提供资金者的贷款债权。[②] 出于立法政策的考量和同类情形同等保护的需要,购置款抵押权的超级优先规则亦准用于所有权保留和融资租赁交易中的担保性所有权登记。[③] 例如,甲工厂先与A银行签订了浮动抵押合同并办理了相关登记手续,现甲工厂需要购买乙公司的一批价款为3000万元的设备,甲工厂不能支付购货款想以赊账的形式购买,乙公司为确保能收到货款,在出卖的该设备上设定了抵押权,乙公司交付设备后10日内,甲工厂与乙公司就该批设备办理了抵押登记,此时乙公司的抵押权是否能对抗A银行的浮动抵押

① 参见黄薇主编:《中华人民共和国民法典物权编解读》,中国法制出版社2020年版,第118页。

② 参见李运杨:《〈民法典〉中购置款抵押权之解释论》,载《现代法学》2020年第5期。

③ 参见高圣平:《民法典动产担保权优先顺位规则的解释论》,载《清华法学》2020年第3期。

权？正是因为乙公司的价款优先权，乙公司对该批设备享有的抵押权，优先于除了留置权外的其他担保物权，所以能对抗A银行的浮动抵押权。

（二）价款优先权的设立

根据《民法典》第416条的规定，价款优先权的设立需要符合下列条件：

1.价款优先权所担保的主债权是抵押财产的价款。在超级优先权设立的过程中，所担保的债权有其特殊性，主债权是债务人买入动产时需要支付的价款，即是抵押财产的价款。根据债权人主体的不同，主债权可以分为两类：一类是动产出卖人请求动产买受人支付价款的债权，另一类是贷款人请求动产买受人返还其发放的用于支付动产价款的贷款债权，买受人为担保贷款人的债权，在买受的动产上为该债权设定抵押。

2.价款优先权的客体是买受的动产。必须以债务人买受的动产作为抵押财产，以担保买受该动产所应支付的价款，作为抵押财产的动产要与所担保的价款债权具有对应关系。

3.价款优先权的标的物所有权须转移给买受人。抵押权是在债务人或者第三人的财产上设立的担保物权，只有标的物的所有权转移给债务人时，抵押权才能有效设立。

4.价款优先权须办理抵押登记。由于超级优先权对抵押财产具有优先于该动产上的除留置权以外的其他担保物权受偿的效力，所以必须在规定的期限内办理抵押登记，以保障交易的安全性和稳定性。如果当事人未在标的物交付后10日内办理抵押登记，则不构成超级优先权，只是一般动产抵押权，不具有最优先受偿的权利。10日是法定的宽限期，为了尽快确定交易的效力，促进交易的安全，与《美国统一商法典》规定的20日、《欧洲示范民法典草案：欧洲私法的原则、定义与示范规则》规定的35日相比，我国《民法典》规定的是比较短的。[1]

（三）价款优先权的效力

根据《民法典》第416条的规定，价款优先权"优先于抵押财产买受人的其他担保物权人受偿"，换言之，不仅优先于在其登记之后设立的担保物权，还优先于在先设立的担保物权。《民法典担保制度解释》第57条第3款明确规定：

---

① 参见黄薇主编：《中华人民共和国民法典物权编释义》，法律出版社2020年版，第540页。

“同一动产上存在多个价款优先权的，人民法院应当按照登记的时间先后确定清偿顺序。”这一规范内容与《民法典》第414条第1款的精神一致。在解释上，如未在宽限期内登记，即不构成购买价金担保权，自无所谓超优先顺位的问题。价款优先权具有以下功能：一是有利于尽可能简化竞存权利之间的优先顺位规则，达到清晰、简明的目标；二是为所有的信用提供者创造平等的竞争机会，有助于增加信贷提供量，降低信贷成本；三是买受人基于谈判机会上的平等，尽可能开展有利的交易方式以满足其融资需求。赋予超级优先权特殊的优先受偿效力，原因在于最大限度地保障了超级优先权抵押权人的利益，降低了交易成本，促进资金融通，也可解决负担浮动抵押的债务人后续融资难的困境，为债务人扩展融资渠道、正常的生产经营提供了保障。

在先设立的浮动抵押权与在后设立的买卖价款抵押权竞存之时，价款优先权优先顺位对抗的是原来存在的浮动抵押权人的抵押权，即具有价款优先权抵押财产，尽管也负担了浮动抵押权，但是由于其享有超级优先权，享有该价款优先权的抵押权人，优先于抵押物买受人的其他担保物权，包括浮动抵押权，因而能够最优先受偿。但是需要注意的是，《民法典》第416条规定，同一动产上存在价款优先权、抵押权和留置权时，留置权优先受偿。

第十五章

质　　权

第一节　质权概述

一、质权的概念与特征

(一)概念

质权,是指为了担保债权的履行,债务人或第三人将其动产或权利移交债权人占有,当债务人不履行债务时,债权人有就其占有的财产优先受偿的权利。质权支配的是标的物的交换价值,以确保债权的实现为目的,属于价值权,与抵押权同属担保物权。[①] 现代意义上的质权起源于罗马法的质押(pignus)。起初仅具有留置的效力,而不具有变价受偿的效力,质权人只能依照质押财产的占有,间接强制债务人履行债务。但后来裁判官法逐步承认质权的变价受偿效力,在债务人不履行债务时,质权人可以变价质押财产或者取得质押财产的所有权,遂被近代各国民法所继受。[②] 出于立法技术上的考虑,各国立法上均规定权利质权除适用其特别规定外,准用动产质权的一般规定。关于权利质权的地位,有动产质权说、特别质权说、准质权说和典型质权说等不同的认识。我们认为,在现代社会权利质权的地位日渐重要,宜将权利质权作为典型质权的一种形态来定位。不动产质权是以不动产为标的物设定的具有用益内容的质权。

---

① 参见崔建远:《物权法》,中国人民大学出版社2021年版,第516页。

② 参见高圣平:《民法典担保制度及其配套司法解释理解与适用》,中国法制出版社2021年版,第813页。

现今仅有少数国家法律上规定有不动产用益质权。日本、法国等国法律上的不动产质权制度与韩国法律上的传贯权制度、我国传统法律上的不动产典权制度,虽然在制度设计等方面有所不同,但在功用上有异曲同工之妙。

(二)质权的性质

1. 质权是一种物权。质权人有权直接对质押财产的价值加以支配,并可以对抗第三人,在债务人不履行债务时,质权人有权直接从质押财产的价值受偿以实现其债权,由此可见,质权是一种支配权、绝对权,质权是一种物权而非债权。质权具有法定性、排他支配性和特定性。

2. 质权是一种他物权。质权人不享有占有、使用、收益、处分权能,且是在他人财产上设定的权利,不同于所有权,因此质权是一种定限物权、他物权。

3. 质权是一种担保物权。质权人的标的不是物的使用价值,而是物的交换价值,是为了保证债权的实现而设定的。质权与其他的担保物权一样,具有从属性、与主债权的不可分性,也具有物上代位性。质权具有从属性、不可分性、物上代位性和优先受偿性。

(1)从属性。质权的从属性是指质权的发生和存在必须以一定的债权发生和存在为前提和基础,是一种从属于债权的权利。

(2)不可分性。质权是以其标的物的全部价值担保债权的全部,质权是为整个债务的履行提供担保的,因此在整个债务未受清偿前,质权人可以对质押财产的全部行使其权利。

(3)物上代位性。质权是价值权,在质权成立之后,如果质押财产发生毁损致使其价值形态发生改变,或者因质押财产发生毁损、灭失而获得赔偿,质权的效力仍及于该赔偿物。

(4)优先受偿性。质权人对于质押财产享有优先受偿的权利。质权人占有质押物,具有留置效力,但质权的根本效力并不在于留置的标的物,而在于以标的物的价值优先受偿。

(三)质权的特征

质权具有以下三方面的特征。

1. 质权的标的是动产和可转让的权利,但不包括不动产或不动产权利

基于不动产而产生的用益物权或其他不动产利用权,被纳入抵押财产的范

畴。《民法典》不承认不动产质权的理由在于，就不动产权利设定质权，应以权利让与的方式为之，则须经由转移登记才能取得对抗效力，与质权的定限物权性质不符合。因此，不动产权利不得为权利质权的标的财产。[①] 质权因此分为动产质权和权利质权。金钱经特定化后也可以出质：债务人或者第三人将其金钱以特户、封金、保证金等形式特定化后，移交债权人占有作为债权的担保，债务人不履行债务时，债权人可以该金钱优先受偿。

2. 质权由债权人占有质押财产为生效要件

质权原则上以占有（交付）为公示方法。动产质权的设定须以质权人占有质押财产作为生效要件，当事人之间设定动产质权必须转移标的物的占有，即由质权人占有质押财产，这是质权与抵押权的重要区别。[②] 动产质权需"交付质押财产"，权利质权需"移转权利凭证"或"权利证书的交付"[③]，为观念上的占有，权利质权采用登记公示的方法。

3. 质权具有留置效力，并就标的物直接支配以实现质权

债务履行期届满质权人未受清偿的，质权人可以继续留置质押财产，并以质押财产的全部行使权利。出质人清偿所担保的债权后，质权人应当返还质押财产。在动产质权中，质权人在其债权受清偿前，可留置质押财产而拒绝质押财产所有人的返还请求。在权利质权中，质权人也可以留置该质权的标的，禁止出质人为已出质的权利的行使。此即质权的留置效力。

二、质权的类型

（一）动产质权、权利质权

依照质权标的物的性质不同，可以分为动产质权、权利质权。动产质权是债务人或第三人以动产为标的物设立的质权；权利质权是债务人或第三人以可让与的债权或其他权利为标的所设定的质权。

（二）占有质权、用益质权和归属质权

以质权内容的不同为标准，质权可分为占有质权、用益质权和归属质权。[④]

---

① 参见王利明主编：《民法》（上册），中国人民大学出版社 2022 年版，第 517 页。

② 参见杨立新：《物权法》，中国人民大学出版社 2020 年版，第 231 页。

③ 参见孙宪忠：《中国物权法总论》，法律出版社 2014 年版，第 314 页。

④ 参见崔建远：《物权法》，中国人民大学出版社 2021 年版，第 517 页。

占有质权是质权人对质权标的物仅可以占有，原则上不得使用、收益的质权，现今各国法律上所规定和我们通常所谓的动产质权，大都属于占有质权，原则上都否定流质契约的效力，但是否允许质权人对非消耗性的质物予以使用、收益，各国法律规定有所不同，根据我国《民法典》第431条的规定，在经出质人同意的情况下，质权人可以使用、出租质物；用益质权是质权人对质权标的物不仅可以占有，而且可以使用、收益的质权，这种质权一般只能在非消耗物尤其是不动产上设定，故其常与不动产质权一并被称为不动产用益质权；归属质权是质权人可以取得质权标的物所有权以抵充债权的质权，①归属质权即流质，是质权存在的最初形态，而近现代各国民法大都禁止流质契约，因而在民事质权中不承认归属质权，唯在营业质权中有所例外。

（三）民事质权、商事质权和营业质权

依照质权适用的法律的不同，质权分为民事质权、商事质权和营业质权。民事质权是适用民法的质权；商事质权是适用商事法的质权；营业质权是以质押借贷为营业而适用当铺业管理规则的特殊质权。

第二节 动产质权

一、动产质权的概念与特征

（一）动产质权的概念

《民法典》第425条规定："为担保债务的履行，债务人或者第三人将其动产出质给债权人占有的，债务人不履行到期债务或者发生当事人约定的实现质权的情形，债权人有权就该动产优先受偿。"动产质权，是指债权人对于债务人或者第三人移转占有而供作担保的动产，在债务人不履行到期债务或者发生当事人约定的实现质权的情形时，债权人有权以该动产折价或者以拍卖、变卖该动产所得的价款优先受偿的权利。债务人或第三人为出质人，债权人为质权人，移交的动产为质物。动产质押关系以质权人的动产质权为其内容，以出质人与

① 参见谢在全：《民法物权论》（下册），中国政法大学出版社2011年版，第235页。

质权人为其主体,以质物为其客体。根据《民法典》436 条规定,债务人或者第三人将其动产移交债权人占有,将该动产作为债权的担保,债务人不履行债务或者发生当事人约定的实现质权的情形时,债权人以该动产折价或以拍卖、变卖所得价款优先受偿的担保权利。

(二)动产质权的法律特征

动产质权具有以下法律特征:

第一,动产质权是以他人的动产为标的物所设定的质权。动产质权的标的物是动产,且必须属于债务人或第三人所有,标的物不能是权利。这是动产质权与权利质权相区别之处。动产质权在实现时需要将质物拍卖、变卖或折价,所以必须具有让与性。

第二,以质权人占有作为质权财产的动产为必要条件。动产质权必须以移转动产的占有为生效要件,其原因在于:与不动产物权变动所不同的是,动产物权的变动以占有为公示要件,是由动产质权以留置效力实现其担保功能的性质决定的。质押财产的交付并不局限于现实的移转占有,简易交付、指示交付也是合法的。

第三,动产质权的内容在于留置质物,并在债务人不履行债务时以质物的价值优先受偿。在债务人不履行到期债务或发生当事人约定的实现质权的情形时,质权人可以与出质人协议以质押财产折价,就价款使被担保债权优先受偿。

第四,动产质权是一种担保物权。其具有担保物权的一般特点,如有留置担保财产的效力、优先受偿的效力以及可自行变现的功能。

二、动产质权的设立

(一)动产质权合同

当事人设定质权的行为是一种双方的民事法律行为,应当通过订立质押合同来进行。动产质押合同是明确质权人与出质人权利义务的协议,也是将来处理当事人之间纠纷的重要依据。[①] 根据《民法典》第 427 条的规定,订立质押合同应当采取书面形式,对于设立动产质押合同未采取书面形式,但是一方已经

① 参见黄薇主编:《中华人民共和国民法典物权编释义》,法律出版社 2020 年版,第 564 页。

履行主要义务,对方接受的,该合同成立。《民法典担保制度解释》第53条规定:“当事人在动产和权利担保合同中对担保财产进行概括描述,该描述能够合理识别担保财产的,人民法院应当认定担保成立”。《民法典担保制度解释》第55条第1款规定,债权人、出质人与监管人订立三方协议,出质人以通过一定数量、品种等概括描述能够确定范围的货物为债务的履行提供担保,当事人有证据证明监管人系受债权人的委托监管并实际控制该货物的,人民法院应当认定质权于监管人实际控制货物之日起设立。质权合同一般有以下内容。

1. 被担保债权的种类和数额

被担保的债权,通常被称为主债权。担保合同是为主债权的实现而订立的,被担保债权的种类和数额,是确定质权发生的依据,也是质权人实现质权时优先受偿的范围的确定基础。

2. 债务人履行债务的期限

债务人履行债务的期限是指债务人偿付债务的时间。质押合同规定债务人履行债务的期限,可以准确确定债务人清偿债务的时间,明确质权人实现质权的时间,保证债权人及时实现质权。

3. 质押财产的名称、数量等情况

质押财产是设立动产质权的关键所在,在动产质押合同中要对质押财产的相关情况有所描述,包括质押财产的名称、数量等情况,以确定质押财产为何种物以及其价值所在。《民法典担保制度解释》第53条规定:“当事人在动产和权利担保合同中对担保财产进行概括描述,该描述能够合理识别担保财产的,人民法院应当认定担保成立。”这表明担保财产应能与担保人其他财产相互区分,以达到担保权利客体确定的标准,如此方能使第三人清晰地判定据此描述的担保权利登记的范围,使担保权利具有对抗第三人的效力。

4. 担保的范围

动产质权担保的范围,是指质权人实现质权时可以优先受偿的范围。质权担保的范围应当由当事人协商确定。

5. 质押财产交付的时间、方式

质押财产交付的时间是质押合同中的重要内容,是出质人将质押财产移交给质权人的时间,质押财产的交付直接关系到质权的生效。根据《民法典》第429条的规定,质权自质押财产实际交付至质权人时设立。质押财产交付的方式除了现实交付以外,还有简易交付、指示交付等方式,约定质押财产的交付方式可以明确质押合同的履行方式,有利于保障质权人债权的实现,维护交易安全,减少纠纷。[①]

上述内容是动产质押合同的一般条款,并非说动产质押合同必须完全具备上述内容。动产质押合同作为合同的一种,也必须具备一定的生效要件,才能发生法律效力,主要包括:第一,动产质押合同的当事人应具有相应的行为能力;第二,动产质押合同的当事人的意思表示真实;第三,动产质押合同的内容应当符合法律规定,不得违反社会公共利益,质押财产不能为禁止流通的物。

(二)质物

1. 质物的概念

质物一般是各类动产,但债务人或者第三人将其金钱以特户、封金、保证金等形式特定化以后,移交债权人占有作为债权的担保,债务人不履行债务时,债权人可以该金钱优先受偿。

2. 质物的条件

(1)积极条件

第一,质物是特定化的动产,包括特定物和特定化的种类物。动产质权虽然不移转质押财产的所有权,但须移转质押财产的占有,动产质权的标的应符合特定化的原则。[②] 第二,质物是有交换价值的动产。质押财产需要满足若债权已届清偿期未获清偿时,债权人得以质押财产优先受偿的目的,若质物无交换价值,则质权人的权利无法得到保障,担保就失去了意义。第三,质物具有可让与性,质权人的权利重在对动产的交换价值的支配权。若以不可让与或不能让与的财产为质押财产,质押财产无法变价,质权也就无法实现。

(2)消极条件

《民法典》第426条规定:"法律、行政法规禁止转让的动产不得出质"。这意味着质物如果不能让与,无法变价,质权就无法实现。当事人违反该条规定,以法律、法规禁止转让的动产出质,质押合同应当无效。[③]

① 参见黄薇主编:《中华人民共和国民法典物权编释义》,法律出版社2020年版,第566页。

② 参见高圣平:《民法典担保制度及其配套司法解释理解与适用》,中国法制出版社2021年版,第789页。

③ 参见崔建远:《中国民法典释评·物权法》,中国人民大学出版社2020年版,第445页。

(3)质物的特殊规定

《民法典担保制度解释》第70条规定了保证金账户,将它作为一种非典型担保,对保证金账户质权的设立要件和法律效果进行了细化,第70条第1款规定"债务人或者第三人为担保债务的履行,设立专门的保证金账户并由债权人实际控制,或者将其资金存入债权人设立的保证金账户,债权人主张就账户内的款项优先受偿的,人民法院应予支持。当事人以保证金账户内的款项浮动为由,主张实际控制该账户的债权人对账户内的款项不享有优先受偿权的,人民法院不予支持"。明确了保证金账户资金的特定化不同于固定化,账户内资金的浮动不影响保证金账户质权的有效设立。保证金账户质权在满足资金特定化及占有移转两个要件的前提下,应对保证金质押的法律效力予以认可,质权人的优先受偿权应得到有效保护。保证金质押的特定化,要求保证金内的资金特定化和账户特定化,通过开立保证金账户这一特定形式,与出质人的其他财产予以区分。债权人对于保证金账户的实际控制主要分为两种不同的情形:一是以债权人名义开立保证金账户,债务人或者第三人将资金存入该账户内,此时债权人作为账户所有人能够实际控制该笔资金,符合移交债权人占有的条件;二是保证金账户并非以债权人的名义开立,债权人掌握账户密码并占有预留印鉴,或者通过设立共管账户,约定对于账户共同监管,以实现对于保证金账户的实际控制。①

保证金账户质押,是指借款人将金钱交存于其在金融机构开立的专用账户,并承诺以该账户中的款项作为偿还借口的担保,当借款人不履行债务时,金融机构有权在保证金账户中直接扣划保证金用于偿还贷款的担保方式。保证金账户质押的设立要件,目前学理上依据对其性质的不同认识,主要有债权质押说与特殊动产质押说。债权质押说认为其理论基础在于"金钱的占有即所有"的原则,当存款人将金钱存入银行账户后,就丧失了金钱的所有权,付款人不可能再就其账户中的金钱设定动产质权。② 至于保证金账户质押的公示方式,可以在中国人民银行征信中心应收账款质押登记公示系统中登记,同时从

---

① 参见最高人民法院民事审判庭第二庭:《最高人民法院民法典担保制度司法解释理解与适用》,人民法院出版社2021年版,第581页。

② 参见赵一平:《论账户质押中的法律问题》,载《人民司法》2005年第8期。

交易的便捷性等因素考量,登记应当为质权的对抗要件而非生效要件。[1] 特殊动产质押说提出了金钱占有即所有的例外理论。在金钱质押的场合,出质金钱经过特定化后退出市场的流通,当事人之间也并无转移金钱所有权的意思,因此,金钱质押是占有即所有原则的例外,[2]出质人对银行账户中的金钱享有所有权,账户质押的标的是账户中的金钱,而账户只是载体,并无实际价值。[3] 但该说尚存疑问的是,银行账户涉及客户的金融隐私和众多金融信息,第三人无合理理由无权查阅,公示性较弱,第三人也无法辨别某一债权人是否对某个银行账户进行了"实际控制和管理"。[4] 受司法实践的影响,特殊动产质押说是目前的多数说。《民法典担保制度解释》第 70 条第 1 款规定:"债务人或者第三人为担保债务的履行,设立专门的保证金账户并由债权人实际控制,或者将其资金存入债权人设立的保证金账户,债权人主张就账户内的款项优先受偿的,人民法院应予支持。当事人以保证金账户内的款项浮动为由,主张实际控制该账户的债权人对账户内的款项不享有优先受偿权的,人民法院不予支持。"第 2 款规定:"在银行账户下设立的保证金分户,参照前款规定处理。"

作为一种新类型的担保物权,保证金账户质权同样要达到以下要求:第一,标的财产的特定化;第二,质权人已对标的财产构成实际控制,以达到解释上占有标的财产的公示要求。债权人可就保证金账户内的资金优先受偿。在保证金账户质押符合前述"特定化"及"债权人实际控制"的情形下,债权人自可就保证金账户内资金优先受偿并对抗质押人的其他债权人。

(三)质物的交付

1. 质物的交付

根据《民法典》第 429 条规定,质权自出质人交付质押财产时设立。依据质押合同,债权人有权请求出质人依约定的时间交付质物,从而使质权得以设立。设立动产质权时,出质人向质权人交付质物,所称质物的交付,通常为现实的交付,简易交付、指示交付也为法律所认可。但为了确保质权的留置效力,质权人不

---

① 参见侯思贤:《论银行账户质押的名称、性质与公示方式的选择》,载《征信》2019 年第 6 期。

② 参见陈龙吟:《账户质押效力论》,载《北方法学》2017 年第 3 期。

③ 参见汪玉宁:《金钱质押设立条件之认定——以〈担保法〉司法解释第 85 条为中心》,载《中南财经政法大学研究生学报》2016 年第 3 期。

④ 参见侯思贤:《论银行账户质押的名称、性质与公示方式的选择》,载《征信》2019 年第 6 期。

得使出质人代替自己占有质物,故以占有改定方式设定质权,应认为设定无效。

2. 观念交付与质权的成立

(1)简易交付。《民法典》第226条规定:“动产物权设立和转让前,权利人已经占有该动产的,物权自民事法律行为生效时发生效力。”动产质权自出质人向质权人移转质押财产占有时设定。

(2)指示交付。《民法典》第227条规定:“动产物权设立和转让前,第三人占有该动产的,负有交付义务的人可以通过转让请求第三人返还原物的权利代替交付。”司法实践中,就以指示交付设立动产质权是否以书面通知直接占有人为前提,存在不同认识。一种司法态度持肯定说,对出质人以间接占有的财产出质的情形,质押合同自书面通知送达占有人时视为移交。① 另一种司法态度持否定说,认为指示交付并不以通知实际占有动产的第三人作为完成交付的必要条件。② 我们认为,《民法典》虽然没有明确规定指示交付的让与人负有通知义务,但在实际操作中,依据《民法典》第546条第1款的规定,负有交付义务的让与人应将返还请求权让与的事实通知物的实际占有人,即让与人应对第三人作出指示,表明该物的返还请求权已经转移给了受让人,以使受让人享有向第三人直接请求的权利。

(3)占有改定。《民法典》第228条规定:“动产物权转让时,当事人又约定由出让人继续占有该动产的,物权自该约定生效时发生效力。”依该规定,占有改定仅仅适用于动产物权的转让,而不适用于动产质权的设立。因为在占有改定的情况下,仍然由转让人继续占有动产,如果允许占有改定也可以设定质权,则根本无法取得物权设定的公示效果,不利于交易安全。

(四)质权所担保的债权范围

1. 债权范围

动产质权担保的范围可以由当事人约定,若无约定,则包括主债权及其利

① 重庆商业投资集团有限公司与青岛佳施化工有限公司、重庆尚投石化有限公司等借款合同纠纷上诉案,最高人民法院(2018)最高法民终264号民事判决书。本案经再审,上述认定被维持。最高人民法院(2018)高法民申5198号民事裁定书。

② 南通振湘物流有限公司与扬州润航船务有限公司海上、通海水域财产损害责任纠纷民事再审案,湖北省高级人民法院(2019)鄂民终1033号民事判决书。本案经再审,振湘公司部分再审请求成立,参见最高人民法院(2021)民再300号。

息、违约金、损害赔偿金、保管担保财产和实现担保物权的费用,质权合同另有约定的,依照约定。

主债权被分割或者部分转让的,各债权人可以就其享有的债权份额行使质权;主债务被分割或者部分转让的,出质人仍以其质物担保数个债务人履行债务。但是,第三人提供质物的,债权人许可债务人转让债务未经出质人书面同意的,出质人对未经其同意转让的债务不再承担担保责任。在实现质权时,质物折价或者拍卖、变卖所得价款低于质权设定时约定的价值的,应当按质物实现的价值进行清偿,不足清偿的剩余部分由债务人清偿。

依据《民法典》第389条的规定,担保物权的担保范围包括违约金、损害赔偿金、保管担保财产和实现担保物权的费用。[①] 如果质物的隐蔽瑕疵给质权人造成了损害,而且该隐蔽的瑕疵与损害之间存在因果关系,则出质人应当承担赔偿责任。法律对质押担保范围的规定,有两方面的作用:一是为当事人约定担保范围提供参考,或者说提供范本;二是在当事人对质押担保范围未作约定或约定不明时,援以适用。但法律对质押担保范围的规定,属于任意性规范,当事人在约定时,可予以增删。当事人在合同中对担保范围所作的约定与法律规定不一致时,应从其约定。

2. 对质权标的物的效力

作为质押财产的动产为质权的效力所及,对质押财产以外的其他物或权利,在一定条件下也应纳入质权。但动产质权因以占有质物为生效要件和存续要件,这些物或权利包括以下几种。

(1)质押财产从物

质权的效力及于质押财产的从物,但是从物没有随同质押财产交付的,质权的效力对从物无效。

(2)孳息

《民法典》第430条规定,质权人有权收取质押财产的孳息,以孳息清偿收取孳息的费用、利息和主债权。但是合同另有规定的除外。此处的孳息,不仅包括天然孳息,也包括法定孳息。孳息应当首先充抵收取孳息的费用,表明质权人不是无偿收取孳息,充抵收取孳息的费用尚有剩余的,应作为清偿被担保

---

① 参见黄薇主编:《中华人民共和国民法典物权编释义》,法律出版社2020年版,第565页。

债权的财产，依次充抵原债权的利息、原债权。在被担保债权及其利息已届清偿期时，即刻清偿；在被担保债权及其利息未届清偿期时，或提前清偿，或先行提存，待届期时再予清偿，若还有剩余，应返还给出质人。

(3)代位物

动产质权具有物上代位性，因此，担保期间，担保财产毁损、灭失或者被征收等，担保物权人可以就获得的保险金、赔偿金或者补偿金等优先受偿。被担保债权的履行期未届满的，也可以提存该保险金、赔偿金或者补偿金等，关于质物灭失所得的赔偿金，应当作为出质财产。另外，质物有败坏之虞或其价值明显有减少，足以损害质权人的权利时，质权人可预行拍卖质物。此时，拍卖所得的价金，应成为质物的代替物。质权人于债权已届清偿期而未获清偿时，可就该代替物受偿。有些情况下质权人不享有物上代位权，例如，出质人将质物出质前已将质物投保并指定第三人甲为受益人，则保险事故发生时，享有保险金请求权的人为该第三人甲而非出质人，于是质权人对该保险金请求权没有物上代位权。①

(4)添附物

质物如与其他动产添附，而添附物的所有权由质物所有人取得时，质权的效力自应扩及于添附物上。质物因附合、混合或者加工使质物的所有权为第三人所有的，质权的效力及于补偿金；质物所有人为附合物、混合物或者加工物的所有人的，质权的效力及于附合物、混合物或者加工物；第三人与质物所有人为附合物、混合物或者加工物的共有人的，质权的效力及于出质人对共有物享有的份额(应有部分)。②

三、动产质权当事人的权利与义务

(一)质权人的权利

1. 占有质物。质权人有权在债权受清偿前占有质物。

2. 收取孳息。质权人有权收取质押财产的孳息，但合同另有约定的除外。需要注意的是，质权人收取孳息的权利是基于当事人意思扩张担保物范围的结

① 参见梁慧星、陈华彬：《物权法》，中国人民大学出版社 2020 年版，第 351 页。

② 参见魏振瀛主编：《民法》，北京大学出版社、高等教育出版社 2021 年版，第 335 页。

果,而不是行使用益权,原因在于质权是担保物权。[①]

3.转质。质权人在质权存续期间,为担保自己的债务,经出质人同意,以其所占有的质物为第三人设定质权的,应当在原质权所担保的债权范围之内,超过的部分不具有优先受偿的效力。转质权的效力优于原质权。转质是将质权人就质物所得直接支配的交换价值赋予转质权人,故转质权人取得的乃质权人所得支配交换价值内的另一优先支配权。[②] 质权人须将质物之占有移位于转质权人,即质权人丧失占有,转质权人取得占有。转质还需具备质权的一般成立和生效要件。[③]《民法典》第434条规定:"质权人在质权存续期间,未经出质人同意转质,造成质押财产毁损、灭失的,应当承担赔偿责任。"从学理和各国立法及实务看,转质有承诺转质和责任转质两种情况,其发生条件和效力等有重大差异。在立法过程中,对于是否允许转质以及应予规定的转质类型一直存在争议,最终采取了不提倡转质,也没有禁止转质的态度。[④] (1)承诺转质,是指质权人经出质人同意,为供自己债务的担保而将质物移转占有于其债权人,就质物再设定新质权的行为。承诺转质由于是原出质人同意以自己的财产为原质权人的债务作履行担保,将质物的处分权授予原质权人,因此,法律上当然应承认其效力,其规则适用也无特殊之处。多数国家法律上对承诺转质设有明文规定,但纵无明文,法理和实务上也均予承认。我国《民法典》中虽未对承诺转质设明文规定,但依第434条等规定的精神,当然承认质权人经出质人同意的转质之效力。[⑤] 质权人为承诺转质时,应当具备以下三个条件:第一,取得质权人同意;第二,为转质约定;第三,移转质押财产占有。承诺转质成立后,发生以下效果:第一,质权人因得到出质人的承诺而转质,故并没有加重质权人的责任;第二,转质权与质权人的质权和被担保债权全然无关,原质权所担保的债权关系中的主债务人不因此受任何拘束;第三,转质权人的质权优先于原质权人的质权。(2)责任转质,是指质权人在质权存续期间,未经出质人同意而以自己的责任将质物转质于其债权人而设定新质权的行为。这种转质毋须经出质人同

---

① 参见梁慧星、陈华彬:《物权法》,法律出版社2020年版,第410页。

② 参见梁慧星、陈华彬:《物权法》,法律出版社2020年版,第324页。

③ 参见谢在全:《民法物权论》(下册),中国政法大学出版社2011年版,第274页。

④ 参见黄薇主编:《中华人民共和国民法典物权编释义》,法律出版社2020年版,第711页。

⑤ 参见刘保玉:《完善我国质权制度的建议》,载《现代法学》2017年第6期。

意，故属于质权人的一种权利。也正是由于未经出质人同意，因此法律上通常对转质人的责任规定的较为严格。由于责任转质实际上已超出了原质权的担保目的范围，构成对质物的一种处分，因而对其应否承认，各国立法及理论上的态度不一。有的立法例上不承认责任转质，仅承认质权的善意取得。我国《民法典》中维持了原《物权法》中的规定，一方面，《民法典》第 311 条第 3 款承认质权的善意取得，另一方面，《民法典》第 434 条也肯定了责任转质的效力，该条规定的"未经出质人同意转质"即属于责任转质，"造成质押财产毁损、灭失的，应当承当赔偿责任"。[①] 考察《民法典》第 434 条文义，可以看出立法者承认《民法典》"没有禁止转质"的意思，唯规定了较为严格的赔偿责任而已。质权人为责任转质时，应当具备以下条件：第一，须在原质权的存续期间内设定和存续；第二，须以质权人自己的责任进行；第三，须为转质约定；第四，须移转占有；第五，须有被担保债权存在；第六，须以原质权的范围为限，超过部分无效。责任转质成立后，发生以下效果：第一，转质人的质权仍然存在，但其实现受到限制；第二，原质权人将转质的事实通知主债务人后，如果主债务人未经转质权人同意而对原质权人为清偿，则其清偿不得对抗转质权人；第三，转质权人只能于转质人对于主债务人所享有的担保债权限额内实现其质权；第四，转质权人的债权虽已届清偿期，但若原质权人对于主债务人的债权尚未届清偿期，则转质权人不得实现其质权；第五，转质权人的质权相对转质人的原质权具有优先效力。

4. 优先受偿权，也叫质物的变价权。债务人不履行到期债务时，质权人有权依法以作为质物的动产折价或以拍卖、变卖价款使被担保债权优先受偿。

5. 费用支付请求权。有请求出质人支付保管标的物之费用的权利。

6. 保全质权的权利。质物有损坏或者价值明显减少的可能，足以危害质权人权利的，质权人可以要求出质人提供相应的担保。出质人不提供的，质权人可以拍卖或者变卖质物，并与出质人协议将拍卖或者变卖所得的价款用于提前清偿所担保的债权或者向与出质人约定的第三人提存。

（二）质权人的义务

1. 妥善保管标的物。质权人不能妥善保管质物可能致使其灭失或者毁损

① 参见高圣平：《民法典担保制度及其配套司法解释理解与适用》，中国法制出版社 2021 年版，第 867 页。

的，出质人可以要求质权人将质物提存，或者要求提前清偿债权而返还质物。将质物提存的，质物提存费用由质权人负担；出质人提前清偿债权的，应当扣除未到期部分的利息。出质人在质权人因保管不善致使质物毁损灭失时，有权要求质权人承担民事责任。

2. 当质权消灭时，质权人有返还质物的义务。

3. 质权人的不作为义务。换言之，质权人不得擅自处分、使用、出租质物，否则负赔偿责任。

（三）出质人的权利

1. 出质人在质权人因保管不善致使质物毁损灭失时，有权要求质权人承担赔偿责任。在质权存续期间，质权人未经出质人同意，擅自使用、处分质物，因此给出质人造成损失的，出质人有权要求质权人承担赔偿责任。

2. 质权人不能妥善保管质物可能致使其灭失或者毁损的，出质人可以要求质权人将质物提存，或要求提前清偿债权而返还质物；将质物提存的，质物提存费用由质权人负担；但妥善保管的，质权人有权请求出质人支付保管费用。

3. 债务履行期届满，债务人履行债务的，或出质人提前清偿所担保的债权的，出质人有权要求质权人返还质物。

4. 出质人如果是债务人以外的第三人，该第三人代为清偿债权或者因质权行使丧失质物的所有权时，有权向债务人追偿。

5. 债务履行期届满，出质人请求质权人及时行使权利，而质权人怠于行使权利致使质物价格下跌的，由此造成的损失，出质人有权要求质权人予以赔偿。

（四）出质人的义务

出质人以其不具有所有权但合法占有的动产出质的，不知出质人无处分权的质权人行使质权后，因此给动产所有人造成损失的，由出质人承担赔偿责任。质权的善意取得，需要质物已经交付，为善意债权人占有，除了一般的动产，汽车也可以适用善意取得质权。

1. 动产质权的善意取得

动产质权的善意取得，作为动产的善意取得制度的一种，为大多数国家所肯定。在我国学界有两种不同看法：一种观点认为出质人以自己无处分权的财产设质的，动产质押合同无效，质权人不能取得质权。另一种观点认为动产质权以移转标的物的占有为要件，动产善意取得制度同样适用于动产质权的取得，如果出质人为标的物的合法占有人，其以该物设定质权，债权人又是善意的，则所设定的质权是有效的，债权人得取得质权，因此而给质押财产的真正所有人造成损失的，应由出质人负赔偿责任，《民法典》对此持肯定态度。“在实务上承认质权的善意取得，有助于维护动产占有的公信力，并有助于实现质权鼓励交易、保障交易安全的社会功能。”①

动产质权的善意取得应当具备以下要件：第一，以设定质权为目的，出质人移转动产占有予质权人，旨在设定质权担保债权的实现。第二，出质人无处分质押财产的权利，质权的设定为一种处分行为，若出质人对其质押财产有处分权，则质权人可直接依其设定行为而取得质权，不必依善意取得而取得质权。第三，质权人已占有该质押财产，这里的占有不以现实占有为必要，间接占有亦可（出质人的间接占有除外）。第四，质权人受让动产质押财产时的占有为善意，不知出质人无处分权，这里的“不知”包括不知道和不应当知道。在判断质权人能否善意取得质权时，应采“不知且无重大过失不知”出质人无处分权的标准。②

2. 流动质押的设立与监管人的责任

信贷实践中，流动质押多采用第三人监管的模式，即由银行（质权人）委托物流企业原地监管质物，解决质物交付、占有中的运输、管理难题，尽管流动质押可以满足经营与融资的双重需求，但由于质物并非质权人直接占有，故存在虚假出质及质物被出质人等强行出货的风险。且由于法律并未明文规定流动质押，具体制度也未发展成熟，实践中流动质押频频陷入诉讼中。

（1）对流动质押的基本司法态度

第一，可以类推适用浮动抵押的相关规则。在我国民法已承认就存货可以设定浮动抵押的情形之下，无禁止流动质押之理。③《民法典》第 427 条第 5 项中特别增加“质押财产交付的方式”之规定，目的正是在于为流动质押的确认留下解释空间。第二，流动质押的设立仍应符合质权设立的生效要件。《民法典》

① 参见黄薇主编：《中华人民共和国民法典物权编解读》，中国法制出版社 2020 年版，第 277 页。
② 参见程啸：《担保物权研究》（第 2 版），中国人民大学出版社 2019 年版，第 627 页。
③ 参见刘保玉：《民法典物权编（草案）担保物权部分的修改建议》，载《法学杂志》2019 年第 3 期。

第429条规定："质权自出质人交付质押财产时设立。"这里的交付包括简易交付和指示交付，但不得采取占有改定的方法。第三，在第三方监管模式之下，监管人系质权人的委托监管质物，则构成质权人对质物的间接占有，应当认定完成了质物的交付，质权有效成立。第四，监管人违反监管协议约定，违规向出质人放贷、因保管不善导致质物毁损灭失的，按照三方监管协议的约定承担违约责任。

（2）流动质押中质权的设立

《民法典担保制度解释》第55条规定，出质人以通过一定数量、品种等概括描述能够确定范围的货物为债务的履行提供担保，当事人有证据证明监管人系受债权人的委托监管并实际控制该货物的，人民法院应当认定质权于监管人实际控制货物之日起设立。该规定明确了对财产处于第三方监管时动产质权的设立规则。流动质押的特点是在维持最低价值限额的基础上，允许质物出库，同时出质人应当补足、替换质物。在"动态质押"等情形下，质押财产虽因存储条件等特殊需要仍存放于出质人的库房等场所，但质权人委托第三方以适当方式监管、控制质押财产的，不属于占有改定，无碍质权的成立。[①] 质物应当是特定化的种类物，质物移转占有的表现形式是出质人将质物移交监管人直接占有与控制，而质权人通过与监管人之间的基础合同关系间接占有质物。《民法典担保制度解释》第55条第2款对流动质押分情形加以规定："在前款规定情形下，当事人有证据证明监管人系受出质人委托监管该货物，或者虽然受债权人委托但是未实际履行监管职责，导致货物仍由出质人实际控制的，人民法院应当认定质权未设立。债权人可以基于质押合同的约定请求出质人承担违约责任，但是不得超过质权有效设立时出质人应当承担的责任范围。监管人未履行监管职责，债权人请求监管人承担责任的，人民法院依法予以支持。"依据该规定，只有质权人委托监管人实际控制质物的，质权才设立。

（3）监管协议的性质与违约责任的判定

司法实践中对流动质押中监管协议的定性在认识上并不一致。第一种观点认为是委托合同，第二种观点认为监管协议符合保管合同的特征，第三种观点认为监管协议是混合合同，可称为监管合同。本书认为，监管协议属于哪一种合同，

---

① 参见刘保玉：《民法典担保物权制度新规释评》，载《法商研究》2020年第5期。

不能一概而论,应结合合同的具体内容加以确定。如质物监管协议中约定监管人的合同义务仅为保管质物,则该合同自应属于仓储合同。[①]《民法典担保制度解释》第55条规定监管人未履行监管职责的,应依其过错承担违约责任。

四、动产质权的实现

动产质权的实现,是指质权人在债务人到期不履行债务时,对通过折价、拍卖和变卖方式所获得的价款优先受偿。根据《民法典》第436条第2款的规定,债务人不履行到期债务或者发生当事人约定的实现质权的情形,质权人可以与出质人协议以质押财产折价,也可以拍卖、变卖质押财产所得的价款优先受偿。质押财产折价或者变卖的,应当参照市场价格。质押财产折价或者拍卖、变卖后,其价款超过债权人数额的部分归出质人所有,不足部分由债务人清偿。此时,未清偿的债权成为普通债权。《民法典》第428条规定:"质权人在债务履行期限届满前,与出质人约定债务人不履行到期债务时质押财产归债权人所有的,只能依法就质押财产优先受偿。"这说明《民法典》取消对流质条款的禁止性规定,但适用的前提是依法设立的质权,即只有已经依法具备优先受偿权的质权才能优先受偿。根据《民法典担保制度解释》第45条的规定,动产质权的实现须具备以下条件:第一,动产质权合法有效存在;第二,须债务人不履行到期债务或者发生当事人约定的实现质权的情形;第三,须质权人占有质押财产。占有与质权的存在相伴随,一旦质权人因自身的原因不再占有质押财产,则质权将不复存在。[②]

动产质权实现的方法有以下三种:第一,折价。根据《民法典》第436条的规定,质押财产的折价,是指债务人不履行到期债务或者发生当事人约定的实现质权的情形时,质权人与出质人订立协议,由质权人出价购买质押财产,取得质押财产的所有权以代替债务的履行,本条第3款规定,"质押财产折价或者变卖的,应当参照市场价格"。质押财产折价协议须无害于其他债权人的利益,否则其他债权人可请求撤销质权人与出质人的折价协议。类推适用《民法典》第

---

① 参见王富博、李明卉:《质物监管纠纷中的法律争点及解决路径》,载《人民司法·应用》2019年第19期。

② 参见王利明:《物权法》(第2版),中国人民大学出版社2021年版,第359页。

410条第1款后句关于“协议损害其他债权人利益的,其他债权人可以请求人民法院撤销该协议”的规定。如质押财产所折的价格高于质权担保的债权的数额,质权人须向出质人返还差额;如质押财产所折的价格低于质权担保的债权数额,质权人仍有权请求债务人清偿差额部分。不过,该差额部分为无担保的债权。第二,质押财产的拍卖。债务人不履行到期债务或者发生当事人约定的实现质权的情形,质权人可以自行拍卖其占有的质押财产,并就变价款优先受偿。值得注意的是,第410条第2款的规定并不排除质权人申请法院拍卖质押财产的情形。第三,质押财产的变卖。根据《民法典》第436条将变卖也作为实现质权的一种方式,第436条第3款规定,质押财产折价或者变卖的,应当参照市场价格。以变卖质押财产的方式实现质权,亦不得损害其他债权人的利益。债务人出质的,质押财产变价不足清偿债权的部分,同样沦为普通债权。按照法律规定请求法院拍卖、变卖,主要是因为质押财产处于质权人占有之下,如允许出质人直接拍卖、变卖,则难免导致纠纷,也难以保障质权人的利益。[①]

质权人怠于行使质权的责任。《民法典》第437条第2款规定:“出质人请求质权人及时行使质权,因质权人怠于行使权利造成出质人损害的,由质权人承担赔偿责任。”质押财产主要是动产,存在比不动产更大的意外毁损、灭失以及随着市场风险的变化价值下跌的风险,因此,质权人及时行使质权对于防止出质人损失的扩大具有重大意义。需要注意的是,本条规定的“请求质权人及时行使质权”并不具有可诉性,仅产生请求人民法院拍卖、变卖质押财产的法律后果。[②] 质权人怠于行使质权可能会致使质押财产价格下跌或者发生其他毁损、灭失等情形,质押财产无法获得与原有价值相当的变价款。因此,质权人对于其怠于行使质权给出质人所造成的损害,应承担赔偿责任。

五、动产质权的消灭

动产质权作为担保物权,可因物权和担保物权消灭的一般原因消灭,又可因特有的消灭原因而消灭。动产质权消灭的原因主要有以下七种:

第一,被担保债权的消灭。动产质权所担保的债权消灭,从属于该债权的

① 参见王利明:《物权法》(第2版),中国人民大学出版社2021年版,第374页。

② 参见孙宪忠、朱广新主编:《民法典评注·物权编》,中国法制出版社2020年版,第355页。

动产质权随之消灭。动产质权为担保债权而存在，与所担保债权共命运。债权消灭的，质权消灭。担保债权可因清偿、混同、抵销、债务更新等原因消灭，故上述原因也可导致动产质权的消灭。[①]

第二，质权的抛弃及质物的任意返还。质权为质权人的财产性权利，质权人有权抛弃质权。在质权人绝对抛弃其质权时，质权当然因抛弃而消灭。质权人任意将质物返还于出质人或者质物所有人的，质权消灭。动产质权是以质权人占有质物为存在和存续要件的，并且质权不得以占有改定的方式设定。只要质权人将质物返还于出质人或者质物所有人，不论其返还的目的如何，质权均消灭。出质人或质物所有人占有质物的，推定质权人已向其返还质物。

《民法典》第435条规定："质权人可以放弃质权。债务人以自己的财产出质，质权人放弃该质权的，其他担保人在质权人丧失优先受偿权益的范围内免除担保责任，但是其他担保人承诺仍然提供担保的除外。"这里应限缩为当事人之间就债权人实现债权的顺序或者份额没有约定或者约定不明确的情形。当事人之间就债权人实现债权的顺序或份额没有约定或者约定不明确时，债务人以自己的财产出质的，债权人应当先就该质权实现债权，仅在该质权的实现不足以清偿担保债权时，其他担保人才有义务承担担保责任。

第三，质物占有的丧失。质物占有的丧失，从广义上说，包括质物的任意返还，这里仅指质权人因质物遗失、被盗、被侵夺等原因而丧失对质物的占有。因第三人的行为分割质权，质权人得基于质权请求不法占有质物的第三人返还质物，此时质权人丧失了对质物的占有，但是质权并不因此而消灭。若质物已为善意第三人取得所有权，质权人不能请求返还质物时，则质权消灭。

第四，质物的灭失。质物被征用的，质权也灭失，但若质物被征用受有补偿金时，质权人得于补偿金上发生物上代位，即补偿金应作为出质财产。质物被没收时，因为质物所有人的所有权消灭，质权也应消灭。

第五，债务人转让债务未经物上保证人同意。出质人为债务人的，主债务被分割或者部分转让的，出质人仍以其质物担保数个债务人履行债务；出质人为第三人的，债权人许可债务人转让债务未经出质人书面同意的，出质人对未经其同意转让的债务，不再承担担保责任。在出质人为第三人时，若债权人许

---

① 参见崔建远：《物权法》，中国人民大学出版社2021年版，第530页。

可债务人将全部债务转让而又未经出质人书面同意的,质权消灭。

第六,质权的实现。质权人一经实现质权,质权的目的达到,质权当然消灭。质权实现后,即使质权人的债权未受全部清偿,其质权也不再存在,其未能受偿的债权成为普通债权,也只能以债务人的一般财产清偿。《民法典》第438条规定:"质押财产折价或者拍卖、变卖后,其价款超过债权数额的部分归出质人所有,不足部分由债务人清偿。"质押财产价款超过主债权数额部分的返还,质押财产价款不足以清偿主债权数额部分的,在第三人提供质押担保的情形下,质权实现之后,即使质押财产的变价款不足以清偿主债权,出质人也无须进一步承担未受清偿主债权的履行责任,出质人只是以质押财产的价值为限的物上保证人,并非主债务人的连带或者按份债务人。[①] 出质人可以是债务人自己,也可以是第三人,出质人在质权人因保管不善致使质物毁损灭失时,有权要求质权人承担民事责任,在质权人不能妥善保管质物可能致使其灭失或者毁损的,出质人可以要求质权人将质物提存,或者要求提前清偿债权而返还质物。

第七,质权的存续期间届满。出质人与质权人须在质押合同中约定质权的期限。在当事人就质权约定有存续期间时,质权得因其存续期间届满而消灭。

六、最高额质权

最高额质权,是指为担保债务的履行,债务人或者第三人对一定期间内将要连续发生的债权提供质押担保的,债务人不履行到期债务或者发生当事人约定的实现质权的情形,质权人有权在最高债权额限度内就该担保财产优先受偿的担保物权。《民法典》第439条第1款规定:"出质人与质权人可以协议设立最高额质权。"《民法典担保制度解释》第15条第1款规定:"最高额担保中的最高债权额,是指包括主债权及其利息、违约金、损害赔偿金、保管担保财产的费用、实现债权或者实现担保物权的费用等在内的全部债权,但是当事人另有约定的除外。"在《民法典》允许最高额抵押的情形下,自无禁止最高额质押之理。允许最高额质押,有利于鼓励交易,并减少交易费用。最高额质权在性质上仍属于质权,《民法典》第439条第2款规定:"最高额质权除适用本节有关规定

① 参见最高人民法院民法典贯彻实施工作领导小组主编:《中华人民共和国民法典物权编理解与适用》(下),人民法院出版社2020年版,第1121页。

外,参照适用本编第十七章第二节的有关规定。”最高额质权既可以是在动产之上设立,也可以在权利之上设定。因此,最高额质权可以分为最高额动产质权和最高额权利质权。《民法典担保制度解释》第15条第2款规定:“登记的最高债权额与当事人约定的最高债权额不一致的,人民法院应当依据登记的最高债权额确定债权人优先受偿的范围。”最高额质权与最高额抵押权有诸多相似之处,但也存在一些差异,最高额抵押权无须抵押人占有担保财产,而最高额动产质权尚需质权人占有担保财产。因此,最高额质权对最高额抵押权规则只宜“参照”适用,不宜直接适用。①

第三节　权利质权

一、权利质权的概述

(一)权利质权的概念

权利质权,是指以所有权以外的可让与的财产权为标的而设立的质权。根据《民法典担保制度解释》第63条的规定:“债权人与担保人订立担保合同,约定以法律、行政法规尚未规定可以担保的财产权利设立担保,当事人主张合同无效的,人民法院不予支持。当事人未在法定的登记机构依法进行登记,主张该担保具有物权效力的,人民法院不予支持。”权利质权与动产质权相比具有一些特殊性。随着经济高度发展,商品交易越发频繁,商品和货币流通的手段也需要不断发展,以票据、有价证券及其他财产凭证替代有形财产和货币流通越发广泛。设立权利质权的目的和意义在于充分利用这些财产凭证所体现的无形财产权,对促进资金融通和商品流通、发展经济有着重要作用。②

(二)权利质权的特征

1.须为财产权

权利质权制度的本意在于以标的物的交换价值担保债权的实现,并以该价

① 参见黄薇主编:《中华人民共和国民法典物权编释义》,法律出版社2020年版,第720页。
② 参见黄薇主编:《中华人民共和国民法典物权编释义》,法律出版社2020年版,第582页。

值优先受偿。能以某种财产性权利的交换价值而使被担保债权得以优先受偿并符合质权的标的物的要求,财产权符合这一要求。自然人、法人享有的人格权和身份权不得作为权利质权的标的。

2. 须为依法可转让的财产权

只有可让与的财产权才可以作为权利质权的标的。依性质不可转让或法律禁止转让的权利均不可设质。当事人约定不得转让的权利、依法不得转让的权利也不可以设质。一是基于权利义务关系人之间特殊的信任关系所生的权利不得为质权标的;二是以特定身份为基础的权利违反权利质权的让与性,有碍于质权的实现,因此不得为设质标的;三是不作为的权利,一般情况下不得为权利质权的出质权利;四是从权利,从权利不得与主权利相分离而单独转让。因为权利质权设立的目的就是使债权得到受偿,如果不能由质权人取得财产权利,这样的权利就毫无意义,如当事人约定不能让与的权利,以及法律规定不得转让的权利。需要注意的是,有转让限制的股票和基金份额在出质时也需要遵守相应的限制。①

3. 须为不违背现行法及权利质权性质的财产权

如不动产上的物权、动产所有权、动产质权和动产抵押权均不可设质。权利质权的设定以登记或权利凭证的交付为生效要件。动产质权的设定只需要以动产的交付作为生效要件,权利质权的设立,有的以登记为生效要件,有的以背书为生效要件,有的以交付权利凭证为生效要件。

(三)权利质权与动产质权的区别

权利质权是我国现行立法承认的两种质权类型之一,与动产质权相比,权利质权具有如下特征:

1. 权利客体不同。动产质权以有体动产为客体,而权利质权的客体则为无体财产权。这里的财产权利是指除所有权和用益物权以外的法律规定可以成为权利质权标的的其他财产权。依据我国《民法典》第440条的规定,可以设定质权的权利,包括汇票、支票、本票、债券、存款单、仓单、提单;可以转让的基金份额、股权;可以转让的注册商标专用权,专利权、著作权等知识产权中的财产权;现有的以及将有的应收账款等。

---

① 参见黄薇主编:《中华人民共和国民法典物权编释义》,法律出版社2020年版,第725~726页。

2. 公示方法不同。动产质权以有形占有的移转作为公示方法，权利质权则以移转权利凭证的占有或履行登记作为公示方法。因此，动产质权的公示方法是外在的、有形的，而权利质权的公示方法则是观念的、抽象的。权利质权人基于这种抽象的方法取得的对质物的占有，又称为准占有。

3. 权利的实现方式不同。动产质权主要是通过拍卖、变卖和折价的方式实现质权，而权利质权除了这些方式之外，还允许质权人向出质权利的义务人行使该出质权利，例如在提单质押情况下，质权人直接要求承运人承担义务。《民法典》第 446 条规定："权利质权除适用本节规定外，适用本章第一节的有关规定。"权利质权法律关系的调整，除适用"权利质权"节特别规定外，还应适用"动产质权"节的规定，如关于质权效力的规定等。

4. 权利质权的国家干预性较强。与动产质权相比较而言，国家对权利质权的干预较多。由于动产质权的设定需转移动产的占有，基于物权公示原则，其风险性及与第三人的关联性不大，且所质押动产的价值一般较小，因此国家给个人以较大的自由设定的空间。而权利质权则具有无形性及第三人关联性的特点，并且有些权利，例如知识产权、不动产收益权、股权等往往涉及较大的财产价值，因此，国家有必要加强立法，作出更为具体、明确的规定。

二、权利质权的性质

关于权利质权的性质，主要有权利让与说和权利出质说两种观点：

第一，权利让与说。权利让与说认为，原来质权的标的限于有体物，而所谓质权仅指物上质权，权利之上不可以设立质权。权利质权实际上是以担保为目的，而为权利的让与。尤其是债权质权，质权人有直接收取质权标的债权的权能；如果不把债权的出质看作是债权的让与，则无法说明其理由。

第二，权利出质说。权利出质说又称权利标的说。此说认为，权利质权与物上质权在本质上并无差别，所不同的只是其标的而已，物上质权以物为标的，而权利质权以权利为标的。权利人让与有交换价值的权利，与让与有交换价值的物，应依同一的理由，权利可以是交易上的标的。至于设定一般权利质权须依权利让与的规定，以及债权及其质权人可以直接收取质权标的债权，只不过是为了方便而已，不能直接视之为权利让与。出质的权利仍然属于出质人，质权人取得的是与出质权利不同的权利即质权。因此，权利质权性质上应是以权利为标的而设定的质权,此说为通说。

三、权利质权的种类

由于权利质权准用动产质权的规定,因而其取得方式大体与动产质权相同,即包括基于法律行为如质权合同或遗嘱而取得、基于法律行为以外的事实而取得,如善意取得等。根据《民法典》第440条、第441条、第442条等规定,对不同类型的权利质权的设定要件进行如下论述。

(一)有价证券质权

广义的有价证券,指表示民事权利的证券,行使民事权利以持有证券为必要。广义的有价证券在现代生活中极多,如票据,包括汇票、本票、支票;提单,包括陆上运送提单、海上运送提单、空中运送提单,甚至多式联运提单及无船承运提单等。有价证券还包括股票、仓单、债券和各式交通票证,如车票、船票、机票,购物券、影剧票等也属于有价证券范畴。《民法典》第441条和第442条分别规定:"以汇票、本票、支票、债券、存款单、仓单、提单出质的,质权自权利凭证交付质权人时设立;没有权利凭证的,质权自办理出质登记时设立。""汇票、本票、支票、债券、存款单、仓单、提单的兑现日期或者提货日期先于主债权到期的,质权人可以兑现或者提货,并与出质人协议将兑现的价款或者提取的货物提前清偿债务或者提存。"

根据我国《民法典》的规定,可作为质权标的的有价证券有以下几类。

1. 票据

票据质权是指票据法上所称票据(汇票、本票、支票)的质权。《民法典担保制度解释》第59条规定,以汇票出质,当事人以背书记载质押字样并在汇票上签章,汇票已经交付质权人的,人民法院应当认定质权自汇票交付质权人时设立。票据质押背书又称质权背书、设质背书,是质押制度与背书制度的结合,属于非转让背书的一种。在质押背书的关系人中,背书人为出质人,被背书人为质权人。质权生效时,质权人依设质背书占有票据但并不享有票据权利,经质押背书的票据,票据权利人仍为背书人。当质押期满,出质人(背书人)如未履行债务,质权人依法实现质权时,质权人方有权行使票据权利。对于票据质押的生效要件强调的是合意和交付,即出质人应与质权人经书面形式订立质押合同,并在约定的期限内交付票据,质押自交付票据之日起生效。主债务人不履行到期债务致使票据质权人的被担保债权未获清偿,或发生当事人约定的实现票据质权的情形时,票据质权人实现质权的方式主要有两种:第一,向付款人请求付款,并以所得款项优先满足自己的债权。第二,行使票据追索权,并以所得款项优先满足自己的债权。被质押的有价证券上所载明的兑现日期或者提货日期早于质权所担保的主债权的清偿日期的,质权人可以在债务履行期届满前兑现或者提货,并与出质人协议将兑现的价款或者提取的货物提前清偿债务或者提存。《民法典》第 442 条规定的是有价证券兑现或提货日期晚于债务履行期时如何处理的问题。最高人民法院认为,这种情况下如果允许质权人兑现或者提货,就等于要求第三债务人提前履行债务,这无疑加重了其经济负担,对其有失公平。[①] 而且该第三债务人的债务是对出质人的,与质权人无关,只是由于权利质权的设定才与质权人发生了法律上的关系。对此,质权人应当于有价证券到期日实现兑现或者提取货物而受偿,或者在被担保债权届期未获清偿时,于证券上权利行使之日期之前,将证券转让,以所得价款受偿。简言之,票据的兑现日期后于其所担保的债务的履行期的,质权人只能在票据的兑现日期届满的时候兑现票据记载的款项,而不能提前兑现。

关于汇票、支票、本票,根据《民法典》第 441 条的规定,票据权利质权自权利凭证交付质权人时起发生效力。以汇票、支票、本票出质的,出质人和质权人应当订立书面质权合同。根据《民法典担保制度解释》第 58 条规定:“以汇票出质,当事人以背书记载质押字样并在汇票上签章,汇票已经交付质权人的,人民法院应当认定质权自汇票交付质权人时设立。”票据(汇票、本票、支票)、债券、存款单都是表彰金钱债权的证券,又称为“金钱证券”;仓单和提单则是表彰一定物品的交付请求权的证券,又称为“物品证券”。[②]

2. 债券

债券具有可偿还性、可流通性、安全性等特点,因此可以设立质权。以债券出质的,需要出质人和质权人订立书面的质权合同,出质人应当在合同约定的期限内将权利凭证交付质权人。公司债券分为记名债券和无记名债券,记名公

① 参见黄薇主编:《中华人民共和国民法典物权编解读》,中国法制出版社 2020 年版,第 160 页。

② 参见最高人民法院民事审判庭第二庭:《最高人民法院民法典担保制度司法解释理解与适用》,人民法院出版社 2021 年版,第 466 页。

司债券,由债券持有人以背书方式或者法律、行政法规规定的其他方式转让。无记名公司债券的转让,由债券持有人将该债券交付给受让人后即发生转让的效力。法律规定的目的在于保护第三人不因公司债券的转让而受损,以维护交易的安全。

3. 存款单

存款单,简称为存单,是指存款人在银行等储蓄机构存了一定数额的款项后,由该银行等储蓄机构开具的到期还本付息的债权凭证。[①] 在现代经济生活中,存单常被用作债权债务关系的担保形式,即存单质押。存单质押登记需要向该存单的银行进行登记。存款单质押权可因继承、赠与、与被担保债权一同转让等方式取得。

银行进行存单核押是为了证实存单的真实性,经过核押之后,开具该存单的金融机构不得再向存款人支付存单上的款项,更不允许挂失。以存款单出质的,签发银行核押后又受理挂失并造成存款流失的,应当承担民事责任。[②]

4. 仓单、提单

设定仓单质押,出质人应当与质权人以书面形式订立质押合同,并应当在合同约定的期限内交付仓单。《民法典》第909条规定了仓单的主要事项,根据《民法典》第910条的规定,存货人或者仓单持有人在仓单上背书并经保管人签名或者盖章的,可以转让提取仓储物的权利。仓单既可转让,自然可以出质。《民法典担保制度解释》第59条第1款规定:"存货人或者仓单持有人在仓单上以背书记载质押字样,并经保管人签章,仓单已经交付质权人的,人民法院应当认定质权自仓单交付质权人时设立。没有权利凭证的仓单,依法可以办理出质登记的,仓单质权自办理出质登记时设立。"对于有纸化仓单,出质人交付有背书的仓单即可,背书中记载"质押"字样。

仓单与仓储物担保的清偿顺序,《民法典担保制度解释》第59条第2款规定:"出质人既以仓单出质,又以仓储物设立担保,按照公示的先后确定清偿顺序;难以确定先后的,按照债权比例清偿。"多份仓单的多份质权清偿顺序,《民

---

① 参见胡开忠:《权利质权制度研究》,中国政法大学出版社2004年版,第171页。

② 参见曹士兵:《担保纠纷案件裁判规则(一):保证人主体资格与担保效力》,法律出版社2019年版,第208页。

法典担保制度解释》第 59 条第 3 款规定："保管人为同一货物签发多份仓单，出质人在多份仓单上设立多个质权，按照公示的先后确定清偿顺序；难以确定先后的，按照债权比例受偿。"

举证责任的分配由债权人承担，《民法典担保制度解释》第 59 条第 4 款规定："存在第二款、第三款规定的情形，债权人举证证明其损失系由出质人与保管人的共同行为所致，请求出质人与保管人承担连带赔偿责任的，人民法院应予支持。"

提单质权就是提单持有人不清偿其债务时，就债务人或第三人移转占有而供担保的动产或权利所得的价金优先受偿的权利。提单是指用以证明海上货物运输合同和货物已经由承运人接收或者装船，以及承运人保证据以交付货物的单证。提单中的记名提单不得转让，指示提单经背书或者空白背书可以转让，不记名提单无须背书即可转让。以提单为标的设立质权时，出质人和质权人应当订立书面质权合同，质权自提单交付之日起设立。

（二）基金份额

基金份额是指向投资者发行的，表示持有人按其所持份额对基金财产享有收益分配权、清算后剩余财产取得权和其他相关权利，并承担相应义务的凭证。[①] 有价证券出质，须订立书面合同；有权利凭证的，质权自交付权利凭证时设立。

基金份额收益权质押后，在质押期内基金份额受益权处于冻结状态，无论是基金份额持有人还是质权人均不得赎回、转让该基金份额，但是，基金份额收益权的质押并不绝对排除基金份额持有人对基金份额的处分，在征得质权人的同意后，基金份额持有人可以赎回、转让这部分基金份额，必须事先按照基金注册登记机构的要求解冻所质押的基金份额收益权。

（三）股权质权

股权质权是指出质人以其所拥有的股权作为质押财产而设立的质权。股权具有财产价值，可以让与，可为权利质权的标的。

股权质权对质权人的效力是指股权质押合同对质权人所生之权利和义务。

---

① 参见黄薇主编：《〈中华人民共和国民法典〉物权编解读》，中国法制出版社 2020 年版，第 585 页。

首先,股权质权人所享有的权利,一般应包括:(1)优先受偿权,质权人可就出质股权的价值优先受偿。这是质权人最重要的权利。(2)物上代位权,因出质股权灭失或其他原因而得有赔偿金或代替物时,质权及于该赔偿金或代替物。(3)质权保全权,是指因质物有败坏之虞,或其价值有明显减少的可能,足以害及质权人的权利时,质权人得预行处分质物,以所得价金提前清偿所担保的债权或代充质物。

（四）知识产权质权

知识产权是一种独立的民事权利,并且可以转让,注册商标专用权、专利权、著作权等知识产权中的财产权可作为出质的权利。[①]《民法典》第 444 条第 1 款规定:"以注册商标专用权、专利权、著作权等知识产权中的财产权出质的,质权自办理出质登记时设立。"著作权中的人身权不得出质,只有著作权中的财产权才可以作为权利质权的标的。知识产权中的财产权出质后,出质人不得转让或者许可他人使用,但经出质人与质权人协商同意的除外。出质人转让或者许可他人使用出质的知识产权中的财产权所得的价款,应当向质权人提前清偿债务或者提存。

（五）应收账款质权

应收账款质权,是以应收账款为标的而设定的质权。应收账款是指权利人因提供一定的货物、服务或设施而获得的要求义务人付款的权利以及依法享有的其他付款请求权,包括现有的和未来的金钱债权。[②]《民法典》第 445 条第 1 款规定:"以应收账款出质的,质权自办理出质登记时设立。"应收账款出质后,不得转让,但是出质人与质权人协商同意的除外。出质人转让应收账款所得的价款,应当向质权人提前清偿债务或者提存。应收账款质押盛行的原因在于中小企业对大企业普遍享有应收账款债权(及未来债权),如果不能以此融资,将难以解决流动资金困难的问题。需要注意的是,应收账款质押具有不可靠性,质权人往往要求应收账款债务人确认债权的真实性,但后者往往不出具确认函。还存在应收账款债务人对应收账款债权人的抗辩权问题(如供货的质量瑕疵等),该抗辩权当然亦能对质权人行使。再者,应收账款质押的质押率普遍偏

① 参见黄薇主编:《中华人民共和国民法典物权编解读》,中国法制出版社 2020 年版,第 583 页。
② 参见王利明主编:《民法》(上册),中国人民大学出版社 2022 年版,第 329 页。

低(甚至低至10%左右),尤其是在债务人未书面确认应收账款真实性的情况下。银行不可以接受应收账款质押,接受此质押财产的,多为小额贷公司等。我们在法律制度上,仍有提倡、推行的必要。相信在未来,整个社会的诚信基础变得更扎实、营商环境更优化之后,应收账款质押会有更大的用武之地。

《民法典担保制度解释》第61条第1款规定:"以现有的应收账款出质,应收账款债务人向质权人确认应收账款的真实性后,又以应收账款不存在或者已经消灭为由主张不承担责任的,人民法院不予支持。"如果以现有的应收账款出质,应收账款债务人未确认应收账款的真实性,质权人以应收账款债务人为被告,请求就应收账款优先受偿,能够举证证明办理出质登记时应收账款真实存在的,人民法院应予支持;质权人不能举证证明办理出质登记时应收账款真实存在,仅以已经办理出质登记为由,请求就应收账款优先受偿的,人民法院不予支持。以现有的应收账款出质,应收账款债务人已经向应收账款债权人履行了债务,质权人请求应收账款债务人履行债务的,人民法院不予支持,但是应收账款债务人接到质权人要求向其履行的通知后,仍然向应收账款债权人履行的除外。

以基础设施和公用事业项目收益权、提供服务或者劳务产生的债权以及其他将有的应收账款出质,当事人为应收账款设立特定账户,发生法定或者约定的质权实现事由时,质权人请求就该特定账户内的款项优先受偿的,人民法院应予支持;特定账户内的款项不足以清偿债务或者未设立特定账户,质权人请求折价或者拍卖、变卖项目收益权等将有的应收账款,并以所得的价款优先受偿的,人民法院依法予以支持。

(六)依法可以质押的其他权利

《民法典》第440条关于法律、行政法规规定可以出质的其他财产权利的规定,是对权利质权标的范围的兜底性规定。

四、权利质权的效力

(一)权利质权对担保的债权和质押财产的效力

1.权利质权对担保的债权的效力。权利质权担保的债权范围仅包括主债权、利息、违约金、损害赔偿金以及实现质权的费用,当事人另有约定的依照其约定。

2. 权利质权对质押标的的效力。就权利质权效力所及的标的范围而言,应当准用关于动产质权的有关法律规定。但是由于权利质权的标的特殊,因而权利质权对质押标的的效力与动产质权的效力存在以下差别:

(1)股权质权效力所及的标的范围。股权从其本质来讲,是股东转让出资财产所有权于公司(股东的投资行为),而获取的作为对价的民事权利。它是一种单一的权利而非权利的集合或总和。[①] 股权、股票会产生法定孳息,例如现金红利、股息、红股、转增股等,根据《民法典》第440条规定,债务人或者第三人有权处分的"可以转让的股权"可以出质。依照《民法典》第430条第1款的规定,权利质权人有权收取该权利所生的孳息,除非质权合同对此另有约定。因此,当质权人与出质人未对出质的股票、股权所生孳息作出约定时,质权人有权加以收取。但是禁止出质人非法转让基金份额、股权,非经质权人同意,入质基金份额、股权不得转让,经质权人和出质人协商,入质基金份额、股权亦可转让。因股权质权的实现而使股权发生转让后,应进行股东名册的变更登记,否则该转让不发生对抗公司的效力。

(2)代位物。如果动产质权标的物因灭失、毁损或者被征收而获得保险金、赔偿金或者补偿金,此为质押财产的代位物,为质权的效力所及。但权利质权的代位物问题较为复杂:第一,权利质权的标的属于无形财产,不存在毁损的可能,权利人可以通过挂失支付、公示催告等方式重新获得票据权利,因此不存在作为质权标的的权利的代位物问题。第二,有时因权利质权标的灭失所获得的财产正是属于权利的内容之一,仍然是质权的标的物。第三,当被出质的股权因公司的合并或者分立而被注销,所配发的新股或者现金,属于该股权的代位物。第四,在知识产权法领域,因著作权、专利权的强制使用和强制许可而获得的报酬、使用费属于代位物。

(二)权利质权对出质人的效力

1. 出质人的权利。质权人不能尽善良管理人的注意保管质押的权利凭证而可能致其灭失或毁损的,出质人有权要求质权人将该权利凭证提存,也有权提前清偿债权而消灭权利质权,以取回设质的权利凭证。

此外,权利质权设定后,不论质押物是否有灭失或毁损的危险,出质人均有

① 参见孔祥俊:《反不正当竞争法新原理》,法律出版社2019年版,第273页。

权提前清偿所担保的债权以消灭权利质权；权利质权因出质人提前清偿债权而消灭的，出质人有权取回质押的权利凭证或者注销权利质权的登记。出质人非为债务人，而以自己的财产权利设质的，该物上保证人也有权代债务人提前清偿债权以消灭权利质权，以取回质押的权利凭证或注销质押登记。

2. 出质人的义务。出质人在将其享有的权利出质之后，并未丧失对该权利的处分权，但由于该权利已经成为质权的标的物，因而如果仍然允许出质人随意加以处分，必然危害质权人对该标的物交换价值的支配权，权利质权所具有的担保功能将丧失殆尽。因此，法律上通常都要对出质人处分质押的权利加以限制。[①] 例如公司公开发行股份前已发行的股份，自公司股票在证券交易所上市交易之日起 1 年内不得转让。

（三）权利质权对质权人的效力

《民法典》第 446 条规定，权利质权准用动产质权的有关规定，因而权利质权人的权利义务基本上与动产质权人的相同。权利质权设定后，质权人负有妥善保管质押标的和返还质押标的的义务。其特殊之处在于以下几点：

1. 股票质权人保全股票价值的权利。依照《民法典》第 443 条第 2 款的规定，基金份额、股权出质后，不得转让，但是出质人与质权人协商同意的除外。出质人转让基金份额、股权所得的价款，应当向质权人提前清偿债务或者提存。

2. 禁止质权人转让标的。质权人就质押财产享有的权利仅为质权而非所有权，因而质权人也不得随意将作为质押财产的股票进行转让。此外，以票据、债券、存款单、仓单、提单出质，质权人再转让的为无效。

3. 票据、债券、存款单、仓单、提单等多属于记名证券，质权人无法进行承诺转质，因而，司法实践的做法是，以票据、债券、存款单、仓单、提单出质，质权人再行质押的无效。只有无记名证券质押时，质权人在征得出质人同意的情况下，才可以将该证券再行设立质权，成立转质。

五、有价证券质权实现的特殊规则

（一）有价证券质权实现的共同规则

质权人作为债权人，在主债务履行期限尚未届至之前，并无请求主债务人

---

① 参见崔建远：《物权法》，中国人民大学出版社 2021 年版，第 559 页。

履行主债权的权利。《民法典》第 442 条规定:“汇票、本票、支票、债券、存款单、仓单、提单的兑现日期或者提货日期先于主债权到期的,质权人可以兑现或者提货,并与出质人协议将兑现的价款或者提取的货物提前清偿债务或者提存。”在有价证券载明兑现日期或者提货日期的情形下,有价证券的兑现日期或者提货日期届至时,原则上必须兑现或者提货,以免除第三债务人的债务。兑现日期,是指汇票、本票、支票、债券、存款单上所记载的权利得以实现的日期;提货日期,是指仓单、提单上记载的交付物品的日期。①

(二)票据质权实现的特殊规则

1. 行使付款请求权,并就所得款项优先受偿

付款请求权,是指持票人请求主债务人向自己履行付款义务的权利。付款请求权行使的对象包括汇票中的付款人、承兑人及其保证人、本票中的出票人及其保证人、支票中的付款人和票据交易所。根据《民法典》第 442 条的规定,当票据已经到期而其所担保的主债务尚未到期时,质权人也应有权兑付票款,并将票款提存,或与出质人协商以票款提前偿还主债务。

2. 行使追索权,并就所得款项优先受偿

追索权,是指当持票人的第一次请求权不能实现,即债权人行使付款请求权而遭拒绝或者因其他特定原因而不能实现时,持票人在实施行使或保全票据上权利的行为后,向其前手请求偿还票款的权利。追索权在票据权利行使的顺序上位于第二位,是持票人的第二次权利,持票人未行使付款请求权,不得行使追索权。在质权人行使付款请求权而不能实现时,质权人在进行了行使或保全票据权利的行为后,即可向其前手追索。如经追索而获票款,则可优先满足自己的债权。②

《民法典担保制度解释》第 60 条规定:“在跟单信用证交易中,开证行与开证申请人之间约定以提单作为担保的,人民法院应当依照民法典关于质权的有关规定处理。在跟单信用证交易中,开证行依据其与开证申请人之间的约定或者跟单信用证的惯例持有提单,开证申请人未按照约定付款赎单,开证行主张

---

① 最高人民法院民法典贯彻实施工作领导小组主编:《中华人民共和国民法典物权编理解与适用》(下),人民法院出版社 2020 年版,第 1255 页。

② 参见高圣平:《民法典担保制度及其配套司法解释理解与适用》,中国法制出版社 2021 年版,第 925 页。

对提单项下货物优先受偿的，人民法院应予支持；开证行主张对提单项下货物享有所有权的，人民法院不予支持。在跟单信用证交易中，开证行依据其与开证申请人之间的约定或者跟单信用证的惯例，通过转让提单或者提单项下货物取得价款，开证申请人请求返还超出债权部分的，人民法院应予支持。前三款规定不影响合法持有提单的开证行以提单持有人身份主张运输合同项下的权利。”

（三）存单质权实现的特殊规则

存单质权的实现除了需要具备权利质押实现的条件外，还应持有存单。存单是债权凭证，不持有存单表明不享有存单债权。存单出质属于有权利凭证的出质，权利凭证的返还是质权丧失的一种情形，质权人的质权在权利凭证返还时消灭，质权人不能再主张质权，只能行使其债权请求权。实践中要注意，返还存单是指质权人依自己的意思表示返还存单，而不是被欺诈的结果。在存单丧失占有期间第三人取得存单项下的权利的，除第三人与出质人恶意串通外，质权人仍然不能对抗该第三人已取得的权利。①

质权人的债权到期未受清偿，质权人（债权人）可持质权合同，或者出质人自愿出质的证明文件，或者出质人申请的金融机构核押文书，或者人民法院确认债权人依法享有质权且已生效的判决书，凭质押存单，依质权人的身份，到存款行验质提款，实现质权。质押存单到期日先于主债务履行期届满日的，质权人可以提前兑现存单，并与出质人协议将兑现的价款提前清偿所担保的债权或向与出质人约定的第三人提存，质权合同另有约定的，从其约定。提存的具体办法由各当事人自行协商确定。

① 参见李国光主编：《经济审判指导与参考》（第2卷），法律出版社2000年版，第145页。

第十六章

留　置　权

第一节　留置权概述

一、留置权的概念、特征和作用

(一)留置权的概念

留置权,是指债务人未按照约定的期限履行债务时,债权人有权依法留置已经合法占有的债务人的动产,并就该动产享有优先受偿的权利。留置权的概念最早出现于《德国民法典》中。一般认为,留置权源于罗马法的“恶意抗辩权”,后来“恶意抗辩权”发展为“同时履行抗辩权”和“留置权”。各个国家和地区法律中有关留置权的规定差异颇大。① 法国、德国和意大利等国采取债权留置权制度,英美法上的留置权种类繁多,共有三十多种,主要包括普通法上的留置权、衡平法上的留置权和海上留置权。瑞士和日本采取物权留置制度,我国《民法典》第447条第1款规定:“债务人不履行到期债务,债权人可以留置已经合法占有的债务人的动产,并有权就该动产优先受偿。”该债权人为留置权人,该动产叫作留置物,一般属于债务人所有。《民法典担保制度解释》第62条第1款规定:“债务人不履行到期债务,债权人因同一法律关系留置合法占有的第三人的动产,并主张就该留置财产优先受偿的,人民法院应予支持。第三人以该留置财产并非债务人的财产为由请求返还的,人民法院不予支持。”留置权主要

① 参见黄薇主编:《中华人民共和国民法典物权编释义》,法律出版社2020年版,第598页。

是基于保管、仓储、运输、承揽、行纪等特定的合同关系而依法产生的一种债的担保方式，其法理基础在于双务合同法律关系中的平等、公平原则，督促债务人及时履行债务。在合同关系中，当保管人、承运人、承揽人、行纪人依约履行了自己的义务，而委托人却不按合同约定履行支付保管费、运费、加工费、报酬等义务的情况下，如果标的物仍在债权人控制之中，则债权人即可留置该动产，经催告，债务人仍不能于合理期限内清结其债务的，债权人有权依法以该动产折价或者就其变价价款优先受偿其债权。留置权在符合法定条件时当然发生，债权人能从合同标的物本身受偿其债权，颇为简便且比较可靠，故其为担保的方式和担保物权的一种。

（二）留置权的法律特征

1. 留置权的从属性

留置权为从属于所担保债权的从权利，具有从属性，依主债权的转移而转移，因主债权的消灭而消灭，留置权优先受偿的范围决定于债权的范围。当留置物的价值大于主债权价值时，对于多余部分，留置权人必须返还债务人，不得用于清偿其他债务，当留置物的价值小于主债权价值时，对于不足部分，留置权人不存在优先受偿权，与其他无担保债权处于平等地位。

2. 留置权的性质为他物权

留置权是一种物权。留置权系以留置物为标的的权利，其效力直接及于留置物。当具备法定条件时，留置权人就可以排他地占有、支配留置物，不仅能对抗债务人的返还请求，且能对抗一般第三人对留置物的权利主张。

3. 留置权是法定担保物权

留置权是一种担保物权。留置权是以担保债权受偿为目的的物权，不同于用益物权，系以取得留置物的交换价值为主要内容的权利。故留置权体现为一种价值权。当债务人不履行给付义务超过约定期限时，留置权人可以就留置物的交换价值优先受偿。

4. 留置权是二次发生效力的物权

留置权发生两次效力，第一次效力是留置标的物，第二次效力是就留置物变价优先受偿。有学者也称留置权的二次作用。[①]

① 参见高祥：《独立担保法律问题研究》，中国政法大学出版社 2015 年版，第 245 页。

5. 留置权是不可分性物权

在债权得到全部清偿之前,留置权人有权留置全部标的物。不可分性是物权,特别是担保物权的共性。留置权作为一种担保物权,当然具有不可分性。所谓留置权的不可分性,是指留置权的效力就债权的全部及于留置物的全部。它实际上包含两个方面的含义:一是留置权所担保的是债权的全部,而非可分割的债权的一部分;二是留置权人可以对留置物的全部行使权利,而非可分割的留置物的一部分。所以,债权的分割及部分清偿、留置物的分割等,均不影响留置权的效力。只要债权未受全部清偿,留置权人就可以对留置物的全部行使权利,留置权的不可分性决定于留置权的效用。《民法典》第450条规定:"留置财产为可分物的,留置财产的价值应当相当于债务的金额。"《民法典担保制度解释》第38条规定:"主债权未受全部清偿,担保物权人主张就担保财产的全部行使担保物权的,人民法院应予支持,但是留置权人行使留置权的,应当依照民法典第四百五十条的规定处理。"由此可见,留置权人占有的财产为可分物的,债权人留置占有的留置财产的价值应当相当于债务的金额。

(三)留置权的作用

留置权相比抵押权和质权而言,没有融通资金的功能,留置权的作用是为了担保债权,属于保全型担保物权。第一,留置权的担保作用源于对债务人所有的动产的留置并保持持续占有。留置权中的持续占有权是对抗债务人的权利,具有强制债务人履行债务以实现债权的作用。第二,留置权的担保作用源于其对债务人所有的留置财产的变价权。变价权是留置权的重要权利之一,对抗的是债务人的所有权,为实现债权做准备。第三,留置权的担保作用源于留置权中的优先受偿权。《民法典》第456条规定:"同一动产上已经设立抵押权或者质权,该动产又被留置的,留置权人优先受偿"。

"留置权更多地保留古老的特性,只在一般的市民生活中发挥作用,处在担保物权领域一个不太引人注意的角落,较少有人问津。"①留置权的行使是法律例外地允许私力救济的情形,我们考察留置权在法律上的作用会发现,留置权与抵押权的区别在于抵押物可以为任何债务清偿提供担保,而留置权中的留置物只能是当事人双方交易的对象。如承揽人只能对定作加工物行使留置权。

① 梅夏英、方春晖:《对留置权概念的立法比较及对其实质的思考》,载《法学评论》2004年第2期。

留置权可因当事人间协议或根据特定法律关系,由法律推断或规定产生。我国法律明确规定债权人的留置权,给债权人以确定的行为预期,避免了债权人“劳而无获”的风险,有效地抑制了债务人的道德风险,从而达到鼓励价值创造的目的。[①]

（四）留置权的适用范围

留置权为法定担保权,当事人不得任意约定创设留置权,其成立基于法律的直接规定。依据多数学者观点,从我国原《担保法》等以往的法律上所规定的留置权发生条件来看,其适用范围过于狭窄,只存在于特定的合同关系中(原《担保法》第 82 条、第 84 条,原《合同法》第 422 条)[②],严重影响留置权功效的发挥,已广受学界批评。[③] 原《物权法》和《民法典》中对其适用范围予以扩张,除特定的合同关系外,在发生无因管理、不当得利乃至侵权责任等情形下,如果债权人合法占有的动产与其债权的发生属于同一法律关系,债权人即有留置权;企业之间财产的留置,不受债权因同一法律关系而发生的条件限制。有学者认为,留置权的适用范围不应局限于合同所生的债权,因侵权行为、无因管理或不当得利而成立的债权,在性质上与因合同所生的债权并无不同,留置权担保债权清偿的功能也不应存在差异,因此,因侵权行为、无因管理或不当得利而成立的债权,亦可适用留置。[④] 此外,民事特别法中亦有关于留置权的规定。如《信托法》第 57 条规定:“信托终止后,受托人依照本法规定行使请求给付报酬、从信托财产中获得补偿的权利时,可以留置信托财产或者对信托财产的权利归属人提出请求。”

二、留置权与其他类似权利的区别

（一）留置权与同时履行抗辩权

留置权与同时履行抗辩权很相似,其区别如下:

1. 性质不同。同时履行抗辩权的性质不是物权,而是债权的从权利,以拒

---

① 参见王利明主编:《民法》(上册),中国人民大学出版社 2022 年版,第 532 页。

② 参见曹士兵:《中国担保诸问题的解决与展望》,中国法制出版社 2001 年版,第 327 页。

③ 参见孙宪忠、朱广新:《民法典评注物权编》,中国法制出版社 2020 年版,第 350 页。

④ 参见高圣平:《民法典担保制度及其配套司法解释理解与适用》,中国法制出版社 2021 年版,第 1002 页。

绝相对人的给付请求为内容,只能对相对人主张。[①] 留置权不是债权性的权利,而是担保物权。具有物权的支配性和担保物权的从属性、不可分性、物上代位性和优先受偿性,其效力可以对抗相对人及其他任何人。

2. 适用范围不同。同时履行抗辩权适用于双务合同的场合,当事人双方基于交换关系相互负担给付义务。留置权也适用于双务合同,但须基于合同由一方当事人占有他方的动产,因而在双务合同中,同时履行抗辩权适用的合同债权的种类并无限定,只要是双务合同且事先未约定当事人双方履行合同的先后顺序,原则上均得发生该项抗辩权,适用范围较留置权的适用范围宽。

3. 标的不同。同时履行抗辩权拒绝给付的标的物并不以物为限,还可以是金钱以及劳务等。留置权所得留置的标的物仅以物为限,且须与债权相关联,且该动产不属于债权人所有。

4. 目的不同。同时履行抗辩权不具有担保的目的。留置权的目的在于债权担保。

5. 效力不同。留置权的效力在于对抗债务人的标的物返还请求权,债务人不履行到期债务时,经过法律规定的程序,留置权人可以就留置财产折价或者直接拍卖、变卖留置财产并就其价金优先受偿;而同时履行抗辩权的效力在于对抗对方当事人的债务履行请求权,对方当事人履行前,自己可以拒绝其享有的履行请求,但没有积极实现自己债权的手段。

6. 所保护的债权不同。留置权所保护的债权,与留置的标的物具有同一法律关系即可,企业之间留置的则无此限制;履行抗辩权所保护的债权,必须基于同一双务合同,且双方当事人之间需有对价关系存在。[②]

7. 消灭的原因不同。留置权人对留置财产丧失占有或者接受债务人另行提供担保的,留置权消灭;而同时履行抗辩权只要对方的债务不履行便不会消灭。

(二)留置权与抵销权

通说认为,留置权与抵销权均源于罗马法上的恶意抗辩权,是法律基于公平观念所确认的民法制度。这两种制度所要避免的正是在当事人之间存在相

① 参见王利明、尹飞、程啸:《中国物权法教程》,人民法院出版社 2007 年版,第 537 页。

② 参见黄薇主编:《中华人民共和国民法典物权编释义》,法律出版社 2020 年版,第 601 页。

互对立的债务时,仅一方履行而不顾他方是否履行的不公正现象。符合《民法典》第 568 条规定的抵销要件的任何一方均可将自己的债务与对方的到期债务抵销。留置权与抵销权是两种不同性质的权利,二者的区别如下:

1. 性质和目的不同。留置权的性质是法定担保物权,留置权在双方当事人履行债务前,有暂时留置标的物的效力,留置权的目的在于确保债权的实现。抵销权在性质上是形成权,是指双方当事人之间有互负债务,且为相同种类时,得相互抵销,避免交换给付,其行使的目的在于使当事人之间互负的债务归于消灭,以节约相互履行的成本。

2. 效力不同。留置权有对标的物的支配权能,具有支配留置财产的效力。抵销权为形成权,因抵销权的行使,当事人之间的互负的债务于等额上消灭。留置权并不能直接使双方的债权债务归于消灭,而抵销权的行使则有使双方的债权债务在抵销的范围内确定地、终局地消灭的效力。

3. 依据的债权不同。留置权是当事人之间因关于物的交付债务与基于该物所生的债务的对立而发生的,对立的两个债务是一个债权债务关系,即双务合同。抵销权所依据的债权是两个债权关系,是依当事人之间有同种债务的给付而发生的,两种债务的性质必须相同。

第二节　留置权的取得

留置权的取得,是指债权人对其占有的债务人的财产,因为具备法定事由而产生的留置该财产并对抗债务人的给付请求的效力。留置权是法定担保物权,当具备一定条件时,即依照法律规定当然成立,发生留置权的效力,而不能依当事人的约定而产生,必须具备法律规定的条件始成立。按照《民法典》规定,留置权成立要件分为积极要件和消极要件。

一、留置权成立的积极要件

(一)须债权人合法占有债务人的动产

留置权为担保物权,所以留置权人必须为债权人,而留置权的义务人则必须为被担保债权的债务人，与抵押权、质权等可由第三人为担保物的提供人不同。[①] 债权人占有债务人的动产，是留置权成立的最基本条件。《民法典》并不限制债的发生原因，解释上，任何债权人均可作为留置权的主体。留置权是担保物权，担保物权存在的意义在于担保债务的履行，保证债权人实现其债权，因此，留置权以债权债务关系的存在为前提。只有债权合法有效存在，才存在债权人行使留置权的问题。由于留置权以占有标的物为其成立要件和存续要件，必须是债权人已经占有了他人的动产，才能成立留置权。基于合法原因而占有他人的动产通常是基于一定的合同关系，如无因管理、运输、承揽、行纪合同，债权人自然应占有他人的保管物、托运物、原材料、委托物等。如果是强占债务人的与债务无关的物而迫使其偿还债务，则构成侵权行为，不能产生留置权。《民法典担保制度解释》第62条第1款规定："债务人不履行到期债务，债权人因同一法律关系留置合法占有的第三人的动产，并主张就该留置财产优先受偿的，人民法院应予支持。第三人以该留置财产并非债务人的财产为由请求返还的，人民法院不予支持。"明确了债权人对非属债务人的动产享有留置权并不以其善意为必要，只要债权人基于同一法律关系合法占有第三人之动产即可就此享有优先受偿权，并排除第三人所有权之返还效力。债权人合法占有债务人的动产，债务人履行到期债务的，债权人才有权留置该动产。通说认为留置权所担保的债权数额通常较小，如允许留置价值较大的不动产，则不仅对不动产所有人有欠公允，从社会经济发展的角度，也非良策，留置财产应限于动产，不动产则应排除于外。[②] 留置权具有优先受偿效力，而优先受偿权的实现需要采取拍卖、变卖、折价的方式，这就要求留置财产具有可转让性。[③] 但因留置权其主要作用在于留置标的物，以迫使债务人清偿债务，就留置物变价受偿仅为次要作用，故在留置物的让与性方面要求不太严格。[④]

（二）须债权的发生与该动产属于同一法律关系，但企业之间留置的除外

《民法典》第448条规定："债权人留置的动产，应当与债权属于同一法律关

① 参见谢在全：《民法物权论》（上册），中国政法大学出版社1999年版，第391页。

② 参见钱明星：《物权法原理》，北京大学出版社1994年版，第372页。

③ 参见最高人民法院民法典贯彻实施工作领导小组主编：《中华人民共和国民法典物权编理解与适用》（下），人民法院出版社2020年版，第1284页。

④ 参见崔建远：《中国民法典释评·物权编》，中国人民大学出版社2020年版，第551页。

系，但是企业之间留置的除外。”被留置财产的作用是清偿债务，原则上不能被返还。《民法典担保制度解释》第 44 条第 2 款规定：“主债权诉讼时效期间届满后，财产被留置的债务人或者对留置财产享有所有权的第三人请求债权人返还留置财产的，人民法院不予支持；债务人或者第三人请求拍卖、变卖留置财产并以所得价款清偿债务的，人民法院应予支持。”但如果是企业之间的留置动产与债权并非同一法律关系，则允许债务人或第三人请求返还。《民法典担保制度解释》第 62 条第 2 款和第 3 款规定：“企业之间留置的动产与债权并非同一法律关系，债务人以该债权不属于企业持续经营中发生的债权为由请求债权人返还留置财产的，人民法院应予支持。企业之间留置的动产与债权并非同一法律关系，债权人留置第三人的财产，第三人请求债权人返还留置财产的，人民法院应予支持。”间接地对商事留置权的成立条件作出了限定。

所谓同一法律关系，就是留置财产应当与债权所形成的债权债务关系属于同一个民事法律关系，最为常见的就是因合同产生的债权债务关系。例如，甲将电视交给乙修理，电视修好后，甲拒绝支付修理费，乙依法可以留置该电视机。此时甲未支付的修理费是基于双方合同产生的报酬，乙留置的动产与乙享有的债权是同一合同关系。同一法律关系还可以是因侵权形成的同一债权债务关系。所谓有牵连关系，是指债权人的债权的发生与其所占有的动产必须基于同一法律关系，而这同一法律关系只能是合同关系，不包括不当得利、无因管理、侵权行为等发生的债权关系。只有债权是由占有的标的物本身所发生的，才能认定债权的发生与占有动产之间有牵连。

对于如何认定“牵连关系”，有“一元论”“二元论”，理论上多种说法不统一。牵连关系的概念过于模糊，范围不确定，法律适用中容易产生分歧。[①] 因此，《民法典》没有采用牵连关系的概念，而是明确规定留置财产应当与债权属于同一法律关系。从《民法典》限制牵连关系的立法原意以及债权人、债务人及利害关系人的利益平衡考虑，不应对“同一法律关系”作扩大解释。因此，“同一法律关系”应指同一个法律关系，而非同一种法律关系。而在企业之间行使留置权，留置财产与债权则无须属于同一法律关系。换言之，企业之间，只要债权人合法占有债务人的动产，债务人不履行债务，债权人即可留置其动产，无论该

---

① 参见黄薇主编：《中华人民共和国民法典物权编释义》，法律出版社 2020 年版，第 604 页。

动产是基于何种法律关系占有。之所以这样规定,是因为企业之间交易频繁,若必须证明每次交易所发生的债权与所占有的动产为同一法律关系较为不便。《民法典》第448条的但书可以起到加强商业信用,确保交易便捷与迅速,促进工商业的繁荣的作用。例如,甲公司与乙公司经常有业务往来,乙公司欠了甲公司一笔货款,后丙公司支付运费后委托甲公司将一批货物运给乙公司,甲公司为了催要之前乙公司的欠款,将该批货物扣押,要求乙公司支付此前所欠的货款才肯交货。根据《民法典》第448条但书的规定,虽然甲公司承运的货物与乙公司的欠款不属于同一法律关系,甲公司仍有权行使留置权。

(三)须债权已届清偿期且债务人未履行债务

在债权人的债权未到清偿期的情况下如果允许债权人行使留置权,等于承认对未到履行期的债务可以强制提前履行,违背了合同的基本原则。所以,债权人的债权未到清偿期,其交付标的物的期限已届满,债权人不能行使留置权。但是,在债务人丧失清偿能力而不能履行债务的事实存在时,即使债权已届清偿期,为保障债权的实现也可以成立留置权。例如债务人破产的,即使债权未届清偿期,债权人也可以成立留置权。留置权制度的目的在于维护当事人之间的交易公平,担保债权受偿。因此,只有在债权清偿期届满,债务人不履行债务时,留置权人才可以行使留置权。[①]《民法典》第453条规定:"留置权人与债务人应当约定留置财产后的债务履行期限;没有约定或者约定不明确的,留置权人应当给债务人六十日以上履行债务的期限,但是鲜活易腐等不易保管的动产除外。债务人逾期未履行的,留置权人可以与债务人协议以留置财产折价,也可以就拍卖、变卖留置财产所得的价款优先受偿。"由此可见,债权清偿期届满后,还需要经过宽限期满,债务人既未清偿债务,也未提供其他担保,留置权人才能行使变价受偿权,此时留置权才得以实现。[②]

在商业实践中,企业之间相互交易频繁,追求交易效率,讲究商业信用,《民法典》规定,企业之间留置的财产,可以不与债权属于同一法律关系,承认了商事留置权。[③]《民法典担保制度解释》第62条第2款规定:"企业之间留置的动

---

① 梁慧星、陈华彬:《物权法》,法律出版社2007年版,第374页。

② 参见高圣平:《民法典担保制度及其配套司法解释理解与适用》,中国法制出版社2021年版,第1011页。

③ 参见黄薇主编:《中华人民共和国民法典物权编释义》,法律出版社2020年版,第751页。

产与债权并非同一法律关系,债务人以该债权不属于企业持续经营中发生的债权为由请求债权人返还留置财产的,人民法院应予支持。”企业包含个人企业、合伙企业、公司制企业等类型。依照《民法典》第 396 条的规定,允许个体工商户享有浮动抵押权,基于商事留置权的制度功能和法律的规范体系,个体工商户亦属于商事主体。

二、留置权取得的消极要件

留置权取得的消极要件是指阻止留置权发生的情形或因素,也称留置权成立的限制。在现行法上主要有以下几项:

第一,须当事人事先无不得留置的约定。留置权系法定担保物权,当事人不得随意设立,但可依当事人合意排除留置权的适用。《民法典》第 449 条规定:“法律规定或者当事人约定不得留置的财产,不得留置。”若当事人对不得留置财产已有约定,则当然排除留置权的成立。

第二,须留置债务人的财产不违反公共秩序或善良风俗。此条系民事活动应遵循的一般原则,我国《民法典》虽未明文规定但亦应遵守之。如果扣留他人的物品足以造成债务人公法上障碍,或者留置之物为维持债务人生活上或职业上的必要品的,也应认为违反公序良俗。前者如扣留债务人之身份证、户口簿、录取通知书、毕业证、学位证等;后者如留置债务人必需的炊饭器具、技工之谋生工具或跛者之拐杖等。

第三,须留置财产与债权人所承担的义务不相抵触。如果债权人在合同中的义务即是交付标的物,则债权人不得以债务人不履行义务为由行使留置权,否则与其所承担的义务本旨相违背。

第四,须留置财产与对方交付财产前或交付财产时所为的指示不相抵触。债务人于交付财产给债权人之时或之前,明确指示债权人于履行义务后将标的物交还给债务人的,债权人不得留置。①

第五,对动产的占有须非因侵权行为而取得。留置权的成立,须以对债务人的动产的占有为前提,但其占有必须是合法占有,且债权与物的占有属于同

---

① 参见杨立新:《物权法》,中国人民大学出版社 2020 年版,第 255 页。

一法律关系。如果债权人是因侵权而占有他人的动产,则不发生留置权。①

第二节 留置权的效力

一、留置权所担保债权的范围

留置权所担保的债权范围,原则上应与担保物权所担保的债权范围相同,是与留置财产有牵连的一切债权,包括原债权、债权的利息、迟延的利息、实现留置权的费用、留置财产保管费以及因留置财产瑕疵而产生的损害赔偿金等内容。对此,应当适用《民法典》第 389 条关于"担保物权的担保范围包括主债权及其利息、违约金、损害赔偿金、保管担保财产和实现担保物权的费用。当事人另有约定的,按照其约定"的规定。《民法典担保制度解释》第 38 条第 1 款规定:"主债权未受全部清偿,担保物权人主张就担保财产的全部行使担保物权的,人民法院应予支持,但是留置权人行使留置权的,应当依照民法典第四百五十条的规定处理。"由此可见,留置权的不可分性,相对于抵押权、质权而言,效力较弱,主要表现在留置财产如属于可分物,且分割后的留置财产足以担保债权的受偿,为求得留置权人和债务人利益的均衡,留置财产的价值应相当于债务的金额。《民法典担保制度解释》第 38 条第 2 款规定:"担保财产被分割或者部分转让,担保物权人主张就分割或者转让后的担保财产行使担保物权的,人民法院应予支持,但是法律或者司法解释另有规定的除外。"留置权的效力范围主要包括以下几点:

第一,主债权。主债权是指留置权人基于合同而发生的要求债务人履行主要义务的权利,有时又被称为原债权或本债权。如承揽合同中定作方应当支付报酬,即是指债权人的主债权。留置权的标的物就是留置财产。留置权对留置财产所及的效力范围,法律无明文规定,在解释上认为包括主物、从物、孳息和代位物。

第二,利息。利息是主债权的法定孳息,既包括主债权履行期内的利息,也

① 参见杨立新:《物权法》,中国人民大学出版社 2020 年版,第 255 页。

包括迟延履行时的迟延利息。《民法典》第452条规定："留置权人有权收取留置财产的孳息。前款规定的孳息应当先充抵收取孳息的费用。"留置权人的权利仅仅是收取孳息，并非直接能获得孳息的所有权。留置权的效力及于孳息，表明留置权人在收取孳息后，有权控制、占有孳息，且此种权利可以对抗作为所有人的债务人，债务人在未履行债务之前不能要求留置权人返还留置财产的孳息。①

第三，违约金。违约金是合同当事人违反合同时，依照法律规定或合同的约定应向对方支付的款项，也是违约方应承担的民事责任。

第四，损害赔偿金。损害赔偿金应当包括债务人违反合同时所导致的损害赔偿金和因留置物的瑕疵所导致的损害赔偿金。

第五，留置物的保管费用。此费用是指留置权人留置标的物期间，因保管留置物所支出的必要费用。

第六，实现留置权的费用。此笔费用是指留置权人因行使优先受偿权所发生的费用，如拍卖留置物时的申请费用、拍卖费等，留置物折价时的评估费用等。

二、留置权人的权利与义务

（一）留置权人的权利

1. 留置物的占有权

留置权人对留置物有占有的权利，在其债权未受偿前，得扣留留置物，拒绝一切返还请求。这是留置权的基本效力。留置权人对留置物的占有权受法律的保护，任何人不得侵害留置权人的占有权。在留置物受到不法侵害时，无论侵害人为何人，留置权人享有物上请求权，得请求法院保护。留置权人占有留置物的权利基于留置物为物权的本质，不仅可以对抗债务人，也可以对抗第三人，除非第三人享有的权利顺位在留置权之前。②

2. 留置物孳息的收取权

留置权人于其占有留置物期间，对于留置物的孳息有收取的权利。留置权

---

① 参见黄薇主编：《中华人民共和国民法典物权编释义》，法律出版社2020年版，第762～763页。

② 参见崔建远：《物权法》，中国人民大学出版社2021年版，第586页。

人收取留置物的孳息但并不能直接取得孳息的所有权，只能以收取的孳息优先受偿。一般说来，留置权人收取的孳息应先充抵收取费用，其次充抵利息，最后充抵原债权。

3. 对留置物必要的使用权

由于留置权为担保物权，留置权人虽得占有留置物，但原则上对留置物不得为使用收益。在留置期间，留置权人未经留置物所有人同意擅自使用、出租、处分留置物，因此而给留置物所有人造成损失的，由留置权人承担赔偿责任。在下列两种情形下，留置权人对留置物具有使用权：第一种情形为保管上的必要。于保管留置物所必要的范围内，留置权人得使用留置物。如为防止留置物的长期不使用而性能受损而为一定的使用。但是，留置权人的此种必要使用的目的，仅以保存留置物为限，而不得以积极地取得收益为目的，当然，若因留置权人必要使用而产生收益时，留置权人也得收取之，并以之充偿债权。第二种情形为经留置物所有人同意。经留置物所有人同意时，留置权人当然也得使用留置物，于同意的范围内留置权人的使用权受法律保护。

4. 必要费用之返还请求权

由于留置权人对留置物并无用益权，却有妥善保管的义务，因此留置权人为保管留置物所支出的必要费用，是为物的所有人的利益而支出的，自应得向物的所有人请求返还。所谓妥善保管，是指以善良管理人的注意予以保管。[①]所谓保管的必要费用，是指为留置物的保存及管理上所不可缺的费用，如养护费、维修费等。所支出的费用是否为必要，应依支出当时的客观标准而定，而不能以留置权人的主观认识为标准。

5. 就留置物变价优先受偿权

我国法律规定，留置权人有优先受偿权，于一定条件下，得就留置物变价优先受清偿。

（二）留置权人的义务

1. 留置财产的保管义务

《民法典》第451条规定："留置权人负有妥善保管留置财产的义务，因保管不善致使留置财产毁损、灭失的，应当承担赔偿责任。"留置权人应以善良管理

① 参见王利明、尹飞、程啸：《中国物权法教程》，人民法院出版社2007年版，第543页。

人之注意，保管留置物。留置权人对保管未予以善良管理人之注意的，即为保管不善。① 因此而致留置物毁损、灭失的，应承担民事责任。留置权人在保管留置物时需债务人予以协助的，其得请求债务人协助。如债务人应留置权人的请求却不予以协助，则对由此而造成的留置物的毁损、灭失，债务人不得向留置权人请求损害赔偿。

2. 不得擅自使用、利用留置物的义务

留置权人原则上并无使用留置物的权利，相反留置权人负有不得擅自使用、利用留置物的义务。除为保管上的必要而使用外，留置权人未经债务人同意的，不得自己使用留置物，也不得将留置物出租或提供担保。

3. 返还留置物的义务

当留置权所担保的债权消灭时，留置权人有义务将留置物返还于债务人。在债权虽未消灭，但债务人另行提供担保而使留置权消灭时，留置权人也有返还留置物的义务。留置权人违反返还留置物的义务的，构成非法占有，应向债务人或所有人承担民事责任。

三、留置权的实现

（一）留置权实现的意义

留置权的实现，也叫留置权的实行，是指留置权的第二次效力的实现。留置权具有前后两次相继发生的效力，因而与其他担保物权相区别。留置权这两次效力的作用虽然都担保债权实现，但具体作用有所不同。留置权的第一次效力在于促使债务人履行债务，并不发生以留置财产清偿债务的效力。留置权的第二次效力为行使优先受偿权，指留置权人于债务人超过一定期限仍不履行其义务时，可以依法以留置物的变价优先受清偿。

（二）留置权实现的条件

按照《民法典》第453条和第454条的规定，实现留置权须经过必要的程序和具备相当的条件，主要包括：宽限期、通知义务和变价。依此规定，留置权人实现留置权须具备以下条件。

① 参见谢在全：《民法物权论》（上册），中国政法大学出版社1999年版，第426页。

1. 债权人持续地占有债务人的动产

留置权的发生和存续以留置权人占有留置财产为条件。留置权成立后，留置权人丧失对留置财产的持续占有，留置权归于消灭。但因侵权行为致使留置权人暂时丧失留置财产，留置权人恢复占有而重新取得占有权的，不构成丧失占有，仍可实行留置权。这里指的持续占有是指对留置财产不间断地占有，不仅包括直接占有，也包括间接占有。

2. 须确定留置后债务人履行债务的宽限期

留置权人在留置财产后须再经过一定期间后，才可实现留置权。① 这里的一定期间，也就是给予债务人的履行债务的宽限期。债务人履行债务的宽限期，由当事人事先在合同中约定，没有约定或者约定不明，留置权人应当给债务人60日以上履行债务的期限，但鲜活易腐等不易保管的动产除外。

3. 须债务人于宽限期内仍不履行义务，且另外又没有提供担保的

若债务人于宽限期内履行了义务或另行提供了担保，留置权即可以消灭。只有在债务人于宽限期限届满仍不履行义务，又不提供另外担保的情况下，留置权人才可以按照法律规定实现留置权。

4. 不存在妨碍留置权实现的法定或约定情形

如果债权人留置债务人的财产违反了公共秩序或善良风俗，或者与债务人交付动产前或交付动产时所为的指示相抵触，或者违反了债权人应承担的义务，则即使债务人迟延履行义务，债权人也不得行使留置权。

（三）留置权实现的程序

1. 留置权人应对债务人发出履行债务的通知

在当事人间已约定有宽限期的情况下，留置权人无须通知债务人履行债务。在当事人间没有约定宽限期的情况下，留置权人应向债务人发出通知，通知其在宽限期（不少于60日）内履行债务。此通知具有催告的性质。通知的内容，一是已将合同标的物留置，二是告知债务人宽限期，三是催告债务人在宽限期内履行债务。债权人未通知债务人上述内容，不得实现留置权。

2. 折价或变卖、拍卖留置财产必须经过一定期间

与抵押权、质权不同，留置权人并不能在债务人于债务履行期限届满未履

---

① 参见王利明、尹飞、程啸：《中国物权法教程》，人民法院出版社2007年版，第546页。

行债务时即实现留置权。留置权人在留置财产后须再经过一定期间,才可实现留置权。也就是给予债务人履行债务的宽限期。债务人履行债务的宽限期,由当事人事先约定,如果未事先约定宽限期,则由债权人在留置财产后自行确定,但债权人确定的给予债务人的债务宽限期最短不得少于 60 日。①

(四)留置权实现的方式

依照我国《民法典》的规定,留置权的实现方式有折价、通过拍卖或者变卖而变价。留置权人可以与债务人协商采取哪种方法实现留置权,一般情况下,双方当事人可以先协议将留置财产折价以实现其债权,如无法达成协议,留置权人可以依法拍卖或者变卖留置财产,并以拍卖或者变卖所得的价款优先受偿其债权。

1. 折价。折价是指留置权人与债务人协议确定留置财产的价格,留置权人取得留置财产的所有权以抵销其所担保的债权。这种方法比较简单,但必须双方当事人协商一致,否则就应当采取拍卖或者变卖的方法。②

2. 拍卖。拍卖是指依照拍卖法规定的拍卖程序,于特定场所以公开竞价的方式出卖留置财产。拍卖的公开性和透明度都比较高,但费用较高。

3. 变卖。变卖是指以一般的买卖形式出卖留置财产的方式。由于拍卖的费用较高,有的双方当事人不愿意负担这一费用,因此采取费用较为低廉的变卖方式。

四、留置权的消灭

(一)留置权消灭原因的类型

留置权作为一种物权,其消灭的原因是多样的。《民法典》第 457 条规定:“留置权人对留置财产丧失占有或者留置权人接受债务人另行提供担保的,留置权消灭。”根据《民法典》第 393 条规定,担保物权可因物权消灭的共同原因而消灭,如因留置标的物的灭失、被征收等原因而消灭;也可因担保物权消灭的共同原因而消灭,如因被担保债权的消灭、留置权的行使以及留置权被抛弃等原因而消灭。此外,留置权作为一种法定的担保物权,还具有特殊的消灭原因。

① 参见王利明:《民法》(上册),中国人民大学出版社 2020 年版,第 537 页。

② 参见黄薇主编:《中华人民共和国民法典物权编释义》,法律出版社 2020 年版,第 618 页。

（二）留置权消灭的特殊原因

留置权的消灭，与其他担保物权的消灭有所不同，留置权具有以下特殊消灭原因。

1. 因留置权人对留置财产丧失占有而消灭

留置权产生的前提条件是债权人对债务人财产的合法占有。留置权人的占有应当为持续不间断的占有，否则留置权就会因占有的丧失而消灭。留置物占有的丧失，当然也就成为留置权消灭的原因。留置权占有的丧失，既包括基于留置权人自己意愿的丧失，也包括非基于留置权人自己意愿的丧失。前者如留置权人自愿放弃对留置物的占有，后者如留置物的占有被侵夺。债权人对留置物占有的丧失分两种情形：

（1）由于第三人或债务人的非法侵夺导致债权人对留置物占有的丧失，此种情形下债权人的占有权可以对抗侵夺人，有权要求其停止侵害、恢复原状、返还原物。债权人的留置权并不当然消灭，在其恢复占有时留置权重新取得。在因留置权人意愿以外的原因，导致留置权人丧失对于留置财产占有的情形下，如留置财产是因为第三人的侵夺而丧失，留置权人可以通过行使物权请求权请求返还原物，不应当因此认定留置权消灭。[①]

（2）由于债权人的原因丧失占有，如债权人将留置物返还给债务人，此情形下留置权当然消灭，且因其他原因重新占有时也不能恢复留置权。

2. 因留置权人接受债务人另行提供担保而消灭

留置权作为一种法定担保物权，其功能主要是通过留置权人留置合法占有债务人的动产，促使债务人尽快偿还债务。如果债务人为清偿债务另行提供了相当的担保，该担保就构成了留置权的替代，债权人的债权受偿得到了充分的保障，原留置财产上的留置权理应消灭。债务人另行提供的担保可以是其他担保物权如抵押权、质权，也可以是保证。在债务人提供相当担保的情况下，如果留置财产上的留置权仍然存在，就对债务人的利益限制过多，妨碍了债务人对留置财产的利用，不符合诚实信用原则和公平原则。[②] 留置物归债权人占有但债权人却无权使用留置物，这在实际上导致留置物的闲置，不利于留置物效用

---

① 参见王利明：《物权法研究》（第4版），中国人民大学出版社2018年版，第682页。

② 参见黄薇主编：《中华人民共和国民法典物权编释义》，法律出版社2020年版，第625页。

的充分发挥,也不利于经济流转。

债务人另行提供担保导致留置权消灭的,应当满足以下条件:一是债务人另行提供的担保应当被债权人接受;若债权人不接受新担保的,留置权不消灭。二是债务人另行提供的担保所能担保的债权应当与债权人的债权额相当。由于留置权是以先行占有的与债权有同一法律关系的动产为标的物,留置物的价值有可能高于被担保的债权额,但债务人另行提供的担保所能担保的债权不以留置物的价值为标准,一般应与被担保的债权额相当。当然在双方当事人协商一致的情况下,债务人另行提供的担保所能担保的债权也可以低于或者高于债权人的债权额。

债权人同意延缓债务的履行期,留置权成立和存续的要件不复存在,留置权已无存在的余地,应归于消灭。①

第四节　担保物权的竞存与混合共同担保

一、担保物权的竞存概述

(一)担保物权竞存的概念

担保物权的竞存,又称为物的担保的竞存,指在同一标的物上存在不同类型的担保物权且担保物权人非同一人时,何种担保物权效力优先的问题。

《民法典》第456条规定:“同一动产上已设立抵押权或者质权,该动产又被留置的,留置权人优先受偿。”至于担保物权的其他竞合形式,则未作明确规定。为此,有必要明确担保物权竞合的成立条件。

(二)担保物权竞合的成立条件

从担保物权竞合的界定看,担保物权竞合须符合以下条件。

1. 数个不同种类的担保物权同时存在于同一标的物之上

只有在同一标的物之上,存在数个不同种类的担保物权时,才会发生担保物权的竞存。相反,在同一标的物上存在同一种类的担保物权,则属担保物权

① 参见崔建远:《物权法》,中国人民大学出版社2021年版,第591页。

的并存,不属真正意义上的担保物权的竞存。

数个不同种类的担保物权同时存在,意味着在实现担保物权时,存在不同种类的担保物权,而非指标的物上曾先后存在过数个担保物权。倘若同一标的物曾存在数个担保物权,但在实现担保物权时,其他担保物权已消灭仅有一个担保物权,自不成立担保物权的竞存。故担保物权的竞存,仅与担保物权实现时的数个担保物权的并存状态有关,与数个担保物权的成立时间无关。

2. 数个担保物权人并非同一人

数个担保物权人并非同一人,意味着数个担保物权并非担保同一个债权。倘若数个担保物权的权利主体为同一人时,则意味着数个担保物权担保同一债权,不成立担保物权的竞合。

二、担保物权竞存的类型

(一)动产抵押权与动产质权的竞存

抵押权不须转移标的物的占有,而质权则转移标的物的占有,故抵押权与质权的竞存仅能发生于动产之上。抵押权设立后,抵押人将标的物再用于质押,成立质权,发生抵押权与质权的竞存。

《民法典》第415条规定:"同一财产既设立抵押权又设立质权的,拍卖、变卖该财产所得的价款按照登记、交付的时间先后确定清偿顺序。"依此,该条确立了"先公示者优先"的动产抵押权与动产质权竞存的优先顺位规则。就竞存动产抵押权之间的优先顺位,《民法典》第414条以动产抵押权取得对抗第三人效力的先后顺序作为判断标准。同一动产上竞存的动产抵押权和动产质权之间,也应以相关权利取得对抗第三人效力的先后顺序作为判断竞存权利之间优先顺位的标准。登记和交付同为物权变动的公示方法,其效力由法律直接作出规定,在法律上没有明确规定何种公示方法优先的情况下,两者之间并无优劣之分。更何况,在登记对抗主义之下,登记的功能与不动产登记迥异,登记并不具有公信力。在比较法上,占有和登记之间效力平等,两者间的先后顺序可以决定动产担保物权之间的优先顺位,没有理由认为先设立的动产质权就劣后于后设立且登记的动产抵押权。[①]

① 参见龙俊:《动产抵押对抗规则研究》,载《法学家》2016年第3期。

(二)动产抵押权或质权与留置权的竞存

由于留置权的标的物是动产,故能够和留置权相竞存的抵押权只能是动产抵押权。由于抵押权设定后不转移抵押物的占有,故抵押人可在将抵押物交由他人占有时,因符合留置权成立的要件而于抵押物上成立留置权。例如,甲将车抵押于乙,甲将车交丙维修时,因拖欠维修费而被丙留置,于是,产生了乙的抵押权与丙的留置权的竞存问题。此种情形下的抵押权与留置权竞存的效力如何?《民法典》第456条规定:“同一动产上已经设立抵押权或者质权,该动产又被留置的,留置权人优先受偿。”根据该规定,同一动产上已设立了抵押权或者质权,该动产又被留置的,留置权人优先受偿,确立了留置权的效力优先于其他担保物权效力的规则,且无论留置权是否产生于抵押权或者质权之前,留置权人均优先受偿。

在质物被质权人占有期间,如质权人将质物交由第三人直接占有,如维护、保管等,第三人在符合留置权成立要件时将取得留置权,发生留置权与质权的竞存。此种情形下,留置权人直接占有标的物,质权人仅为间接占有标的物,且留置权是基于维护和保存标的物的价值的行为而发生的债权,故留置权优先于质权。

适用《民法典》第456条时需要注意以下两个问题:其一,不考虑留置权人是否善意的问题。留置权系因法律的直接规定而发生,并非基于担保关系当事人的自主意思而成立,属于法定担保物权,留置权人无法事先检索动产和权利担保登记系统以查明标的物上是否存在担保负担。同时,在确定竞存权利之间的优先顺位之时,不考虑权利人主观上的心理态度,纯以客观上可得确定的标准加以判断。其二,本条所定规则自可类推适用于融资租赁交易中出资人的所有权或所有权保留交易中出卖人的所有权与留置权相竞存的情形。承租人或买受人如因维修标的物等原因而将标的物交由债权人合法占有之时,同样有留置权发生的可能。在出租人或出卖人取回标的物之时,如所有权未经登记,自不得对抗留置权人,即使所有权已经登记,也应类推适用第456条的规定,使留置权优先于出租人或出卖人的所有权。①

---

① 参见王利明:《民法》(上册),中国人民大学出版社2020年版,第544~545页。

三、物的担保与人的担保并存

物的担保与人的担保的并存，是指同一债权，既有以担保物权的形式担保债权，又有以第三人与债权人订立保证合同的形式担保债权，这种物保与人保的并存称为混合共同担保。混合共同担保为共同担保的一种特殊形式，其与共同人保、共同物保一起，组成了共同担保的三种主要类型。在混合共同担保中，各担保人内部之间是否有相互追偿权问题，理论和实务界一直存在不同认识，法律也一直未作出明确规定。法律规则阙如给理论探讨留下了空间，呈现赞成与否定两种截然不同的观点。否定说认为，担保人系为债务人提供担保而非为担保人提供担保，故相互之间并无追偿权。理由主要在于：与公平原则相悖、缺乏法理基础、无法律依据等。[①] 赞成说认为，担保人为债务人提供担保，应共同承担债务人不能清偿债务的风险和责任，如无相反约定，立法上应承认保证人与物上保证人之间的内部求偿权。[②] 理由主要在于：在债权人已经陷入债务危机的情形下，若否定担保人之间的追偿关系，将最终承担担保责任的风险完全系于债权人的自由选择上，容易滋生难以克服的道德风险。对此，司法实践上也曾存在较大分歧。[③] 原《担保法》及其司法解释中有共同保证人追偿权之规定，如果可类推适用即能解决此问题，但司法裁判中法院明确否认了类推的可能。即便是共同保证的情形，由于原《物权法》颁布后，原《担保法》及其司法解释中有关担保人之间可以相互追偿的规定，因与原《物权法》产生冲突，也已不再适用，[④]这一观点在《九民纪要》中得到司法机关

---

① 参见崔建远：《混合共同担保人相互间无追偿权论》，载《法学研究》2020 年第 1 期；黄薇主编：《中华人民共和国民法典释义》（上），法律出版社 2020 年版，第 756 页；王昌颖：《人保与物保并存时担保人之间的追偿权初探》，载《人民法院报》2013 年 4 月 3 日，第 7 版；李红建、雷新勇：《人保与第三人物保的相互追偿及担保物权未设立的责任问题探讨》，载《法律适用》2014 年第 8 期。

② 参见高圣平：《混合共同担保的法律规则：裁判分歧与制度完善》，载《清华法学》2017 年第 5 期；王利明：《民法典物权编应规定混合共同担保追偿权》，载《东方法学》2019 年第 5 期。

③ 参见周江洪、陆青、章程主编：《民法判例百选》，法律出版社 2020 年版，第 208 ~ 210 页。裁判实例参见青海省高级人民法院民事判决书，(2019) 青民终 246 号；贵州省高级人民法院民事判决书，(2017) 黔民终 17 号。

④ 北京市第三中级人民法院民事判决书，(2020) 京 03 民终 1038 号。

认可。[1]《民法典》第 392 条延续上述思路,未直接规定共同担保人之间的追偿权。

《民法典》第 392 条规定:被担保的债权既有物的担保又有人的担保的,债务人不履行到期债务或者发生当事人约定的实现担保物权的情形,债权人应当按照约定实现债权;没有约定或者约定不明确,债务人自己提供物的担保的,债权人应当先就该物的担保实现债权;第三人提供物的担保的,债权人可以就物的担保实现债权,也可以请求保证人承担保证责任。依此,同一债权既有物的担保又有人的担保时,依以下规则确定。第一,当事人对于物的担保和人的担保之间的责任顺序和责任承担范围有约定的,债权人应当按照约定实现债权。这体现了尊重当事人意思自治。第二,当事人对于物的担保和人的担保之间的责任顺序和责任承担范围没有约定或者约定不明确的,债务人自己提供物的担保的,则债权人应先以担保物清偿债务,可以避免日后出现追偿权的问题。第三,当事人对于物的担保和人的担保之间的责任顺序和责任承担范围没有约定或者约定不明确的,同一债权既有第三人提供物的担保又有人的担保时,此时,人的担保和物的担保处于平等地位,债权人享有选择权。债权人既可以要求物的担保人承担担保责任,也可以要求保证人承担保证责任,为保障债权人的债权得以充分实现,法律应当尊重债权人的选择。

《民法典担保制度解释》第 13 条规定:"同一债务有两个以上第三人提供担保,担保人之间约定相互追偿及分担份额,承担了担保责任的担保人请求其他担保人按照约定分担份额的,人民法院应予支持;担保人之间约定承担连带共同担保,或者约定相互追偿但是未约定分担份额的,各担保人按照比例分担向债务人不能追偿的部分。同一债务有两个以上第三人提供担保,担保人之间未对相互追偿作出约定且未约定承担连带共同担保,但是各担保人在同一份合同书上签字、盖章或者按指印,承担了担保责任的担保人请求其他担保人按照比例分担向债务人不能追偿部分的,人民法院应予支持。除前两款规定的情形

---

① 《九民纪要》第 56 条规定:"被担保的债权既有保证又有第三人提供的物的担保的,担保法司法解释第 38 条明确规定,承担了担保责任的担保人可以要求其他担保人清偿其应当分担的份额。但《物权法》第 176 条并未作出类似规定,根据《物权法》第 178 条关于'担保法与本法的规定不一致的,适用本法'的规定,承担了担保责任的担保人向其他担保人追偿的,人民法院不予支持,但担保人在担保合同中约定可以相互追偿的除外。"

外，承担了担保责任的担保人请求其他担保人分担向债务人不能追偿部分的，人民法院不予支持。”可见，《民法典担保制度解释》在坚持尊重立法原意的基础上，就担保人之间相互追偿的问题，明确担保人之间原则上不能相互追偿，并作出三种例外情形的安排：一是担保人之间直接约定可“相互追偿”，这种意思联络只能通过担保人之间明确约定得以体现，此时追偿的依据源于当事人之间的“约定”，内容上可同时约定相互追偿以及分担份额，也可只约定有追偿权，而对具体如何分担不做约定。二是担保人之间约定存在“连带共同担保”，此时并未直接约定相互追偿，但通过“连带共同担保”的约定，依据《民法典》第519条可推导出追偿的法定后果，未约定追偿份额亦不影响追偿权的行使。三是各担保人在同一份合同书上签字、盖章或者按指印（司法实践中一般将此情形简称为“共签”），即通过担保人之间共同行为推导出连带共同担保的意思表示，进而依据上述情形二的逻辑推导出相互追偿的法律后果，该情形可以视为是情形二的一种特殊形式。

第十七章

占　　有

第一节　占有概述

一、占有的概念和特征

源自罗马法的占有制度，经过近两千年的发展，已经成为现代物权法中的一项重要制度。在罗马法中，所有权概念发达甚早，土地所有权关系易于确定，有助于将占有从物权分离，予以独立化，认为占有是一种事实，而不是权利，其机能不在于保护权利，而在于保护社会平和。① 在日耳曼法中，占有并没有与所有权严格区分，是与本权不可分离的结合体。近现代意义上的占有制度，有的源于罗马法的占有制度，如《法国民法典》；有的源于日耳曼法的占有制度，如《德国民法典》《瑞士民法典》；有的则兼采罗马法和日耳曼法的占有制度。总之，来源于罗马法和日耳曼法的占有制度为大陆法系各个国家或地区所继受。

我国通说认为，占有是指占有人对于物具有事实上支配力的一种法律状态。占有具有以下几项特征。

（一）占有以物为客体

占有的客体为物，所谓物包括动产与不动产。通常，动产物权的公示方法是占有，而不动产物权的公示方法是登记。然而，在现实生活中，虽没有物权却

① 参见王泽鉴：《民法物权》，北京大学出版社2010年版，第410～411页。

占有不动产的情形也时有发生,例如,不动产承租人对于不动产的占有,以及未经登记的不动产移转而产生的占有等,因此我国《民法典》在"占有"分编中将占有规则共同适用于动产和不动产。至于那些不以物的占有而成立的财产权,如地役权、抵押权和专利权等,只能成立"准占有"。

(二)对物产生了事实上的支配力

对物有事实上的支配力,是指对于物可以支配,并排除他人干涉之力。占有为法律事实,须依社会观念结合外部可以认识的空间、时间关系,就个案加以认定。[①] 具体来说,判断某人是否对物产生了事实上的支配的标准有以下三项:

1. 在空间上,人与物在场合上须有一定的结合关系,足以认定该物为某人事实上所支配。例如,居住于房屋,耕作于土地,放置在家中的家具、书籍、衣物等属于主人的占有;农夫放置农具于田中,建筑商堆放材料于工地,亦属占有。遗忘钱包于车站,离开后数小时发现其事,因车站人潮来往,依社会观念,可认定丧失占有,钱包成为遗失物。反之,停放汽车于路旁,出国数日,仍不失其占有。[②]

2. 在时间上,人对物的事实上的支配应当持续一定的时间,即较为稳定、确定的支配,具有时间上的连续性。仅短暂性地支配,不成立占有。例如,在饭店就餐时使用餐具、在公园坐卧长椅、在图书馆借用杂志,由于仅是短暂的接触,因此不能认为具有事实上的支配力。

3. 在法律关系上,现代物权理论认为,占有的成立,无须占有人对标的物为直接支配,基于某种法律关系而使他人为媒介也可构成支配,只不过此种支配属于一种观念上的支配。这主要包括两种情形:其一,依辅助占有关系而成立的占有,即辅助占有,指基于特定的从属关系,受他人的指示而进行的占有,如雇员依雇主指示占有机器设备;其二,间接占有,例如房屋由承租人直接占有,而出租人则取得对房屋的间接占有。[③]

---

① 参见王泽鉴:《民法物权》,北京大学出版社 2010 年版,第 416 页。

② 参见王泽鉴:《民法物权》,北京大学出版社 2010 年版,第 416 页。

③ 参见梁慧星、陈华彬:《物权法》,法律出版社 2010 年版,第 397 页;王利明、尹飞、程啸:《中国物权法教程》,人民法院出版社 2007 年版,第 548 页。

二、占有的性质

占有究竟是事实还是权利，罗马法上就有争论。在罗马法时代，占有被认为是一种事实，但具有一定的法律效果。到了帝政后期，有的学者开始主张占有是一种权利。罗马法学家的分歧对后世的立法和学理争论产生了直接影响。根据《德国民法典》第854条和《瑞士民法典》第919条的规定，占有是一种事实状态；而《日本民法典》第180条、《韩国民法典》第192条则认为占有是权利，称为占有权。在我国，《民法典》对于占有未设定义性规定，但解释上应将其解释为一种事实状态。因为权利说会导致占有与占有权关系的混乱，特别是权利说无法解释无权占有的现象。具体来说，无权占有人负有返还占有物及其孳息于权利人的义务，《民法典》第460条明确"不动产或者动产被占有人占有的，权利人可以请求返还原物及其孳息"。占有人无权处分占有物，致受让人善意取得其所有权时，占有人应依不当得利制度将取得的利益返还给真正的权利人。单纯的占有虽然可以作为"给付不当得利"的客体，但须与本权结合才具有权利归属的内容，得主张权益被侵害的不当得利。由此观之，占有不是一种权利，而为事实。[①] 此外，从立法体系上来看，《民法典》将占有单独列为一分编，与所有权、用益物权和担保物权各分编并列，显然未把它视为物权，而是事实。[②]

三、占有制度的功能

占有制度的功能，包括维护法律秩序的功能和公示功能。法律赋予占有的功能乃基于一种基本认识，即占有的背后存在某种特定的权利，尤其是所有权。保护占有，实际就是在保护此种权利。[③]

（一）维护法律秩序的功能

占有制度具有保护现实存在的状态不受第三人侵犯的功能，从而维护法律秩序的稳定。这一功能是近代占有制度的重要功能，基于此功能，法律对于物

---

① 参见王泽鉴：《民法物权》，北京大学出版社2010年版，第425页。

② 参见崔建远：《中国民法典释评·物权编》，中国人民大学出版社2020年版，第574页。

③ 参见崔建远：《中国民法典释评·物权编》，中国人民大学出版社2020年版，第575页。

的事实支配,无论其支配本权有无,确认适法一概予以保护。[①] 也就是说,对占有的保护仅仅在于维护现存法律秩序的稳定,与占有人是否属于有权占有没有关系。即使占有人是非法占有,但是除非权利人在其对物的占有被剥夺后立即采取私力救济措施,否则在经过一段时间后,由于非法占有人对物的支配关系具有一定程度上的稳定性,那么为了防止私人执法与暴力行为,法律不再允许权利人以私力救济的方式去解除占有人对物的占有。此种解除行为必须通过公力救济的方式进行。限制私力救济,其目的是维持社会生活的和平稳定。占有制度便是经由习惯而来并为法律所确认的维护社会秩序安宁的制度之一。

(二)公示功能

公示制度是随着对所有权的确定以及对交易安全的强化而产生的一项制度,占有人对某物的占有将其在该物上的权利向外界加以展示就是占有制度的公示功能。不过占有的公示功能主要适用于动产上的物权,而不动产物权是通过登记加以公示。现代民法中的占有的公示功能,还具有法定的推定效力,即推定占有人对于占有物享有权利,占有人无须对其权利的存在加以证明,应由对此有异议的人通过反证推翻。此外,占有的公示功能还包括善意取得效力,即以动产所有权,或其他物权之转移或设定为目的,而善意受让该动产之占有者,纵使让与人无让与的权利,受让人仍取得其权利。[②]

第二节　占有的分类

不同的占有状态会产生不同的法律效果,所以认识各种不同占有状态的占有类型具有重要意义。依照不同的标准,可将占有进行如下划分。

一、有权占有与无权占有

以占有是否基于本权为标准,可将占有分为有权占有和无权占有。所谓本

① 参见谢在全:《民法物权论》(下册),中国政法大学出版社1999年版,第1005页。

② 参见王泽鉴:《民法物权》,北京大学出版社2010年版,第427页。

权就是指基于法律上的原因而享有占有某物的权利。本权主要包括依合同取得的合同债权(因保管、租赁合同而取得对物的占有)、物权(所有权、租赁权、质权、留置权等)。如果占有人是基于本权而对物进行的占有,则该占有为有权占有,又称正权源占有;反之,非基于本权或者欠缺法律上原因的占有,则为无权占有,又称无权源占有。例如,承租人基于租赁权而对租赁物的占有就属于有权占有,而盗贼对偷盗之物的占有就属于无权占有。

区分有权占有与无权占有的意义在于:

其一,有权占有人可以拒绝他人行使本权,而无权占有人在权利人请求返还占有物时负有返还的义务。如在租赁关系存续期间,承租人有权拒绝出租人请求返还原物;但租赁关系终止后,因本权丧失,有权占有转变为无权占有,则承租人负有返还义务。

其二,留置权的发生。作为留置权的成立要件的占有必须是有权占有,如果是无权占有,则占有人不因此而享有留置权。①

二、善意占有与恶意占有

以无权占有人是否误信有占有的权利为标准,可将无权占有分为善意占有与恶意占有。善意占有,是指占有人不知其无占有的权利而误信其有正当权利且无怀疑地占有,如盗赃物的买受人信赖出卖人享有所有权而进行受让并占有。恶意占有,是指占有人明知自己无占有的权利,或对于该物有无占有的权利有所怀疑而仍然进行的占有,如盗赃物的买受人明知出卖人无所有权而仍予以受让即属于此。

区分善意占有与恶意占有的意义体现在以下几点:

其一,能否适用善意取得制度不同。善意取得制度的适用以善意受让占有为要件,受让人恶意受让占有标的物的,不发生善意取得的效果。

其二,不动产取得时效期间不同。

其三,善意占有人与恶意占有人对回复请求权人所负的义务不同。善意占有人因正常使用占有物而导致占有物灭失、损毁时,不负赔偿责任,而恶意占有人须负赔偿责任。

---

① 参见王利明主编:《民法》(上册),中国人民大学出版社 2020 年版,第 557 页。

三、直接占有与间接占有

以占有人是否直接占有标的物为标准，可将占有分为直接占有与间接占有。直接占有，是指对特定物直接行使事实上支配的占有，如质权人、承租人、借用人、保管人等基于物权或债权关系而直接占有他人的物。间接占有，是指占有人不对标的物直接占有，而是基于一定的法律关系对直接占有该物的人享有返还请求权，因而间接地对该物有事实上的支配力。间接占有的成立以占有媒介关系的存在为前提，我国民法理论上认为，占有媒介关系包括租赁合同关系、保管合同关系、仓储合同关系等。占有媒介关系的存在，使同一物而发生了双重占有：一为直接占有，即直接对物进行事实上支配的占有，该占有人称为直接占有人或占有媒介人；二为间接占有，即与物发生间接支配关系的占有，该占有人属于间接占有人。例如，在质押合同中，质权人为直接占有人，出质人为间接占有人；在租赁合同中，承租人为直接占有人，出租人为间接占有人。原初意义上的占有仅指直接占有，而间接占有是德国民法扩张占有概念的产物。通过此种扩张，使民法上关于占有的规定原则上也能适用于间接占有，从而为简易交付、占有改定的物权的变动方式提供了理论基础，由此简化了交易模式，节约了交易成本。

由于间接占有不要求对物具有事实上的支配，仅以存在一定的法律关系为必要，因此在同一物上可以发生多层次的间接占有。例如，当甲把某房屋出租给乙，而乙又转租给丙时，在该房屋上就形成了多阶层间接占有关系。乙、甲依次为第一、二阶层的间接占有人。

区分直接占有与间接占有的主要意义在于：

其一，将占有的保护范围扩大至间接占有。间接占有突破了占有人仅指对物具有事实上支配的人的直观认识，将物的事实上的支配转交给他人行使的人，法律也将其视为占有人，予以保护。法律承认间接占有，意味着占有可以通过占有媒介关系——他人的占有而存在。

其二，有利于物权的取得。间接占有是简易交付、占有改定等制度的基础，如不区分间接占有，则上述交付制度缺乏理论基础，物权变动限于直接交付；区分出间接占有后，物权交付制度即有理论依据，方便物的取得。

四、自主占有与他主占有

以占有人是否以所有的意思对标的物加以占有为标准，可将占有分为自主占有与他主占有。占有人以自己所有的意思而对物进行的占有称为自主占有；不以所有的意思而进行的占有则为他主占有。凡是作为占有媒介人而进行的占有均为他主占有，例如质权人、承租人、保管人、留置权人对于标的物的占有，均属于他主占有。

区分自主占有与他主占有的主要意义在于：其一，时效取得与先占取得所有权，均须以自主占有为要件。其二，占有物毁损灭失时自主占有人与他主占有人的赔偿范围不同。

五、自己占有与辅助占有

以占有人是否亲自占有标的物为标准，可将占有可分为自己占有与辅助占有。占有人亲自对物进行事实上的支配为自己占有；基于特定的从属关系，受他人的指示而对标的物进行事实上的支配为辅助占有。在辅助占有关系中，指示人为直接占有人，而对物进行事实上支配的人为占有辅助人。通过占有辅助人，占有人可以让他人代为对物进行实际的支配，但却并不因此而使自己失去占有。

区分自己占有与辅助占有的主要意义在于：

占有辅助人虽然事实上支配占有物，但其本身不是占有人，因此占有辅助人不享有或负担任何基于占有而生的权利义务。这就意味着占有辅助人不享有占有保护请求权，不能针对占有人行使自力救济，更无权转让占有。①

六、单独占有与共同占有

以占有人的人数为一人或数人为标准，可将占有分为单独占有与共同占有。一人对于标的物所为的占有，为单独占有；数人对于同一个标的物所进行的占有为共同占有。共同占有又可以进一步分为分别的共同占有与统一的共同占有。分别的共同占有，又称单纯共同占有或通常共同占有，它是指各个共

① 参见宁红丽：《物权法占有编》，中国人民大学出版社 2007 年版，第 34 页。

同占有人在不妨害其他共同占有人的情况下,可以单独的支配其物。例如,多人合租一套公寓,每人均可以单独使用公用的厨房或花园。统一共同占有,又称为共有的共同占有,即全体共同占有人只能就占有物保有一项单独的支配力,仅可结合全体占有人为共同的支配。例如,甲乙二人共同将某物锁在某个保险柜中,每人一把钥匙,只有两把钥匙一起使用才能打开该保险柜。共同占有无须占有人之间存在共有关系,只要求事实上的相互指示和行使占有时的相应行为。①

区分单独占有与共同占有的意义在于:

单独占有不存在内部关系,而共同占有则存在内部关系和外部关系。在共同占有的内部关系中,当各共同占有人对占有物的使用范围已经确定时,不得相互请求占有保护。在共同占有的外部关系中,每个共同占有人均可对第三人请求占有的保护;当占有被侵夺时,则仅只能请求对全体共同占有人为共同占有之回复或占有物之返还。②

七、和平占有与暴力占有

以占有的手段为标准,占有可以分为和平占有与暴力占有。暴力占有是指通过暴力的手段而取得对某物的占有,例如通过抢夺而取得对他人手机的占有;和平占有则是指并非通过暴力手段取得对某物的占有。二者区分的意义在于,和平占有可以适用取得时效,暴力占有则不然。

八、公然占有与隐秘占有

以占有的方法为标准,可以将无权占有分为公然占有与隐秘占有。公然占有是指依物的性质以公开的方式而为的占有;隐秘占有是指以隐匿的方式,避免他人发现而为的占有。区分公然占有与隐秘占有的法律意义在于,两者在能否适用取得时效上有所不同。公然占有可以适用取得时效,隐秘占有则不适用取得时效。

---

① 参见[德]鲍尔、施蒂尔纳:《德国物权法》(上册),张双根译,法律出版社 2004 年版,第 137 页。

② 参见[德]鲍尔、施蒂尔纳:《德国物权法》(上册),张双根译,法律出版社 2004 年版,第 145 页。

第三节　占有的取得、变更与丧失

一、占有的取得

占有的取得，从占有的事实状态而言，即为占有的发生。占有的取得包括原始取得和继受取得。

（一）占有的原始取得

占有的原始取得，是指非基于他人既存的占有而取得的对某物的占有。例如，无主物的先占、遗失物的拾得等，均为占有的原始取得。占有的原始取得纯粹为事实行为，故行为人有无行为能力、有无取得占有的意思，均非所问。[①] 至于占有的方法不一定要求对物直接施加自己的力量，一般认为只要将物置于自己的控制范围内，即可认为取得了对物的占有。占有原始取得的标的物包括动产与不动产，已登记之不动产亦包括在内。且无论标的物是否有人占有，或占有人之取得是否合法。[②]

（二）占有的继受取得

占有的继受取得，是指当事人依据他人既存的占有而取得占有，主要的方式就是通过法律行为或者继承而取得占有。通过法律行为取得占有还可以分为占有的创设取得与占有的移转取得，前者指就既存占有再创设占有而取得占有，如通过质押合同而使质权人取得对质物的直接占有，而出质人取得对质物的间接占有；后者指就他人既存的占有，不变更其原状而受让取得占有，如通过买卖合同使买受人取得对标的物的直接占有。

通过法律行为而取得的占有，包括直接占有与间接占有，前者如甲将其房屋出卖给乙，乙搬进该房屋居住，此时乙通过买卖合同而取得了该房屋的所有权，其中就包含了对房屋的占有。通过法律行为取得间接占有的情形即是所谓的指示交付，即让与动产物权时，如果让与人的动产由第三人占有，让与人可以

---

① 参见梁慧星、陈华彬：《物权法》，法律出版社 2010 年版，第 404 页；但也有学者持不同观点，参见王利明、尹飞、程啸：《中国物权法教程》，人民法院出版社 2007 年版，第 553 ~ 554 页。

② 参见谢在全：《民法物权论》（下册），中国政法大学出版社 1999 年版，第 955 页。

将其享有的针对第三人的返还请求权让与受让人,以代替现实交付。例如,甲将一辆摩托车出租给乙,现甲将该摩托车卖给了丙,此时,甲可以将其享有的针对乙的返还原物请求权让与丙以代替现实交付,使丙取得该摩托车的所有权,此时丙取得了对该摩托车的间接占有。

对占有的可继承性,《民法典》未设明文规定。虽然占有仅为事实而非权利,但通说认为继承仍可取得占有。这是因为,如果认为占有人一旦死亡,其占有意思既不存在,同时亦断绝其与物的支配关系,此时占有归于消灭,不得继承,显然不足以保护继承人。[①] 因继承而取得的占有,在被继承人死亡时当然取得继承标的物的占有。也就是说,占有的继承不以继承人知道继承事实的发生为必要条件,也无须在事实上支配其物或有交付行为,更无须为继承的意思表示。继承的占有为一种"对物无事实上支配力的占有"。此种观念的占有,因继承人取得对于物之事实支配力而现实化,并变更其占有状态。[②]

二、占有的变更

占有的变更,是指占有从一种类型转为另一种类型,有以下几类比较重要的占有的变更。

(一)有权占有变为无权占有

当占有人丧失其本权后仍为占有的,则其有权占有变为无权占有。例如,承租人在租赁期限届满仍不向出租人返还租赁物时,其有权占有变为无权占有;再如,质权人在主债权获得清偿后仍拒绝将质物交还给出质人的,其有权占有变为无权占有。

当占有人的有权占有变更为无权占有时,物的所有权人有权行使返还请求权,要求无权占有人返还原物。

(二)善意占有变为恶意占有

当善意占有人知道或者应当知道其占有没有合法依据之时,善意占有变为恶意占有。根据民法的一般理论,善意占有人在本权诉讼败诉时,自判决或仲

① 参见王泽鉴:《民法物权》,北京大学出版社 2010 年版,第 455 页

② 参见谢在全:《民法物权论》(下册),中国政法大学出版社 1999 年版,第 558 页;王泽鉴:《民法物权》,北京大学出版社 2010 年版,第 455 ~ 456 页。

裁裁决生效之日起，成为恶意占有人。例如，甲认为其是某物的所有权人而对该物进行占有，当真正的所有权人乙提起诉讼要求返还原物而获得生效的胜诉判决时，甲从此时起变为恶意占有人。

（三）他主占有变为自主占有

当他主占有人向使自己成为占有人的人表示了所有的意思时，他主占有成为自主占有。例如，承租人向出租人表示自己是租赁物的所有权人时，此时承租人所进行的他主占有变为自主占有。这种他主占有人所作出的表示为单方法律行为，一经作出即生效力。表示的形式可以是言辞，也可以是行为。例如，拾得遗失物的甲起初希望找到失主，此时其属于他主占有，而后甲将遗失物出售或赠与丙，则这种出售或赠与的行为就是甲所作出的所有的意思。之所以要求他主占有人必须将其所有的意思予以表示，主要是为了使他主占有人取得占有人的利益，以便于其能够及时行使权利防止占有人的时效取得。

（四）直接占有变为间接占有

自占有媒介关系成立时，承租人等直接控制标的物，为直接占有人，原占有人转变为间接占有人。①

三、占有的丧失

（一）直接占有的丧失

当占有人丧失了对某物的事实上的支配时，其丧失了直接占有。至于何谓丧失支配，则须就法律规定及一般社会观念予以认定。一般来说，丧失支配的情形主要有二：一是基于占有人自己的意思而丧失，如占有人转让或者抛弃占有物。应注意的是，当占有人抛弃占有时，由于占有仅为一种事实，因此抛弃占有的行为不属于法律行为。但是，占有人也应当具有放弃占有的意思，这与占有取得中占有人除须具备对物的事实上的支配之外还须具有占有的意思相同。二是非基于占有人的意思而导致直接占有的丧失，如占有物被窃或遗失。应注意的是，事实上的支配一时不能行使，并不导致占有的丧失。例如，家畜走失，可预期其归来；占有的土地被洪水浸没数日；因山崩桥断，一时不能取回放置彼

① 参见崔建远：《物权法》（第4版），中国人民大学出版社2017年版，第155页。

岸的物品。此外,占有物的灭失,也是占有丧失的原因之一。例如,占有物的毁灭、消耗、添附等。在此情形,占有人的管理力已无所附属,占有归于消灭。[①]

(二)间接占有的丧失

间接占有的丧失原因一般都与直接占有有关,主要包括以下几种情形:

一是直接占有人丧失占有。在占有媒介关系中,如果直接占有人丧失占有,那么间接占有无从依附,则间接占有归于消灭。例如,甲出借小提琴予乙,乙擅自将该琴出售予丙,并已经交付,则甲的间接占有消灭。

二是直接占有人拒绝承认间接占有。例如,甲借小提琴予乙,乙以他主占有的意思而占有,如果乙对甲表示该琴原为其所有,则自乙为此表示之时,甲的间接占有归于消灭。

三是间接占有人返还请求权的消灭。间接占有人基于某种法律关系对于事实上占有其物的人享有返还请求权,如果此项请求权因时间经过或者解除条件成就而消灭,则间接占有也归于消灭。

第四节　占有的效力

占有的效力,是指占有所具有的法律上的证明力和强制力以及占有人的权利和义务。占有的效力问题是占有制度的核心问题之一。现代民法理论一般认为,占有的效力通常包括权利推定、事实推定、动产物权的善意取得、占有物的使用收益、占有人与回复请求权人之间的权利义务五项内容,由于动产物权的善意取得已经在所有权部分进行了论述,因此本节仅论述其余几项。

一、占有的权利推定

占有的权利推定,是指当某人占有某物并在其上行使某种权利时,就可以通过占有外观而推定占有人是合法的享有该项权利。占有权利推定以占有某物为要件,占有人于占有物上行使的权利,凡是以占有标的物为内容的,均在推定的范围之内。无论是物权,还是债权,在所不问。占有辅助人为其“主人”支

① 参见王泽鉴:《民法物权》,北京大学出版社 2010 年版,第 456～457 页。

配某物而行使权利时，推定该“主人”适法有此权利。[①] 占有的权利推定是占有最主要的效力。在现代民法中，占有是权利存在的外观，是物权变动的要件，占有存在时，通常认为有实质或真实的权利为其基础。依此制度，占有人对占有物行使权利时，无须证明其有权利，由提出异议的人负举证责任。

法律之所以设立占有的权利推定制度，其理由主要有四点：

其一，保护占有背后的权利。因外表的现象与实质的内容通常情况下是一致的，占有某物者通常大多有其本权，具有权利存在的高度盖然性，因此权利的推定具有保护占有背后权利的作用。

其二，维护社会秩序。占有的权利推定可以免除举证责任的困难，易于排除侵害，维持财产秩序。例如一人所戴的手表，如不推定为该人所有，则他人将任意争执，危害社会秩序。

其三，保障交易安全。占有的权利，既受推定，产生公信力，使善意信赖占有而进行交易的相对人可以受到保护，有利于交易安全。

其四，符合经济原则。权利的推定，不仅有助于保护本权、避免争议、维护社会秩序、保障交易安全，而且也可以减少诉讼，节省资源，发挥物尽其用的作用。[②]

二、占有的事实推定

生活中的占有事实纷繁复杂，占有的状态不同，其效力各异。但如果要对占有的各种状态一一证明，不仅在事实上存在困难，而且与占有受独立保护的意旨相矛盾。所以为了谋求交易的稳定与便利，需要对占有予以保护，因此法律明确设定基于占有的事实推定，免除占有人的举证责任。占有的事实推定，首先推定占有人是以所有的意思或者为自己而占有；其次，当前后两个时间点均保持占有的，推定前后两个时间之间为持续占有；最后，当占有究竟是善意占有还是恶意占有、是公然占有还是隐秘占有不易判断时，推定为善意占有与公然占有。因此，占有的事实推定应当包括：推定占有人以所有的意思，善意、和平、公然、连续占有。占有的事实推定，使占有人就其主张的占有事实，毋庸举

① 参见崔建远：《物权法》（第4版），中国人民大学出版社2017年版，第158页。

② 参见王泽鉴：《民法物权》，北京大学出版社2010年版，第464页。

证,而其相对人如欲否定其主张,须负举证责任。占有的事实推定有助于促进占有制度的规范功能,并与动产物权的取得、占有人的权利、占有人的责任、占有人的费用偿还请求权等具有密切关系。[①]

三、占有人与返还请求权人的权利与义务

近现代各国民法大多就占有人与返还请求权人的权利与义务设有明文规定,主要包括以下内容。

(一)占有物的使用收益

我国《民法典》第459条规定,占有人可以使用占有物,立法并未区分有权占有还是无权占有,但是因有权占有理所当然的享有对占有物的使用,在此立法无须予以重复,故此规定中的占有人使用占有物,仅适用于无权占有人使用占有物,据此我国占有制度中允许恶意占有人使用占有物。[②]

占有人是否具有向权利人返还收益的义务,各地立法例存有差异。瑞士、日本、意大利等民法理论认为,善意占有人不负返还收益的义务,而恶意占有人并不享有收取孳息的权利,负有将占有物的孳息返还给请求权人的义务。因为恶意的占有人不能被推定为适法的对占有物享有权利的人,其所收取的孳息构成不当得利,应当全部返还给物的权利人。如果该孳息已经被恶意占有人消费、收取后因故意或过失致使孳息毁损灭失,或者应当收取而没有收取时,应当向物的权利人偿还孳息的价金。与此不同,我国《民法典》第460条规定,"权利人可以请求返还原物及其孳息"。可见,我国在占有返还收益立法中没有效仿其他国家或地区立法例区分善意占有和恶意占有,无论是善意占有人还是恶意占有人,对占有占有物期间所生的孳息,均负有返还的义务。对此有学者指出,我国物权方面的法律规定实际上比大陆法系其他国家或地区采取了更为严格的返还责任,即使是善意占有人,也必须返还占有期间所收取的孳息,也就是说,善意占有人不能享有收益权。[③] 这主要是考虑到以下原因:如果占有人是无权占有,那么其本来就没有权利获得孳息,权利人当然有权请求返还;而《民法

---

① 参见王泽鉴:《民法物权》,北京大学出版社2010年版,第446页。

② 参见崔建远:《物权法》(第4版),中国人民大学出版社2017年版,第164页。

③ 参见王利明:《物权法研究》(下卷),中国人民大学出版社2007年版,第714~718、719、724页。

典》第459条已经排除善意占有人因使用占有物而承担的赔偿责任，且善意占有人维护占有物的必要费用依法也可以得到偿还，所以在孳息返还的问题上没有必要再优待善意占有人。

（二）费用偿还请求权

《民法典》第460条规定："不动产或者动产被占有人占有的，权利人可以请求返还原物及其孳息；但是，应当支付善意占有人因维护该不动产或者动产支出的必要费用。"根据该条规定，无论善意占有还是恶意占有均负有返还孳息的义务，而仅善意占有人享有必要费用偿还请求权。

此处所谓的孳息，包括自然孳息和法定孳息。自然孳息，是指果实或者动物的出产物，亦包括按照物的用法所收货的出产物。法定孳息，是指利息、租金等因法律关系所取得的收益。

占有人在占有标的物期间对物支出的费用，依其性质可分为：一是必要费用，即为占有物的保存、预防其毁损或灭失所支出的不可或缺的费用。对于"不可或缺"的认定，应当依照支出时的情事，依客观标准认定。必要费用又可分为通常必要费用和特别必要费用。所谓通常必要费用，指因保存或管理占有物通常必要的费用，如房屋修缮费、汽车保养费等。所谓特别必要费用，或称临时必要费用，如房屋遭地震、汽车被洪水淹没而支出的重大修缮费用。[①] 必要费用偿付请求权的成立不以权利人具有过错为要件，与占有人的过错也无关系。二是有益费用，即能使占有物的价值增加的费用，或者说是指利用和改良占有物，且增加其价值的费用，如对房屋进行改建而支出的费用。此外，在罗马法的分类中还包括奢侈费用，即为占有人因快乐或便利而支出的费用，或者说是指超过物之保存、利用或改良而支付的费用，如为宠物美容、更换汽车颜色等。[②]《民法典》仅规定了对必要费用的偿还请求，而对有益费用和奢侈费用未有规定。

1. 善意占有人的费用偿还请求权

对必要费用，由于善意占有人被推定合法享有于占有物上所行使的权利，

① 参见王泽鉴：《民法物权》，北京大学出版社2010年版，第526～527页。

② 参见王泽鉴：《民法物权》，北京大学出版社2010年版，第527页。

并且该部分费用是为了保持占有物的效用和价值所必须，因此当物的权利人请求返还占有物时，善意占有人有权请求其偿付必要费用。

善意占有人是否可以向物的权利人请求支付有益费用，《民法典》未有规定，系属法律漏洞，需要填补。[①] 既然善意占有人占有该物的主观心态是善意的，其对于占有物的使用或利用也应推定为善意的、合理的，故对于善意占有人为了充分利用占有物而支出的合理的有益费用，司法实践中应适当保护。从比较法来说，法国、德国以及瑞士等均认为善意占有人有权请求偿还有益费用，但只能在占有物现存价值的范围内请求偿还；如果增加的价值已不存在，则不能请求偿还。这是因为有益费用不同于必要费用，并不是一种不得已的支出，而是取决于占有人的意志，因此这种费用完全由返还请求权人承担是不公平的。

善意占有人不得向返还请求权人请求清偿奢侈费用，因为奢侈费用为占有人因快乐或便利而支出之费用，不能向返还请求权人请求清偿，权衡事理，可以推知，无须另设明文规定。[②] 而瑞士民法规定，善意占有人对奢侈费用不得行使偿还请求权，其对于奢侈费用形成的有形物享有取回权，但在行使这一权利时不得给物造成损害，在不能行使取回权的情形，应适用物的添附规则。[③]

2. 恶意占有人的费用偿还请求权

《民法典》对恶意占有人的必要费用偿还请求权未予明确规定。在司法实践中，恶意占有人是否能够主张必要费用偿还尚未形成一致意见。有的法院依照原《物权法》第 243 条的规定否认恶意占有人的费用补偿请求权[④]，有的法院依照民法的基本原则认可了恶意占有人的费用补偿请求权[⑤]。《民法典》第 460 条对善意占有人的必要费用偿还请求权予以保护，如果对该条进行反面解释，恶意占有人无必要费用偿付请求权，即使符合不当得利的构成，也不得主张不当得利。理由在于：《民法典》第 460 条关于必要费用的规定为特别规定，排除

① 参见冉克平：《论〈物权法〉上的占有恢复关系》，载《法学》2015 年第 1 期。

② 参见王泽鉴：《民法物权》，北京大学出版社 2010 年版，第 527 页。

③ 参见苏永钦：《民法制度的移植——从所有人与占有人间的特殊关系谈起》，载王洪亮、张双根、田士永主编：《中德私法研究》（第 1 卷），北京大学出版社 2006 年版，第 109 页。

④ 四川省简阳市人民法院民事判决书，（2015）简阳民初字第 1550 号。

⑤ 云南省昆明市中级人民法院民事判决书，（2015）昆民一终字第 194 号。

了恶意占有人援用《民法典》中不当得利的规定,请求占有物的物权人返还必要费用的不当得利。只有如此解释,《民法典》第460条关于必要费用规定的立法目的才不会落空。[①] 但也有观点认为,恶意占有人支出的必要费用构成无因管理。[②] 根据无因管理的规定,管理人为管理他人事物所支出的必要费用,在不违反本人明知或可得而知的意思时,可以请求本人偿还;但如果恶意占有人支出的费用违反本人的意思,则除非是为了履行公益上的义务,否则只能请求本人在所得利益的限度内予以赔偿。[③] 也有观点认为,恶意占有人仍不妨依据不当得利的一般规则要求权利人返还必要费用。[④] 恶意占有人必要费用偿还请求权的基础是无因管理,只有符合无因管理的全部构成要件,恶意占有人才能主张费用偿还。否则,恶意占有人无必要费用偿还请求权。由此可见,对于恶意占有人是否具有必要费用偿还请求权的问题,无论在司法实践中还是在理论适用上,均存在不同观点,此问题有待立法机关予以明确。

至于恶意占有人是否可以主张有益费用偿还,亦存争议。大多数的我国民法学者对恶意占有人的有益费用请求权持否定态度,其理由在于恶意占有人既然明知自己是无权占有,若法律允许其享有偿还有益费用,容易使恶意占有人故意滥支有益费用,必将增加物的所有权人的负担和困扰。且法律区别善意占有人与恶意占有人请求支付费用的范围,善意占有人享有请求支付必要费用和有益费用的权利,而恶意占有人仅享有请求支付必要费用的权利,就立法目的而言,确实有制裁的意图,若允许恶意占有人依不当得利或无因管理的规定请求支付有益费用,易混淆立法体系,难以实现立法目的。[⑤] 而王泽鉴先生的观点由早期的否定说转变为肯定说,即认为恶意占有人仍可依不当得利请求权向物的权利人请求支付有益费用。理由在于:其一,占有恢复请求关系的规定与不当得利的规范目的不同,占有恢复请求关系并无排除不当得利适用问题;其二,否定说欠缺合理依据,占有某物而支出有益费用者,无不当得利请

① 参见崔建远:《物权法》(第4版),中国人民大学出版社2017年版,第162页。
② 参见陈华彬:《我国民法典物权编占有规则立法研究》,载《现代法学》2018年第1期。
③ 参见宁红丽:《物权法占有编》,中国人民大学出版社2007年版,第93页。
④ 参见吴香香:《论侵害占有的损害赔偿》,载《中外法学》2013年第3期。
⑤ 参见谢在全:《民法物权论》(下册),中国政法大学出版社2011年版,第1209页。

求权,未占有某物而支出有益费用者却得主张不当得利请求权,此项差别欠缺合理依据;其三,否定说的主要理由在于避免恶意占有人故意滥用支付有益费用,增加物的所有权人的负担和困扰,其实,避免恶意占有人滥用有益费用的请求可以通过对不当得利的解释予以解决,即受益人得主张强加于其物的支出,对受益人来说,非属受有利益或所受利益不存在。例如,甲无权占有乙的房屋,为乙扩建围墙,乙得主张其围墙原预定拆除,所受利益不存在,不负返还责任。[①]

(三)占有人的赔偿责任

如果占有物发生灭失、毁损,占有人对于物的权利人负有赔偿责任。这种责任的范围因占有人是善意的还是恶意的有所不同。善意占有人正常使用占有物而导致占有物灭失、毁损时,善意占有人不承担赔偿责任,恶意占有人因使用占有物导致占有物灭失、毁损,则应承担损害赔偿责任。所谓灭失,是指占有物全部毁灭,如房屋遭火灾被尽毁、玉杯破碎,或占有物因添附而丧失其所有权。所谓毁损,是指占有物部分受损,如刮伤车漆、污染地毯,占有人不使用占有物或滥用占有物,致其价值贬损。[②]

《民法典》第461条规定:“占有的不动产或者动产毁损、灭失,该不动产或者动产的权利人请求赔偿的,占有人应当将因毁损、灭失取得的保险金、赔偿金或者补偿金等返还给权利人;权利人的损害未得到足够弥补的,恶意占有人还应当赔偿损失。”根据该条规定,当占有人是善意时,其占有的不动产或者动产只要不是因为可归责于占有人的原因而发生毁损或者灭失,那么该善意占有人只需要将因占有物毁损或灭失而获得的保险金、赔偿金或补偿金等返还给权利人即可。因为善意占有人也好,恶意占有人也罢,他们都是无权占有人,因此在占有物毁损、灭失时虽然不再承担返还原物的责任,但是无权占有人获得保险金、赔偿金或补偿金属于不当得利,因此应当返还给权利人。如果权利人的损害没有得到足够的弥补,善意占有人也不再承担赔偿损失的责任。这体现了法律对善意占有人的优待。

---

① 参见王泽鉴:《民法物权》,北京大学出版社2010年版,第529~530页。

② 参见王泽鉴:《民法物权》,北京大学出版社2010年版,第523页。

当占有人是恶意的时候，其不仅要承担保险金、赔偿金或者补偿金的返还责任，还需要就权利人在获得保险金、赔偿金和补偿金之后仍然存在的损失加以赔偿，即恶意占有人对权利人所受的全部损害承担赔偿责任，因而比善意占有人承担的赔偿责任更重。法律之所以加重恶意占有人的责任，其理由在于：恶意占有人往往是通过侵权行为而占有权利人的动产或不动产的，因此在法律中判断恶意占有人责任时，应按照侵权损害赔偿的完全补偿原则确定，所以即便占有物的毁损、灭失不是因为恶意占有人的原因而发生的，其也难辞其咎，应当就权利人的损害没有得到足够弥补的部分继续承担赔偿责任。这种规定加重了恶意占有人的责任，有利于遏制恶意占有他人之物的行为。

第五节 占有的保护

占有的保护是法律对占有人提供的以防止占有遭受损害的保护手段。占有作为一种既成的事实，即使这种事实与其他当事人的权利相抵触，也不应再受到非法行为的侵害。因此，对占有的保护，就是对社会安宁、稳定的保护。对占有的保护可分为物权法上的保护与债权法上的保护两种。物权法上保护包括赋予占有人自力救济权和占有保护请求权；债权法上提供的保护为基于不当得利的返还请求权和基于侵权行为的损害赔偿请求权。

一、占有人的自力救济

对于占有人的自力救济权，在各国立法例上并不一致。法国、日本民法对此没有规定，而德国、瑞士民法则明文规定了占有人的自力救济权。[①] 我国《民法典》并未规定占有人的自力救济权，由此形成了法律上的漏洞。[②] 但我国学者

---

① 《德国民法典》第859条、《瑞士民法典》第926条。

② 参见冉克平：《论〈民法典〉视阈中的占有保护》，载《烟台大学学报（社会科学版）》2020年第5期。

大多认为,应当承认占有人在合法的限度内行使占有的自力救济。[①] 所谓占有人的自力救济,又称占有的私力保护,是指占有人对于侵夺或妨害其占有的行为,不是借助于国家的力量,而是依自己的力量保护其占有的权利。依各国和地区的立法例,占有人的自力救济权包括占有防御权和占有物取回权两种。

(一)占有防御权

占有防御权是指占有人对于侵夺或者妨害其占有的行为,可以通过自己的力量进行防御的权利。占有防御权的行使需注意以下几点:

1. 须有他人侵夺或妨害占有人占有的行为存在。这是行使占有防御权的前提条件。侵夺占有是指侵害人以暴力夺取占有人对于物的事实上的控制和支配,且正处于继续状态,即侵害人违反了占有人的意思而强行将占有物的全部或者一部分纳入自己的控制或者支配范围。例如,抢走行人的手机自己使用或者霸占他人房屋。妨害占有是指虽未剥夺占有人对占有物的全部或部分的控制和支配,但是妨害了占有人对其物的控制和支配,以致占有人的利益遭受损害。如在占有人的门前堆放垃圾而影响其进出。无论侵夺占有还是妨害占有,占有人都可以行使占有防御权。侵夺占有或者妨害占有,既可以是作为,也可以是负有作为义务的不作为,是否具有过错以及行为能力与此无涉。

2. 直接占有人或占有辅助人可以行使该权利。之所以规定占有人对于侵夺或妨害其占有的行为有自力防御权,是为了确保占有人对于占有物的支配。所以只有直接占有人或占有辅助人才可以行使该权利,间接占有人无此权利。当间接占有人实施侵夺或妨害占有的行为时,直接占有人仍可以行使占有防御权。例如,承租人对于出租人妨害其占有的行为,就可以行使该权利。

3. 占有人以自己的力量予以防御。占有人或者占有辅助人在行使占有防御权时,无须等待公权力的救济,在必要限度内,可以占有人自己的力量予以抵

---

① 参见王利明主编:《民法》(上册),中国人民大学出版社 2020 年版,第 567 页;陈华彬:《民法物权论》,中国法制出版社 2010 年版,第 564 页;崔建远:《物权法》(第 4 版),中国人民大学出版社 2017 年版,第 167 页。

抗或者排除妨害，侵占人或者妨害人无权抗拒占有人的防御行为。

符合以上要件，直接占有人或占有辅助人就可以凭自己的私力予以抵抗、除去他人对占有物的侵害或剥夺，而无须等待公权力的救济。例如，对于抢夺占有的行为，占有人可以施以必要的反抗；对于出租人无故进入出租屋内，承租人可以将其逐出。

（二）占有物取回权

占有物取回权，也称自力取回权，是指占有物被他人非法侵夺后，占有人可以径直取回占有物的权利。不同于占有防御权的消极权能，占有取回权为积极权能。例如，占有人的动产被他人非法侵夺时，占有人可以当场或者追踪取回。

有权行使占有物取回权的人，仅限于直接占有人或占有辅助人。且行使该权利必须针对侵夺行为。占有人向侵占人行使占有取回权，侵占人无权拒绝。

行使占有取回权有时间上的限制。法律赋予占有人取回权是为了维护占有人对占有物事实上的支配力，如果这种支配力因新的事实支配力的介入而衰弱，并且已经达到了可能成立新占有的状态时，法律就没有必要再赋予占有人以自力救济权，因此，取回权的行使必须有时间的限制。[①] 此外，占有物取回权的行使，因占有物为动产或不动产而有差异。占有物为不动产的，占有人可以在被侵夺后，即时排除侵害而取回。所谓“即时”，是指取回不动产所需的最短时间，一般应就个案并依客观情况确定。被害人何时知之、有无过失，在所不问。占有物为动产的，占有人可以就地或追踪向加害人取回。所谓“就地”，是指在侵夺时占有人事实上所能支配和控制占有物的空间范围；所谓“追踪”，是指加害人虽已离开占有人事实上支配所能及的空间范围，但仍在占有人的追踪中。[②] 不能尾随追踪时，因新的占有秩序已经形成，则只能通过其他方式——占有之诉或占有物的本权诉讼去回复物的原来秩序。此外，占有人行使取回权时，应当避免使用不适当的暴力，何为不适当情形，需依具体情势而定。

---

① 参见崔建远：《物权法》（第4版），中国人民大学出版社2017年版，第169页。

② 参见王泽鉴：《民法物权》，北京大学出版社2010年版，第542页。

二、占有保护请求权

占有保护请求权,也被称为"占有人的物上请求权"、"占有物上请求权"或"占有人的请求权",是指当占有人的占有被侵夺、妨害或者有妨害的危险时,占有人请求国家机关通过运用国家强制力来保护其占有的权利。占有保护请求权是受诉讼程序保护的实体权,当占有人的占有被非法侵害时,占有人可直接对侵害人行使占有物防御权或者占有物取回权,也可以向人民法院提起保护其占有的诉权。我国《民法典》第 462 条第 1 款规定:"占有的不动产或者动产被侵占的,占有人有权请求返还原物;对妨害占有的行为,占有人有权请求排除妨害或者消除危险;因侵占或者妨害造成损害的,占有人有权依法请求损害赔偿"。

(一)占有保护请求权与物权请求权的区别

占有保护请求权与物权请求权虽然同属于请求权,且一并规定在《民法典·物权编》中,在形式与结构上具有相似性,但二者在内容与效力上存在较大差异。其差异主要体现在以下几方面。

1. 目的与功能不同

占有保护请求权以占有人为请求权的主体,其目的在于维护社会秩序的平和与安宁,防止自行执法及出现暴力事件,而赋予占有人的一种临时性保护措施,此后再依据本权(尤其是所有权),最终定分止争。所以许多国家的民法都对占有保护请求权规定了一个较短的时效期间。例如,依据《德国民法典》第 864 条第 1 款第 1 句,占有人的回复占有请求权、除去妨害请求权以及停止侵害请求权,自法律禁止的不法行为行使时起,经过一年而消灭。而物权请求权的目的是保护所有权或他物权,以所有权人与他物权人作为请求权主体,它并非一种临时性保护措施,而是终局性的、确定性的保护方法,因此法律上对于各类物权请求权或规定不适用诉讼时效,或规定较长的诉讼时效。

2. 行使要件不同

行使物权请求权的基本前提是请求权人须为物权人,而行使占有保护请求权的前提只要请求权人是物的占有人即可,至于其占有是合法占有还是非法占有皆非所问。此外,占有物返还请求权以占有被侵夺为要件,而物权的返还请求权以他人无权占有为要件,有权占有人可以基于有权占有对抗所有权人,如基于租赁合同约定占有房屋的人，有权保护其占有不受房屋所有人的侵犯。

3. 举证责任不同

行使物权请求权时，请求权人须证明其享有物权，例如所有物返还请求权的一个基本构成要件就是请求权人享有所有权。而行使占有保护请求权时只要证明其是占有人就可以了，显然证明占有的事实更为简单。

从上面的论述可以看出，占有保护请求权与物权请求权的目的与效力各不相同，各自独立，互不妨碍，但实践中可能发生竞合关系，也可能合并行使或先后行使。就举证责任而言，主张占有保护请求权更为有利，但是实务上则以所有人物上请求权较为常见，这是因为相较于占有保护请求权，物权请求权具有终局性与保护确定性的特点。[①]

（二）占有保护请求权的分类

占有保护请求权可分为占有物返还请求权、占有妨害排除请求权以及占有妨害防止请求权。

1. 占有物返还请求权

占有物返还请求权，也称“占有回复请求权”，是指占有被侵夺时，占有人有请求返还其占有物的权利。其构成要件如下：

（1）须占有物被侵夺。所谓侵夺，是指非基于占有人的意思而排除占有人对物的事实上的支配和控制。侵夺的对象，包括动产和不动产。如占有的动产被盗、被抢，不动产被霸占等。

（2）占有物返还请求权的权利主体是占有人。这里所谓的“占有人”包括直接占有人、间接占有人、有权占有人、无权占有人。这些人对标的物的占有是否存在权源、善意或恶意，均非所问。但是，占有辅助人不能享有此项权利，因为其被视为占有人“手足”的延伸，缺少占有的独立性。非占有人，即便对占有物有合法的权源，也无权行使该权利。

（3）占有物返还请求权的相对人，为侵夺占有物的人及其继承人。其继承人包括恶意的特定继承人和善意的特定继承人，但是善意的特定继承人在符合善意取得的情况下，其占有受到法律保护。此外，即便侵夺人对于占有享有实体的权利，如所有人或出租人，占有人亦可以对其行使返还请求权。

---

① 参见王泽鉴：《民法物权》，北京大学出版社 2010 年版，第 544 页。

(4)该权利应在一年的诉讼时效内行使。《民法典》第 462 条第 2 款规定："占有人返还原物的请求权,自侵占发生之日起一年内未行使的,该请求权消灭。"可见,如果超过法定的期限没有行使,则占有物返还请求权归于消灭。关于该期间的法律性质,有除斥期间说和诉讼时效说。德国和日本将其解释为除斥期间,而瑞士的通说认识是消灭时效[①],我国也有学者认为该期间为除斥期间[②],理由是诉讼时效可因事由而中断或中止,而且自受害人知道或者应当知道侵害时开始计算,如果按照诉讼时效来规定,此项期间可能远比一年要长,将使权利处于长期不稳定的状态。此外,占有人对占有物若享有物权,可以基于物权主张物的返还请求权,没有必要对占有物返还请求权的行使赋予更长的时间。[③] 还有的学者认为该期间应当为权利失效期间,因为其对象为请求权,而非形成权。[④]

2. 占有妨害排除请求权

占有妨害排除请求权,是指占有人在其占有受到他人妨碍时,可以请求去除妨害的权利。《民法典》第 462 条第 1 款规定,对妨害占有的行为,占有人有权请求排除妨害。占有妨害排除请求权的构成要件如下:

(1)须占有被妨害。所谓占有被妨害,是指以侵夺以外的方法妨碍占有人对物的占有。妨害占有,占有人并未丧失占有,妨害人也未取得占有,只不过是占有人对物的占有的现实状态受到了妨害。占有妨害多发生于不动产,如将垃圾堆放于占有人门前影响其通行。对占有的妨害,是否出于妨害人的故意或过失,在所不问。应当注意的是,妨害必须超过一般人所能容忍的限度,才构成占有妨害;在容忍限度内的,不构成占有妨害。

(2)请求人须为现时的占有人,相对人为妨害占有人。妨害占有人包括两种:一种是他的行为妨害占有,称为行为妨害人;另一种是他的意思容许妨害占有的状态存在,称为状态妨害人。前者如把废物丢弃在他人庭院内的人,后者如树木被强风吹倒,倒入邻地而未清除的人。占有的继承人可以为占有请求权

---

① 参见王泽鉴:《民法物权》,北京大学出版社 2010 年版,第 549~550 页。

② 参见王利明主编:《民法》(上册),中国人民大学出版社 2020 年版,第 557 页;胡康生主编:《中华人民共和国物权法释义》,法律出版社 2007 年版,第 522 页。

③ 参见胡康生主编:《中华人民共和国物权法释义》,法律出版社 2007 年版,第 522 页。

④ 参见崔建远:《中国民法典释评·物权编》,中国人民大学出版社 2020 年版,第 589 页。

的相对人。而占有辅助人,非属请求权的相对人。

(3)占有妨害排除请求权的内容在于请求排除对占有的妨害,包括停止妨害行为与排除既有妨害,以恢复占有人对占有物的支配状态。至于排除占有妨害的费用,由妨害人承担,自不必待言。受害人以自己的费用排除妨害的,可以基于不当得利或者无因管理的规定,请求妨害人偿付该项费用。受害人对于妨害的发生或者扩大有过错,应当减轻妨害人应负担的费用数额。在诉讼上,占有妨害排除请求权应以给付之诉的方式主张。法院的判决应当宣告排除妨害的必要措施。①

3. 占有妨害防止请求权

占有妨害防止请求权,又称"占有消除危险请求权",是指当占有人的占有可能遭受他人的妨害时,占有人可以请求他人采取一定的措施防止妨害发生的权利。《民法典》第462条第1款规定,对妨害占有的行为,占有人有权请求消除危险。占有妨害防止请求权的构成要件如下:

(1)占有存在被妨害的危险。所谓被妨害的危险,是指占有虽然没有遭到现实的妨害,但将来有发生之可能的危险存在。危险存在与否,不是依占有人的主观标准,而应依具体事实,依社会一般的客观标准加以判定。如邻人的围墙有倒塌的危险,可能危及甲的房屋,此时甲可以行使占有妨害防止请求权。

(2)请求防止妨害的人是现实的占有人,其相对人是可能妨害占有的人,包括导致该危险状态的人或者对该危险状态负有去除义务的人。

(3)占有妨害防止请求权的内容为请求消除占有的危险状态,以避免危险发生。至于消除危险状态的费用,由导致妨害占有危险状态的人承担。占有人以自己的费用消除危险的,可以基于不当得利或者无因管理的规定,请求导致妨害占有危险状态的人偿付该项费用。

三、占有的损害赔偿请求权

当占有人是基于物权而有权占有某物时,他人对该物加以侵占或妨害并造成损失时,该占有人可以基于物权而行使物权请求权,也可以行使占有保护请求权,就其所遭受的损害还可以行使损害赔偿请求权。当占有人是基于债权而

---

① 崔建远:《物权法》(第4版),中国人民大学出版社2017年版,第172页。

占有某物,甚至是无权占有时,如果他人对其占有物加以侵占或妨害,那么该占有人当然可以行使占有保护请求权,至于就所遭受的损害能否要求侵害人赔偿,取决于单纯的占有能否作为侵权责任法保护的客体。《民法典》第462条第1款规定,因侵占或者妨害造成损害的,占有人有权请求损害赔偿。这一规定意味着将占有这一事实纳入侵权法的保护范围,赋予了占有人侵权损害赔偿请求权。理由在于:我国《民法典》没有将侵权责任的保护范围限制在权利,依据《民法典》第1164条规定,侵权责任编调整因侵害民事权益产生的民事关系。显然,不仅是权利,利益也能受到法律保护。占有虽然是一种事实,但它对占有人来说是一种利益应无疑问,所以侵权法可以保护占有。

第六节 准 占 有

准占有,是指以财产权为客体的占有,故又称权利占有,其权利人称为准占有人。如果占有制度的立法目的在于保护对于物事实上的支配,那么对于权利的事实上的支配关系,也应当纳入保护范围。法律规定准占有,旨在保护外观的事实,以维护社会秩序,故在外观上足以认识财产权系归属某人,即可成立准占有。[①] 目前,我国《民法典》中尚未对准占有予以规定,但是鉴于准占有在占有制度中具有不可或缺的地位和作用,在此一并叙述。

一、准占有的要件

1. 准占有的标的为财产权。准占有的标的仅限于财产权,不包括人格权及身份权。此处的财产权包括物权、债权、知识产权。

2. 行为人在主观上必须具有同占有一样的主观意思。占有的成立要求具有为自己占有的意思,同样准占有也要求具有为自己占有的意思。

3. 作为准占有标的的财产权不以占有而成立。准占有的标的限定为财产权,但并非所有的财产权均可成为准占有的标的。行使财产权如质权、留置权、租赁权等均须占有标的物,占有该标的物可受到占有制度的保护,故无准占有

① 参见王泽鉴:《民法物权》,北京大学出版社2010年版,第565~566页。

保护必要。因此,作为准占有标的的财产权必须不以占有为成立要件,如地役权、抵押权等。

4. 须在事实上行使财产权。所谓事实上行使财产权,是指为实现财产权而实施的行为,与占有在事实上的支配相当,通常只需依一般交易或者社会观念,有使人认识其事实上的支配该财产的客观情事即可。具体应就财产权的种类、性质与各种外观等情事而确定。①

二、准占有的消灭

准占有以在事实上行使财产权为要件,如若权利行使的事实丧失,准占有即告消灭。准占有的消灭,既可基于准占有人的意思,又可基于其他事由,如不动产役权的准占有因不动产役权被涂销登记而消灭。②

三、准占有的效力

准占有的效力,除因准占有的特殊性而排斥适用外,准用关于占有的规定。例如占有中关于事实的推定、权利的推定以及占有的保护等。准占有的特殊性效力体现在以下两个方面:

1. 对于债权的准占有人,善意所为的清偿,发生消灭债务的法律效力。债权属于财产权,不以对物的占有为成立要件,因此可以为准占有的标的。债权的准占有人,是指债权人之外的以自己的意思事实上行使债权人权利之人,如表见继承人、债权证书的持有人等。债权的准占有的特点是债务人基于对某种权利所表现出的外观表象的信赖而予以清偿,为了保护基于此种表象的信赖而产生的交易,法律确认对非债权人的清偿发生与对债权人清偿一样的法律效力,其法律后果为消灭债权债务关系。至于债权人因债务人向非债权人清偿债务所受损失,债权人可以向非债权人行使不当得利返还请求权。

2. 地役权系属财产权,不因物之占有而成立,因此可以为准占有的标的。罗马法及德国法虽然不承认权利占有,但皆例外肯定地役权的准占有。地役权准占有的成立,以地役权登记为要件,但地役权是否存在,再所不问。故不动产

① 参见陈华彬:《我国民法典物权编占有规则立法研究》,载《现代法学》2018年第1期。
② 参见王泽鉴:《民法物权》,北京大学出版社2010年版,第566页。

地役权的设定行为虽属无效,但不动产地役权的准占有不因此而受影响。地役权准占有不因物之占有而成立,但为了行使该地役权,准占有人可以设置一定的设施,对这些设施可以成立占有,适用占有的规定。地役权准占有随土地占有的转移而发生转移。[1]

① 参见王泽鉴:《民法物权》,北京大学出版社2010年版,第567页。

参考文献

著作

[1]中共中央文献研究室编:《习近平全面依法治国论述摘编》,中央文献出版社 2015 年版。

[2]中共中央文献研究室编:《十八大以来重要文献选编》(上),中央文献出版社 2014 年版。

[3]中共中央文献研究室编:《习近平全面深化改革论述摘编》,中央文献出版社 2014 年版。

[4]中共中央党史和文献研究院编:《十九大以来重要文献选编》(中),中央文献出版社 2021 年版。

[5]王利明主编:《民法》(上册),中国人民大学出版社 2020 年版。

[6]王利明主编:《民法》,中国人民大学出版社 2018 年版。

[7]王利明:《物权法》,中国人民大学出版社 2015 年版。

[8]王利明:《物权法研究》(第 4 版),中国人民大学出版社 2016 年版。

[9]王利明、尹飞、程啸:《中国物权法教程》,人民法院出版社 2007 年版。

[10]王利明、杨立新、王轶、程啸:《民法学》,法律出版社 2011 年版。

[11]杨立新:《物权法》,中国人民大学出版社 2020 年版。

[12]魏振瀛:《民法》,北京大学出版社、高等教育出版社 2021 年版。

[13]魏振瀛:《民法》,北京大学出版社 2017 年版。

[14]张俊浩主编:《民法学原理》,中国政法大学出版社 1991 年版。

[15]梁慧星、陈华彬编著:《物权法》,法律出版社 2005 年版。

[16]崔建远:《物权法》,中国人民大学出版社 2021 年版。

[17]崔建远:《物权法》,中国人民大学出版社 2014 年版。

[18]崔建远:《物权:规范与学说——以中国物权法的解释论为中心》,清华大学出版社 2011 年版。

[19]谭启平主编:《中国民法学》,法律出版社 2021 年版。

[20]江平主编:《中国物权法教程》,知识产权出版社 2007 年版。

[21]江平主编:《物权法》,法律出版社 2009 年版。

[22]江平主编:《民法学》,中国政法大学出版社 2000 年版。

[23]梁慧星、陈华彬:《物权法》,法律出版社 2017 年版。

[24]温世扬:《物权法要义》,法律出版社 2007 年版。

[25]李永军主编:《中国民法学》,中国民主法制出版社 2022 年版。

[26]朱庆育:《民法总论》,北京大学出版社 2013 年版。

[27]杨震主编:《物权法》,中国人民大学出版社 2009 年版。

[28]孙宪忠:《中国物权法总论》,法律出版社 2014 年版。

[29]孙宪忠:《中国物权法总论》,法律出版社 2003 年版。

[30]梅夏英、高圣平:《物权法教程》,中国人民大学出版社 2010 年版。

[31]张玉敏:《民法》,高等教育出版社 2011 年版。

[32]刘云生、李开国、孙鹏:《物权法教程》,中国人民大学出版社 2009 年版。

[33]刘保玉:《物权法学》,中国法制出版社 2007 年版。

[34]钱明星:《物权法原理》,北京大学出版社 1994 年版。

[35]马俊驹、余延满:《民法原论》(第 2 版),法律出版社 2005 年版。

[36]崔建远:《合同法》(第 3 版),法律出版社 2003 年版。

[37]韩世远:《合同法总论》,法律出版社 2018 年版。

[38]王家福主编:《中国民法学·民法债权》,法律出版社 1991 年版。

[39]张广兴:《债法总论》,法律出版社 1997 年版。

[40]孙森焱:《民法债编总论》,法律出版社 2006 年版。

[41]房绍坤:《物权法用益物权编》,中国人民大学出版社 2007 年版。

[42]刘家安:《物权法论》,中国政法大学出版社 2009 年版。

[43]宁红丽:《物权法占有编》,中国人民大学出版社 2007 年版。

[44]郭明瑞、房绍坤:《继承法》,法律出版社 2004 年版。

[45]房绍坤、范李英、张洪波编著:《婚姻家庭继承法》,中国人民大学出版社2020年版。

[46]李锡鹤:《物权稿论》,中国政法大学出版社2016年版。

[47]温世扬、廖焕国:《物权法通论》,人民法院出版社2005年版。

[48]陈华彬:《物权法论》,中国政法大学出版社2018年版。

[49]屈茂辉主编:《中国民法》,法律出版社2009年版。

[50]陈本寒:《担保物权比较研究》,武汉大学出版社2003年版。

[51]程啸:《担保物权研究》(第2版),中国人民大学出版社2019年版。

[52]邹海林、常敏:《债权担保的理论与实务》,社会科学文献出版社2005年版。

[53]胡开忠:《权利质权制度研究》,中国政法大学出版社2004年版。

[54]梁慧星编著:《中国物权法草案建议稿》,社会科学文献出版社2000年版。

[55]梁慧星主编:《民商法论丛》(第15卷),法律出版社2000年版。

[56]王利明主编:《中国物权法草案建议稿及说明》,中国法制出版社2001年版。

[57]王利明等:《中国民法典物权编学者建议稿及立法理由》,法律出版社2005年版。

[58]王轶:《物权变动论》,中国人民大学出版社2001年版。

[59]王利明主编:《物权法名家讲坛》,中国人民大学出版社2008年版。

[60]尹田:《物权法理论评析与思考》,中国人民大学出版社2008年版。

[61]常鹏翱:《物权法典型判例研究》,人民法院出版社2007年版。

[62]郭明瑞、唐广良、房绍坤:《民商法原理·物权法·知识产权法》(第2册),中国人民大学出版社1999年版。

[63]最高人民法院司法案例研究院编:《民法典新规则案例适用》,中国法制出版社2020年版。

[64]周江洪、陆青、章程主编:《民法判例百选》,法律出版社2020年版。

[65]杨立新、李怡雯:《中国民法典新规则要点》,法律出版社2020年版。

[66]程啸编著:《民法典物权编一本通》,法律出版社2021年版。

[67]陈小君:《农村土地法律制度田野调查解读》,中国政法大学出版社

2004 年版。

[68]宋志红:《中国农村土地制度改革研究:思路、难点与制度建设》,中国人民大学出版社 2017 年版。

[69]宋志红:《集体建设用地使用权流转法律制度研究》,中国人民大学出版社 2009 年版。

[70]曹泮天:《宅基地使用权制度流转法律问题研究》,法律出版社 2012 年版。

[71]王崇敏:《宅基地使用权制度现代化构建》,法律出版社 2016 年版。

[72]孙毅、申建平:《建设用地使用权 · 宅基地使用权》,中国法制出版社 2007 年版。

[73]申建平:《债权让与制度研究》,法律出版社 2008 年版。

[74]万鄂湘主编:《物权法理论与适用》,人民法院出版社 2005 年版。

[75]崔建远:《中国民法典释评 · 物权编》,中国人民大学出版社 2020 年版。

[76]田士永:《物权行为理论研究——以中国法与德国法中所有权变动的比较为中心》,中国政法大学出版社 2002 年版。

[77]孙鹏:《物权公示论——以物权变动为中心》,法律出版社年 2004 年版。

[78]蒋勇、陈枝辉主编:《中国民事诉讼裁判规则(土地卷)》,法律出版社 2019 年版。

[79]韩俊主编:《中国农村土地问题调查》,上海远东出版社 2009 年版。

[80]杨立新:《共有权研究》,高等教育出版社 2003 年版。

[81]陈华彬:《现代建筑物区分所有制度研究》,法律出版社 1995 年版。

[82]韩松、姜战军、张翔:《物权法所有权编》,中国人民大学出版社 2007 年版。

[83]屈茂辉:《用益物权论》,湖南出版社 1999 年版。

[84]黄萍主编:《民法学分论》,中国政法大学出版社 2011 年版。

[85]房绍坤主编:《矿业权法律制度研究》,中国法制出版社 2013 年版。

[86]尹飞:《物权法 · 用益物权》,中国法制出版社 2005 年版。

[87]王洪亮、张双根、田士永主编:《中德私法研究》(第 1 卷),北京大学出版社 2006 年版。

[88]高富平:《土地使用权和用益物权——我国不动产物权体系研究》,法律出版社2001年版。

[89]高富平:《物权法讲义》,法律出版社2011年版。

[90]李国光主编:《经济审判指导与参考》(第2卷),法律出版社2000年版。

[91]曹士兵:《中国担保诸问题的解决与展望》,中国法制出版社2001年版。

[92]史尚宽:《物权法论》,中国政法大学出版社2000年版。

[93]谢在全:《民法物权论》,中国政法大学出版社1999年版。

[94]王泽鉴:《民法概要》,北京大学出版社2009年版。

[95]王泽鉴:《民法物权》,中国政法大学出版社2001年版。

[96]郑玉波:《民法债编总论》,中国政法大学出版社2004年版。

[97]陈荣传:《民法物权实用要义》,台北,五南图书出版股份有限公司2014年版。

[98]周枏:《罗马法原论》,商务印书馆1994年版。

[99]《德国民法典》,陈卫佐译,法律出版社2015年版。

[100]孙宪忠:《德国当代物权法》,法律出版社1997年版。

[101]《法国民法典》,罗结珍译,法律出版社2005年版。

[102]尹田:《法国物权法》,法律出版社1998年版。

[103]刘士国、牟宪魁:《日本民法典》,杨瑞贺译,中国法制出版社2018年版。

[104]许尚豪、单明:《优先购买权制度研究》,中国法制出版社2006年版。

[105][英]巴里·尼古拉斯:《罗马法概论》,黄风译,中国政法大学出版社2000年版。

[106][意]桑德罗·斯奇巴尼:《物与物权》,范怀俊译,中国政法大学出版社1999年版。

[107][意]彼德罗·彭梵得:《罗马法教科书》,黄风译,中国政法大学出版社1992年版。

[108][意]朱塞佩·格罗索:《罗马法史》,黄风译,中国政法大学出版社1994年版。

［109］［罗马］查士丁尼：《法学总论：法学阶梯》，张企泰译，商务印刷馆1989年版。

［110］［德］曼弗雷德·沃尔夫：《物权法》，吴越、李大雪译，法律出版社2002年版。

［111］［德］鲍尔、［德］施蒂尔纳：《德国物权法》（上册），张双根译，法律出版社2004年版。

［112］［美］哈罗德·J. 伯尔曼：《法律与革命——西方法律传统的形成》（第1卷），高鸿钧等译，法律出版社2008年版。

［113］［日］近江幸治：《民法讲义Ⅱ·物权法》，王茵译，北京大学出版社2006年版。

［114］［日］田山辉明：《物权法》，陆庆胜译，法律出版社2001年版。

［115］［日］三潴信三：《物权法提要》，孙芳译，中国政法大学出版社2005年版。

［116］［日］近江幸治：《担保物权法》，祝娅等译，法律出版社2000年版。

释义书

［1］最高人民法院民法典贯彻实施工作领导小组主编：《中华人民共和国民法典物权编理解与适》，人民法院出版社2020年版。

［2］高圣平：《民法典担保制度及其配套司法解释理解与适用》，中国法制出版社2021年版。

［3］杨立新主编：《〈中华人民共和国民法典〉条文精释与实案全析》，中国人民大学出版社2020年版。

［4］黄薇主编：《中华人民共和国民法典解读·物权编》，中国法制出版社2020年版。

［5］石宏主编：《〈中华人民共和国民法典〉释解与适用·物权编》，人民法院出版社2020年版。

［6］杨立新主编：《中华人民共和国民法典释义与案例评析（继承编）》，中国法制出版社2020年版。

［7］高圣平、王天雁、吴昭军：《〈中华人民共和国农村土地承包法〉条文理解与适用》，人民法院出版社2019年版。

[8]黄薇主编:《中华人民共和国农村土地承包法释义》,法律出版社 2019 年版。

[9]全国人大常委会法制工作委员会民法室编:《中华人民共和国物权法条文说明、立法理由及相关规定》,北京大学出版社 2007 年版。

[10]朱岩、高圣平、陈鑫:《中国物权法评注》,北京大学出版社 2007 年版。

[11]胡康生主编:《中华人民共和国物权法释义》,法律出版社 2007 年版。

[12]胡康生主编:《中华人民共和国农村土地承包法释义》,法律出版社 2002 年版。

[13]王宗非主编:《农村土地承包法释义与适用》,人民法院出版社 2002 年版。

[14]麻锦亮等编:《中华人民共和国物权法辅导读本》,中国法制出版社 2007 年版。

期刊论文

[1]龙俊:《民法典中的动产和权利担保体系》,载《法学研究》2020 年第 6 期。

[2]钟瑞栋:《社会主义核心价值观融入民法典编纂论纲》,载《暨南学报(哲学社会科学版)》2019 年第 6 期。

[3]杨震、孙毅:《我国民法典的时代价值》,载《求是学刊》2021 年第 5 期。

[4]刘凯湘:《论基于所有权的物权请求权》,载《法学研究》2003 年第 1 期。

[5]程啸:《不动产登记簿之推定力》,载《法学研究》2010 年第 3 期。

[6]孙宪忠:《论物权变动的原因与结果的区分原则》,载《法学研究》1999 年第 5 期。

[7]申建平:《物权变动与其原因行为的区分原则》,载《求是学刊》2002 年第 4 期。

[8]屈茂辉:《动产交付规则的解释与适用》,载《政法论坛》2008 年第 6 期。

[9]庄加园:《基于指示交付的动产所有权移转——兼评〈中华人民共和国物权法〉第 26 条》,载《法学研究》2014 年第 3 期。

[10]申建平:《对债权让与通知传统理论的反思》,载《求是学刊》2009 第 4 期。

[11]申建平:《债权让与通知论》,载《求是学刊》2005 年第 4 期。

[12]向东:《罗马法中的 pignus 和 hypotheca》,载《广西大学学报(哲学社会科学版)》2014 年第 6 期。

[13]黄薇:《〈民法典物权编草案〉(二审稿)对若干重点问题的回应》,载《中州学刊》2019 年第 7 期。

[14]谢在全:《担保物权制度的成长与蜕变》,载《法学家》2019 年第 1 期。

[15]高圣平:《民法典担保物权制度修正研究——以〈民法典各分编(草案)〉为分析对象》,载《江西社会科学》2018 年第 10 期。

[16]陈小君:《土地改革之"三权分置"入法及其实现障碍的解除——评〈农村土地承包法修正案〉》,载《学术月刊》2019 年第 1 期。

[17]陈甦:《土地承包经营权物权化与农地使用权制度的确立》,载《中国法学》1996 年第 3 期。

[18]申建平:《民法典物权编不动产物权变动模式统一论》,载《苏州大学学报(社会科学版)》2017 年第 6 期。

[19]申建平:《宅基地使用权流转模式的选择》,载《政法论丛》2011 年第 3 期。

[20]申建平:《宅基地"资格权"的法理反思》,载《学习与探索》2019 年第 11 期。

[21]渠涛:《农户承包集体土地合同上的财产关系》,载《北方法学》2014 年第 2 期。

[22]刘凯湘:《论农村土地承包经营权的可继承性》,载《北方法学》2014 年第 2 期。

[23]胡家强、张娜:《对我国农村土地承包经营权继承的法律思考》,载《济南大学学报(社会科学版)》2009 年第 2 期。

[24]朱广新:《土地承包权与经营权分离的政策意蕴与法制完善》,载《法学》2015 年第 11 期。

[25]崔建远:《土地上的权利群论纲——我国物权立法应重视土地上权利群的配置与协调》,载《中国法学》1998 年第 2 期。

[26]钱明星:《我国物权法的调整范围、内容特点及物权体系》,载《中外法学》1997 年第 2 期。

[27]朱虎:《土地承包经营权流转中的发包方同意——一种治理的视角》,载《中国法学》2010 年第 2 期。

[28]武亦文、杨勇:《论土地承包经营权处分之限制性规范的科学配置——基于司法裁判文书的整理和分析》,载《中国农村观察》2017 年第 6 期。

[29]王利明、周友军:《论我国农村土地权利制度的完善》,载《中国法学》2012 年第 1 期。

[30]赵万一、汪青松:《土地承包经营权的功能转型及权能实现——基于农村社会管理创新的视角》,载《法学研究》2014 年第 1 期。

[31]丁文:《论土地承包权与土地承包经营权的分离》,载《中国法学》2015 年第 3 期。

[32]高飞:《土地承包权与土地经营权分设的法律反思及立法回应——兼评〈农村土地承包法修正案(草案)〉》,载《法商研究》2018 年第 3 期。

[33]高飞:《农村土地"三权分置"的法理阐释与制度意蕴》,载《法学研究》2016 年第 3 期。

[34]孙宪忠:《推进农地三权分置经营模式的立法研究》,载《中国社会科学》2016 年第 7 期。

[35]于飞:《从农村土地承包法到民法典物权编:"三权分置"法律表达的完善》,载《法学杂志》2020 年第 2 期。

[36]姜楠:《土地经营权的性质认定及其体系效应——以民法典编纂与〈农村土地承包法〉的修订为背景》,载《当代法学》2019 年第 6 期。

[37]蔡立东、姜楠:《农地三权分置的法实现》,载《中国社会科学》2017 年第 5 期。

[38]高圣平:《承包地三权分置的法律表达》,载《中国法学》2018 年第 4 期。

[39]高圣平:《农地三权分置视野下土地承包权的重构》,载《法学家》2017 年第 7 期。

[40]高圣平:《承包土地的经营权抵押规则之构建——兼评重庆城乡统筹综合配套改革试点模式》,载《法商研究》2016 年第 1 期。

[41]高圣平:《土地经营权制度与民法典物权编编纂——评〈民法典物权编(草案二次审议稿)〉》,载《现代法学》2019 年第 5 期。

[42]单平基:《“三权分置”中土地经营权债权定性的证成》,载《法学》2018年第10期。

[43]温世扬、吴昊:《集体土地“三权分置”的法律意蕴与制度供给》,载《华东政法大学学报》2017年第3期。

[44]房绍坤:《〈农村土地承包法修正案〉的缺陷及其改进》,载《法学论坛》2019年第5期。

[45]耿卓:《农地三权分置改革中土地经营权的法理反思与制度回应》,载《法学家》2017年第5期。

[46]朱继胜:《论“三权分置”下的土地承包权》,载《河北法学》2016年第3期。

[47]陶钟太朗、杨遂全:《农村土地经营权认知与物权塑造——从既有法制到未来立法》,载《南京农业大学学报(社会科学版)》2015年第2期。

[48]潘俊:《农村土地承包权和经营权分离的实现路径》,载《南京农业大学学报(社会科学版)》2015年第4期。

[49]李国强:《论农地流转中“三权分置”的法律关系》,载《法律科学(西北政法大学学报)》2015年第6期。

[50]孙中华:《关于农村土地“三权分置”有关政策法律性问题的思考》,载《农业部管理干部学院学报》2015年第1期。

[51]张红霞:《罗马法上的永佃权制度与我国农地承包经营制度改革》,载《法学》1999年第9期。

[52]杨立新:《论我国土地承包经营权的缺陷及其对策——兼论建立地上权和永佃权的必要性和紧迫性》,载《河北法学》2000年第1期。

[53]张鹏:《民法典视野下建设用地使用权分层设立制度的实施路径》,载《法学家》2020年第6期。

[54]董彪:《规范分析视角下住宅建设用地使用权续期规则探讨》,载《法学杂志》2017年第10期。

[55]王利明:《住宅建设用地使用权自动续期规则》,载《清华法学》2017年第2期。

[56]张英豪:《住宅建设用地使用权自动续期规则的重构》,载《学习与实践》2018年第6期。

[57]康浩:《住宅建设用地使用权续期规则设计:基于基本概念的考察》,载《财经法学》2018 年第 5 期。

[58]陈小君:《集体建设用地使用权物权规则之省察反思》,载《现代法学》2021 年第 6 期。

[59]姜楠:《集体建设用地使用权制度的困局与突破》,载《法治研究》2021 年第 5 期。

[60]肖鹏:《民法典视野下土地经营权性质的再探讨》,载《法治研究》2021 年第 5 期。

[61]黄俊辉:《中国农村集体土地法律制度变迁与完善图景》,载《江西社会科学》2021 年第 9 期。

[62]温世扬、梅维佳:《宅基地"三权分置"的法律意蕴与制度实现》,载《法学》2018 年第 9 期。

[63]吴昭军:《宅基地使用权继承的理论障碍与廓清——以重释"一户一宅"为切入点》,载《农业经济问题》2021 年第 5 期。

[64]陈律、吴孙有:《宅基地使用权继承问题研究》,载《人民司法》2012 年第 19 期。

[65]孟勤国:《物权法开禁农村宅基地交易之辩》,载《法学评论》2005 年第 4 期。

[66]李凤章、李卓丽:《宅基地使用权身份化困境之破解——以物权与成员权的分离为视角》,载《法学杂志》2018 年第 3 期。

[67]丁关良:《宅基地之新的权利体系构建研究——以宅基地"三权分置"改革为视野》,载《贵州社会科学》2021 年第 7 期。

[68]席志国:《民法典编纂视域中宅基地"三权分置"探究》,载《行政管理改革》2018 年第 4 期。

[69]程秀建:《宅基地资格权的权属定位与法律制度供给》,载《政治与法律》2018 年第 8 期。

[70]宋志红:《宅基地"三权分置"的法律内涵和制度设计》,载《法学评论》2018 年第 4 期。

[71]董祚继:《"三权分置"——农村宅基地制度的重大创新》,载《中国土地》2018 年第 3 期。

[72]姜楠:《宅基地“三权”分置的法构造及其实现路径》,载《南京农业大学学报(社会科学版)》2019 年第 3 期。

[73]刘国栋:《农村宅基地“三权分置”政策的立法表达——以“民法典物权编”的编纂为中心》,载《西南政法大学学报》2019 年第 2 期。

[74]陈耀东:《宅基地“三权分置”的法理解析与立法回应》,载《广东社会科学》2019 年第 1 期。

[75]李凤章、赵杰:《农户宅基地资格权的规范分析》,载《行政管理改革》2018 年第 4 期。

[76]宋志红:《宅基地“三权分置”:从产权配置目标到立法实现》,载《中国土地科学》2019 年第 6 期。

[77]刘锐:《乡村振兴战略框架下的宅基地制度改革》,载《理论与改革》2018 年第 3 期。

[78]韩世远:《宅基地的立法问题——兼析物权法草案第十三章“宅基地使用权”》,载《政治与法律》2005 年第 5 期。

[79]刘凯湘:《法定租赁权对农村宅基地制度改革的意义与构想》,载《法学论坛》2010 年第 1 期。

[80]彭诚信、陈吉栋:《农村房屋抵押权实现的法律障碍之克服——“房地一致”原则的排除适用》,载《吉林大学社会科学学报》2014 年第 4 期。

[81]房绍坤:《农民住房抵押之制度设计》,载《法学家》2015 年第 6 期。

[82]高圣平:《农村宅基地制度:从管制、赋权到盘活》,载《农业经济问题》2019 年第 1 期。

[83]陈小君:《宅基地使用权的制度困局与破解之维》,载《法学研究》2019 年第 3 期。

[84]席志国:《论宅基地“三权”分置的法理基础及权利配置——以乡村矛盾预防与纠纷化解为视角》,载《行政管理改革》2022 年第 3 期。

[85]张素华、汪文张:《住宅建设用地使用权到期后自动续期的规范设计——兼评民法典第 358 条》,载《甘肃政法大学学报》2020 年第 5 期。

[86]米健:《用益权的实质及其现实思考》,载《政法论坛》1999 年第 4 期。

[87]彭诚信:《〈民法典〉物权编的进步、局限与未来》,载《法制与社会发展》2020 年第 4 期。

[88]谢潇:《善意取得制度体系瑕疵祛除的拟制论解释——以善意取得中间法律效果的提出为核心》,载《政治与法律》2017 年第 1 期。

[89]林广会、邹建永:《添附的债权效果及其体系效应——兼评我国〈民法典〉第三百二十二条》,载《学术论坛》2020 年第 4 期。

[90]陈华彬:《我国民法典物权编添附规则立法研究》,载《法学杂志》2019 年第 9 期。

[91]杨峰:《先占的历史考察与制度功能——兼论我国〈物权法〉中先占制度的确立》,载《法学杂志》2006 年第 3 期。

[92]高海:《农场国有农用地使用权确权规则探究——以取得时效为视角》,载《北方法学》2016 年第 2 期。

[93]高飞:《论集体土地所有权主体之民法构造》,载《法商研究》2009 年第 4 期。

[94]王蕾:《征收的财产权理论基础》,载《浙江社会科学》2020 年第 8 期。

[95]蒋红珍:《疫情防控中的征用补偿:适用范围的思考》,载《财经法学》2020 年第 3 期。

[96]戴孟勇:《物权法共有制度的反思与重构——关于我国〈物权法〉"共有"章的修改建议》,载《政治与法律》2017 年第 4 期。

[97]熊小琼:《共同共有人的共有物分割请求权浅析》,载《宁夏大学学报(人文社会科学版)》2019 年第 5 期。

[98]房绍坤:《论共有物裁判分割的方法与效力》,载《山东社会科学》2015 年第 11 期。

[99]常鹏翱:《论优先购买权的法律效力》,载《中外法学》2014 年第 2 期。

[100]冯乐坤:《共同继承遗产的定性反思与制度重构》,载《法商研究》2011 年第 2 期。

[101]李锡鹤:《究竟何谓"共同关系"——再论按份共有与共同共有之区别》,载《东方法学》2016 年第 4 期。

[102]秦亚东、杨健:《知识产权共有法律问题研究——以财产法为视角的实证分析》,载《学习与探索》2012 年第 2 期。

[103]王利明:《论业主的建筑物区分所有权的概念》,载《当代法学》2006 年第 5 期。

[104]陈华彬:《业主的建筑物区分所有权——评〈物权法草案〉第六章》,载《中外法学》2006年第1期。

[105]温丰文:《论区分所有建筑物共有部分之法律性质》,载《法学丛刊》第131期。

[106]沙风:《建筑物区分所有人之共有权的性质》,载《行政与法》2000年第6期。

[107]鹿钦连:《建筑物区分所有权制度变化及影响》,载《中国物业管理》2020年第6期。

[108]温世扬:《从〈物权法〉到"物权编"——我国用益物权制度的完善》,载《法律科学(西北政法大学学报)》2018年第6期。

[109]房绍坤:《民法典物权编用益物权的立法建议》,载《清华法学》2018年第2期。

[110]房绍坤、丁海湖、张洪伟:《用益物权三论》,载《中国法学》1996年第2期。

[111]房绍坤:《论用益物权的法律属性》,载《现代法学》2003年第6期。

[112]李康宁:《用益物权客体范围的三维考察——兼评我国〈物权法〉第117条》,载《法学论坛》2012年第1期。

[113]陈华彬:《我国民法典物权编立法研究》,载《政法论坛》2017年第5期。

[114]陈华彬:《论编纂民法典物权编对〈物权法〉的修改与完善》,载《法治研究》2016年第6期。

[115]李建华:《受欺诈、胁迫民事法律行为效力形态的制度体系化》,载《法律科学(西北政法大学学报)》2021年第1期。

[116]董学立:《论"正常经营活动中"的买受人规则》,载《法学论坛》2010年第4期。

[117]董立学:《〈民法典〉担保物权法的进步与不足》,载《法治研究》2020年第4期。

[118]纪海龙、张玉涛:《〈民法典物权编(草案)〉中的"正常经营买受人规则"》,载《云南社会科学》2019年第5期。

[119]叶金强:《〈民法典〉共同担保制度的法教义学构造》,载《吉林大学社

会科学学报》2021 年第 3 期。

[120]高圣平:《民法典动产担保权优先顺位规则的解释论》,载《清华法学》2020 年第 3 期。

[121]李运杨:《〈民法典〉中购置款抵押权之解释论》,载《现代法学》2020 年第 5 期。

[122]宋志红:《集体建设用地使用权设立的难点问题探讨兼析民法典和土地管理法有关规则的理解与适用》,载《中外法学》2020 年第 4 期。

[123]刘保玉:《完善我国质权制度的建议》,载《现代法学》2017 年第 6 期。

[124]刘保玉:《民法典物权编(草案)担保物权部分的修改建议》,载《法学杂志》2019 年第 3 期。

[125]刘保玉:《民法典担保物权制度新规释评》,载《法商研究》2020 年第 5 期。

[126]梅夏英、方春晖:《对留置权概念的立法比较及对其实质的思考》,载《法学评论》2004 年第 2 期。

[127]崔建远:《混合共同担保人相互间无追偿权论》,载《法学研究》2020 第 1 期。

[128]李红建、雷新勇:《人保与第三人物保的相互追偿及担保物权未设立的责任问题探讨》,载《法律适用》2014 年第 8 期。

[129]高圣平:《混合共同担保的法律规则:裁判分歧与制度完善》,载《清华法学》2017 年第 5 期。

[130]王利明:《民法典物权编应规定混合共同担保追偿权》,载《东方法学》2019 第 5 期。

[131]王富博、李明卉:《质物监管纠纷中的法律争点及解决路径》,载《人民司法·应用》2019 年第 19 期。

[132]赵一平:《论账户质押中的法律问题》,载《人民司法》2005 年第 8 期。

[133]侯思贤:《论银行账户质押的名称、性质与公示方式的选择》,载《征信》2019 年第 6 期。

[134]汪玉宁:《金钱质押设立条件之认定——以〈担保法〉司法解释第 85 条为中心》,载《中南财经政法大学研究生学报》2016 年第 3 期。

[135]吕忠梅:《关于物权法的"绿色"思考》,载《中国法学》2000 年第

5 期。

[136]崔建远:《民法分则物权编立法研究》,载《中国法学》2017 年第 2 期。

[137]朱广新:《地役权概念的体系性解读》,载《法治研究》2007 年第 4 期。

[138]李永军:《论我国民法典上用益物权的内涵与外延》,载《清华法学》2020 年第 3 期。

[139]常鹏翱:《回归传统:我国地役权规范的完善之道》,载《清华法学》2018 年第 5 期。

[140]陈国军:《论我国役权制度的完善——以民法典编纂为视角》,载《政治与法律》2016 年第 12 期。

[141]陈华彬:《从地役权到不动产役权——以我国不动产役权的构建为视角》,载《法学评论》2016 年第 3 期。

[142]房绍坤:《民法典用益物权规范的修正与创设》,载《法商研究》2020 年第 4 期。

[143]冉克平:《论〈物权法〉上的占有恢复关系》,载《法学》2015 年第 1 期。

[144]冉克平:《论〈民法典〉视阈中的占有保护》,载《烟台大学学报(社会科学版)》2020 年第 5 期。

[145]陈华彬:《我国民法典物权编占有规则立法研究》,载《现代法学》2018 年第 1 期。

[146]吴香香:《论侵害占有的损害赔偿》,载《中外法学》2013 年第 3 期。

后　记

《中华人民共和国民法典释论》系列丛书，是国家社科基金重大研究专项："社会主义核心价值观融入民法典的理解与适用研究"（20VHJ011）的阶段性研究成果。该系列丛书的出版，既是社会主义核心价值观融入《民法典》的理解与适用的理论探索，也是社会主义核心价值观引领《民法典》的编纂与施行的实践展示。

《中华人民共和国民法典释论》系列丛书在编写过程中，力图深刻领会《民法典》的核心要义与价值主旨、全面展现《民法典》的精神气质与实践追求、系统阐释《民法典》的制度体系与规范逻辑、客观描述《民法典》的编纂进路与司法期待。因为《民法典》在中国特色社会主义法律体系中，既是一部固根本、稳预期、利长远的基础性法律，也是全面依法治国的重要制度载体。习近平总书记指出："民法典实施得好，人民群众权益就会得到法律保障，人与人之间的交往活动就会更加有序，社会就会更加和谐。"①

《中华人民共和国民法典释论》系列丛书的顺利编写，导源于黑龙江大学民法典编纂课题组组长杨震教授的统辖规划与引领推进，厚植于黑龙江大学民法典编纂课题组的智慧付出与成果积淀，得益于黑龙江大学法学院、黑龙江大学民商法学研究中心的云集响应与踊跃输将，仰赖于黑龙江大学民法同道的细心求索和潜力深耕。在此，致敬所有为《中华人民共和国民法典释论》系列丛书倾心助力、孜孜以求的同人！

砥砺奋进，笃行致远。遥望 2012 年 3 月那些春风劲拂、桃花缤纷的夜晚，回望 2012 年 5 月那些微风低吟、丁香盛开的日子，为起草《中华人民共和国继承法》

① 中共中央党史和文献研究院编：《十九大以来重要文献选编》（中），中央文献出版社 2021 年版，第 584 页。

(专家建议稿),黑龙江大学民法典编纂课题组在研讨论证、集思广益、思路整合、字斟句酌……杨震、王歌雅、孙毅、申建平、李宏弢、杨振宏、司丹、任江……那些舒展的笑容、生动的面庞、犀利的言语、碰撞的观点、凝练的表达,清晰如昨。

博采众长,匠心独运。2015年4月,又是桃花绽放、丁香四溢的昼夜。为起草《民法典·总则编》(专家建议稿)中民事法律行为和代理两章,为优化民事法律行为和代理的规范表述、制度设计,黑龙江大学民法典编纂课题组在遍阅法典、中西审夺、激扬论辩、唇枪舌剑……杨震、王歌雅、孙毅、申建平、陈彦晶、杨振宏、王睿、王立兵、严诚、杨健、李宏弢、任江、霍原、项定宜、胡东、龚兵、李憣、赵亮、司丹、马千里……那些勤奋的思考、亢奋的表情、严肃的争论、反复的推敲、飞扬的思维,依稀可见。

精诚合作,携手与共。2017年6月至7月,在柳絮飞扬、梨花绽放的夏日,为起草《中华人民共和国人格权法》(专家建议稿),黑龙江大学民法典编纂课题组在研讨体例、设计方案、规划日程、逐条审议、精雕细琢、优化表述……杨震、王歌雅、孙毅、申建平、张铁薇、李丹丹、王立兵、杨振宏、李憣、朴顺善、项定宜、龚兵、马千里……那些温煦的表情、和谐的话语、清晰的流程、经典的表述、智慧的启迪,犹在眼前。

在《中华人民共和国民法典释论》系列丛书付梓之际,尤要感谢法律出版社徐菲编辑给予的鼎力支持与真诚鼓励!无论是丛书的策划、设计,还是丛书的编校、审核,均凝聚着徐菲编辑的热忱与付出;不论是反复的沟通、磋商,还是合同的草拟、签订,均体现出徐菲编辑的素养与敬业。

特别感谢黑龙江省教育厅对黑龙江大学民法典编纂课题组的鼎力支持!

感谢所有为《中华人民共和国民法典释论》系列丛书付出心血与热望的人!

感谢所有为黑龙江大学民法典编纂课题组提供支持与帮助的人!

三千星夜兼程,韶华晨露归处!

十年磨一剑,悠韵砺得香!

功崇惟志,业广惟勤!

黑龙江大学民法典编纂课题组

2022年5月4日